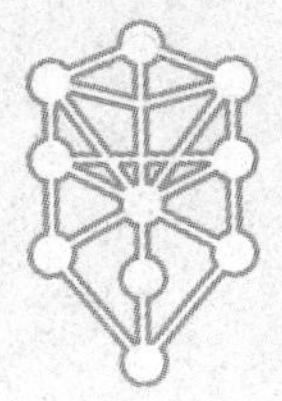

教育部人文社会科学重点研究基地
山东大学犹太教与跨宗教研究中心

第14辑

犹太研究

主编
傅有德
副主编
黄福武
董修元

山东大学
出版社

目录

启示话语与中国宗教

《圣经》研究

市民社会与政治哲学

迈蒙尼德研究

JEWISH STUDIES

犹太研究

第14辑

专题:以色列民族与叙事

专题:"梵二会议"相关文献研究

犹太人与近代中国

书 评

附 录

CONTENTS

JEWISH STUDIES

犹太研究

第14辑

启示话语与中国宗教

《希伯来圣经》中无像的神和中国的神像宗教*

李炽昌**

《希伯来圣经》神观的特征是一神崇拜与无像崇拜，一切神像皆禁止作为对独一的耶和华之崇拜。《申命记》学派尤其重视及演绎这宗教与神学的核心观念，对于这一事实的确认将会帮助我们了解希伯来宗教常被忽略的一个主要特点。

本文所要探讨的问题有两方面：第一是在古代西亚宗教世界之历史背景下，研究耶和华宗教信仰中神像禁律的历史发展和宗教意义。第二是通过对比《希伯来圣经》神像禁律与中国神像的宗教，希冀能够更好地理解以色列宗教及中国宗教的某些特征。中国的宗教基本上是信奉多神的、多信仰合一的多神像宗教，希伯来人的反神像的宗教。但两者皆同样呈现复杂性、多层次之精神面貌及社会实践的多样性。中国神像的宗教通常都表现出容纳其他异教之特色，而《希伯来圣经》神像禁律也不会强迫异教徒去实施这一禁律而破坏异己之神像。两宗教似乎都为宗教宽容和宗教对话开辟道路。

《希伯来圣经》中有关于神观的特征是无像崇拜(aniconic worship)，一切神像皆禁止作为对耶和华之崇拜。然而，有一些宗教现象学和文化人类学的研究再次确认了神像和符号的重要性及其积极作用。① 这些研究也表明，大多数伟大的文明在其历史发展过程中，都会持续地带有神像(iconography)和神的多样性，但是，希伯来文化中之无像诫命，消除所有的神像崇拜。对于这一事实的确

* 本文初稿写于1987年("The 'Aniconic God' and Chinese Iconolatry," *The Association for Theological Education in South East Asia*, *Occasional Papers*, No. 4, Singapore, pp. 33-57)，得到叶洛夫翻译中文。多年来，笔者对此问题的认识不断深入，作了不少修订，本文也将会包含在计划中之《跨文本阅读》书稿里。

** 李炽昌，山东大学犹太教与跨宗教研究中心教授。

① Mircea Eliade, *Images and Symbols*, London: Harvill Press, 1961, pp. 9-21, 151-178. Cf., Leslie A. White, *The Science of Culture*, New York: Farrar, Straus and Co., 1949, pp. 22-39.

认将会帮助我们了解希伯来宗教常被忽略的一个主要特点。事实上,无像崇拜与一神崇拜合起来才构成犹太宗教的核心。

本文所要探讨的问题有两方面:第一是在古代西亚宗教世界之历史背景下,研究耶和华宗教信仰中神像禁律的历史发展和宗教意义。第二是通过对比《希伯来圣经》神像禁律与中国神像的宗教,希冀能够更好地理解以色列宗教及中国宗教的某些特征。中国的宗教基本上是信奉多神的、多信仰合一的多神像宗教(iconolatry),希伯来人的宗教是反神像的(aniconic)。[①] 但两者皆同样呈现复杂性、多层次之精神面貌及社会实践的多样性。

古代西亚环境下的偶像禁律

耶和华之宗教信仰起源和发展于古代西亚这片土地上。事实上,古以色列的文化和宗教是和古代西亚的文化和宗教息息相关的,古代西亚的神话被《圣经》吸收和采用,进而影响以色列对于上帝、世界和人类的概念。

古代西亚世界的宗教理论和实践基本上是信奉多神的。美索不达米亚,埃及和迦南都有其详尽的神谱(万神殿):众神被分成不同的等级阶层:有至高之神、城市之神、地域之神以及其他与自然界的周期和力量紧密相关的神;他们每一个都掌控和管理宇宙中的某部分,如农业、土地、风雨、繁殖、四季、植物以及生存和死亡等等。

在迦南,巴力是一个和人类生命密切相关的神。他掌管着雨水、农作物和生命之繁殖,这些对于农业社会都是非常重要的,因此,人们必须要祭拜他,以祈求获得富足和丰饶的生活。当以色列人进入迦南地并开始定居下来,他们也受到影响开始崇拜和遵从巴力(《士师记》2:11~23;《诗篇》106:34~38)。这种行为经常遭到先知们的批评,以利亚要求民众有专一的忠诚和信仰,他对民众说:"你们心持两意要到几时呢?若耶和华是神,就当顺从耶和华。若巴力是神,就当顺从巴力。"(《列王纪上》18:21)

奇怪的是,先知们并没有批评那些将耶和华等同于厄力(El)的行为,厄力是"众神之父",创造天地的主,是迦南最高的神,人们将厄力视作人类的父亲和世界的创造者。[②] 但是先知们,尤其是何西阿和耶利米反对把对耶和华的信奉和

① 有关"反神像"之观念可以用两个不同的英文字来了解,aniconic是反对用神像来代表神,而iconoclastic是破坏自己及其他人的神像。作者在之前的文稿中也曾在此用过"iconoclastic"一词。

② F. M. Cross, *Canaanite Myth and Hebrew Epic*, Cambridge, Mass.: Harvard University Press, 1973, chs. 2 and 3.

对厄力儿子巴力的信奉合并起来，前者之创举是宣布耶和华取代巴力之功能(《何西亚》2)。

多神论具有独特的神像崇拜特点，它被广泛接受，且已成为迦南宗教不可或缺的组成部分。《圣经》法典明确表述，强烈反对神像崇拜(《出埃及记》20:22～23,24,17;《利未记》19:4,26:1;《申命记》27:15 等)。在这当中，摩西十诫(《出埃及记》20:1～22;《申命记》5:6～21)的第二条诫命很正式地将神像禁律写成了规定，这一条诫命是由耶和华亲口告诉西奈山(何烈山)的人们的。

这一条禁止神像的诫命代表了耶和华宗教信仰最显而易见的特征。① 它是以色列耶和华信仰的独特性之所在。② 冯·拉德(G. von Rad)以下的论述恰如其分地阐释了在宗教历史中耶和华宗教信仰这一方面的重大意义：

> 《旧约》中的神像禁律绝不是一个普遍的宗教事实……这显露出的是一些以色列的奥妙，她在宗教中作为一个陌生人和一个寄居者的一些本质。任何人若是严肃认真地投身于这些宗教研究以及其神像崇拜，他们绝对会发现，没可能从他们的研究过渡至以色列的神像禁律。③

确已有一些学者不断地尝试，想要掌握神像禁律的意义，想要了解这样一个“反常的”神像禁律的源头。到现在尚未发现令人满意的解释。这一项神像禁律是“反常的”，但它的设置是为了抵抗古代西亚这样一个事实上充满神像崇拜者的环境。根据现代宗教学科对于神像和符号的功能研究，这一项禁令如果不是可笑的话，就变得更加引人注目。这是有悖于最自然的人类艺术动脉的。艺术和宗教崇拜携手并进以共同响应人类的思想，而人类的思想需要以具体的表现形式来表达其宗教概念。对于宗教崇拜和献祭，有图像的艺术已被证明是一种有价值的方式。为所崇拜的神创造神像和符号正是人类的天性。

---

① 根据正统犹太教，第一条诫命是“我是耶和华你的神，曾将你从埃及地为奴之家领出来”(《出埃及记》20:2)。第二条诫命是由新教徒传统的第一和第二条混合而成的：“除了我以外，你不可有别的神。不可为自己雕刻偶像。”(《出埃及记》20:3～4)罗马天主教和路德宗也将这两条诫命看成一条。(Eduard Nielsen, *The Ten Commandments in New Perspective*, London: SCM Press, 1968, pp. 10-13)

② G. Fohrer, *History of Israelite Religion*, London: SPCK, 1973, p. 82; H. Ringgren, *Israelite Religion*, London: SCM Press, 1966, p. 39. 历史背景是在古西亚，雅威专门针对以色列的要求(《出埃及记》20:3)是很独特的，因为这个地区的每一个国家都有自己的神，而且古西亚宗教发展趋势也很相似，都是趋向于一神崇拜和一神论。史密斯(Morton Smith)形容古西亚常见的神学研究是“古西亚的常见神学”(*JBL* 71, 1952, pp. 135-147)。但是，雅威这一无偶像的神，在历史上和古西亚的偶像崇拜中都很陌生。冯·拉德坚持认为，“在整个宗教史上，没有和它一样的情况”(*Deuteronomy*, London: SCM Press 1966, p. 56. Cf., *God at Work in Israel*, Nashville: Abingdon, 1980, pp. 130-131)。施密特(W. Schmidt)也评价说，第二诫命将雅威和其他神区分开，并且“将他从一般宗教世界中分离出来”(*The Faith of the Old Testament*, Philadelphia: The Westminster Press, 1983, p. 77)。

③ G. von Rad, *Old Testament Theology* I, pp. 214-215.

巴勒斯坦地区的以色列住宅中曾经发掘出许多小神像和女神像。[①] 这一事实使得人们对以色列的宗教历史提出了很重要的问题。第二诫的有效应用和忠诚执行达到什么程度？它是不是主要以一个宗教理想化的表现形式存在？或者说，它是否已在宗教实践中完全得以贯彻实施？在中央圣所进行的正式礼拜仪式和在家里或是偏远的当地圣所进行的民间宗教行为之间是否有差异存在？哥特瓦尔德(N. K. Gottwald)在对公元前1250～1050年古以色列的论述中对于最后的一个问题似乎有一个肯定的回答：

> 在这个以色列遗迹的出土文物中发现了这一时期的一些考古学证据，没有发现任何男性神像，但却有大量粗糙的女神像和妇女为祈求怀孕所佩戴的护身符这样形式的神像。尽管可能是正统的耶和华宗教信仰阻碍了这种流行的法术，但是也许这种小法术从未被视作严重违背了神像禁律，因为没有人会把一个女神和以色列的神混淆，以色列的神通常被构想成男性的形象。[②]

如果哥特瓦尔德的研究是正确的话，那么很明显，对于神像禁律影响力和范围的准确度，以色列人应该有各种不同的看法。哥特瓦尔德承认，要精确构想出诫命限定的范围很困难，他还认为："早期对神像塑造的抵制显然不是一条针对所有神像化符号的禁令。"[③]这也许可以解释，在《士师记》第17～18章以及后面的文字中，为何弥迦在其私人祭坛中的塑像和他利未族的家庭祭师并没有受到任何猛烈的抨击和批评。但部落的人曾经扣押了弥迦祭拜的神像和他的祭师，把他们带走，但最后也接纳了他们。[④] 在这里，我们可以发现重要的一点，即尽管在以色列规定了这样严格的神像禁律，多宗教信仰还是广泛存在，以色列人和迦南人一样都有生育和母亲女神的女性小神像(female figurines)，不论是个人

---

① M. Farbridge, *Studies in Biblical and Semitic Symbolism*, New York: Ktav Publishing House, 1970, pp. 12-13.

② N. K. Gottwald, *The Tribes of Yahweh*, London: SCM Press, 1980, p. 684. 赖特(G. E. Wright)曾断言，纵然以色列人试图采用迦南的宗教实践，也从没有一个男性神的偶像从以色列的镇上被挖出来。他总结说："证据生动明确地指出，耶和华的神像禁律在以色列的早期就已经相当深入人心的，以至于甚至是无知和宽容的人也理解，耶和华不能简单地用这种方法来崇拜。尽管其他的实践可能是借鉴得来的，但是神像崇拜却不是其中之一。"(*The Old Testament Against Its Environment*, London: SCM Press, 1950, pp. 24-25)

③ N. K. Gottwald, op. cit., p. 684.

④ 关于《士师记》第17～18章的这种辩论，诺斯(M. Noth)假设是出自于耶罗波安一世所建造的但部落的国家圣所圈子里，是要对抗一种反国家的意志。("The Background of Judges 17-18," *Israel's Prophetic Heritage*, eds. B. W. Anderson & W. Harrelson, New York Harper & Brothers, 1962, pp. 68-85)

还是家庭拥有，这些现象都没有从当地消除。[①]

在《出埃及记》32 和《列王纪上》12 中有记载金牛犊的传统，耶罗波安一世挑选了并作为两个国立圣所之一，在这两个圣所中，他铸造了两头金牛犊(《列王纪上》12)。这对于理解《希伯来圣经》中神像禁律的历史有着重大的意义。在这里我们最关心的是，《出埃及记》32 中的旷野牛犊和北国的国家牛犊是否被视作耶和华实际意义上的代表物。金牛犊被当成是耶和华而不是任何其他国外的神，从这两段文字目前的形式和目的上来判断，要理解这一点并不困难。[②] 亚伦和耶罗波安向民众宣告说："以色列人啊，这就是领你们出埃及地的神。"(《出埃及记》32:4:1;《列王纪上》12:28)[③]

两段文字中同样的表述说明，亚伦和耶罗波安都没有打算要创造一个新的宗教或是一个新的神。这些人承认，带他们出埃及的神是由牛犊所代表的。他们的领导人正式宣布，要向耶和华上帝守节(《出埃及记》32:5;《列王纪上》12:32)。耶罗波安铸造了两头金牛犊，并且分别将它们安设在但和伯特利，这两个地方也成为了全国两大国立圣所，这种行为不仅仅是纯粹的宗教行为，其实也是一种政治行为。耶罗波安的政策具有宗教和政治的双重意义：这种行为被视作脱离耶路撒冷以建立起与之竞争的祭拜中心，这种祭拜中心与耶路撒冷的圣殿完全不同，也被视作不受耶路撒冷约柜限制并可以与之竞争的合法崇拜。[④] 耶罗波安想要消除耶路撒冷长期以来对他的人民所施加的政治宗教影响。[⑤] 这一改变是必须的，因为北国以色列曾是一个完全独立的国家(《撒母耳记下》5:1-5;《列王纪上》12:16)。所以，耶罗波安对他的人民说："你们上耶路撒冷去，实在是

---

① G. E. Wright, op. cit, pp. 24-25. 要注意古西亚和中国，女神对于普通人的角色。观音和天后在中国是很好的例子。

② 考夫曼坚称："反对者将沙漠牛犊和耶罗波安的两头牛犊视作神物，而不是神的像。"(*The Religion of Israel*, New York: Schocken Books, 1972 p. 236)与之相反的是，以色列宗教"反对神的代表物，因为在异教中，这样的神像被视作神的化身，而且偶像本身会被崇拜"(p. 237. Cf., Y. Kaufmann, "The Bible and Mythological Polytheism," *JBL* 70, 1951, pp. 179-197.)。

③ 《圣经》的文本使用的是名词复数"你们的众神"，这可以理解为是指耶罗波安造的两头牛犊，一头在伯特利，一头在但。但是，《出埃及记》第 32 章的文本却提出了难题，它提到只造了一头金牛犊。

④ N. K. Gottwald, *The Tribes of Yahweh*, p. 683; R. W. L. Moberly, *At the Mountain of God*, Sheffield: The University of Sheffield Press, 1983, p. 165; R. de Vaux, *Ancient Israel*, London: Darton, Longman & Todd, 1961, pp. 333-334. 关于牛并不是要作为雅威的偶像，但是他的基座，这同耶路撒冷的约柜类似，参见 W. F. Albright, *From the Stone Age to Christianity*, New York: Doubleday Anchor Books, 1940, p. 299 ff., W. Eichrodt, *Theology of the Old Testament*, London: SCM Press, 1961-1967, p. 117. M. Noth, *Exodus* (OTL), London: S. P. C. K., 1966, p. 82. H.-J. Kraus, *Worship in Israel*, Richmond: John Knox Press, 1966, p. 149f, 则怀疑这一观点。

⑤ John Gray, *I & II Kings*, London: SCM Press, 1970, p. 311.

难。"(《列王纪上》12:28b)他因此建立了两个礼拜中心,防止他的人民到耶路撒冷去朝拜。①

耶罗波安刚刚登基,这个新国家需要不断壮大和巩固。作为国王,耶罗波安想要把一些少数族群统一起来,并且使以色列的不同种族和谐共处。在古西亚的宗教里,牛是最常见的宗教符号,耶罗波安一定是基于此来挑选牛,然后在宗教实践的领域里实施其统一功能。莫布利(R. W. L. Moberly)正确指出:"不仅在迦南,同样也在埃及、乌加里特和美索不达米亚,牛是一种最了不起的男性神的符号,它在文学作品和这些领域的肖像研究中也多次得以验证。"②莫泊尔进一步评论说,为了赢得国家中不同种族的人的拥护,"用人们已经熟知的宗教符号呈现耶和华宗教信仰,似乎会是显而易见的解决方法"③。

我们肯定,如果在西奈山人们已经把牛犊的形象看作背叛,那么为了在耶和华宗教信仰下统一国家,耶罗波安是不会引入这一形象的,因为这会离间那些"最近加入大卫领导的耶和华宗教信仰的人"④。如果我们考虑到这些社会政治因素,就可以总结出:在耶罗波安时期,人们可能没有将金牛犊视作对耶和华的背叛,而是将其视作合理形式崇拜的组成部分。⑤ 如果这个结论是正确的话,这就可以解释那些热忱的耶和华宗教信徒、以利亚、以利沙和耶户在关于"牛犊背叛论"的问题上,为何奇怪地保持了沉默。有两个 8 世纪的先知在北国曾经做过

---

① H. Ringgren, op. cit., p. 164.《列王纪上》第 12 章现存文本来自一个犹大传统,他损害了耶罗波安迁移的历史意义,引入了辩论以反对印度王国宗教实践:新年活动的习俗和非利未族的教士。(John Gray, op. cit., p. 312, F. M. Cross, *Canaanite Myth and Hebrew Epic*, p. 74)

② R. W. L. Moberly, op. cit., 164. 在拉斯沙姆拉,El 被称作"牛 el",巴力和一头母牛交合(参见 H. Ringgren, op. cit., p. 63)。赖特也称,这头牛是 El 和迦南的巴力的象征,也是美索不达米亚的阿努和恩利尔的象征(G. E. Wright, op. cit., p. 25)。关于牛是一个常见的迦南生育的象征,见 W. J. Harrelson, *IDB*, II, p. 489, Marvin Pope, *El in the Ugaritic Texts*, Leiden E. J. Brill, 1955, p. 35, H. H. Rowley, op. cit., p. 82. 有两篇关于牛偶像和小雕像考古学证据的文章,这两篇文章在过去几年里由 *BASOR* 出版。Varda Sussma, "A Relief of a Bull from the Early Bronze Age," *BASOR* 238, 1980, pp. 75-77; Amihai Mazar, "The 'Bull Site'—An Iron Age I Open Cult Place," *BASOR* 247, 1982, pp. 27-42.

③ R. W. L. Moberly, op. cit., p. 165.

④ R. W. L. Moberly, op. cit., p. 164; Cf. A. Alt, "The Formation of the Israelite State in Palestine," *Essays on Old Testament History and Religion*, Oxford: Blackwell, 1966, 224 ff.

⑤ 福热尔(G. Fohrer)称,《出埃及记》第 32 章是"对沙漠时期的回溯"(op. cit., p. 82)。金斯伯格(H. Louis Ginsberg)质疑说,为什么在《诗篇》106:19～20 和《尼希米记》9:19 之前,没有摩西五书以外关于荒漠一代的罪行的篇章。他推断,《出埃及记》32 是来自于公元前 730 年代早期(739～736 BC)。"他显然认为,讲述金牛犊的故事以及它可怕的结局很重要,这是为了使得当时同时代的人都放弃他们的金牛犊或是牛犊。"(*The Israelian Heritage of Judaism*, New York: The Jewish Theological Seminary of America, 1982, pp. 85-86, 89) R. W. L. Moberly 说,《出埃及记》32 章是从属于《列王纪上》12 章的(op. cit., p. 163)

预言，这两个人中，何西阿是唯一一个公开批评牛犊形象的先知(8:4-6)。

如其所示，现存《列王纪上》中的内容清楚表明，牛犊是人们所崇拜的神的一个神像。① 耶罗波安"向他所铸造牛犊"献祭(《列王纪上》12:32)。在古美索不达米亚也可以发现类似的对神像以及他们与神之间的关系的理解。人们认为神存在于他们的神像之中，如果在宗教仪式中拿走神像，那神大概也会跟着神像一同离开。② 因此，人们可以从神像身上感觉到神的存在，通过一种精心准备的献祭仪式，神像也从一个无生命的物体变成了神的处所或是神存在的媒介。③ 从这个意义上来说，神像并不是一个神实际意义上的形象，而只是象征神的存在。

考夫曼(Yehezkel Kaufmann)坚称，以色列宗教中对神像有一种双重态度，以色列宗教从一开始就反对把神像和其肖像当成神来崇拜，但是"没有禁止那些非崇拜对象的宗教形象"④。他以铜蛇(《民数记》21:8 以降)和天使为例，两者都被认为是合情合理的，因为它们并没有被当作崇拜对象一样被信奉。另外，考夫曼相信，对神像的禁绝有其不同发展阶段和不同的应用程度。无论是《圣经》的作者还是以色列普通的民众都秉持着对上帝的信仰，但是在这一种信仰的宗教内涵上，他们却持有不同的看法。所以，"耶和华崇拜并没有绝对禁止神像的存在"⑤。

为了对摩西十诫中的神像禁律有更准确的理解，我们应该读一读相关的经文(比较《出埃及记》20:3～6 与《申命记》5:7～10)：

> 神吩咐这一切的话说，
>
> 我是耶和华你的神，曾将你从埃及地为奴之家领出来。
>
> 除了我以外，你不可有别的神(אֱלֹהִים אֲחֵרִים)。
>
> 不可为自己雕刻偶像(פֶסֶל)，也不可作什么仿佛上天、下地和地底下、水中的形像(תְּמוּנָה)。
>
> 不可跪拜它们，也不可事奉它们，因为我耶和华你的神是忌邪的神。(《出埃及记》20:1～5)

---

① 牛犊作为神存在的象征，见 M. H. Farbridge, op. cit., p. 66. 不应该把雅威与牛犊相提并论。W. Eichrodt, *Theology of the Old Testament*, pp. 117, 119; G. von Rad, *Old Testament Theology I*, pp. 213-224.

② A. Leo Oppenheim, *Ancient Mesopotamia*, Chicago: University of Chicago, 1964. 耶路撒冷的约柜象征着耶路撒冷祭礼中的圣显。

③ Op. cit., p. 186. 偶像是为了帮助崇拜者把注意力集中在圣所中的祭礼生活，"作为祭祀活动的中心"(p. 185)。

④ Y. Kaufmann, *The Religion of Israel: From Its Beginnings to the Babylonian Exile*, trans. & abridged by Moshe Greenberg, New York: Schocken Books, 1972, p. 237.

⑤ Y. Kaufmann, *The Religion of Israel: From Its Beginnings to the Babylonian Exile*, p. 147.

《出埃及记》20:5 中提到“不可跪拜那些像,也不可事奉它们”,如果没有 20:4 的内容,20:5 这两句话里的复数代词也自然是指那些在 20:3 中提到的“别的神”(אֱלֹהִים אֲחֵרִים),因为 20:4 中“雕刻偶像”(פֶּסֶל)和任何“形像”(תְּמוּנָה)都是单数形式。此外,你“不可跪拜它们,也不可事奉它”的诫命通常是和外族的神相关,但是和耶和华的神像无关(《申命记》8:19)。[①] 第 5 节中给出的解释是,耶和华是一个“忌邪的神”,这一解释是针对第 3 节中只崇拜耶和华一个神的要求。耶和华不会嫉妒他自己的偶像。第 5、6 节应自然地接着第 3 节,现在被第 4 节间断了。第二诫命和第一诫命融合在一起就是这一编辑上改变的结果。神像禁律(פֶּסֶל)和外族神禁律(אֱלֹהִים אֲחֵרִים)这两项诫命被视作是完全一样的。制作神像并且崇拜他们被看成是违反外族神禁律。在这种情况下,第 4 节前半部分的神像就不再仅限于耶和华的神像了。这里的分析并不是为了解释禁律的起源,对禁律的起源及其不明的意图我们仍然一无所知。但是施密特敢于提出他对于两条诫命融合的解释,其中考虑到了迦南耶和华宗教信仰的社会宗教发展。[②] 他指出,神像禁律是针对迦南文化影响反作用力的一部分。最初先强调了邻近族群对于其他神的崇拜。然后,当耶和华崇拜本身受到外族崇拜形式的威胁,而非外族神本身的威胁,直接针对耶和华崇拜的抗争开始了,而神像崇拜变成了以色列宗教的一个独特标志。

反对从其他宗教复制或借用的意图并不意味着耶和华不受迦南宗教形式的影响,耶和华也不是一个没有来自异教世界污染物的“纯粹”宗教。[③] 相反的,作为古西亚文化和宗教世界的组成部分,以色列宗教利用该地区的传统来形成它自己的宗教思想,甚至耶和华本身的形象。在漫长的同化过程中,人们发现并且普遍认为,以色列的神,即耶和华,很容易就会被等同于厄力(El),厄力是迦南众神谱中的最高之神,也是迦南众神会中的首领,所以,“那些以色列人的祖先祭祀过的旧的厄力圣所可以直接给耶和华宗教信仰使用”[④]。

---

① J. J. Stamm & M. E. Andrew, *The Ten Commandments in Recent Research*, London: SCM Press, 1967.

② W. Schmidt, *The Faith of the Old Testament*, p. 80. 更多关于第二诫命由第一诫命得出的推论,参见 C. R. North, “The Essence of Idolatry,” *Von Ugarit nach Qumran*, *BZAW* 77, Berlin, 1985, p. 156.

③ N. K. Gottwald, *Hebrew Bible*, Philadelphia: Fortress Press, 1985, p. 217. Cf. J. Pedersen, *Israel III-IV*, London: Oxford University Press, 1940, 1959, pp. 468, 642.

④ R. E. Clements, *Old Testament Theology*, (London: Marshall, Morgan & Scott, 1978), 66. 他进一步推断:“甚至更老传统的偶像崇拜也以这种方式被采用,就好像曾经发生在伯特利的那些偶像崇拜一样”。Cf. Marvin H. Pope, op. cit., pp. 103-04; F. M. Cross, op. cit.,在第 1～3 章中提供他了关于耶和华、El 和巴力的观点。

然而，不时有一些来自先知的提醒，甚至是猛烈的批评，他们不停争论，保持敌对状态，反对某些宗教崇拜传统，这些传统不可避免地和淫乱联系在一起。《何西阿书》就在这些热心的崇拜耶和华的先知当中(比较《何西阿书》4:13～14和《阿摩斯书》2:4)，这些先知的话很少有人听从，而且人们总也不照他们的话去做。一些学者曾试图理解和体会在这场斗争中人们所遭受的困难。奥尔斯特罗姆(G. W. Ahlström)是对以色列人当时的处境表示同情的学者中的一员："为了在迦南的土地平安地活下去，必须遵守迦南的法规(*mishpat*)。"[①]为了确保人类和动物生生不息的繁衍，人们不得不祭拜生育之神巴力(Baal)和亚斯他录。[②]在谋求生计为生存而战和坚持耶和华宗教是一个独一无二的信仰之间，以色列人必须找到一个平衡点。他们无法一劳永逸地解决这种紧张状态。

我们可以确认，公牛形象被创造出来不是要作为耶和华的神像的，牛的形象不能等同于上帝本身，神像是一种神存在的象征，或者牛像仅仅是耶和华的基座，但是几乎没有一种方法可以确保，普通民众不会试图将上帝等同于牛，将牛的神像看作是耶和华本身，从而有意无意地将牛当作是崇拜对象。[③] 从这个观点来判断，禁律不太可能有始于早期以色列的古老源头。[④] 神像禁律遭遇迦南宗教的挑战和威胁并在此过程中获得以色列的新经验，凭借这些经验，它才逐渐得以实施，并且重新形成反抗力量。以色列人之被掳经验强有力地影响了整个《圣经》宗教之确立，圣殿被毁，民族被放逐，上帝被讥讽，敌人以侮辱的话取笑他们："他们的神在哪里呢？"(《诗篇》115:2)。诗人进一步肯定上帝的超越性及神像的无能：

> 为何容外邦人说，他们的神在哪里呢？
> 然而，我们的神在天上。都随自己的意旨行事。
> 他们的偶像，是金的，银的，是人手所造的。
> 有口却不能言。有眼却不能看。
> 有耳却不能听。有鼻却不能闻。

---

① G. W. Ahlström, "An Israelite Figurines, Once More," *VT* 25 (1975), 108.

② 奥尔斯特罗姆断言，在青铜器中期和铁器早中期发现的很多女性小雕像是亚斯他录的雕像。关于迦南女神的研究，见 R. Patai, *The Hebrew Goddess* (New York: Ktav Publishing House, 1967)，他指出"女神们是无处不在的"(第 15 页)。

③ 克劳斯(Kraus)也得出了同样的观点，op. cit., p. 150. R. de Vaux, op. cit., p. 334; W. Eichrodt, op. cit., p. 118.

④ 哥特瓦尔德说，禁律是随耶和华宗教信仰的兴起而产生的，*The Tribes of Yahweh*, 684. 奥尔布赖特(W. F. Albright)也支持很早期的说法，这个说法有看起来很可靠的考古学证据支持，*Yahweh and the Gods of Canaan* (London: the Athlone Press, 1968), p. 169.

有手却不能摸。有脚却不能走。有喉咙也不能出声。

造他的要和他一样。凡靠他的也要如此。(《诗篇》115:2～8)

以色列的痛苦经验促成了神像禁律之确立。[1] 之后,禁律被申命记派神学看作是一个神学主张,最初,禁律的构想很模糊,诠释很不同,执行起来也很松散。是因为先知的坚持和申命记派神学的说服力才使得禁律越来越明确和理想化。

偶像禁律的申命派神学

《申命记》4 章是《希伯来圣经》中唯一把有关于耶和华神像禁律的第二诫命强调和解释得异常清楚的文本。从一开始,以色列人就不应该去制作和崇拜耶和华的神像(《申命记》4:12, 15～18)。耶和华在何烈山显灵,他从火焰中对人们说:"你们只听见声音,却没有看见形象。"(《申命记》4:12)"所以,你们要分外谨慎。因为耶和华在何烈山,从火中对你们说话的那日,你们没有看见什么形象。"(《申命记》4:15)这一章节说明神像禁律的实施力度加强了。以色列不能雕刻"任何形象的偶像,仿佛什么男像女像,或地上走兽的像,或空中飞鸟的像,或地上爬物的像,或地底下水中鱼的像"(《申命记》4:16～18)。

"形象"(תְּמוּנָה,likeness)这个词在这个段落和摩西十诫的第二诫命中被认为是有启发性的。在整本《希伯来圣经》中,这个词只出现过 10 次:5 次出现在《申命记》第 4 章中,2 次出现在摩西十诫中(《出埃及记》20:4;《申命记》5:8);另外它还出现在"摩西五经"传统之外(在《约伯记》4:16 和《诗篇》17:15 中),但这与我们这里讨论的内容无关;剩下的那一次是出现在《民数记》12:8,这是为了表述摩西独一无二的先知身份,耶和华面对面地和他说话:摩西看到耶和华的样子(比较《申命记》34:10;《出埃及记》33:18～23)。因为在"摩西五经"的传统里,摩西这一位最伟大的先知是唯一一个曾见过耶和华的"形像"的人类,所以他拥有了一个最独特的先知身份,可以为耶和华传达谕示。以色列人看不到耶和华的"形像"。他们没有塑造任何耶和华的"形像",而是要听摩西传达那些神谕的話。《创世记》1:26-31 明确提到,男人和女人是上帝的创造物,是他创世中的一部分,男人和女人是上帝照着自己的"形像"(פֶּסֶל)和"样式"(דְּמוּת)创造出来的。后面这一事实证明了上帝和人类之间一种特殊的关系。虽然《创世记》1 的"形像"和"样式"这两个词和《申命记》中用到的词"形像" (תְּמוּנָה)存在区别(《出埃及记》20:4),也不妨碍布鲁格曼(W. Brueggemann)把两篇文字加以联系,他弄清了

[1] Nathaniel B. Levtow, *Images of Others*: *Iconic Politics in Ancient Israel*, Winona Lake, Ind.: Eisenbrauns, 2008.

"形像"这个词语在不同情况下的差别,坚持认为,"要理解"《创世记》1:26～27中的内容"必须一并考虑以色列人对上帝任何形象的抵制"[①]。这些《圣经》内容写成于流亡时期,在那时候,人们坚定地抵抗着巴比伦宗教神像崇拜的诱惑,这种抵抗有其最明确的表达方式。

一座铸像不能代表耶和华,只有人类才是世上唯一可以代表他的。[②] 上帝的形象从来都不是一块石头、木头或金属,在所有的生物中,我们人类是唯一按照上帝的"形象"创造出来的生物,我们"可以对他说话,听他对我们说话,服从他或是不服从他——简而言之,可以回应他"[③]。吉布森(John C. L. Gibson)通过分析"形像"(פֶּסֶל)这个词在《希伯来圣经》中大都用于异教徒神像崇拜所传达的讽刺意味得出了自己的观点(《民数记》33:52;《列王纪下》11:18;《阿摩司书》5:26)。与之意思相近的一个词"样式"(דְּמוּת)也提醒了第一批听到第二以赛亚关于神像崇拜警告的人:

> 你们究竟将谁比上帝,用什么形像(דְּמוּת)与上帝比较呢?(《以赛亚书》40:18)

上帝的不可比拟性使得任何东西都无法与上帝相提并论。《以赛亚书》的问题"你们究竟将谁比上帝?"(《以赛亚书》40:18～20)很清楚地认定了这一《圣经》概念,即上帝的"形像"不会被造出来。[④]

《申命记》第4章试图详细和全面地叙述神像禁律。禁止任何生命形式的人和动物的"形像"。被掳流放时之文本是对摩西十诫中第二条诫命的更新、发展和增强,以将禁令的范围扩展到所有的生物上;也为了将几乎所有的生命范畴都包含在内。[⑤] 这也说明了一种同样的意图,如《出埃及记》20:4b中所写的那样,是为了将第一和第二诫命合并起来。显然,在《申命记》第4章中,第二诫命使第一诫命相形失色。神像禁律显然是最主要的诫命,它体现了耶和华在流放时期《申命记》派神学中独一无二的特点,并且在这一神学的框架中,《申命记》第4章

---

① Walter Brueggemann, *Genesis* (Interpretation), Atlanta: John Knox Press, 1980, p. 31.

② W. Harrelson, op. cit., pp. 64-67. 但是,施密特质疑这样的一种理解,op. cit. 77.

③ John C. L. Gibson, *Genesis* Vol. I, Edinburgh: The Saint Andrew Press, 1981, p. 76.

④ Paul Trudinger, "To Whom Then Will You Liken God?" *VT* 17 (1967), pp. 220-225. 关于神的"image[形象]"和"likeness[样子]"的意义,参见 J. Maxwell Miller, "In the 'image' and 'likeness' of God," *JBL* 91 (1972), 289-304; John F. A. Sawyer, "The Meaning of במלם אלה׳ם ('in the image of God') in *Genesis* I-XI", *JTS* 25 (1974), pp. 418-426.

⑤ W. Schmidt, op. cit., pp. 82-83. 关于《申命记》第4章是第二诫命的《申命记》扩展,参见 C. R. North, "The Essence of Idolatry," pp. 151-160.

得到了很准确的理解。[①]

如冯·拉德所指出的那样，在《申命记》第4章中，唯一的问题就是要强制推行神像禁律(《申命记》4:15～20，23～24)。当以色列人分散居住在不同国家时，这个问题就变得越来越紧急了。人们有可能会被吸引去崇拜其他神，与此同时，人们也会渐渐适应这种生活方式、世界观、宗教习惯和所在国家的习俗以及神像崇拜。两者之间很难找到一条明确的界限。这就解释了为何摩西十诫是现在这样的形式，尤其在《申命记》第4章中，"第一和第二诫命互为解释"[②]。神像崇拜成为解决问题的关键，而且它更具威胁，因为耶和华的形象不能被描绘出来，这世界上没有可以比作耶和华的事物。任何尝试制造出他代表物的行为，就等于将他等同于外族的神，这样就削弱了耶和华的统治权以及耶和华和以色列之间的关系(《以赛亚书》40:18～20，41:21～29，44:9～20，46:1～13)。[③]

从神学意义上来讲，神像禁律反对任何试图以创造出来的事物或人的束缚上帝的行为，在上帝所创造世界之外或是自然界与上帝无法等同的东西，这些事物或偶像永远不能代表上帝。从这个观点上看，《圣经》很明确地区分了上帝和物质世界。[④] 上帝是不受自然界约束的，而自然也是非神圣化的。所以，《圣经》神像禁律维护了耶和华的超然地位。克莱门兹(R. E. Clements)在禁止耶和华神像的整个过程中发现了其潜在的神学意义，"有更多的人意识到上帝超然地位这一特点"[⑤]。可以引用以利亚在何烈山上的经历来证明耶和华的这一《圣经》概念：

> 耶和华说，你出来站在山上，在我面前。那时耶和华从那里经过，在他面前有烈风大作，崩山碎石，耶和华却不在风中。风后地震，耶和华却不在其中；地震后有火，耶和华也不在火中；火后有微小的声音。以利亚听见，就

---

① 《申命记》第4章长久以来被看作是《申命记》1～3引言章节的流放时期内容扩展。序言流放时期内容的更新是第4章以及第29～32章，这些内容可能是来自同一个《申命记》的编者，形成了《申命记》法典的新框架(chs. 12-26). 利文森(J. D. Levenson)通过词汇的关系、风格上的分析、传统历史研究和神学研究的考量来证明他的观点，即"Who Inserted the Book of the Torah?" *HTR* 68 (1975), pp. 203-233.

② W. Schmidt, op. cit., p. 83; Cf., C. R. North, op. cit., p. 156. 关于制造耶和华的神像和其他神崇拜之间的关系，见 A. D. H. Mayes, "Deuteronomy 4 and the Literary Criticism of Deuteronomy," *JBL* 100 (1981), p. 27.

③ 关于神像的这一段的神学研究意图，有一篇详细的文章，作者是 J. Richard, S. J. Clifford, "The Function of Idol Passages in Second Isaiah," *CBQ*, 42 (1980), pp. 450-464.

④ C. R. North, op. cit., pp. 158-160; W. Schmidt, op. cit., p. 82; M. Fishbane, "Israel and the 'Mothers'," Peter L. Berger (ed.), *The Other Side of God* New York: Anchor Books, 1981, pp. 34, 38, 42-43; O. S. Rankin, *Israel's Wisdom Literature*, Edinburgh: T. & T. Clark, 1954), pp. 199, 201; Walter Harrelson, op. cit., p. 64.

⑤ R. E. Clements, op. cit., p. 69.

用外衣蒙上脸……有声音向他说，以利亚啊，你在这里作什么？(《列王纪上》19:11～13)

耶和华是历史之神，他不能和自然界任何"形像"混为一谈。然而，可以发现一个有趣的现象，在《诗篇》中，耶和华的灵显总是以同样的形式：云，地震，火(比较《诗篇》18：7～9，《诗篇》68:8)。他与人类的交流和沟通是以语言的形式(《申命记》5:22)。在何烈山上，不管是以色列人还是以利亚都看不到他的样子，只听到他的声音。耶和华超自然的无边神力是通过先知的话和圣约的法律传达到我们这里的。通过先知听耶和华的话，看圣约法律，就是上帝的子民日常生活中的义务。《申命记》第4章之序言(4:1～8)与后记(4:32～40)的修辞问句表现了《申命记》第4章在以色列人心目中有特殊的地位。关于这些律例和典章，经文说：

所以你们要谨守遵行；这就是你们在万民眼前的智慧、聪明，他们听见这一切律例，必说，"这大国的人真是有智慧，有聪明"。哪一大国的人有神与他们相近，像耶和华我们的神，在我们求告他的时候与我们相近呢？又哪一大国有这样公义的律例典章，像我今日在你们面前所陈明的这一切律法呢？(《申命记》4:6～8)

在后记中提出了一系列的问题，这些问题描述了以色列的独特性：

你且考察在你以前的世代，自上帝造人在世以来，从天这边到天那边，曾有何民听见上帝在火中说话的声音，像你听见还能存活呢？这样的大事何曾有，何曾听见呢？上帝何曾从别的国中将一国的人民领出来，用试验、神迹、奇事、争战、大能的手和伸出来的膀臂，并大可畏的事，像耶和华你们的上帝在埃及，在你们眼前为你们所行的一切事呢？(《申命记》4:32～34)

耶和华是天和世界的创造者，是历史之神，他独自为神，运用他的力量、智慧和自由来选择以色列人作为他的子民。这位耶和华是一个无像的神，他以他的声音出现在他的子民面前，并要求他们在人类社会和各个国家中执行他的意志。

无像之上帝和多神像之中国宗教

本文剩余的部分将会把耶和华宗教信仰和中国的多宗教信仰进行跨文本阅读之讨论，耶和华宗教信仰典型的特点就是它是一个无像的独一神崇拜的宗教(Monolatry/Henotheism)，而中国的多宗教信仰几乎一个不漏地让每一个神都有形象。基本上，中国文化从宗教表现来看具有信奉多神的特点。在很多宗教仪式和祭拜中都可以看到精心制作的神像和无数神的代表物。这里很容易就可以发现古代中国和古代西亚宗教世界的相似之处。在这两个地方，不断增多的神及随之增加的神像就成为了宗教的标志。[①]

从本质上来说,中国的文化充满宗教意味,其特点是宗教多元性和多宗教信仰合一。这一点可以在中国民间宗教或是大众宗教中得到证实。事实表明,官方的宗教观点长期以来受儒家思想的影响,而儒家思想并不认同宗教(尤其在神的概念上),尽管如此,中国民间宗教却一直持续保有其生命力并且不断地发展。这尤其体现在道教和佛教上,它们已经渗入并且深深植根于中国劳动阶层中,成为了中国文化深层结构的重要组成元素,同时,它们也是中国文化史不可分割的部分。[②]

人们常常引用孔子对于宗教的怀疑态度,以此作为中国对于宗教传统看法的正式声明。在《论语》中,孔子对于神鬼有以下的论述:

> 祭如在,祭神如神在。
>
> 子曰:"务民之义,敬鬼神而远之,可谓知矣。"
>
> 季路问事鬼神。子曰:"未能事人,焉能事鬼?"曰:"敢问死?"曰:"未知生,焉知死?"[③]

整个中国文化的宗教和哲学思想中,早已充满了这些段落中所体现出的人文主义精神。此外,这一种人文主义精神从未阻碍或是压制民间宗教的发展。如同其他伟大的文明一样,中国文化中有一种信奉多神的宗教背景,历史上总是源源不断地涌现出越来越多的神及神像。陈荣捷(Chan Wing-tsit)将中国普罗大众和精英阶层的宗教区分开来,并作出如下的评述:

> 普罗大众崇拜数以千计的神和古代自然界的物体、佛教的、道教的和其他来源的神,只要他们认为这个神在那一刻拥有影响他们生活的力量,他们就会特别地供奉他。另一方面,精英阶层仅仅祭祀上天、祖先,有时候也祭拜孔子、佛祖、老子和一些伟大的历史人物,但不会是其他的神灵。[④]

---

① 关于中国多宗教汇合,参见 Henri Maspero, op. cit., Judith A. Berling, *The Syncretic Religion of Lin Chao-en* (New York: Columbia University Press, 1980), Max Weber, *The Region of China* (New York: The Macmillan co., 1964). 关于古西亚宗教和其对神像的态度,参见 Hallo "Cult Statue and Divine Image: A Preliminary Study," W. W. Hallo, J. C. Moyer, Leo G. Perdue (eds.), *Scripture in Context II, More Essays on the Comparative Method*, Winona Lake: Eisenbrauns, 1983, pp. 183-198.

② 关于历史发展中的中国宗教,参见 Henri Maspero, *Daoism and Chinese Religion*, Amherst: The University of Massachusetts Press, 1981. R. Ransdorp, "Official & Popular Religion in the Chinese Empire," Pieter Hendrik Vrijhof and Jacques Waardenburg (eds.), *Official and Popular Religion: Analysis of a Theme for Religious Studies*, The Hague: Mouton Publishing Co., 1979, pp. 307-426.

③ 孔子对鬼神的三句论述分别引自《论语・八佾》《论语・雍也》《论语・先进》。参见杨伯峻译注:《论语译注》,中华书局 2012 年版,第 37、86、159 页。

④ Chan Wing-tsit, *Religious Trends in Modern China*, New York: Columbia University Press, 1953, p. 142.

在过去的六十年中，由于社会政治的巨大变迁，宗教也直接或间接地经历了很大的变化。陈荣捷这样总结了至 1953 年中国宗教的遭遇和命运：

神像被丢出了寺庙。寺庙被摧毁。整个宗教制度被废止。无神论，而不是宗教信仰被奉为精神发展的至高点。①

从负面影响来看，这些状况导致宗教组织数量减少，这尤其体现在民间宗教上，因为当地庙宇的许多神像被捣毁，寺院住持、僧侣、尼姑被驱逐，寺庙被查封或是毁坏。② 然而，从正面影响来看，民间宗教总是可以在外来压力的影响下找到另一种表达方式，能够继续发展，并且起死回生转化成为新形式，尤其在社会秩序处于毁灭的危机中时。③

在中国民间宗教中，神祇崇拜的特点是，无论面临怎样的压力和挑战，它似乎是永远不会被彻底根除的。甚至是今天在香港这样世俗、繁华的现代都市里，即使大多数人都没有对于宗教的需求，尤其新一代的人都认为自己是无神论者，很多人仍然接受某些类型的宗教。

在香港这样一个重视经济发展的地方，财神已在有意无意中成为了人们的神，而财神的形象也已经或有形或无形地进入了人们的生活。在财神银锭上，甚至是银行发行的信用卡（"财富卡"）上都可以看到财神的形象。画有这些形象的海报很受普罗大众的欢迎，他们会将海报贴在自己家的门上，特别是在春节的时候。事实上，不论是开玩笑还是认真的，很多人都认定，香港最受欢迎的神就是财神。财神中有专司薪水工资和升职的，有帮助人们在赌博或抽奖中赢钱的，还有在财政困难时期给人们带来好运的，等等。对普罗大众来说，向黄大仙求财求福，观音开库和借库及车公转运等民间神祇宗教活动，已成为香港人神祇崇拜传统。

总的来说，中国人总是习惯于将各种宗教信仰混在一起，也习惯于在同一座庙里把道教和佛教的众神放在一起。④ 属于这两个宗教的神以及神像通常摆放在同一个神坛上。大多数信徒把这两个宗教当作是同一个宗教一样地崇拜，尽管事实上这些人信仰中的成分主要还是道教，而道教通常被描述为中国本土的宗教信仰。拜神有两层意思：在节日或是特殊的时候，信徒照惯例是要去庙里面拜，平时他们就在家里拜。在香港，尽管民间宗教似乎也已越来越衰落，这尤其体现在年轻一代中，大多数人家里还是会有祖先的神龛，很多商店里都有神位，

---

① Chan Wing-tsit, *Religious Trends in Modern China*, pp. 3-5.

② Chan Wing-tsit, *Religious Trends in Modern China*, p. 145.

③ Chan Wing-tsit, *Religious Trends in Modern China*, pp. 168-185.

④ In Hong Kong there are over 600 Chinese *miaos*, half of which are Buddhist and 200 are Taoist. The rest are mixture of both and other popular religions. (Joyce Savidge, *This Is Hong Kong: Temples*, Hong Kong: Hong Kong Government Publication, 1974, p. 6)

人们从数以百计的神中挑选一个或多个神的神像来安放。其中,最常见的神就是保佑船员的女神天后以及观音。[①] 尽管中国的宗教基本上是信奉多神的和多宗教信仰合一的,但是可以发现中国古代夏商时期神像崇拜的一个有趣的特点,最高之神上帝似乎没有存在任何神像。事实上,尽管普罗大众崇拜数千神像和各种自然界的东西,不管它们是什么来源,精英阶层只信奉上天、祖先和先师。普罗大众遵从三个宗教混合在一起的信仰和宗教实践,这三个宗教的混合是以道教为主;而精英阶层遵从这三个体系主要是将它们作为人生哲学,其中他们最看重的儒家思想对人与人的关系、道德、生活和思想都有最大的影响。[②] 但由于他们遵从孔子,比较多疑,对宗教也漠不关心,他们的观点对劳动阶层的想法和行为都起不了什么作用。

荀子的书中有一篇很重要的讨论天、地、人之间和谐关系的文章。下文将引述一些说明他主要观点的内容:

> 天行有常。不为尧存,不为桀亡。应之以治则吉,应之以乱则凶……故明于天人之分,则可谓至人矣……天有其时,地有其财,人有其治。夫是之谓能参。[③]

荀子试图将他对天、地、人的理解放入社会环境中去,并且将其应用到政府和社会中去。他建议统治者要关注生活的方式(道)。他以如下的问答形式回应了与他同时期的人对他的误解:

> 治乱天邪?曰:日月、星辰、《瑞历》,是禹、桀之所同也。禹以治,桀以乱。治乱非天也。
>
> 时邪?曰:繁启蕃长于春夏,畜积收臧于秋冬。是又禹、桀之所同也。禹以治,桀以乱,治乱非时也。[④]

从《荀子》中,我们可以很清楚地发现人文主义精神的存在,这种精神是深深植根于中国文化中的。人的价值得到很大程度的重视,同时,也鼓励人类为创造他们的未来,构建他们的生活作出努力。与这种人文主义思想相关的还有道德的观点,这种观点对于个人和社会生活中的良好秩序和繁荣都是必不可少的。

《左传》记录了很多具体的形式和事件,这些都证明了这种世界观,也证明了人和社会的概念,这尤其体现在关于政治和政府的内容中。这里有一个关于道

---

① Joyce Savidge, *This is Hong Kong: Temples*, pp. 10-15.

② 将中国人分为"普罗大众"和"精英阶层"来看待他们的宗教信仰是由陈荣捷提出的。(Chan Wing-tsit, *Religious Trends in Modern China*, pp. 141-143)

③ 梁启雄:《荀子简释》,中华书局 2009 年版,第 220 页。

④ 梁启雄:《荀子简释》,中华书局 2009 年版,第 225 页。

德和祭祀仪式的例子,这和希伯来先知的传统有一点相似。

公元前665年,晋侯第二次请求从虞国取道去攻打虢国,宫之奇就规劝虞公。他竭尽所能告诉虞公,为晋国提供这样的方便是危险的。虞公没有听从宫之奇的劝告,同意了晋国的请求。晋国在第八个月进行了远征,并且消灭了虢国。他们返回途中,经过虞国,晋国军队又出其不意地占领了虞国的都城。宫之奇规劝虞公的时候,他们讨论了一些道德和宗教实践的问题。

虞公说:"吾享祀丰洁,神必据我。"对曰:"臣闻之,'鬼神非人实亲,惟德是依'。故《周书》曰:'皇天无亲,惟德是辅。'又曰:'黍稷非馨,明德惟馨。'又曰:'民不易物,惟德繄物。'如是,则非德,民不和,神不享矣。神所凭依,将在德矣。若晋取虞而明德以荐馨香,神其吐之乎?"[①]

强调人类正直的行为和合乎道德的决定也是了解神像禁律《申命记》陈述的基础。神限制人间的神像可能是为人的目的而服务的。通过宗教仪式和祭祀活动,人类企图控制神。这也会造成一个错误的概念,认为人所拜之神是由个人任意支配的。[②]

众所周知,以色列的先知预言中,信仰和道德,祭祀的生活和有道德的生活,这两者之间总有着一种难解的紧张状态。为了反对与道德背道而驰的崇拜和祭祀中的一些复杂行为,阿摩司说了一些嘲笑的话,并猛烈地批评了远离道德的祭祀和牺牲(《阿摩司书》4:4~5, 5:21~25)。

希伯来人的宗教是以先知传统为代表的,它表达了一种批判的精神和深度道德信仰。[③] 在以色列的社会中有一群先知,他们有勇气站出来反对不公平,反对压迫穷人,这一点意义重大,且有正面影响。中国传统中的"规劝者"也扮演同样的角色,尽管他们不必去关心宗教事务。[④]

韩愈是儒家思想忠实的拥护者,他向唐朝的宪宗皇帝呈交了他的奏表,劝说皇帝改变主意,不要去迎接佛骨。在《论佛骨表》一文中,他写道:

> 周文王年九十七岁,武王年九十三岁,穆王在位百年。此时佛法亦未至中国,非因事佛而致此也。汉明帝时始有佛法,明帝在位,才十八年耳。其

① 张庆利、米晓燕、王丽英编著:《左传》,中华书局2011版,第41页。

② 偶像崇拜的危险是误导信徒错误地认为,神是可以被操控的或神是受人的安排的,有以下的学者所表述:G. von Rad, op. cit., p. 212ff; Fohrer, op. cit., pp. 82, 163; Ringgren, op. cit., p. 39; N. K. Gottwald, *Hebrew Bible*, p. 217, etc.

③ 关于希伯来宗教的两个观点,参见 H. Frankfort, *Intellectual Adventure of Ancient Man*, Chicago: The University of Chicago Press, 1946, pp. 235-38.

④ 参见拙文"Doing Theology in Chinese Context: The David-Bathsheba Story and the Parable of Nathan," *East Asia Journal of Theology* 3 (1985), pp. 243-257.

后乱亡相继,运祚不长……

……今闻陛下令群僧迎佛骨于凤翔,御楼以观,舁入大内,令诸寺递迎供养。

臣虽至愚,必知陛下不惑于佛,作此崇奉以祈福祥也。直以年丰人乐,徇人之心,为京都士庶设诡异之观、戏玩之具耳。安有圣明若此而肯信此等事哉?①

韩愈所想要表达的是一个古老的概念,即神灵没有降祸的能力,也没有赐福的本领。换句话说,福祉不是靠拜神得来的。韩愈还引用了孔子关于宗教的著名言论:"敬鬼神而远之。"②尽管没有明确的区分,对于主要遵从儒家思想的精英阶层和乐于接受道教和佛教影响的普罗大众来说,这一儒家的原则造成了他们间的很多分歧。

如前文所述,在中国的宗教中,人们所拜的每一个神几乎都有代表他的神像。神就好像人,他们不仅有神像,而且还有不同的外形。有一句谚语很好地说明了这一点:"各人各样,各菩萨各像。"大多数人拜神像或奉佛缘,都把这些像看成神灵、佛或者菩萨本身,认为神佛一直都住在像中。此外,中国人喜欢纸质神像,"神的形象被画在卷轴上,当人们希望使用时随时随地挂起来"③。这些纸神像很受欢迎,因为可以帮助信徒在心目中树立起他们所崇拜的对象,也为私人的祭拜提供了很便捷的方式。另外,神或佛可以在信徒的家里和他们如此接近,看起来就好像是这家人的好朋友和守护者。④

希伯来人的民众宗教也是多元的,也包括神像崇拜,但先知及《申命记》派之文本则确立独一神宗教及神像禁律。经文表达了一个深层的神学理论,即"神和自然是不同的,自然界既不包括神,也不会耗尽他的力量"⑤。在耶和华宗教信仰中,一直都有人持续不断付出努力支持神像禁律,至少从何西阿开始,先知们

---

① 孙昌武选注:《韩愈选集》,上海古籍出版社2013年版,第376～380页。

② 孙昌武选注:《韩愈选集》,上海古籍出版社2013年版,第381页。

③ Clifford H. Plopper, *Chinese Religion Seen through the Proverb*, New York: Paragon Book Reprint Co., 1969, p.165.

④ 普洛普尔(Clifford H. Plopper)整理了很多谚语帮助我们了解中国宗教的每一个方面。他的书里有整整一个章节是关于中国人崇拜的各种神。有一本关于大众宗教和中国三个伟大宗教的很严谨的书,作者是马斯佩罗,*Taoism and Chinese Religion* (Amherst: The University of Massachusetts Press, 1981),这本书也有关于中国各种神的精彩描述。

⑤ Michael Fishbane, op. cit., p.33. 同一论点的更多表述:"一件创造物不能代表雅威自己"(G. von Rad, *Deuteronomy*, p.57);"世界的任何物质都不足以表现雅威"(W. Harrelson, op. cit., p.64);"自然世界不能领悟耶和华"(Eichrodt, op. cit., p.215);"现世的任何东西都不足以代表上帝:他是不能被描述的"(W. Schmidt, op. cit., p.82)。

都是这样做的。这种努力具有神学意义,耶和华是创世之神、历史之神,自然界是所创之世的一部分,以色列人在神—自然—人这三者之间维持着很好的关系。三者在创世中和历史中都分别有其活动领域和角色。他们不会被混在一起,难以分辨,也不会被完全分开,互相之间不相关。神像是被创造出来的东西,不能像崇拜神一样崇拜它们;相反,神像也有它们在宗教礼仪中的重要地位,"通过可见的形式呈现不可见之神的代表物"①。这是神像宗教之了解,但《希伯来圣经》认为人类是按照上帝的形象创造出来的,人类就被理解为"体现上帝的美善的一种镜子"②,因而去掉神像存在的基础。

结　论

本文基本上认定,人类是喜欢制造神像的。问题在于,神像禁律是否违背了这样一种对人的本性和渴望的理解呢?神像(iconography)象征着神的存在,是否有可能去崇拜一个没有任何神像的神,是否有可能不借助视觉,使信众将注意力集中在神的身上?事实上,希伯来宗教的核心确实表现在无像崇拜(aniconism)与一神崇拜 (monolatry)③这二元结合的特色中。

在《申命记》第 4 章中有一个饶有意义的问题,根据冯·拉德可信的研究,"以色列坚定地实行神像禁律,却可以容忍其他国家之神像崇拜,这两者之间的对比非常引人注目"④。中国的宗教基本上是信奉多神的、多信仰合一的多神像宗教(iconolatry),希伯来人的宗教是反神像的。她们皆同样呈现复杂性、多层次之精神面貌及社会实践的多样性。中国神像的宗教通常都表现出容纳其他异教之特色,而《希伯来圣经》神像禁律也不会强迫异教徒去实施这一禁律而破坏异己之神像 (iconoclastic)。这两宗教似乎都为宗教宽容和宗教对话开辟新道路。

---

① Constantine Scouteris, "'Never as Gods': Icons and Their Veneration," *Sobornost* 6 (1984), p. 7.

② Constantine Scouteris, "'Never as Gods': Icons and Their Veneration," *Sobornost* 6 (1984), 9.

③ 一神崇拜(monolatry)比一神主义(monotheism)更切地描述《希伯来圣经》的宗教特色。可参见笔者另一文章:"Between Polytheism and Monotheism: Translating the Biblical God in Con/textual Negotiation," *Understanding God in the 21st Century*, ed. by Meng, Zhenhua, China: Vanguard Press, 2013. pp. 102-120.

④ G.. von Rad, *Deuteronomy*, p. 50.

陟斯与上帝*

——将“Deus”翻译为“上帝”的神哲学理据

韩思艺**

明末天主教的东传,引发了中西方文化深层次的对话与碰撞。其中,“天主”的译名之争以及其背后的天主教与中国文化的关系,可以称得上是明清之际天主教神学哲学中第一问题。首先,本文考察了《圣经》中有关天主名称的不同用法,以及托马斯·阿奎那关于天主名称的分析论述。其次,介绍了传教士们将“陡斯”翻译为“上帝”和“吾国天主,即华言上帝”的论证,以及反教儒者和天主教儒者围绕此翻译和论证展开的辩论。最后,论证了将“陡斯”翻译为“上帝”的合理性。明末清初传教士及中国信徒们会通“陡斯”与“上帝”的努力,不仅继承了自犹斯定以来的会通基督宗教信仰与外邦文化的传统,还将有助于基督宗教的中国化发展,从而丰富和发展基督宗教与中国文化各自的传统。

明末清初天主教的东传,将基督信仰再次传入中国。在传教的过程中,为了向中国人说明“天主是谁”的问题,利玛窦在其《天主实义》中将 Deus 翻译为“天主”,“夫即天主——吾西国所称‘陡斯’是也”①,并且说:“吾国天主,即华言上帝。”②由于利玛窦将“陡斯”翻译为“天主”或“上帝”,以及其“天主即上帝”的观

---

* 本文系 2014 年国家社科基金项目“基督教德性伦理的中国叙事研究”(编号:14BZJ020)的阶段性成果,本文的写作受到了“香港文化更新研究中心”的资助,特此致谢。

** 韩思艺,香港浸会大学博士,兰州大学哲学社会学院副教授。

① 利玛窦:《天主实义》,郑安德主编:《明末清初耶稣会思想文献汇编》第 1 卷,北京大学宗教研究所 2003 年印,第 78 页。(下引此书时,简称《郑编文献》)

② 利玛窦:《天主实义》,《郑编文献》第 1 卷,第 92 页。

点，引起了传教士们的激烈讨论，还引发了后来的“中西礼仪之争”。[①] 时至今日，关于“天主”的译名，天主教内部已经有了约定俗成的翻译。除了一些学者还在探讨“天主”“上帝”的译名问题外[②]，无论是使用“天主”“上主”，还是使用“上帝”“神”都已经不会引发太多的争议了。

译名的问题虽然已经看似解决，但是“中西礼仪之争”背后的问题却没有因此消弭。将“陡斯”翻译为“天主”或“上帝”背后的神学哲学思想——“吾国天主，即华言上帝”[③]，使得“中西礼仪之争”仍在延续。在2004年北京的一个基督教聚会中，一位讲员在讨论基督宗教与儒家的关系时，引述利玛窦的观点，提出在终极信仰上，“基督宗教的上帝就是儒家古代经典中的上帝”，引发了这个聚会点

① 参见李天纲：《中西礼仪之争：历史、文献和意义》，上海古籍出版社1998年版，第15页。中国礼仪之争，指17世纪至18世纪西方天主教传教士就中国传统礼仪是否背违天主教义的争议。法国耶稣会士李明回国后撰写了《中国现状新志》和《论中国礼仪书》，介绍儒家思想并批评西方商人对东方文化的无知，中国礼仪问题遂在法国教会内部引起一场大规模的争论。反对耶稣会在华传教方针的意见逐渐取得主导地位。1700年，巴黎大主教诺阿取和索邦神学院发动了舆论谴责耶稣会的对华传教方针，李明的著作也遭到谴责并被禁止出版。教皇克莱门特十一世任命铎罗为特使，赴华处理传教士间有关中国礼仪问题的争端。最后，教皇批准圣职部的第四个决定，禁止使用“天”和“上帝”两个称谓，不准信徒祀孔祭祖，并命令在中国的大小教堂取下康熙亲题的“敬天”匾额。结果引发清朝朝廷反制，严厉限制传教士活动。直到1939年，罗马教廷才撤销禁止中国教徒祭祖的禁令。

② 参见吴义雄：《译名之争与早期的〈圣经〉中译》，《近代史研究》2000年第2期；李滟波：《从〈圣经〉中的God到中国的“上帝”和“神”——兼论跨文化语境中的形象变》，《外国文学研究》2002年第1期；戚印平：“‘Deus’的汉语译词以及相关问题的考察”，《世界宗教研究》2003年第2期；于红、戴卫平：“刍议‘God’的中文翻译”，《中山大学学报论丛》2007年第7期；赵晓阳：“译介再生中的本土文化和异域宗教：以天主、上帝的汉语译名为视角”，《近代史研究》2010年第5期；等等。

③ 关于“天主”与“上帝”的关系问题，当代的仍有不少学者在讨论，例如，罗光在比较研究中西方宗教哲学时，就延续了明清之际利玛窦、徐光启、杨廷筠等人的论述，指出，中国古代信仰中的昊天上帝、上帝、上天即是天主教所信仰的天主。参见罗光：《中西比较哲学研究》，《罗光全书》第19册，（台北）台湾学生书局1996年版，第313页。房志荣则详细比较了儒家思想中的“天”与《圣经》中的“上帝”的概念，在分析其诸多的不同之处后，指出其根本精神是一致的。参见房志荣：“儒家思想中的天与《圣经》中的上帝之比较”，刘小枫编：《道与言》，上海三联书店1995年版。郑安德则详细考察了明清之际天主教学者与反教学者围绕“天”“上帝”“天主”等观念展开的辩论，指出当时的讨论不仅仅是译名的问题，还涉及中西文化传统的差异，“天主”“上帝”等译名仍不足以表述《圣经》中“上帝”所有的大主宰、创造者、拯救者的含义。参郑安德，“基督徒的上帝与中国人的上帝——‘陡斯’的中国名称：明末基督教神名之争”，《天问》，首都师范大学宗教研究所，2006年。杨庆球通过考察中国古代经典中的上帝观的演变，指出虽然中国古代的上帝观与基督宗教的上帝观有一定的距离，但是在逻辑上，作为至上神的上帝和天主应该是一而不是二，并且他还认为，“古代中外都奉同一真神，可惜中国后来行偏了路，信仰假的佛道。基督教不是洋教，是中国古已有之的信仰。”参见杨庆球：《上帝观在中国文化上的流变》，《中国神学研究院期刊》2011年7月；此外，坊间还流传着的一些书中，仍在论证基督宗教的上帝与中国古代经典中的上帝在信仰上的一致性，如唐尧写的《先贤之信》（东方出版中心2005年版），以及远志明写的《神州忏悔录》[（台北）宇宙光出版社1997年版]。

内部很大的争论。过后，这个聚会点的负责人要求该讲员写出信仰告白，教会的牧师和长老也要求他放弃这一观点。虽然该讲员最后同意放弃这一观点，但这个聚会点的负责人还是将他逐出了这个聚会点。《明末清初耶稣会思想文献汇编》的编者郑安德教授称此事件为当代的"中西礼仪之争"。与此事件相映成趣的另外一件事是，在香港中文大学崇基学院的一次学术研讨会上，清华大学唐文明教授在用英文发表论文时，用"God"来翻译儒家经典中的"上帝"一词，也招致一些与会的基督徒学者的质疑，认为二者差异甚大，不可用"God"来翻译儒家经典中的"上帝"。

在下文中，笔者将根据《圣经》中关于天主的名称与名字的不同用法，以及天主教传统中"天主"在西方的译名，特别是托马斯·阿奎那关于天主名称的论述，来考察明末清初传教士关于"吾国天主，即华言上帝"的论证，以及反教儒者和天主教儒者围绕此论证展开的辩论，来论证将"陡斯"翻译为"上帝"的合理性，以此来解开有关天主译名的学理问题，真正走出"中西礼仪之争"。

一、《圣经》中天主的名称与名字

"陡斯"是一般的神名，是《新约》中希腊文"西奥斯"(Theos)的拉丁文翻译，"西奥斯"的含义与《旧约》的"以罗欣"(Elohim)一样，是神的泛称。"以罗欣"的字根似乎为"Ul"，意思是"强有力者"。它不仅指真天主，也指外邦人恭敬的神明，或在特别圣地崇拜的神祇，如"他旁边并没有外邦的神"(《申命记》32:12)、"埃及的众神"(《出埃及记》12:12)等。[①] "以罗欣"在《旧约》出现 2310 次，其含义包括"全能者"(《依撒依亚》54:5)、创造者(《依撒依亚》45:18)和审判者(《圣咏集》50:6)等。在《新约》中"西奥斯"的含义包括"独一真神"(《玛窦福音》6:24；《马尔谷福音》23:9；《罗马书》3:30；《格林多前书》8:4,6；《迦拉达书》3:20)、"超越者"(《宗徒大事录》17:24；《默示录》10:6)、拯救者(《若望福音》3:16；《罗马书》8:32)等。《圣经》上使用最多的是神的名字——"雅威"(YHWH)，"雅威"是神的私称，是那位将自己启示给世人的永活真神(《出埃及记》3:14)。

神的泛称与神的名字有什么分别呢？泛称是人给予一类事物的标签，以便区分不同的事物；而名字则代表一个人其作为位格性的存在，当一个人在称呼另外一个人的名字时，这意味着一种位格性的交往。通过考察《圣经》，我们发现"雅威"不是别人加给天主的称谓，而是天主自己给自己起的名字：

---

① 思高圣经学会：《圣经辞典》，(香港)圣经学会出版社 1974 年印行，"天主"词条。

梅瑟对天主说:“当我到以色列子民那里,向他们说:你们祖先的天主打发我到你们这里来时,他们必要问我:他叫什么名字?我要回答他们什么呢?”天主向梅瑟说:“我是自有者。”又说:“你要这样对以色列子民说:那‘自有者’打发我到你们这里来。”天主又对梅瑟说:“你要这样对以色列子民说:上主,你们祖先的天主,亚巴郎的天主,依撒格的天主和雅各伯的天主,打发我到你们这里来,这是我的名字,直到永远;这是我的称号,直到万世。”(《出埃及记》3:13～15)

天主训示梅瑟说:“我是雅威。我曾显现给亚巴郎、依撒格和雅各伯为‘全能的天主’,但没有以‘雅威’的名字将我启示给他们。”(《出埃及记》6:2～3)

“雅威”是天主对梅瑟的特别启示,在没有这种特殊的启示之前,人都不知道天主的名字。天主将其名字启示给人,不仅是为了让人认识他,更是为了与人建立一种特殊的位格性的交往关系。因此,“雅威”不再是一个普遍的名称,而是一个特殊的名字。在这种位格性的相交中,与其有特殊关系的人可以用这个名字去呼求他、向他发出祷告、赞美和感谢,以回应其救赎、引导与祝福。当然,与此相关联的是,由于这个名字的神圣性,所以人们不可以妄称或滥用:“不可妄呼上主你天主的名;因为凡妄呼他名的人,上主决不让他们免受惩罚。”(《出埃及记》20:7)。因此,在《旧约》中,在“雅威”圣名之旁,插入 Adon,因为自充军期开始,“雅威”已经成了一般犹太人应避讳的名字,所以将“雅威”读作 Adonai,即“主人”或“主宰”。因此,“雅威”这个名字该如何发音已经没人知晓了,以免人们妄称天主的名。“雅威”这一名字一方面表明天主是天地万物的主宰——他创造了天地,治理万物;另一方面也在表明天主与其子民之间的位格性的交往关系。

二、神学哲学中天主的名称与名字

最早将“以罗欣”译为“陡斯”的,是基督宗教第一位神学哲学家犹斯定(Justinus,约 100～165)。他之所以如此翻译,是因为他从哲学上将基督宗教的至上神雅威“我是存在本身”,与希腊哲学中的最高概念联系在一起。他把雅威看成是希腊哲学中的“存在本身”“善本身”和亚里士多德的“第一推动者”。因此,他用罗马人的创世神的神名“陡斯”(Deus)加上冠词来表示希伯来的独一真神。[①] 这种融会基督宗教至高神与希腊哲学最高观念的做法,一直延续至中世

① 参见邬昆如编著:《西洋哲学史》,(台北)国立编译馆 1971 年版,第 222 页。

纪。安瑟尔谟在其天主存在的证明中,把“天主”界定为最完满、最伟大的、最高的、“无与伦比的存在”,以此来证明天主是真实存在的。[①] 同样,阿奎那关于天主存在的五路证明也进一步加深了人们对天主的认识,即天主是“第一推动者”“万物终极的成因”“必然存在的终极原因或自因”“最完善的存在”“万物最后目的因”“治理万物、安排世界秩序者”。[②]

这种沟通基督宗教的独一真神与希腊罗马的创世神及最高哲学观念的努力,以及将“以罗欣”译为“陡斯”是否合理呢?阿奎那在其“论天主名称”部分,通过辨析天主的其他名称以及“陡斯”与天主的名字之间的差别作了详细论述。他说,人可以给天主命名,但这只是经由受造物而认知天主,这种名称并不能表达天主的本体或本质,因为其本体或本质是超乎人的理解和语言的。[③] 由于我们的理智是由受造物而认知天主,所以为理解天主,理智是依照受造物所承受的出自天主的完美,形成理念。天主虽然是一,但正如受造物的许多不同的完美,我们的理智也有许多不同的和多样的理念。因此,加给天主的名称虽然都表示同一个实物,但因为它们是在许多不同的观念之下表示同一实物,所以它们并不是同义的。[④] 因此,天主的名称有很多,如“大能者”“战士”“全知”“全能”“至善”等。并且,这类名称之用于天主,是在类比的意义上使用的。它们的意义既不完全与“天主”相同,也不完全与“天主”不同。[⑤] 由于天主不是在自己的本性或性体内为我们所认知,而是借自己的作为和效果显示给我们,所以我们是由这些作为和效果而能给天主命名。“陡斯”这个名称,就其起源而言,是一个指作为或行动的名称。“陡斯”这个名称是根据天主普遍管理万物而起的;因为凡是提到天主的人,都是依他普遍管理万物而称其为“天主”。因此,“陡斯”这个名称是用来表示天主性体的。因为这个名称是用来表示一个存在于一切之上者,他是万物的本原,却又与万物相去甚远。这就是“陡斯”所表示的意义。[⑥] 这个词在事实上是不可以通用的,但是在人的意见中,也就是在类比的意义上可以通用。[⑦] 简言之,表示真天主的“陡斯”这个名称,包含在那些依人的意见而称为“天主”的意义中。因为当人们称某某为“天主”的时候,他们使用“陡斯”这个名称,是因为其

① 参见安瑟伦:《信仰寻求理解——安瑟伦著作选集》,溥林译,中国人民大学出版社 2005 版,第 13～22、205～208 页。

② 参见圣多玛斯:《神学大全》第 1 册,周克勤等译,第 27～31 页。

③ 参见圣多玛斯:《神学大全》第 1 册,周克勤等译,第 168 页。

④ 参见圣多玛斯:《神学大全》第 1 册,周克勤等译,第 176 页。

⑤ 参见圣多玛斯:《神学大全》第 1 册,周克勤等译,第 179～180 页。

⑥ 参见圣多玛斯:《神学大全》第 1 册,周克勤等译,第 190 页。

⑦ 参见圣多玛斯:《神学大全》第 1 册,周克勤等译,第 193 页。

与真天主有某种相似点。同样，当人们称偶像为“天主”或“神”的时候，他们是用“陡斯”这个名称，表示那被某些人认为是天主的存在。只有“那存在者”(Qui est)，即“雅威”才是最适合天主的特有名称，因为这个名称表示了天主不可通用或通传的本体，表示了天主的形式和本质。它不仅意味着是“存在本身”，还没有任何的规定性，是最普遍、最绝对的名称。[①]

三、陡斯即上帝

托马斯是中世纪士林哲学的集大成者，其思想也是明末清初来华传教士们信仰的理论基础。以利玛窦(Matteo Ricci，1552～1610)为代表的传教士们，继承了犹斯定以来的天主教传统，致力于沟通天主教的“天主”与中国文化传统至高神——“上帝”：

> 吾国天主，即华言“上帝”。……吾天主，乃古经书所称“上帝”也。《中庸》引孔子曰：“郊社之礼以事上帝也。”……《汤誓》曰：“夏氏有罪，予畏上帝，不敢不正。”又曰：“惟皇上帝，降衷于下民。若有恒性，克绥厥犹，惟后。”《金縢》周公曰：“乃命于帝庭，敷佑四方。”……历观古书，而知上帝与天主特异以名也。……惟此一天主化生天地万物，以存养人民。宇宙之间，无一物非所以育吾人者，吾宜感其“天地万物之恩主”，加诚奉敬之可耳。[②]

在《天主实义》第二篇“解释世人错认天主”中，利玛窦通过引用中国儒家经典如《尚书》《诗经》《礼记》中的相关经文及注疏，论述了中国古人所信仰的上帝，并非物质性的“苍天”，亦非宋儒所言的“太极”“理”，更不是佛道二教的“空”“无”“玉皇大帝”等，而是人们祭祀、赞美、感恩、事奉的对象，与西方人所说的天主名虽异而实同一。在上述引文中，利玛窦还特别指出，上帝是赏善罚恶、讨伐有罪的神，他赋予人“天命之性”，他在至高之处发出命令，广布德教恩泽以佑助百姓。

白晋(Joachim Bouvet，1656～1730)的《古今敬天鉴》可以称得上是明末清初“天主即上帝”证明的集大成者。他在该书的“自序”中说，其编撰《古今敬天鉴》的目的在于证明，中国自古就有的敬天传统，儒家所祭祀、事奉的天与上帝就是天主教所信仰的天主。[③] 在《古今敬天鉴》上卷中，白晋共引用《尚书》80 条、《诗经》54 条、《礼记》32 条、《论语》30 条、《易经》20 条、《中庸》12 条，还引用《十三经注疏》18 条、《性理大全》5 条、《西铭》1 条、《正蒙》1 条，辑入了《日讲》132

① 参见圣多玛斯：《神学大全》第 1 册，周克勤等译，第 199～200 页。

② 利玛窦：《天主实义》，《郑编文献》第 1 卷，第 92～94 页。

③ 参见白晋：《古今敬天鉴》，《郑编文献》第 2 卷，第 231～234 页。

条、《古文渊鉴》6条。[①] 白晋通过引用这些经文及有关诠释，论证中国古人所信奉的上帝是创造主，是自有永有者。上帝不仅掌管宇宙的运行，还养育万民，是“生人、养人、治人，居之、安之、佑之，乃万民之大君、大父母”。上帝创造人类元祖，赋予人感官和灵性，赋之以“至精至纯，最善无恶”的天命之性，并降临在人当中，与人同行。[②] 上帝全知全能，赏善罚恶，报应不爽；在人犯罪堕落之后，他还不断赐下圣德之人引导人归回上帝。因此，人应当敬畏上帝、祭祀上帝，以悔改的心来敬拜他，凡事向他祷告祈求。上帝是人世间真正的君王，他垂听百姓的呼求，将他的旨意启示给君王，甚至赐下良臣辅佐世上的君王。上帝垂顾四方百姓，也审判世人。上帝赐给人善恶的法则，叫人存心养性以事奉上帝。上帝赦免改过迁善的人，也降罚怙恶不悛之人。上帝为世人设立睿智聪明的君王，他也弃绝逆天害民的暴君。上帝在世间赏善罚恶，福善祸淫，最后还以天堂、地狱审判世人，将商汤、文王等善人升入天堂，安排在其左右，将恶人降入地狱接受永远的惩罚。[③] “以明中华经典与西土天主《圣经》其大本原惟一无二。”[④]

从利玛窦和白晋的论述中，我们可以看到，中国古代经典中的“上帝”，正是化生宇宙万物、统治掌管世界的主宰，他不仅掌管宇宙自然的秩序，还是人性中道德秩序的建立者和实践伦理秩序的维护者，这与托马斯所说的“陡斯”在意义上是相同的，因此将“陡斯”翻译为“上帝”是完全符合天主教神学哲学传统的。

四、陡斯非上帝

对于利玛窦所提出的“天主即上帝”的观点，反教学者们从中国的信仰和学术传统，引经据典来反驳这一观点。反教儒者邹维琏这样分析“上帝”与“天”的关系：

> 夫既明知“上帝”屡见于“六经”，郊社所以祀上帝，则至尊在上帝可见矣。昔者大儒释帝为天之主宰，盖帝即天，天即帝，故尊天即尊帝也，何云上天未可为尊，并讳“上帝”之号而改为“天主”号乎？[⑤]

此文中的“大儒”指的是朱熹。邹维琏的观点继承了宋明理学对于先秦儒家经典中“上帝”的解释，反对利玛窦等传教士将“天”与“上帝”相区别的观点，指出天就

---

① 参见刘耘华：《诠释的圆环：明末清初传教士对儒家经典的解释及其本土回应》，北京大学出版社2005年版，第266页。

② 参见白晋：《古今敬天鉴》，《郑编文献》第2卷，第237～240页。

③ 参见白晋：《古今敬天鉴》，《郑编文献》第2卷，第241～282页。

④ 白晋：《古今敬天鉴》，《郑编文献》第2卷，第234页。

⑤ 邹维琏：《辟邪管见录》，《郑编文献》第5卷，第196页。

是上帝,尊天即尊帝,没有必要创造一个新词——"天主"。另一位反教儒者陈侯光也是根据宋明理学家们的理解,将"上帝"与"天"视为同一存在的不同表述:

> 东庠居士曰:"以形体言则为天,以主宰之神言则为帝。人居覆载中自当敬畏,非若西士之幻说耳。"①

陈氏认为,"天"是就这一存在的形体层面而言,"上帝"则是就该存在的主宰层面而言,这两个概念都指向同一存在,"天"即"上帝","上帝"即"天"。总之,两位学者认为,如果天主不是天,也就不是上帝,因此,"陡斯"也不能翻译为"上帝"。

这些反教学者的思想基础是儒、释、道三教相互影响所产生的宋明理学,他们在天人合一的基本思路下,将"天"与"上帝"等同起来,在本体上视天、太极、天理、天命之性、道心为一:

> 以形体而言,谓之天;以主宰而言,谓之帝。曰天,曰帝,名殊而体一也。若夫天命、天道等微言,总不出乎自性、诚明之外。故云"天命之谓性","诚者天之道"。何曾谓性外有天,天外有主,以制造万物,并造魂灵之怪诞哉?②

> 吾儒所谓天者有三焉:一者,望而苍苍之天。所谓昭昭之多,及其无穷者是也。二者,统御世间主善罚恶之天,即《诗》《易》《中庸》所称上帝是也。彼惟知此而已。此之天帝,但治世而非生世,譬如帝王但治民而非生民也。乃谬计为生人、生物之主,则大缪矣。三者,本有灵明之性,无始无终、不生不灭,名之为天。此乃天地万物本原,名之为命,故《中庸》云:"天命之谓性。"天非苍苍之天,亦非上帝之天也;命非谆谆之命,亦非赋畀之解也。……此真天地万物本原,而实无喜怒、无造作、无赏罚、无声臭,但此天然性德之中,共尔具足理气体用。③

寂基提出"天"即"上帝","天命"即人的诚明之性,天之外没有一位天主掌管世界,人的诚明之性是天道流行的结果,并不是天主造人所赋予人的本性。钟始声分析说,儒家有苍苍之天、赏善罚恶之天和人的灵明之性这三个层次的"天"。其中第三层次上的"天"是儒家真正的"天",即宇宙万物之本原,万事万物都具有的天理本性。因此,性外无天,天外无主,天地之外没有创造万物、赏罚世人、主宰天地的天主。按着这种"天人合一"的思路,"陡斯"更不可以翻译为"上帝",因为按照托马斯的观点,"陡斯"用来表示的是一个在一切之上,是万物的本原,却又与万物相去甚远的存在,天人合一的"上帝"当然不是"陡斯"。

---

① 陈侯光:《西学辨》,《破邪集》,《郑编文献》第5卷,第165页。
② 释寂基:《昭奸》,《郑编文献》第5卷,第353页。
③ 钟始声:《天学再征》,《郑编文献》第5卷,第303~304页。

除此而外，反教学者反对最激烈的是“耶稣是天主”“耶稣是上帝”的观点。他们完全不能接受，上帝竟然是一个西洋人、一个被钉在十字架上的罪人：

> 比读其书，第知其窃吾儒事天之旨，以为“天主”，即吾中国所奉“上帝”，不知其以汉哀帝时耶稣为天主也。……大主则上帝也，吾中国惟天子得祀上帝，余无敢干者。若吾儒性命之学，则畏天敬天，无之非天，安有画像？即有之，恐不是深目、高鼻、一浓胡子耳。[①]

> 且上帝不可形形，不可像像。玛窦执彼土耶稣为天帝，散发披枷，绘其幻相，渎孰甚焉。[②]

蒋德璟在《破邪集序》中说，按他的理解，“天主”是天主教剽窃敬天、事天学说，借鉴了儒家“上帝”的名讳所造的名称，他不能接受耶稣是天主、是上帝，更不能接受天有人的形象——一个外国人的形象。陈侯光也以此为对上帝的亵渎。在南京教案中，有关官员更是从官方的角度判定，天主教是巫术邪教。[③] 因此，将“陡斯”翻译为“上帝”，还会涉及耶稣是否为上帝的关系问题。

分析研究上述反教学者对于“天主即上帝”的批评，笔者认为，其争论背后的核心，在于天主教与宋明理学在神学哲学上的差异。天主教神学认为，上帝是造物主，他创造万物、掌管世界，赋予人本性并赏善罚恶。宋明理学的基本观念是太极化生万物，没有造物主；理一分殊，天理在宇宙万物中运行，没有上帝管理世界；“天命之谓性”，天命、天理即人的本性、本心，人性不是上帝所赋予的。由于这些基本观念上的不同，中国的反教学者不能接受以利玛窦为代表的传教士们所作的“天主即上帝”的论述。不过，这些反教学者并不能完全反驳利玛窦等传教士将“陡斯”翻译为“上帝”的努力，第一，利玛窦在其论述中特别引用了中国儒家经典及相关注疏，以区分中国古人所信仰的上帝，与纯粹物质性的“苍天”，和宋儒所言的“太极”“理”等。这种翻译会涉及如何在儒家传统中理解上帝观念的问题，但一个观念从一种语言翻译为另一种语言，是不可能要求其在基本内涵和许多引申意义上都完全相同的，因此将“陡斯”翻译为“上帝”有一定的合理性。第二，在这些反教学者的反驳中，上帝观念的基本含义仍是天地万物的主宰，因此，将“陡斯”翻译为“上帝”，符合托马斯关于“陡斯”的分析界定，即“陡斯”这个名称是根据天主普遍管理万物而起的，因此这样的翻译是完全合理的。至于天主教的“天主”究竟是不是中国人所信仰的“上帝”，特别是耶稣是不是上帝的问

① 蒋德璟：《破邪集序》，《郑编文献》第5卷，第85页。

② 陈侯光：《辨学刍言》，《郑编文献》第5卷，第163页。

③ 参见吴尔成：《会审王丰肃等犯一案并移咨》，《郑编文献》第5卷，第44页；南京礼部：《拿获邪党后告示》，《郑编文献》第5卷，第70页。

题,这是一个更为复杂的问题。它不仅涉及信仰的对象,还涉及对于信仰对象的理解,以及基于此种信仰而产生的人对“天主”或“上帝”的回应,即由此信仰所导致的伦理道德、政治法律等文化传统。这在下文中还会进一步讨论,在此不赘。

需要进一步补充的是,由于天主教与宋明理学在神学哲学上的不同,使得明末清初双方关于“天主与上帝”的讨论一直延续到现代,演变成为现代新儒家与基督宗教对话中关于“上帝的内在性与超越性”的问题。[①] 不过,当代耶儒对话也在逐渐突破这个问题,刘述先修正了牟宗三以“内在超越”与“外在超越”区分儒家与基督宗教的观点,认为儒家的天人关系不可以归结为完全的内在合一,当然也绝不是外在分离的。[②] 罗秉祥进一步提出,以天人关系的“不一不二”作为耶儒对话的新起点。[③] 这似乎可以在神学哲学的层面上,促进明末清初以来基督宗教与宋明理学在天主与上帝问题上相互的了解。

五、“陡斯”译为“上帝”更好

作为明末“圣教三柱石”之首的徐光启,不仅完全接受了利玛窦在《天主实义》中有关天主的论述,认为“天主,即儒书所谓上帝也”,还认为天主教信仰有其普适性,人人都应当遵守天主诫命和天主教教理,认罪悔改并信仰天主才能免于沉沦。[④] 杨廷筠则从理性的角度,针对中国文化的问题意识,指出了“陡斯”与上帝的一致性。他分析“上帝”这个名词的含义说:

> 孔子曰:“郊社之礼,所以事上帝也。”此上帝以其至尊无偶,故谓之上,原与陡斯尊称,理大悬合。此实理也,心所同也。此心之同,南海、北海、东海、西海不得有异。故此心之同,儒墨佛老、智愚贤不肖,安得有殊?是故,定尊于一方是正理。纷然杂出,究必为邪。如云中国有二天子,必是乱臣;生身有二父母,必是贼子。此天理民彝。大紧关处,何可无辨?[⑤]

杨廷筠认为,“上帝”这个概念意味着其“至尊无偶”,无论古今中外,只能有一个上帝,从至尊无对的意义上讲,上帝与天主(陡斯)只能是一,不能为二,这是根据

---

① 参见蔡仁厚、周联华、梁燕城:《会通与转化——基督教与新儒家的对话》,(台北)宇宙光出版社1985年。

② 参见刘述先:《牟先生论智的直觉与中国哲学》,《牟宗三先生的哲学与著作》,(台北)学生书局1978年版,第725～760页。

③ 参见罗秉祥:《“不一不二”作为儒耶对话的新起点》,“中央研究院”“跨文化视野下的东亚宗教传统”研讨会上发表的论文,2006年11月16日。

④ 参见徐光启:《答乡人书》,《郑编文献》第3卷,第24页。

⑤ 杨廷筠:《天释明辨》,《郑编文献》第3卷,第88页。

逻辑的同一性原则推导出来的，无论信仰什么宗教，无论人的智力、道德水平如何，都无法否认这个道理。

针对反教学者所提出的天主不是中国思想的上帝与天的观点，朱宗元等天主教儒者通过重新诠释"六经"中的"天"，来说明天主与中国文化中的"天"的关联：

> 问："六经之言天者多矣，未有天主之名，意亦止据苍苍者示之乎?"曰："上天之载，无声无臭。苍天则形像灿然矣，于穆不已乃天之所以为天。所以为天者，非天也，天之主也。且夫事天者，谓其生我养我之大本大原也；畏天者，谓其威灵洞瞩，而临下有赫也。在上为日、月、星、辰，在地为水、土、金、石。苍苍之天，与地正等；块然冥然，而绝无灵觉，畏事安施?《书》曰：'维皇上帝，降衷于下民。若有恒性。'即天命谓性之说。《孝经》亦以配天配上帝并举。夫以上帝当天，则天非苍苍之有形，而特为无形之主宰也明矣。所以但言'天'不言'天主'者，正如世俗指主上曰朝廷。夫朝廷宫阙耳，言朝廷即言此内攸居之主上也。"[①]

朱宗元在《答客问》中指出，在中国古代经典中，"天"的含义并不只是指苍天，其更为深刻的含义是指"天之所以为天者"——"维天之命，于穆不已"。宇宙万物运行有序，人世间的伦理纲常的建立，都有赖天主的管理和引导。在宗教与道德领域则更是如此，敬天、事天、畏天中的"天"都是指上帝，之所以有时候用"天"而不用"上帝"来表述，完全是因为敬畏的缘故而用"天"来指代上帝。此外，朱宗元还引用了先秦儒家经典，批评反教学者及其所代表的宋明理学家们"天即理""天即心性"的观点，认为将"心""性""理"与"天"等同起来，会导致"天反从心性中出"的谬误，敬天、畏天、祀天也会变成"敬心""畏心""祀心"，这将是十分荒谬的。[②]

另一位中国信徒刘凝也指出，"畏天、敬天非敬畏苍苍之圆体，实是敬畏天之主宰"：

> "天主"之名，匪自今而始有也，不独《左传》有敬主之文，其见诸经史者可稽也。《谷梁传·宣十五年》："为天下主者，天也；继天者，君也。"《庄子·在宥》篇："主者，天道也；臣者，人道也。"《春秋繁露·天地之行》篇："天执其道，为万物主；君执其常，为一国主。"《论衡·变动》篇："人物系于天，天为人物主也。"《史·封禅》书及《汉·郊祀志》八神："一曰天主，二曰地主，三曰兵主，四曰阴主，五曰阳主，六曰月主，七曰日主，八曰四时主。"八神将自古而

① 朱宗元:《答客问》,《郑编文献》第3卷,第274页。

② 参见朱宗元:《答客问》,《郑编文献》第3卷,第275～277页。

有之。……由是观之，“天主”之名，非由于晚近，亦非专见于远荒、四译也。即使不见于记载之书，天主与上帝，胡以异也。[①]

他在上文中通过考察中国古代的经典史籍，说明“天主”这一观念也是中国传统思想中的固有观念，“天主”的含义就是天地万物的主宰。并且“天主”就是“上帝”，二者也没有什么区别。

明末清初的天主教儒者们不仅回应了反教学者的质疑，也参与了“礼仪之争”中西方各修会以及教廷关于“陡斯”的汉语译名的争论。[②] 严谟在其《天帝考》详细考证了中国儒家经典中的“上帝”与天主教中“天主”的相符之处，指出，中国古籍中的上帝具有其尊无对、其体无穷、纯神无形无终、无所不在、无所不能、灵明威权、至神至活、赏善罚恶、至仁至义等圣性，这些圣性和天主的圣性是一致的。因此，“古中之称上帝，即太西之称天主也”[③]。此外，严谟还考察天主教信仰所崇拜的对象，以及儒家经典中“天”“上帝”的具体意涵，指出“天主”与“天”“上帝”指称的是同一位崇拜对象，并且认为用“上帝”比用“天主”更好：

天主无名，因人之互视而名。“上帝”与“天主”之称，共以表其至尊无上而已，非有异也。如言人主为“君”，为“后”，为“辟”，为“皇”，共是一君。如言父为“父”，为“爷”，为“亲”，共是一父。盖当视其所指者之何义，岂可以异地之殊称，而谓彼是君父，此非君父，上帝非天主哉？

不知“上帝”二字之称，比“天主”二字更好。盖必如太西称为天地万物之主宰，始为恰当。若纽摄作“天主”二字，反不如“上帝”之称为更妙也。何也？帝者，君也。上，则天上之大君，其包则天地万物在其中矣。称为“天主”，彼不知者，但以为属于天。汉世亦有天主、地主、山主之分，不几乎小哉？然天地万物之主宰，多字难以名呼，无奈纽摄，自有解说显明，亦不妨也。初来诸铎德，与敝邦先辈，翻译经籍，非不知上帝即天主，但以古书中惯称，人见之，已成套语。又后代释老之教，目上帝以为人类，又其号至鄙，其位至卑，俗人习闻其名不清，故依太西之号纽摄称为“天主”，非疑古称上帝

① 刘凝：《觉斯录》，《郑编文献》第 3 卷，第 423～425 页。

② 中国礼仪之争，指 17 世纪至 18 世纪西方天主教传教士就中国传统礼仪是否背违天主教义的争议。法国耶稣会士李明回国后撰写了《中国现状新志》和《论中国礼仪书》，介绍儒家思想并批评西方商人对东方文化的无知，中国礼仪问题遂在法国教会内部引起一场大规模的争论。反对耶稣会在华传教方针的意见逐渐取得主导地位。1700 年，巴黎大主教诺阿取和索邦神学院发动了舆论谴责耶稣会的对华传教方针，李明的著作也遭到谴责并禁止出版。教皇克莱门特十一世任命铎罗为特使，赴华处理传教士间有关中国礼仪问题的争端。最后，教皇批准圣职部的第四个决定，禁止使用“天”和“上帝”两个称谓，不准信徒祀孔祭祖，并命令在中国的大小教堂取下康熙亲题的“敬天”匾额。结果引发清朝朝廷反制，严厉限制传教士活动。直到 1939 年，罗马教廷才撤销禁止中国教徒祭祖的禁令。

③ 严谟：《天帝考》，《郑编文献》第 4 卷，第 16～17 页。

非天主而革去不用也。今愚忧新来铎德,有不究不察者,视"上帝"之名,如同异端,拘忌禁称;诬蔽邦上古圣贤以不识天主,将德义纯全之人,等于乱贼之辈、邪魔之徒。其谬患有难以详言者,故备录经书所言,而略附愚论于后。①

严谟认为,"天主"一词虽然可以被人理解为天地万物之主宰,但是"天主"也是中国古代已有的名词,它与地主、日主同属汉代八主之一,这个译名也可能会让人误会,认为天主只是天之主宰,不是地之主宰。由于佛教、道教的兴起,人们受其影响,误认为儒家经典中的上帝是佛教中的帝释天或道教中的玉皇大帝,新来的铎德因此认为上帝是异端的信仰,认为中国上古的圣贤都是不认识天主、拜偶像的乱臣贼子,真是大错特错。

针对反教学者对耶稣是天主、耶稣是上帝的批评意见,明末清初的天主教儒者们一方面继承了传教士们关于信仰、三位一体的论述来说明"耶稣即上帝",一方面也接受了艾儒略(Giulio Aleni,1582～1649)等人提出的性教、书教、宠教——天主教渐进启示的观点,来说明在中国经典中为什么没有关于耶稣即天主的论述。艾儒略说:

人性初畀,极为纯善,备有原义诸德,规诫之条,铭在人心,不待人教,自明趋避,谓之性教。②

人类之始生也,天主赋之灵性,俾通明义理。斯时十诫之理,已刻于人心之中,普万国皆然,是谓性教。迨物欲渐染,锢蔽日深。于是或明示、或默启诸圣贤著为经典,以醒人心之迷,是为书教。及至三仇迭攻,人性大坏,虽有经典,亦有难挽回者。天主始降生为人,以身立表,教化始大明于四方,是谓宠教。③

其意思是,天主的教化可以分为三个阶段:在第一阶段,天主将灵性与道德律赋予每一个人,这是性教时期。儒家及其性善论就属于这一阶段。犹太教属于第二阶段,天主赐给犹太人律法来引导、启迪人。耶稣降世救赎,创立恩典之教,这是第三阶段。天主耶稣道成肉身降世救赎是一个奥迹,并不是凭借理性可以明白的道理。因此,杨廷筠在其《代疑篇》第十八节论述"三位一体"的奥义后,继续说:

人只有三位难明,非可辩说而得,非可义理而通。要在信心,要在潜悟,又须耐久默求,天主加其力量,有时忽然而通,一得俱得,如上所问诸疑一朝冰释矣。④

① 严谟:《天帝考》,《郑编文献》第4卷,第20～21页。

② 艾儒略:《天主降生引义》,《郑编文献》第1卷,第702页。

③ 艾儒略等:《口铎日抄》,《郑编文献》第1卷,第456页。

④ 杨廷筠:《代疑篇》,《郑编文献》第3卷,第199页。

其意思是，关于耶稣是上帝、上帝三位一体的道理，并不是一个通过理性可以完全想清楚的问题，也不是通过辩论可能辨明的问题，既需要上帝的启示，也需要人的信心，然后才可能在理性中明白这一奥秘。

上述论证正好符合《圣经》以及托马斯关于天主普遍名称与特有名字的分别，"陡斯"是表示天主性体的名称，这个名称在人的意见中，也就是在类比的意义上是可以通用的。但"雅威"表示了天主不可通用或通传的本体，是天主最普遍、最绝对的名称。人们在使用天主的特有名字"雅威"时，意味着人与天主之间位格性的交往。在这种位格性的相交中，与其有特殊关系的人才可以用这个名字去呼求他、赞美他，或向他发出祷告和感谢。"耶稣"这个名字也是如此，它是天主特有的名字。人们在使用"耶稣"这个名字时，也意味着人与天主之间位格性的交往。因此，在将"陡斯"翻译为"上帝"时，并不涉及雅威是否是天主或上帝的问题，因为"雅威是否是天主/上帝"并不是一个靠理性可以完全解决的问题，而是一个信仰问题。同样，在将"陡斯"翻译为"上帝"时，并不涉及耶稣是否是天主或上帝的问题。将"陡斯"翻译为"上帝"，并不会使人妄称天主的名——"雅威"或"耶稣"；也不会因此让儒家学者将中国古代经典中的上帝等同于基督宗教的耶稣。

结　论

明末天主教的东传，引发了中西方文化深层次的对话与交流。其中，天主的译名以及其背后的基督宗教与中国文化的关系，直到今天仍然可以称得上是基督宗教中国化的第一问题。通过上文的考察，笔者认为，"陡斯"可以翻译为"上帝"，理由如次：(1)"陡斯"这个名字原本是罗马文化中创世神的名字，在翻译的过程中，犹斯定最早用它来翻译《旧约》中的"以罗欣"和《新约》中的"西奥斯"。其中，"以罗欣"是上帝的普遍的称谓，是当时迦南地区通用的神名；"西奥斯"是希腊文中的神名，也是一个普遍称谓。根据同样的翻译原则，作为天主的一个普遍称谓的"陡斯"，同样可以翻译为"上帝"。(2)按阿奎那神学关于"陡斯"的论述，"陡斯"这个称谓是人给天主的命名，其意思是普遍管理万物者，它并不指称天主本身，在类比的意义上可以通用。"上帝"也都是在类比的意义上使用的神名，其本意也是天地万物的主宰或管理者，因此用"上帝"翻译"陡斯"在学理上讲得通。(3)在中西译名之争中，一些传教士和天主教教廷之所以坚持将"陡斯"翻译为"天主"，反对用"上帝"来翻译"陡斯"，是担心人们将"天主"与儒家和中国文化中的"上帝"混合在一起，造成天主教与异教的混合。但是，在中国传统中天主与地主、阳主、阴主等并列是"八主"之一，"天主"本身也是中国传统中的神名，更容易让人将天主教误解为多神崇拜。并且,当我们考察明末清初围绕“陡斯”发生的辩论,无论是西方传教士,还是天主教儒者以及反教学者,在这问题上从来没有混淆,在宗教信仰上也没有混合天主教信仰与儒家信仰。其实,具有讽刺意味的是,在当代中国,许多中国人已经忘却了儒家经典中的“上帝”,将其完全视为基督宗教的上帝——一个外国的神,这才真正是误解。进而言之,(4)“陡斯”只是天主的一个普遍称谓,并不是天主的名字“雅威”或“耶稣”,将“陡斯”翻译为“上帝”,并不一定会得出“上帝”就是“雅威”或“耶稣”的结论,也不一定会使一个儒家学者与“雅威”或“耶稣”发生位格性的交往关系,因而不会产生基督宗教与儒家信仰的混合。此外,(5)在中西礼仪之争中,天主教之所以反对用“上帝”来翻译“陡斯”,可能还有一个顾虑,那就是这个翻译背后所包含的神学思想——“吾国天主,即华言上帝”,这可能会导致宗教信仰上的混合主义。不过,这正是犹斯定等早期教父早已作过的会通基督宗教信仰与希腊、罗马文化的工作,其结果是沟通了基督宗教的至上神与希腊、罗马哲学中的最高观念,使基督宗教的有位格的神渗进了希腊哲学中,希腊哲学的形上思想也带给基督宗教以辩证思想。基督宗教神学和希腊哲学开始结合,信仰和理性开始交往,互相补足。[①] 这就造就了具有西方特色的基督宗教,形成了基督宗教的基本面貌和主流传统。明末清初传教士及中国信徒们会通“陡斯”与“上帝”的努力,同样是基督宗教与中国文化相会通融合的第一步,这既有助于基督宗教的中国化发展,也有助于中国文化走向世界;既可以产生出具有中国特色的基督宗教样式,也有助于中国文化在与基督宗教的交流中有新的发展,从而丰富和发展基督宗教和中国文化各自的传统。

---

① 邬昆如编:《西洋哲学史》,(台北)国立编译馆1971年版,第222页。

“道教医学”概念内涵、研究对象和学术动态

盖建民[*]

道教医学是一种宗教医学，作为宗教与科学互动的产物，它是道教徒围绕其宗教信仰、教义和目的，为了解决其生与死这类宗教基本问题，在与传统医学相互交融过程中逐步发展起来的一种特殊体系，也是一门带有鲜明道教色彩的中华传统医学流派。道教医学作为中国传统医学的一个重要构成成分，以生命与疾病为核心，探讨道家、道教的生命观、疾病预防治疗观，注重在这种观念影响之下医家们所创造与发明的各种技术手段的运用。国内外道教医学研究包括两大方面：总体研究与道教医学分支内丹医学的研究。

道教与中国传统医学关系极为密切，所谓“古之修道者莫不兼修医术”，因此自古就有“医道通仙道”的说法。而民间广为流传的“十道九医”之说则充分反映了道教“尚医”的历史传统。道教医学是中国传统医学文化不可或缺的组成部分，也是道教学研究的一个极其重要的学术领域。本文拟就“道教医学”概念内涵、研究对象和学术界研究动态进行一番梳理，以求教于方家。

一、道教医学概念及研究对象

道教医学首先作为道教学研究的一个重要学术领域，近年来已获得国内外学术界的普遍认同，渐渐成为道教学研究的热点之一。三十多年来，经过国内外学者的孜孜不倦的努力，道教医学研究已经从起步阶段逐渐趋向深入。随着越

* 盖建民，四川大学道教与宗教文化研究所所长，教育部长江学者特聘教授。

来越多的学术成果问世，特别是《道教医学》[①]一书的出版及其影响的扩大，道教医学逐渐确立了其作为祖国传统医学的一个流派的学术地位；此后道教医学相关的思想内容研究得到了继续关注与深入的探讨。可以说，经过多年的探索，学术界就道教医学这一道教学分支学科的基本概念、研究对象和研究的范围、内容达成共识，形成规范化的学术"范式"。但道教医学研究现阶段仍然还属于科学研究的"前科学阶段"，尚有许多问题需要作深入探讨。因此，我们需要回顾一下自20世纪80年代以来国内外学者对道教医学概念的内涵与外延等作出的界定和归纳，以了解其发展的概貌。具体如下：

1985年，丁贻庄在《〈中国大百科全书·宗教卷〉道教分支学科条目征求意见稿》"道教医药学"词条中，最早提出了道教医学概念与道教医学的主要内容构成："道教医学：道教为追求长生成仙，继承和吸收中国传统医学的成果，并在内修外养过程中积累的有独创意义的医学知识和技术。它包括服饵外丹、内丹导引以及带有巫医色彩的符谶仙药等，与中国的传统医学既有联系又有区别，其医学与药物学的精华为中国医学的组成部分。"[②]1988年《中国大百科全书》出版时，这一词条定稿为："道教医学：道教为追求长生成仙，继承和汲取中国传统医学的成果，在内修外养过程中，积累的医药学知识和技术。它包括服食、外丹、内丹、导引以及带有巫医色彩的仙丹灵药和符咒等，与中国的传统医学既有联系又有区别，其医学与药物学的精华为中国医学的组成部分。""主要内容：道教医学丰富而庞杂，其中与中国传统医学具有共同核心的为服饵外丹，作为广义的中国医学的重要内容有导引、调息、辟谷、房中和内丹修炼等养生术。另外还有一些带有神秘的巫医色彩的符、谶、咒、祝、斋等等。三者浑然一体，构成了道教医学的特色；有精华，也有糟粕。在发展过程中，其精华部分对中国医学有很大贡献。"[③]我们比较《征求意见稿》与《全书》之"道教医药学"词条可以看到：其一，《征求意见稿》正式收入《全书》时对"道教医学"的定义，删除了"有独创意义"。这一删除体现出当时研究中对"道教医学的特点"的研究还不够深入，未能发现道教医学中具有"独创意义"的内容。其实，通过对内丹医学思想的研究，我们发现"独创性"其实贯穿于内丹医学思想的各个组成部分之中，具有十分重要的意义。其二，"主要内容"基本上未作改变。其中，丁贻庄把服食、外丹列入共同核

① 盖建民：《道教医学导论》，(香港)中华道统出版社1999年版；《道教医学》，宗教文化出版社2001年版。

② 丁贻庄：《〈中国大百科全书·宗教卷〉道教分支学科条目征求意见稿》，《宗教学研究》1985年第2期。

③ 《中国大百科全书·宗教卷》，中国大百科全书出版社1988年版，第73～74页。

心部分，而把内丹仅作为“中国医学的重要内容”的次要方面。从实际上来分析，服食、外丹由于直接为中医学所取用，因而，成为中医学的核心构成是显而易见的。然而，从我们对内丹医学思想及其与中医学关系研究中，内丹医学思想则从更高层次影响中医学，对中医学的理论创新更具有重要启发意义，尚有直接取之于内丹学理论的部分，如关于命门的论述、奇经八脉、小儿三岁纯阳说等。可见，内丹部分亦为中医学的核心构成。

此外，《中国大百科全书》还界定了道教医学概念的内涵与外延：“道教为追求长生成仙，继承和汲取中国传统医学的成果，在内修外养过程中，积累的医药知识和技术。它包括服食、外丹、内丹、导引以及带有巫医色彩的仙丹灵药和符咒等，与中国的传统医学既有联系又有区别，其医学和药物学的精华，为中国医药学的组成部分。”①

日本学者吉元昭治于《道教与不老长寿医学》(1988 年出版，1992 年大陆出了中译本)之中，以现代中医学为参照系，分析了道教与中医学关系，认为道教医学内容包括以下三个层次：(1)中心圆：此为与现在的中医学几乎相同的内容，也可以说是两者最接近的部分，包括汤液、本草、针灸等。另外，具有道教特色的外丹术应用矿物类药物，故亦可归入“本草学”范畴。(2)中间圆：此为具有道教医学特色的部分，包括导引、调息、内丹、辟谷、内视、房中等。可以说是所谓丹鼎派所支持的内容。相当于现在的运动体操疗法、呼吸疗法、精神医学疗法、性科学等。(3)外周圆：此为最具道教色彩的内容，与民间信仰、民间疗法密切相关。包括符、占、签、咒、斋、禁、祭祀、祈祷等，也是戒律的、伦理的内容。可以说是所谓符箓派所支持的内容，用现在的话来说，也可以称作“心理疗法”或“信仰疗法”。又说：“另外，换一个角度来看，所谓道教医学，就是‘精气神医学’。其中，又以气为中心，内丹术实际上就是对气的追求，导引、调息、吐纳等，都与气密切相关。”②吉元昭治运用相当简洁的语言归纳了道教医学的内容，作出了相当明确的划分，但并未深入对“最有特色”展开充分的论证。

胡孚琛先生则使用“道教医药学”的概念，指出：“道教医药学大致包括三个部分，其核心部分是仙药、本草、医方、针灸等，大致范围相当于世俗的中医药学。二者的区别仅在于道教医药学多以延年益寿、还春驻颜的疗效为追求的目标。中间层部分是导引、按摩、气法、辟谷、房中、存思、饮食疗养及起居禁忌等，这是靠自我摄养和调谐精、气、神来防病抗病的技术。外层部分是符水、药签、祝由、祭祀、斋醮等调整社会环境和心理环境的治疗方法，具有强烈的宗教特征。比较

① 《中国大百科全书·宗教卷》，中国大百科全书出版社 1988 年版，第 73 页。

② [日]吉元昭治：《道教与不老长寿医学》，成都出版社 1992 年版，第 8～9 页。

有特色的方面，道教医学认为人体以气为本，治病就须调气，养气便能健身；道教医学还将宗教神学引入医学，将身体各器官部位都配备身神来管理，从而把存神作为道教医学的治疗方法。还提到特别是唐代以后道教中内丹学取代外丹学成为修仙方术的主流，道教医药学逐渐减弱外丹黄白术的影响而发展出许多配合内丹、气法修炼的药方。内丹学无论清净孤修法或男女栽接法，皆从调节人的性功能入手，以补精筑基。因此，道教医药学特别注意中医学中关于肾脏的研究。"[①]胡先生对道教医药学内容界定基本上与吉元昭治一致，但强调了内丹学作用，并特别提到了对中医肾研究的影响。

针对国内外学术界对道教医学定义的各种表述与界定，盖建民作出了一个简明的概括："道教医学是一种宗教医学，作为宗教与科学互动的产物，它是道教徒围绕其宗教信仰、教义和目的，为了解决其生与死这类宗教基本问题，在与传统医学相互交融过程中逐步发展起来的一种特殊体系，也是一门带有鲜明道教色彩的中华传统医学流派。"[②]此外，还概括了道教医学存在的四大特点：(1)道教医学在性质上属于宗教医学的范畴，它不同于一般的医学分支，带有明显的宗教神学特征；(2)道教医学在内容与形式上具有包罗宏富、多样性的特征。它与传统医学在基础理论和临床治疗手段上既有相合之外，也有相异之点；(3)道教医学具有精华与糟粕同在、科学与玄秘共存的双重性；(4)道教医学模式是一种熔生理治疗、心理治疗、社会治疗和信仰治疗为一炉的综合性医学模式，建立在道教宇宙论、人天观和身心观基础之上。[③] 上述论述对道教医学的概念、内涵、外延及具体特征作出了较为全面的概括，在学术界引起了较大关注与反响。

二、道教医学的对象与范围

道教医学作为中国传统医学的一个重要构成成分，以生命与疾病为核心，探讨道家、道教的生命观、疾病预防治疗观，注重在这种观念影响之下医家们所创造与发明的各种技术手段的运用。笔者认为道教医学的对象，主要有以下六个方面：

首先，道教医学形成、发展的历史。主要上溯其发生的自然与社会历史背景，厘清其发展阶段性，剖析其在发展过程中的各自特征。

第二，道教医学的体系与内容。以传统医学基础理论为参照系，着重突出道

① 胡孚琛：《道教医药学述要》，《中国中医基础医学杂志》1995 年第 4 期。

② 盖建民：《道教医学概念辨析》，《宗教学研究》1997 年第 1 期。

③ 参见盖建民：《道教医学导论》，中华道统出版社 1999 年版，第 328～413 页。

教医学理论体系的特征,及其对传统医学理论的创新性发展。

第三,道教医学的常见疗法。着重阐明道教医学从自身基础理论出发,在疾病预防与治疗方面的部分成就。

第四,道教医学心理疗法。对信仰疗法、祝由术、内丹心理疗法作深入的探讨,体现出道教医学心理疗法的特色。

第五,道教医学养生理论与方法。道教医学养生是传统医学养生学的核心与精髓部分,其理论以道家经典著述相关论述为核心,技术手段多种多样,富于实践性,是珍贵的医疗文化遗产。

第六,道教医学的历史地位及其现代价值。道教医学作为传统医学的一个重要流派,在中国医学史上具有重要的地位;是中医药文化的源头"活水",也是中国传统文化重要组成部分。至今仍在中国乃至世界人民的医药卫生事业中发挥重要作用。①

三、国内外道教医学研究综述

(一)道教医学的总体研究

国内外对道教医学已经作出了颇为深入的研究,主要有以下几个方面:

首先,关于道教与传统医学的关系。自 20 世纪 80 年代开始,部分学者探讨道教经典著述中的医学思想,部分道教医家在中国传统医学中的地位与影响,以及道教医学的某些特征等方面。如魏启鹏探讨了《太平经》与东汉医学的关系(《〈太平经〉与东汉医学》,《世界宗教研究》1981 年第 1 期),郭起华发表了《从葛洪和陶弘景看道教对古代医学的影响》(《世界宗教研究》1982 年第 1 期),钟肇鹏探讨了《道教与医学养生关系》(《世界宗教研究》1987 年第 1 期),金棹(金正耀)《东汉道教的救世说与医学》(《世界宗教研究》1989 年第 1 期)从宇宙论、治国论和治身理论三个角度考察了早期道教救世说与医学的联系;其他文章还有刘仲宇《道教对祖国医学贡献简述》(《上海教育学院学报》1987 年第 1 期)、丁贻庄《道教与医学》(《大自然探索》1988 年第 4 期)、陈森镇《道家道教对中医学发展前期的影响》(《厦门大学学报》1993 年第 1 期)、江幼李《道文化与中医学术的关系》(《中医杂志》1995 年第 8 期)、李延斌等《儒、释、道三教对中医学发展的相关性探讨》(《上海中医药杂志》1996 年第 10 期)、郭树森《中国道教医学论略》(《开放时代》1996 年第 6 期)、刁宗广《儒、道思想对中医理论的影响》(《安徽大

① 参见盖建民、何振中:《道教医学精义》,宗教文化出版社 2014 年版,第 3~4 页。

学学报》1998 年第 1 期)、刘翠清《中医与道教》(《河南中医药学刊》1998 年第 6 期)、郑晓红《道家对中医养生康复思想的影响》(《南京中医药大学学报》1999 年第 1 期)、王志萍等《试论道教文化与中医学思想的发展》(《中医文献杂志》1999 年第 2 期)。此外,杨宇还着重翻译介绍了日本学者在道教与中国传统医学关系研究方面的成果(《宗教学研究》1988 年第 2～3 期,《四川大学学报》1992 年第 3 期)。盖建民博士学位论文对道教与传统医学关系进行了系统研究,在此基础上出版了道教医学研究专著《道教医学导论》,这是国内外第一部系统研究道教医学的专著,填补了学术空白。① 此外,台湾学者林富士著有《疾病终结者——中国早期的道教医学》[(台北)三民书局 2001 年版],陆续发表有关早期道教与医学的论文,如《试论中国早期道教对于医药的态度》(《台湾宗教研究》2000 年第 1 期);《"疾病"与"修道":中国早期道士"修道"因缘考释之一》(《汉学研究》2001 年第 1 期);《略论早期道教与房中术的关系》(《"中央研究院"历史语言研究所集刊》2001 年第 2 期);《中国早期道士的医疗活动及其医术考释:以汉魏晋南北朝时期的"传记"资料为主的初步探讨》(《"中央研究院"历史语言研究所集刊》2002 年第 1 期);《中国早期道士的医者形象:以〈神仙传〉为主的初步考察》(《世界宗教学刊》2003 年第 2 期)等。

第二,关于道教医家的研究。盖建民发表了系列论文:《道教医家杨上善、王冰考论》(《宗教学研究》1997 年第 3 期)依据道书文献和相关史料对杨上善、王冰的道教医家色彩作了辨析,同类文章还有《唐代女道医胡愔及其道教医学思想》(《中国道教》1999 年第 1 期)、《魏晋南北朝的道教医家及其医学创获》(《中国道教》1999 年第 3 期)等。他还运用统计学原理对历代知名道医及其占同时代医家的比例进行了统计分析(《道教医学导论》第 473～481 页)。其他论文还有高兴华等《试论葛洪对古代化学和医学的贡献》(《四川大学学报》1979 年第 4 期)、姜春华《道家和医家》(《中国哲学史》1988 年第 5 期)、陈克勤《论孙思邈在针灸学术上的贡献》、谢文宗《孙思邈对祖国医学的重要贡献》、姚远《中国历史上一位伟大的医学家——纪念孙思邈诞生 1400 周年》(以上均刊于《西北大学学报》1981 年第 4 期)等。

第三,关于道教医学思想研究。卢国龙探讨了道教贵生思想学说的渊源(《世界宗教研究》1991 年第 3 期),黄渭铭发表了《道教养生思想的特点与方法》(《厦门大学学报》1993 年第 1 期),卿希泰、盖建民对道教生育观及其现代意义作了专题研究,指出道教生育观强调宝精节育、注重人口生态平衡,有现实意义

① 参见《中国道教》1999 年第 4 期、《世界宗教研究》1999 年第 2 期、《宗教学研究》1999 年第 4 期,李养正等《道教医学导论》评介。

(《道教生育观考论》,《中国哲学史》1998 年第 2 期)。这方面的成果还有盖建民《道教医学思想简论》(《宗教学研究》1995 年第 3 期),《道教房中术的性医学思想及其现代价值》(《宗教学研究》1996 年第 1 期),盖建民、詹石窗《道教医学模式及其现代意义》(《厦门大学学报》1999 年第 1 期),王晓《道教医学的哲学思考》(《江西社会科学》1999 年第 6 期)等。

第四,关于道教医学文献研究。这方面的成果颇多。朱越利《〈养性延命录〉考》(《世界宗教研究》1986 年第 1 期)对中国第一部养生集的资料来源进行了详细考证,并对《养性延命录》所保存的先秦至两晋的思想材料、医书佚文和道经佚文进行了考辨。盖建民对宋元明清道教医学文献作了系统考析(《宋元道教医学考论》《宗教学研究》1998 年第 4 期;《明清道教医学论析》,《宗教学研究》2000 年第 1 期)。

第五,道教医学养生术与传统医学融通关系的研究。

综合论述:丁贻庄对道教养生资料进行了汇编整理(《宗教学研究》总第 1、5、9 期,1982 年 8 月、1984 年 4 月、1987 年 4 月)。王家祐《彭山道教铜印与道教养生》(《文史杂志》1993 年第 6 期),李远国系统整理并出版了多部有关道教养生术的著作,其中《中国道教养生长寿术》(四川科技出版社 1992 年版)介绍了道与长寿、饮食养生术、气功养生术、房中养生术与养生方等;《道教炼养法》(北京燕山出版社 1993 年版)介绍了道教炼养法的源流、理论、各种方法等。陈耀庭、李子微、刘仲宇合编《道家养生术》分总论、守一、存思、导引、吐纳服气、胎息、服食、内丹、房中、起居、其他类,分类介绍并辑录道家(尤其是道教)有关养生的理论与方法(《道家养生术》,复旦大学出版社 1992 年版),具有知识性和实用性。郝勤、杨光文《道在养生——道教长寿术》(四川人民出版社 1994 年版)。

盖建民对道教符咒治病术所内蕴的医药、心理治疗因素的合理"内核"作了系统研究(《道教符咒治病术的理性批判》,《世界宗教研究》1999 年第 4 期)。

孟乃昌《道教与中国医药学》(北京燕山出版社 1993 年版),以道教服食术为主部分:刘国梁《道教营养学散论》(《中华文化论坛》1994 年第 2 期),谢彦红、胡孚琛《道教服饵派的仙药、美容方及食疗方》(《中国中医基础医学杂志》1998 年第 3 期),蒋力生《论道教服食方的价值和影响》(《江西社会科学》1996 年第 12 期),拜根兴《唐代道教徒养生饮食述论》(《陕西师范大学学报》1998 年第 4 期),王明辉等《道教医学中的食养与药方》(《药膳食疗研究》1999 年第 2 期),盖建民《药王孙思邈及其食疗学思想》(《中国道教》1997 年第 4 期)。

以气法导引为主:丁贻庄《唐代服气养生论》(《四川中医杂志》1989 年第 5 期),张钦《道教行气术研究的一点心得》(《宗教学研究》1996 年第 4 期)。

以身心疗法为主:王庆余、旷文楠所著《道医窥秘——道教医学康复术》(四川人民出版社 1994 年版)侧重于道医治疗技术,重点介绍了道医七诊、道医与运气学说、道医点穴、按摩术、道医气功诊疗及道医方药举要等。

郑晓江《道家与道教精神疗法之现代价值》(《中国道教》1996 年第 4 期),《道教玄武信仰疗法考论》(《道韵》第 4 辑,台湾中华大道出版社 1999 年版)。

(二)道教医学分支内丹医学的研究

新中国成立以后,道教内丹炼养术作为祖国医学与传统养生学的重要内容得到了继承与发展,特别以其独特、有效的养生效果得到了重视。早在 20 世纪 50 年代起就出现了一批主要以"新气功"或"气功养生"为名的著述,其中选择了内丹炼养术中能够促进身体健康的方面,作为大众化与推广的内容。比较有影响的如:蒋维乔的《中国的呼吸习静养生法》《气功防治法》(上海卫生出版社 1956 年版)。周潜川撰写的《气功药饵疗法与救治偏差手术》(山西人民出版社 1959 年版)、《峨嵋十二桩释密》(山西人民出版社 1960 年版);刘贵珍的《气功疗法实践》(河北人民出版社 1957 年版),成都市中医药研究所编著的《五禽气功》(四川人民出版社 1962 年版),胡耀贞的《气功》《因是子静坐法》《保健气功》《五禽戏》(人民体育出版社 1963 年版)等。

20 世纪 80 年代以来,"气功热"几乎遍及全国各个角落,大量气功养生、武功及丹道实践著述得到出版,经过校点或影印出版的丹经文献著述也被公之于众,还形成了众多的气功养生的组织和科研机构。这些在客观上都起到普及道教内丹学知识的作用。许多致力于丹道修炼和传播的人士朴实地把自己的练功体会和心得公之于众以供交流,他们通俗地介绍丹功修炼的层次过程,其中有一些著作描述了作者自身在丹道修炼中发生生理、心理变化现象和过程,颇有参考价值。新的内丹学的研究基本上是与道教学者培养同时进行的,大部分集中于 80 年代以后,内丹学概念的提出也相对滞后;但作为后起的概念有着一个明显的优势,即内丹学概念的内涵更加准确和广泛,成为各类技术手段的最高综合。胡孚琛先生认为内丹学概念实际上包容了现代气功、养生、武术等各种炼养术法。近二三十年来,内丹学在早期道教学者奠定的基础之上(如陈缨宁的仙学)得到了进一步深入发展,并出现了一系列道教内丹学研究著作。虽然内丹医学思想研究迄今还没有专门的著作,然而,内丹医学思想实际上融入了各种养生、气功、内丹学及其思想研究的著述之中,并且其相关内容的研究可以说是成果卓著,并初具规模。在已经出版的相关著作中,现当代学者从养生技术角度出发主要运用气功(导引)或内丹学术语对养生或内炼技术作出总结,有的从丹道修炼角度论述,有的从气功武术角度论述,也有的从养生学角度论述,有的从中医学角度论述,还有的从现代科学角度进行剖析。其中部分学者所论述的功理内容揭示了部分内丹医学基础理论,也有学者把涉及内丹医学思想的内容直接纳入

中医学基础理论构成成分。现代学者与炼养家从不同角度阐释和论证了内丹医学思想的某些具体方面,他们的成果成为我们进一步进行系统总结的基础和出发点。各家的内丹医学思想成果多具综合性,为研究的方便以下简要回顾只述及其著述中的某些主要方面:

首先,道教医学及相关研究中涉及内丹医学思想体系构成问题。近二十多年来,随着道教医学研究的深入,中外学者就道教医学的具体内容和形式的结构提出了具体构想。比较重要的论著及其观点如:80 年代末,日本道教学者吉元昭治在《道教与不老长寿医学》(成都出版社 1992 年版)第八章"道教医学的基础医学"中介绍了道教医学的理论基础,同时也是内丹医学思想的出发点,其主要有:天人关系、内景脏腑解剖生理、经络穴位和人体内之身神系统。吉元氏的论述比较全面地概括了道教医学的特点,可惜极其简略。王庆余、旷文楠的《道医窥秘——道教医学康复术》(四川人民出版社 1994 年版)从道教医学的生命观、生理观以及气功疗疾的气要素方面论述了道教医学的基础,并主要从诊法、导引按摩术、气功疗法等方面阐述了道教医学的部分技术内容。然而,书中所述以中医学基础理论为主要依据,除了所介绍气功疗法与祝由符水法有明显道教医学特色外,其他技术手段与中医学疗法并无多大的区别。

盖建民在《道教医学》第四章"方术与科学——道教医学体系及其特点"中详细归纳了道教医学体系中具有宗教神学特点的内容,如道教病因病理学说中的鬼神致病理论,三尸九虫说;治疗手段、方法中的服气疗病术与存思神灵微咒语配合,及身神说等,重点介绍了道教符咒治病术源流、程序及其医学内涵。还探讨了道教医学模式的两个基本特点即作为一门宗教医学,并不排斥世俗医学,而是采取积极的态度,重视并广泛运用传统中医学的药物、针灸疗法从生理上治疗疾病;善于运用信仰疗法和各种自然疗法对病人进行心理治疗。并对最能体现道教医学特色的符咒治病术的内容要素及其医学内涵作了较详尽的阐释。

值得注意的是,也有学者认为内丹术(或称"内功术")存在自身发展的理论体系,可以说是内丹医学思想体系的雏形。王卜雄、周世荣的《中国气功学术发展史》(湖南科学技术出版社 1989 年版)第四章"隋唐五代时期"之第六节"内丹术系统的形成"中提出:"内丹术……基本理论也像中医学其他各分科一样有阴阳、五行、八卦(其实中医经典著述《内经》的体系中并没有,至金元以后才受内丹学的影响而引入中医学)、藏象、经络等等学说。"并着重论述了历代经络导引术的发展及以任督二脉为中心的经络导引法的具体运用。正如王卜雄所述,内丹医学思想的基本理论与中医学的基本理论是相一致的,也是上述道教医学在建构自己的内容体系时,把中医学当成参照系统。很显然,内丹医学思想的理论体系有着自身发生发展的阶段性规律,有着适应内丹炼养鲜明的特点,还在治疗理论和方法上具有特殊性。孟乃昌的《道教与中国医药学》(北京燕山出版社 1993 年版)提出“传统医学和道家内功是在相对独立的两个体系内发展的”,遗憾的是孟先生并未对所说的“独立”体系作出具体的概括。

其次,现代气功养生学或气功学术史,从各个方面探讨了内丹学的核心作用,也涉及内丹医学思想的相关内容。

李少波的《真气运行法》(甘肃人民出版社 1980 年版)最重视任督二脉,书中专论以真气通任督二脉而养生,作者试图用现代中医学的观点对真气本质、相关的经络、脏腑和真气运行的机制给予现代的阐释,并在实践中推广之。张弘强、杜文杰的《从气摄生图说》(甘肃科学技术出版社 1988 年版)是《真气运行法》的续写,以传统医学的精气神概念和现代医学成就来阐释“真气运行法”,试图对人体内的真气作出符合现代中医学和科学的解释,还对真气作出了概念的界定。林中鹏主编的《中华气功学》(北京体育学院出版社 1988 年版)以内丹功法为核心构建其理论体系,其临床应用部分建立起气功现代治疗体系,治疗的病种基本上包括所有的疾病,以及开发智力、体育中的运用,还有对气功之“外气”的现代研究。其中大部分内容仍然属于试验性、对有些疾病的治疗只是辅助性的。

李远国的《道教气功养生学》(四川省社会科学院出版社 1988 年版)以当代气功养生实践与内丹经典文献为依据,对内丹术(或称“内炼”)的源流作出比较系统的介绍。第 3 章中对《陈先生内丹诀》阐释内丹医学的心肾胆以及任督二脉的思想,指出把心肾精气交媾而得内丹是此书的特色,又认为以炼胆为内丹炼养术入手之功,先通任脉,后通督脉,是汉唐以来内丹功法中颇具特色的一种。胡孚琛先生认为,“陈朴丹诀古朴可信,保留了内丹形成初期的原始风貌,且不借用铅汞等外丹术语,其学术价值不亚于《钟吕传道集》”①。

李志庸把自己所编著《中国气功史》(河南科学技术出版社 1988 年版)称为“中国医学分科史之一”。首先,书中把内丹功夫远源上溯到《周易》,并以艮卦为例。其次,把《内经》的医学思想列为气功和内丹功夫的理论原则,把《难经》提出“命门与肾间动气说”作为“丹田学说的开拓”。此外,还对武术气功(即武术内功)作出初步定义。

王松龄《中国气功的史理法》(华夏出版社 1989 年版)试图从理论高度对当时流行的气功进行理论的总结,把内丹学作为其理论的核心。

王卜雄、周世荣的《中国气功学术发展史》比较全面地阐述了中国气功学术发展史,指出唐代道医胡愔的《黄庭内景五脏六腑补泻图》是一本名副其实的气

① 胡孚琛:《丹道法诀十二讲》下卷,社会科学文献出版社 2009 年版,第 841 页。

功疗法专著。并特别考述了在气功、武术史上影响较大的《易筋经》与《洗髓经》二书乃出于道教内丹术系统，还论述了历代经络导引术的发展以及以任督二脉为中心的经络导引法的具体运用。

第三，以丹道为主的养生学理论研究与实践从各个侧面探讨了部分内丹医学的基础理论相关内容。

韩秋生依据内丹学经典文献如钟离权的《灵宝毕法》、尹真人弟子撰的《性命圭旨》等书，以《人体生命再生工程》为题编著了一系列著作，用来指导养生长寿实践。《人体生命再生工程》(第一期救护生命工程)、《人体生命再生工程》(第二期延益生命工程)(鹭江出版社 1988 年版)；《丹道入门：人体生命再生工程二期续册》(鹭江出版社 1990 年版)等。

王沐在《内丹养生功法指要》(东方出版社 2008 年，此书 1990 年初版，此系修订版)"内丹功法的缘起"中，追溯内丹功法起源：现存文献中记载内丹功法的，以东周安王时期的"行气玉佩铭"为最早(公元前 380 年制成，距今已 2300 多年)。在这个文物上，系统地记载了古代的行气方法——最初的内丹功法。此物现存天津市历史博物馆，其内丹功法似为近代的小周天丹功，包括行气、炼、化的过程，这说明我国战国初期丹功已成系统。书中还对内丹流派、内丹功夫的关窍及其功用、丹功的进程、女丹功等，都作了具体的阐释，内容十分丰富。

李锡堃在《丹道养生功——中国传统生命哲学》(北京出版社 1990 年版)"现象论"一章中，列举练功中出现的念中自觉现象，其实是对内丹炼养过程生理与心理现象的归纳与总结。书中还提出修习其功法的练功时间取时，即子、午、卯、酉四个正时。在此四正时中取自然之气，又叫作盗天地之真炁来补自己的亏损，将失去的真炁夺回来，使自己的生机得到恢复，生化功能加强。这是内丹术中不可缺少的步骤。这种功法就是丹经中所说的抽添之法。

《周易参同契》作为第一部内丹经典著述，对内丹学及其所寓有的内丹医学思想具有奠基的意义。萧汉明、郭东升《〈周易参同契〉研究》(上海文化出版社 2001 年版)也阐发了其重要内涵，特别是第八章"《周易参同契》的人体生命模型"论述了生命的气化特征、炼己全神而变换体质的功能、炼养术上运转河车(小周天)、调火候结丹及还虚合道功夫的五个方面。

王沐在《悟真篇浅解》(中华书局 1990 年版)附录"悟真篇丹法要旨"及"悟真篇丹法源流"中，认为《悟真篇》"在丹法方面既总结了宋朝以前的丹法丹诀，又继承了《参同契》的修炼奥义"；又说："如果在研究中加以洗炼，去掉宗教色彩和长生的幻想，则一些具体操作方法，在养生上还是值得重视的。"并指出内丹炼养对人体体质改善的作用，说："(丹经)以人身精气神为基础，运用道功，使其互化，聚集丹田，互为凝结。然后静坐调息，以意导引，逐步加深，使五官百骸，充满活力。

因而在行功中气血通畅，经络内摩，使生机活跃，充分发挥生命力的本能，所以能健身防病，推迟衰老。”王沐对丹法修炼的生理基础，如精气神、脉、关窍等均作了详细的解释，还阐明了内丹炼养各个阶段的精气神运化凝炼之要旨。

《黄庭经医疏》（安徽科学技术出版社 1991 年版）是一部学者以中医学视角阐述内丹学经典著述的范例。周楣声在“自序”中说：“道者道也，理也；医者理也，亦道也。以医之道而通道之道，则道理愈明；以道之理而明医之理，则医理更彻。”因而，他把《黄庭经》作为阐明医理的著述，透过身体神的意象，认为其本质在于论述人的形体、脏腑的功能，是对中医经典著述相关论断之发挥；在某些方面，如对肾命门、脐、脑的功能认识都更加深入。

周汝明于 1992 年编著了《中国安堂山道家内功内丹术》《平衡功》（四川科学技术出版社 1992 年版），1994 年又出版了《超凡入圣》，属于对内丹炼养功夫进行普及一类。其中，《平衡功》从中医学角度对内丹功基础进行了阐述，《超凡入圣》则以浅显易懂的语言介绍了内丹功夫的具体程序及修习要点。

郝勤的《龙虎丹道——道教内丹术》（四川人民出版社 1994 年版）一书共分六个部分，对内丹炼养术作了比较全面的介绍，涉及内丹医学思想的各个方面。指出内丹的特性在于“化于人身而无形，内照则见其形态”，初步探讨了内丹医学的哲学思想，包括丹道宇宙观、内丹生命观、内丹实践观。此外，他在“内丹源流之早期内丹论”中论述了行气与房中术（性修炼）的关系，指出“还精补脑”来自于双修术。

杜献琛编著的《内丹探秘》（中医古籍出版社 1994 年版）中，对内丹炼养术基本要素、炼丹程序等进行了简明扼要的阐释，特别对内丹炼养中的天人之间的节律作了比较具体的说明。

梅自强在《颠倒之术——养生内丹功九层十法真传》（人民体育出版社 1993 年版）中，对内丹医学的关窍思想颇有阐发，如说明了三关九窍、任督二脉在修真中的具体用法，其秘传的“三中”之窍颇有新意。

关于上清派与道教内炼研究，主要有张崇富《上清派修道思想研究》（巴蜀书社 2004 年版）及萧登福《六朝道教上清派研究》（文津出版社有限公司 2005 年版）等人的研究成果。张崇富阐述上清派人体观主要有生命生成论、身体神观以及胞结论三个方面，其中胞结论其实是一种病因分析的假说。萧登福对上清派的身神的源流及其神灵体系作了非常深入的考察，展现了道教内炼术通过神格化的形式对身体各部位，包括脏腑功能的深入探究；很大程度上反映了祖国传统医学关于身体部位功能、脏腑功能以及某些重要穴位（包括关窍）的认知是通过内观体验而得出的，或者说至少经过了内观体验的验证。

张广保在《唐宋内丹道教》（上海文化出版社 2001 年版）中，对精气神、丹田、

内丹、外丹、纯阳等内丹学相关基础概念作出了考析。并且他还认为内丹道有广义、狭义之分，广义内丹道应包括道教中流行的大多数内修方术，即凡是通过内修以实现终极了证的方术，严格地说都属于内丹道的指称范畴。至于狭义的内丹道则专指那种将内修之事解释为炼丹过程的方术。

当代学者在对部分明清内丹家的研究中，体现了丹家对生命哲学以及在生理、心理意义上的探索。丁常春《伍守阳内丹思想研究》(四川大学道教与宗教文化研究所博士学位论文，2006 年)对明代伍守阳(约 1574～1644)内丹思想进行了较为深入的研究，涉及内丹炼养的基本哲学依据，如顺逆关系等；对内丹炼养的生理学基础精气神也作了比较深入的考察，还论析了内丹炼养的具体程序，其中火候法的运用与生命时间观有密切的联系。谢正强《傅金铨内丹思想研究》(巴蜀书社 2005 年版)在阐述傅金铨(生活于嘉道年间)的内丹思想时，突出了内丹学对生命本质的探索，认为内丹理论的基础在于形、气、神的身体观。还考察了先天真气、后天气在身心超越中的作用，并着重于对内丹双修派的生理、心理结构的探讨，体现了傅氏的内丹思想特色。霍克功在《内丹解码——李西月西派内丹学研究》(人民出版社 2008 年版)中，对清代西派丹家李西月(1806～1856)的内丹思想形成、发展的渊源进行了比较深入的分析、研究，特别还就西派的双修理论作了系统的探讨。该书以祖国传统医学为依据，探讨了内丹学之生理学、心理学基础，其中论述了内丹学特有的经脉、腧穴以及心理感知、心神特征等方面内容，部分体现了内丹医学思想的特色。

张其成译注《金丹养生的秘密》(华夏出版社 2005 年版)前半部分就是对此书的诠释，并对内丹三要素、内丹炼养的派别、原理、程序等方面均作了由浅入深的说明。

贾跃胜、田合禄在《医易养生保健学》(山西科学技术出版社 2006 年版)“金丹养生”部分(包括第五章“金丹养生源流”与第六章“金丹养生的易理与中医生理——周易参同契解秘”)，尝试运用现代中医学基础理论及生理学知识以阐释内丹修炼过程的机制，包括入静、金丹、火候、药物等，以及龙虎交媾、坎离交媾、乾坤交媾、炼神还虚、五气朝元等的生理变化，以及关窍的生理作用等方面。

杨玉辉《道教人学研究》(人民卫生出版社 2004 年版)以道教的大视野观照，在人的生命基础精气神、性、命及其关系都体现了内丹医学思想的观点；在人体脏腑、经络认识上，主要运用了中医学的相关认识；对奇经八脉(包括中黄之脉)及关窍的论述，尚不失内丹炼养之道的本色。

《丹道法诀十二讲》(上、中、下)(社会科学文献出版社 2009 年版)是胡孚琛先生经过二十多年的丹道调研并结合自己的研究而总结出来的一部揭示内丹炼养之道秘密的理论著作，对内丹炼养术的内涵、入门诀窍及其在养生、武功等方面的运用,对现代科学的意义等方面,进行了比较深入的探讨。

此外,蒋力生在《道教养生内容述要》(《江西中医学院学报》2003 年第 1 期)一文中提出"内丹养生"思想,认为以内丹为代表的道教丹功,由于其理论精深、内容完备、操练规范,最终发展成为道教养生的最高级形式,流传颇广,影响很大。道教内丹因为其本身所蕴有的科学性和巨大的实用价值,不仅在中国古代养生学中占有极为重要的地位,而且对现代保健养生也具有难以估量的科学价值。

第四,内丹学的哲学思想及思维方式研究同样也揭示了内丹医学的生命哲学及其思维特征。詹石窗先生在《易学与道教思想关系研究》(厦门大学出版社 2001 年版)中,归纳了早期内丹经典《周易参同契》中易学象数思维的四大特征,揭示了易学在道教内丹学炼养体系构建中的特殊地位。还对宋至元代内丹养生学对易学的应用与发挥作出了概述,特别阐释了张伯端《悟真篇》颠倒阴阳(坎离)、三五和合、火候进退理论中的象数运用,元李道纯《中和集》心易的基本观点。同年出版的《易学与道教符号揭秘》(中国书店 2001 年版)对金丹养生理论的易学符号特征作了专题研究,还就《参同契》的"纳甲法"作了深入的探讨。上述二书认为易学哲学的象数思维、符号思维也是内丹医学思想生命哲学观的重要内容。

杨立华在《匿名的拼接:内丹观念下道教长生技术的开展》(北京大学出版社 2002 年版)一书中,就内丹炼养术作为长生技术进行深入分析,探讨了内丹概念发生的"各种原始的长生技术"与外丹术的诸构成要素的来源,历史上长生实践由外丹道向内丹道的思想观念的变化与根本原因,还评述了钟吕道、金丹南宗、全真道的内丹技术特征。最后,概括了内丹学的理论与实践对新道教创立的作用。其中,还提出了一个颇为新颖的观点,认为内丹炼养实践作为"自我技术向生活方式的转变,本身就是禁欲时代的一个基本特征"。

戈国龙着重探讨了内丹学的哲学思想,《道教内丹学探微》(巴蜀书社 2001 年版)提炼出道教内丹炼养哲学的顺逆、性命、阴阳、有无四个范畴,进行了较为深入的探讨。戈国龙《道教内丹学溯源:修道·炼丹·方术·佛学》(宗教文化出版社 2004 年版)从大道层面讨论内丹之道,认为内丹之道与自然之道(天道)是相同的,逆返成仙在于超越自我,得到解脱而复归自然,即与所谓道法自然是一致的;性命双修是从有入无,从命到性是层次上的提升。

沈文华《内丹生命哲学研究》(厦门大学博士学位论文,2006 年)认为内丹学是在生命存在、生命本质和生命意义上的体验与实践,是生命实现自我(真我)的哲学,也是生命的超越学。因而,重视内丹炼养术中"神"的层面探讨,并在探讨性命双修之命功时,注意到了内丹炼养术对经脉(特别是任督二脉、中黄之脉)及

关窍的深入认知。

第五,内丹学与中医学相互关系研究,揭示了内丹医学思想的影响。孟乃昌的《道教与中国医药学》对道教与中医药的关系作了比较深入的研究,涉及中医哲学、基础理论、中药学等方面。第四、五章“道家内丹理论影响下命门学说的建立”着重探讨了内丹医学思想的关窍重要构成“命门”的渊源及其对中医命门学说建立的作用,在第四章引言部分还介绍了“中国内功术”对中医学的影响的几个方面。他说:“道家(教)内功术源远流长,传授实有端绪,理论典籍历代不乏传世名著,成就较高,对中医药学理论的形成和发展影响也最大,这样影响下所发展的中国医药理论学说,现在可以确定的主要有:《内经·素问》关于真人、至人、贤人、圣人水平学说的论述(参前);水火相济和交通心肾的学说;命门学说的二千年来的演化和定型;金元诸家的水火寒热之争;基础医学生理学的气机升降出入学说;药理理论的升降浮沉理论及运用;脾为中土的作用及脾胃学说的形成和运用;脏象学说的内景论的发展。”第六章论述了道家内丹理论影响下的气机升降出入和药性升降沉浮学说。何振中的硕士学位论文《论道教内丹学思想对明清中医水火学说的影响》(福建师范大学,2007 年)也对内丹医学的命门水火思想的源流及其形成、明清中医药对水火思想的运用与发展等方面作了一些探索。

何振中后来在其博士学位论文基础上,出版了《道教内丹医学思想研究》(巴蜀书社 2014 年版)。该书首次提出内丹医学概念,围绕内丹医学的基础理论、生命哲学思想及其思维方式、中医学融摄内丹医学思想、武术内功融通内丹医学思想等四个方面,作出原创性的建构与理论阐析,提炼并总结了内丹医学的具体思想内容,具体而微地分析了明清时期中医药家对内丹医学思想的汲取,客观公允地评析了内丹医学思想的历史地位、影响及其现代价值。首先,作者以现代中医学理论为参照系,力图还原出一个与内丹炼养行为相对应的内丹医学的基础理论体系。它主要包括:形神思想、脏象思想、经脉与关窍思想、病因病机及诊疗思想和改善身心素质的模式。其次,内丹医学的生命哲学基本观点以及相应的思维方式主要包括:阴阳论、水火论、生命生成论、先后天论、时间节律观、象数思维、逆推思维及内观思维等方面。复次,在深入研读、挖掘《道藏》内外史料和中医古籍文献的基础上,剖析了明清时期中医药家对内丹医学思想的汲取,进而评述其影响及现代价值。再次,通过分析武术内功对内丹医学思想的融通,进一步阐明其影响及价值。该书对内丹炼养术所蕴含的医学思想作出深度的挖掘与研究,以期揭示出道家、道教独特生命观、疾病预防治疗观及其具体结构内涵。

第六,部分著述较多地涉及了内丹医学的心理学思想。《太乙金华宗旨》是一部托名吕洞宾写成的内丹学著述,明清以来流传较广。20 世纪二三十年代德国传教士兼汉学家卫礼贤把该书与《慧命经》译成德文。他还运用当时的心理学概念进行注释,在西方学界影响很大。荣格把二书所介绍的内丹修炼体验的心理现象与自己分析心理学研究成果进行类比验证,认为"内丹修行就是从有意识的状态返回到心灵深处的无意识状态"[①],与其"集体无意识"观点是一致的。他们的研究着重分析了内丹学中最基本的心理学术语,如魂、魄、光等常见概念及部分内丹心理过程的某些意识特征。荣格的观点对当代学者研究内丹心理的各种问题具有启发作用,可以说,迄今为止的不多的研究都建立在这一基础之上。这方面的研究成果主要有:张钦在其博士学位论文《道教炼养心理学引论》(巴蜀书社 1999 年版)中对道教炼养心理的基本概念和内丹炼养的心理过程作了初步的梳理。陈霞在《金丹派南宗内丹修炼与荣格精神分析》[《道韵》(五),中华大道出版社 1999 年版]一文中就内丹炼养的识神、元神与荣格精神分析中的意识与无意识进行了对比研究,认为东西两种心理调节都强调伦理上的转变是实现身心和谐的关键。郭健、杨玉辉的《误解与契合》[《四川大学学报(哲社版)》2002 年第 5 期]就通过对荣格所解读的主要心理概念如"魂"(元神)、"魄"(识神)、"超脱""阳神"等重新进行了阐释,揭示其更为确切的内丹心理内涵。阳明的《现代文明视野中的道教内丹学》(《湖南科技学院学报》2006 年第 4 期)回顾了内丹学现代研究中关于心理学研究的部分,认为荣格的关于从意识层次到无意识层次的飞跃与道教内丹学从识神作用向元神作用的复归是一致的,而且得到了荣格医疗实践经验的验证。魏小巍在《道教的宗教体验——以内丹修炼为例》(《现代哲学》2007 年第 3 期)一文中,阐述了内丹修炼心理内在体证特征。戈国龙的《道教内丹学中"顺逆"问题的现代诠释》(《宗教学研究》1998 年第 3 期)回顾了精神分析研究关于意识与潜意识的认知后认为,内丹学的返本还源不是回到原始的混沌,当然也就不是回到混沌的无意识,而是进化到更完全的意识;提出"虚意识"就是无限的意识,就是不执着于任何意识对象而返还无对象化的纯粹意识。而最有意义的研究当属胡孚琛先生《道学通论》(社会科学文献出版社 2004 年版)把丹道修炼的要旨归纳为"凝炼常意识,净化潜意识,开发元意识",并提出内丹具有六个方面的功效中前四个方面,其实质就是内丹功夫对修习者心理素质的影响,可以归纳为个人心理和心灵气质行为方面的变化。胡先生之论其实是对内丹文献中关于内丹功夫进程中改变人心理、心灵具体特点的总结,或者说是内丹修炼改变人的先天禀赋尝试的总结。这一结论其实是建立在历代无数内丹家的成功与失败的经验的基础之上的。

由于人的心性行为的共性,把儒、释、道包涵在内的 20 世纪 80 年代以后气

① 张钦:《内丹学的西传及对分析心理学的影响》,《宗教学研究》1999 年第 2 期。

功研究中，相关气功心理机制的探讨即涉及内丹心理，但注重于实践运用。如王米渠《气功心态奥秘》(成都出版社 1991 年版)把气功定义为：“通过内向性运用意识的锻炼(调心)，增强对自身生命运动的调节、控制和运用的能力，以达到身心和谐(内环境)，天人一致(外环境)。”认为气功疗法可用于与心理密切相关具体疾病的治疗，如失眠症、神经衰弱症及癌症的辅助治疗等，还可用于怡情、益智等方面。王极盛《中国气功心理学》(中国社会科学出版社 1989 年版)运用现代心理学理念对气功进行了研究，特别阐述了开发智力，优化情绪、意志和性格，防治心身疾病以及气功对痛症的治疗等具体运用方面问题。

此外，近年来随着道教医学研究的深入，道教医学的养生、医疗思想在社会上引起了人们的重视，陆续出版了一些介绍道教医学的通俗性著述。例如熊春景编著的《道医学》(团结出版社 2009 年版)、祝守明编的《道医概论》《道医讲义》(中医古籍出版社 2009 年版)。《道医学》使用了中医学常用概念，结合现代科学试图对道教内炼术(以内丹为核心)作出通俗性的阐释；并提出了一些力求反映其现代性的新概念，阐述道医学作为“一种自身实证基础上的医学技术”的内在特征。但是其中作者提出的不少观点，尚需进一步验证。书中不得不运用传统道学的概念，显得仍未足够明确，削弱了其现代科学阐释的说服力。祝守明则试图建立一个新的“道医”概念，但并没有建立一个科学的定义。如称“道医是以老子《道德经》的‘道’为基本理论，老子《道德经》的‘道’为核心内容，以形神兼治为手段的医学及发展出来的‘道医学’流派”。还称，“道医包括中医”。这一定义以所谓“‘道医学’流派”界定“道医”，是一种循环定义。此外，所谓形神兼治也是中医学从来就提倡的，并非“道医”所独有的。本书引述了多年以来现代道教医学的研究成果，以说明“道医”的主要特点，因而不失为一部普及道教医学的简要读本；并且由于作者是位具有丰富医疗实践的道医，书中所介绍的关于道医医疗技术内容是以其自身的医疗实践为依据，也有一定的参考价值。

从以上简要的学术回顾可以看出，现代养生学、气功、道教医学及内丹学的相关研究已经就内丹医学的生命哲学观、内丹炼养的物质基础精气神、脏腑经络的生理特性，内丹炼养中的病因病机分析，内丹炼养改善人体体质之生理、心理特征及其与祖国传统医学之间的联系等各方面作了广泛探讨，有些部分的研究还相当的深入。这使得我们有机会在前人研究的基础上，对内丹医学思想及其影响作进一步探新与发现。

信与疑:禅宗的辩证法

陈　坚*

禅宗是中国化佛教的典型,它与一般的佛教有着不同的理念和方法,更与西方宗教大异其趣。从宗教分类的角度看,禅宗乃是属于实修的宗教,它提倡回归人性本有的光明,有着张岱年先生所说的"返归本原的终极关怀",虽然这种"终极关怀"最终要落实于"悟",但是这种"悟"在方法论上又是要以"疑"为基础,没有"疑"就没有"悟",此即禅宗所谓的"大疑大悟,小疑小悟,不疑不悟",它展示了"悟"与"疑"或"信"与"疑"之间的无限张力,这种无限张力就是禅宗辩证法。

因为研究佛教的关系,我经常被人问及信不信佛:"你信吗?"或"你自己信佛吗?"而且问者总是表现出一副不无好奇甚至神秘的神情直勾勾地盯着你,好像是巴不得从你嘴里问出点油盐酱醋来以添生活之滋味。你还别说,这个看似很简单只要回答"yes"或"no"就可以了的问题真还不好对付,每次碰到总是让我支吾不爽起来,从来就没有作过令自己和问者都满意的回答。比如,有时我会说:"佛教很复杂,不能简单地用信不信来说";有时我又会说:"研究多了,多少会受些佛教的影响";有时我又改口:"我没有皈依,但我还是按照佛教的生活方式来生活的",这些自己都觉得有点像懒婆娘的裹脚又长又臭的回答,把一个个问者"熏"得一愣一愣的,实在是不好意思,颇感对不住他们。为了避免这样的尴尬,有时当有人问我信不信佛时,我也会毫不犹豫斩钉截铁地说:"信!"但我这样回答的时候,心里其实是很虚的,因为我非常清楚我实在没法说清楚我到底信不信佛,甚至写一篇博士学位论文也说不清楚。说信不对,说不信也不对。不过,如果我说不信的话,问者就会投来鄙夷的目光:"嗨!不信你还研究什么佛?""高大

* 陈坚,哲学博士,山东大学犹太教与跨宗教研究中心教授、博士生导师。

的形象”顿时受损，于是两害相较取其轻，还是回答信吧。我说我信佛，你总管没词了吧。退一步讲，即使你不信我信佛，你也只能在肚子里嘀咕，一般当面也不好说我什么。总之，我说我信佛，纯粹是为了避免问者的进一步纠缠而快刀斩乱麻，虚与委蛇，顺坡下驴，只是这蛇是烂尾蛇，驴是跛脚驴，自己看着都讨厌，而更令自己讨厌的是，我虽然说不清楚我到底是信佛还是不信佛，但最近在填由台湾佛光山举办的“2014 国际青年生命禅学营”报名表时，却于“信仰”一栏中只是犹豫了几秒钟就赫然勾了“佛教”，做了个“表格佛教徒”，根本不去管该表格之附言“本报名表各项资料请务必如实填写清楚，否则无法受理”。无法受理就无法受理，因为我实在不知道自己信不信佛，是不是佛教徒，因而也就实在不知道自己是否如实填了。也许你会纳闷，连自己信不信佛、是不是佛教徒都不知道，这怎么可能呢？信不信佛有那么难回答吗？信就信，不信就不信，就像有人问你“饭吃了吗？”，吃了就吃了，没吃就没吃，难道还有第三种回答吗？我实话告诉你，信不信佛可不像吃没吃饭那么简单，至少不像信不信基督那么简单可以作“是否”之线性回答，而且真懂佛教的人一般都不说“信佛”而说“学佛”，那么“学佛”和“信佛”又有什么不同呢？还是让我们从宗教学基本理论说起吧。

一、宗教的分类

古今中外有各种各样的宗教，并且被按一定的标准作了分类，如原始宗教、民族宗教、世界宗教，这是一个向度的分类；民间宗教、制度宗教，这又是一个向度的分类，这些个分类往往都是宗教学教科书上有的。另外，如果我们承认不同的宗教有各自不同的“终极关怀”，那么张岱年先生（1909～2004）的如下观点也可以看作是对宗教的分类，他说：“古今中外，关于终极关怀的思想可以说有三个类型，即是：(1)归依上帝的终极关怀，(2)返归本原的终极关怀，(3)发扬人生之道的终极关怀。”[①]这三种类型的“终极关怀”在张先生那里分别是他所概括的“人类文化三大系”的基础，分别对应于作为西方文化之基础的基督宗教、作为印度文化之基础的佛教以及作为中国文化之基础的儒家或儒教。张先生对宗教的这种分类不可谓没有道理，但我还是喜欢自作主张根据宗教诉求的不同而将宗教作如下之三分：

第一，巫术，也就是我们习惯上所说的迷信或封建迷信，当然，封建迷信是个意识形态术语，实际上不但封建社会有迷信，哪个形态的社会都有迷信。迷信乃

① 张岱年：《中国哲学关于终极关怀的思考》，《社会科学战线》1993 年第 1 期。

是古已有之，今而不无，就算是现而今的高科技时代以及将来的共产主义社会也都还会有迷信（说这话似乎有点对不起马克思），只是不同时代、不同社会，其迷信的内容和表现方式不完全相同罢了。不过，严格说来，巫术并不是宗教，充其量也只能算是准宗教以及真正的宗教得以生长和发育的土壤，因为宗教是关乎人类深层次的生命问题的，而巫术则仅仅只是人类某种具体愿望的表达。巫术的构成有三个要素：一是仪式化，即围绕着某个被认为具有灵性的巫主所举行的仪式；二是通过这种仪式来表达某种愿望，并希望借助巫主的冥冥之力来实现这种愿望；三是所表达的愿望实际上都属于物质诉求而不是精神诉求。比如，我们在佛寺中就能看到，有很多人来拜观音菩萨且各有所求，其中，商人求发财；母亲求儿子能考个好大学；奶奶求儿媳妇能给她生个大胖孙子；张三求疾病痊愈；李四求乘飞机不要出事，至少不能像马来西亚航空 MH370 航班那样不明不白就没了[①]；王五求爱情如愿；赵副市长求明年能升任市长，而那个养了个小三又贪了点污的马市长则在磕头如捣蒜地求自己千万别被“双规”……当然，你不拜观音菩萨而拜其他的菩萨、其他的佛也是一样，或者，你不上佛寺来“烧香拜佛求保佑”而到别的地方去拜关公、妈祖、土地爷、城隍爷、王母娘娘、泰山奶奶、歪脖子老母、大肚子弥勒也没什么不同。今天正好是清明节，清明节上坟扫墓可是巫术的大展台，只见每家每户在自己祖先的墓前摆好供品献上花，点亮蜡烛焚起香，然后家庭或家族成员挨个在墓前双手合十，各表心愿，希望祖先在天之灵能遂其所愿地保佑他们个个顺利、人人发达。实际上，在我们的日常生活中，巫术随处可见，只是很多时候我们没有意识到它是巫术，而是将其当成习俗和高雅。当成习俗的比如春节期间的贴春联、放鞭炮，二月二去剃头以及买了新轿车请个和尚来开光；当成高雅的比如小伙子给心仪的姑娘献花，升国旗、奏国歌以及奥运会的点火。无论是习俗的还是高雅的，日常生活中的这些巫术无非都是通过某种或简或繁的仪式来表达当事人相应的美好愿望，其合理性就在于：每一个人都有美好的愿望，而且都有表达美好愿望的自由以及实现美好愿望的权利。愿望能否实现暂且不论，因为这要看实现愿望的各种因缘是否具备。然而，不管愿望能不能实现，表达愿望本身就是人类生活中一件非常美好、非常重要甚至不可或缺的事情，其重要性有时甚至还超过了愿望实现本身。一个小伙子鼓足了勇气向

① 世界上很多机场都设有“供过往旅客做礼拜和祈祷”的“信仰室”，阿兰·德波顿在《机场里的小旅行》中描写了他在英国希斯罗机场的“信仰室”所看到的如下情景：“我看着一个来自南印度的家庭搭乘下午1点飞往金奈的 BA035 号班机之前，先到这个房间里祭拜象头神，也是印度教里掌管旅人运势的神祇。他们为象头神先上了几个小蛋糕和一支玫瑰香味的蜡烛，但碍于机场规定而不能为蜡烛点火。”（参见《信仰室》，《中国民航》2014 年第 4 期）

一位姑娘献上了一束表达爱意的花，这束花能否最终成就一桩爱情，这个不好说，但献花这件事本身在小伙子的生命中就是一件石破天惊的壮举，是他生命中一段真实的值得永远回味的精彩，是其生命的一个重要组成部分，哪怕他最终没有赢得姑娘的芳心，而且后来还打了一辈子光棍。还有比如奥运圣火，从采集到传递再到点燃主火炬，这是世界上规模最大的巫术仪式，其所要表达的无非是祈求世界和平这么个美好的愿望，然而该打还得打，2008 年北京奥运会期间，格鲁吉亚就和俄罗斯因为南奥塞梯和阿布哈兹问题而弄得炮火连天，管你奥运不奥运，圣火不圣火，圣火怎么能取代战火呢？然而，实现愿望是一回事，表达愿望则是另一件事。无论愿望实现与否，我们人类都是热衷于表达愿望的，尤其是对着被认为具有灵性的某些巫主来表达愿望，因为对着巫主表达愿望有一个无与伦比的好处，比如，一位家长去拜观音菩萨，希望自己的儿子能考上北大，观音菩萨是不取笑她的，就算后来她儿子没考上，观音菩萨也不会取笑她，但是，她如果对她的同事表达这样的愿望，后者就有可能取笑她，或者她担心会遭到后者的取笑，而在观音菩萨面前，她一切都不用担心[①]，这多好！

第二，信仰。相对于作为准宗教的巫术，信仰是一种真正的宗教。“信仰”这个词我们现在已经用泛甚至用滥了，远远超出了其原本的宗教学含义，什么“共产主义信仰”“道德信仰”“信仰危机”等，其中的信仰已无多少宗教内涵，只是一般的精神寄托而已。若按照严格的宗教学定义，那么信仰是指对一个超越性的绝对实体的崇拜和依赖，而且这个实体还必须是唯一的，绝不能有两个或者更多，比如基督宗教中的唯一“上帝”耶和华，伊斯兰教中的唯一“真主”安拉。大家且看基督宗教的“摩西十诫”，这“摩西十诫”乃是耶和华上帝借摩西之口传话给芸芸众生的，其中有诫命曰：

> 除了我以外，你不可有别的神；不可为自己雕刻偶像，也不可作甚么形像，仿佛上天下地和地底下水中的百物；不可跪拜那些像，也不可事奉他，因为我耶和华你的神是忌邪的神。恨我的，我必追讨他的罪，自父及子直到三四代。爱我守我诫命的，我必向他们发慈爱，直到千代。[②]

这条诫命非常清楚地告诉我们，如果你是基督徒，那么你就只能而且必须敬拜耶和华一个神，只能而且必须爱耶和华一个神，在你的心中绝不能有第二个神，惟其如此，才能叫作信仰，如果你同时信仰两个或以上的神，那就不能叫信

① 在观音面前如此，在基督面前也是如此，“若无基督，一个人向另一个人乞援，是人世间最恐怖的事之一”。参见罗健：《神是永恒的几何学家——薇依路古希腊文学评述》，浙江大学博士学位论文，2014 年。同样道理，一个人向另一个人表达愿望，也“是人世间最恐怖的事之一”。

② 《出埃及记》20：3～4；《申命记》5：7～8。

仰,这就像爱情,严格来说,爱情是对唯一一个人的自始至终的爱,今天爱这个,明天爱那个,你就算是爱得死去活来、海枯石烂,那也不能叫爱情。世界上信仰唯一神的宗教,也就是所谓的"一神教",有三家,即犹太教、基督宗教和伊斯兰教,其中犹太教是"一神教"的鼻祖,而基督宗教和伊斯兰教则是依犹太教的模式而衍生的,它们是"一神教"的三兄弟,都恪守对唯一神的信仰——"至于涉及神的东西,有信仰就够了"①。

第三,实修,这是有别于信仰的另一种模式的真正的宗教,中国的儒、佛、道三家都属于这种模式的宗教。与犹、基、伊三家崇尚对"唯一神"的信仰不同,儒、佛、道三家乃是重视回归自己的实修,尽管它们也讲"信",但这"信"并不是对"唯一神"的信仰,而是另有其意,比如儒家和道教所讲的"信",无论是孔子"民无信不立"②中的"信",还是老子"信言不美,美言不信"③中的"信",都只是一般意义上的诚信的意思,而佛教所讲的"信"则是指信佛教的某种道理,均与信仰无涉。就算是大家耳熟的"信佛"这个词,其中的"信"也没有信仰的含义,因为在佛教中信佛只是意味着相信佛之所说、所做、所现,而不是像基督徒敬拜上帝一样地将佛当成"唯一神"来敬拜和信靠。④ 总之,儒、佛、道三家都不是以信仰某个外在的"唯一神"立教的(从这个意义上来说,它们都是无神论),而是以回到自身以内在的实修打天下的,只是它们所开出的实修方法及其理论基础是不一样的,甚至它们还各有相沿成习的表示实修的专门术语,其中儒家讲"修身",佛教讲"修行"(有时也用"修证""修心"),而道家则讲"修炼"。然而,无论是儒家的"修身",还是佛教的"修行",抑或是道家的"修炼",它们有一个共同的思路,那就是我们的身心生命中原本有一个永恒的、很美好、很纯洁、很光明的东西,但是这种永恒的、很美好、很纯洁、很光明的东西却在现实生活中因种种原因而或被掩盖或被

① 罗健:《神是永恒的几何学家——薇依路古希腊文学评述》,浙江大学博士学位论文,2014 年。

② 《论语·颜渊》。

③ 《老子》第八十一章。

④ 一般在讲到佛教之"信"时,都说信佛、法、僧"三宝",也就是"三信";后来《大乘起信论》在此之"三信"的基础上,再加一"信",这就有了"四信","云何为四?一者信根本,所谓乐念真如法故;二者信佛有无量功德,常念亲近、供养、恭敬,发起善根,愿求一切智故;三者信法有大利益,常念修行诸波罗蜜故;四者、信僧能正修行,自利利他,常乐亲近诸菩萨众,求学如实行故"。最近又有佛教徒在谈到净土宗"念佛法门"时"从信自、信他、信因、信果、信事、信理等六个方面,简述其学修之道",比如其中的"信他","首先是信释迦如来绝无诳语,诸佛如来是真语者、实语者、如语者、不诳语者、不异语者,诸佛如来从来不妄语。……第二,要深信弥陀慈父,绝无虚愿。……第三,要相信六方诸佛出广长舌,决无二言"(参见觉明:《净土宗修学入门——〈佛说阿弥陀经〉讲读》,《上海佛教》2014 年第 2 期)。看得出来,佛教有那么多的"信",在数量上就已与只有"一信"的基督宗教分道扬镳了,况且佛教的这"信"那"信",无论是哪个"信",都与基督宗教对一个超越实体的本体性信仰大异其趣。

染污或被破坏，有鉴于此，我们就要通过实修来把它找寻回来或修复完好，这在佛教就是要用佛法来修行，“修行的目的就是把遮住自己本有光明的无明烦恼一点点地断除干净，就能显现本有的光明”①，“佛法就是这样，在一代代矢志不渝而非凡的人中相续相传的，心灵中那对生命真意的找寻和相惜相契的瞬间，总能超越时空的障碍，来到面前”②；或者如星云大师所说的，作为佛教实修的“功德善行是绵延无尽的，令吾人短暂的生命，成为永恒的寿命”③。可见，与信仰一样，实修所关注的也是生命，而不是巫术所关注的愿望，从这个意义上来说，讲求实修的儒、佛、道三家也像讲求信仰的犹、基、伊三教一样，是名副其实的以生命为主题的宗教。不过，话得说回来，在现实的宗教形态上，儒、佛、道三家远要比犹、基、伊三教复杂得多。就拿佛教来说吧，佛教传入中国后，在提倡实修的同时，也存在很严重的巫术化现象，前文所说的拜观音菩萨求发财、求病愈之类就是佛教巫术化的产物，正因如此，所以空海法师要通过宗教的分类来厘清真正的佛教究竟是什么样子的。

二、空海法师的宗教分类

此处的空海法师不是日本佛教真言宗的开山祖师空海（くうかい，774～835），而是当代台湾的一位僧人。这位当代空海致力于宣扬“阿含解脱道”，他在其所编著的原本是他的一个讲课记录的《阿含解脱道次第》中，为了向人们阐明真正的佛教而以佛教为背景对宗教作了如下的分类：

> 在宗教方面，我们可以把它概略分为三个层面：一个是属于迷信型的宗教，第二是信仰型的宗教，第三是智慧型的宗教。
>
> 什么叫作迷信型的宗教？就是不断要去祈求加持、消灾、保佑、发财啦！不断去祈求各种神像、各种佛、各种菩萨、各种偶像，然后请他们加持、消灾、帮忙……然后让自己发财，让自己样样都能够符合自己的意愿，就是属于迷信型的宗教。不断向心外求，而且这一种是越多神越保佑，他越好。一般民间的信仰，大部分都是这一种型态，什么神都拜、什么都好，觉得越多越好，好像越多这些保障，就可以越安心，是属于多神教的信仰。
>
> 第二是信仰型的型态，已经慢慢提升到是要求心灵的寄托、精神的寄托、心灵的安慰。一般来讲，通常是在祈求发财、祈求升官，还是属于名利方

① 净慧法师：《培养信心》，《龙泉佛学》2014 年第 3 期。

② 李亮：《清凉地修清凉心——文殊院修学记》，《空林佛教》2014 年第 1 期。

③ 星云大师：《星云大师书信选》，江苏宜兴大觉寺 2014 年印行，第 14 页。

面比较多，但是这一类信仰型的宗教，已经渐渐进展到精神层次方面，希望能够有一个心灵的寄托，所以这一种往往是需要一个超级的神、超级的偶像，让他有一个心灵的寄托，大部分可以归纳是属于一神教方面的体系，他会认为很多神的这些，都是向心外求，都是停留在迷信，唯有我们这个一神，才是真正究竟的神。现在世界上很多宗教是属于信仰型，信仰精神方面的寄托。

第三个是智慧型的宗教，它是重视在求真求证，然后让我们去了悟、去觉悟宇宙人生的实相真理。原始的佛教是属于这一个层次的宗教，但是慢慢演变之后的佛教，变成落入在这两个层面，这是非常可惜啊！所以，我们第一堂课要跟大家讲解，有关于佛教从量变到质变，就是让大家知道佛教原来是属于智慧型的宗教。①

真是无独有偶！空海法师从佛教的视角对宗教所作的这个分类，与我对宗教的前述分类有着几乎相同的框架，可谓异曲同工，但是我敢保证，我不是因为受了他的影响才提出我的宗教分类构想的，因为我从2000年开始在山东大学上宗教学的课，就开始对学生讲我的这个分类，但是直到2013年深秋的某一天，我访问山东省莱芜莲花山上的一个佛教机构，才从该机构的负责人古一法师那里拿到了空海法师的《阿含解脱道次第》(上、下两册)，才读到了他的这个宗教分类，在这之前，我根本不知道当代台湾还有空海这么一位法师以及他的《阿含解脱道次第》这么一本书，而且我相信空海法师也不是受了我的影响才提出他的宗教分类的，因为我从来没有将我的宗教分类形诸文字，在这篇文章还是第一次述及，平时也只是在课堂上讲讲而已，因此空海法师是不可能知道我的宗教分类的，因为他根本就没听过我的课，同时我也不相信有哪个听过我课的学生会如此勤奋地把我的讲课内容公布于众以致空海法师能看到，因为现在的学生，你苦口婆心地叫他好好做作业，他都要变着法子偷工减料跟你周旋，更何况没对他提要求，他能帮你去传播讲课内容？总之，我认为，我和空海法师乃是彼此在人与思想都互不相知的情况下提出了似曾相识、几乎相同的宗教分类，这除了心有灵犀一点通，可能主要还是因为这个分类确实是道出了宗教学的某种真理，而真理又是唯一的，由谁来提出都不应有太大的差别。既然如此，那我就不做自卖自夸的王婆转而依着空海法师的宗教分类继续往下走。空海法师接着他的宗教分类说：

很多宗教是变成怎么样呢？你只要相信就好，讲求的是信，你只要信就

① 空海法师：《阿含解脱道次第》上册，湖北省荆州市章华寺2013年印行，第17页。

得救，现在绝对没有批判任何宗教，我们是如实来讲。但是，佛教呢？不是要你信就好，不是说佛陀怎么跟你讲，你就怎么信。佛陀绝不是说我是权威的，我怎么跟你讲，你就怎么信，不是这样！佛陀跟我们讲宇宙人生的实相真理，佛法就是宇宙人生的实相真理，佛陀跟我们讲这些真理，让我们去求真、去求证，要经过你的实修实证。所以，绝对不是要你只是信，这就是佛教智慧型的型态，跟一般其他宗教型态不一样的地方。①

在这里，空海法师依照他的宗教分类将被他归为智慧型宗教的佛教与其他宗教作了比较，其核心意思是说，其他宗教只要“信”就行了，而佛教光“信”还不够，还得去“证”。那么如何去“证”呢？“证”和“信”又有何区别呢？简单地说，“信”是不用去“证”的，你若“信”了，就不用去“证”了；你之所以要去“证”，那是因为你还不“信”，你还有“疑”，“证”是用来破“疑”的。只有通过“证”来破掉“疑”，你才能建立起真正的“信”，否则无“证”之“信”乃是“假信”而非“真信”，禅宗所谓的“大疑大悟，小疑小悟，不疑不悟”即是指此而言，因为“悟”者，切己之“信”也，那作为切己之“信”的“悟”又是什么样子的呢？俗话说“外来的和尚会念经”，我们且看法国思想家薇依(Simone Weil，1909～1943)在《扎根》一书中所讲的一个佛教故事：

有个小和尚，担心他的父亲下地狱。他的父亲是个守财奴，满脑子想的是钱。庙里的方丈把老头子找来，告诉他，如果他念一声佛主名号，就给他一个铜板。他如果每晚来报告每天念的次数，就如数付给他相应的钱。老头子乐坏了，一有空就念。每天晚上，他准来庙里要钱。忽然有一天，他没来。过了七天，方丈派小和尚去打听他父亲的消息。有人告诉小和尚，他父亲如今念佛上了瘾，就连念了多少次也忘了，所以没法去庙里要钱。方丈深知奥秘，他让小和尚什么也不要做，等着。过了一段时间，老头子来到庙里，两眼炯炯有神，说：“我开悟了。”②

这个“小和尚与老方丈”的故事，延续了佛教经常使用“小和尚和老和尚”的故事来言说佛理的风格，是薇依在解释古希腊悲剧诗人埃斯库罗斯(Αισχ λο，前525～前456)的悲剧《阿伽门农》“进场歌”第二曲的唱词时所讲的，该唱词如下：

宙斯，无论他是谁，
只要这么唤他，他心欢喜，
我唤他的这个名字，

① 空海法师：《阿含解脱道次第》上册，湖北省荆州市章华寺2013年印行，第17～18页。

② 转引自罗健：《神是永恒的几何学家——薇依路古希腊文学评述》，浙江大学博士学位论文，2014年。

我找不出谁和他比拟，
经过反复细思量，
只有宙斯，若要抛开
那焦虑的无益重负。
那位从前也称伟大的神，
洋溢好战的胆气，
如今人们再未提起他。
后来的神也被征服者赶走。
谁若一门心思歌唱宙斯的荣耀，
这人就有充盈的智慧。①

这首唱词的最后一句“谁若一门心思歌唱宙斯的荣耀，这人就有充盈的智慧”尤其令薇依激动，在她看来，“宙斯”这个“圣名是绝对纯净的事物。与绝对纯净的事物接触摧毁恶。每念一次圣名，就接触一次绝对纯净的事物。恶有限，灵魂不朽，所以，如果每次减少一点并持续下去，总有一天，恶会被摧毁殆尽”②，也就是说，只要你“一门心思歌唱宙斯的荣耀”，不断地念“宙斯”这个圣名，你“总有一天”会获得“充盈的智慧”，就像薇依所讲“小和尚与老方丈”故事中的小和尚父亲，本是个守财奴，后来因为天天念佛而最终断除了对金钱的欲望，获得“开悟了”。这位“开悟了”的父亲，对佛就有了切己之“信”，而在他被要求念佛的时候以及在“开悟”之前的“念佛”过程中，“满脑子想的是钱”的他肯定对“佛”和“念佛”都充满了怀疑，“佛真的有吗?”“佛比钱重要吗?”“念佛就能念出钱来吗?”诸如此类的怀疑在他脑子里喷涌而出，但天天不间断地念佛，念着念着，有一天豁然开朗念“开悟了”，一时疑情顿消，啊！原来“悟”比钱还重要，比钱还好，于是他就从守财奴的烦恼中解脱了出来，而且他原来的疑情越大，开悟后得到的法喜或禅悦也就随之越大，两者成正比，这就是所谓的“大疑大悟，小疑小悟，不疑不悟”。从这个意义上来说，佛教的修行是从“疑”开始而不是从“信”开始。从“疑”开始，然后通过像念佛一样的实修来破“疑”开悟，最终走向切己之“信”，简言之即，佛教的宗教路线图是始于“疑”，经过“悟”而终于“信”，沿着“疑——悟——

① 转引自罗健：《神是永恒的几何学家——薇依路古希腊文学评述》，浙江大学博士学位论文，2014年。罗念生先生将这段唱词译为“宙斯，不管他是谁——只要叫他这名字向他呼吁，很使他喜欢，我就这样呼唤他。经过多方面思索，我认为除了宙斯自己，再也没有别的神可以和他相比，如果我应当把那个无益的想法从我的深沉的思想里挖掉的话。那位从前号称伟大的神，在每次战斗中傲慢自夸，但如今再也没有人提赶他了，他的时代已经过去；那位后来的神也因为碰上一个胜利者而失败了。谁热烈地为宙斯高唱凯歌，谁就是聪明人。”参见《阿伽门农》，http://blog.sina.com.cn/s/blog_50a8836c0100wyry.html。

② 罗健：《神是永恒的几何学家——薇依路古希腊文学评述》，浙江大学博士学位论文，2014年。

信”这条道往前走，与基督宗教等“一神教”从“信”开始的宗教路线是不一样的，而且佛教作为终点的“信”与“一神教”作为起点的“信”，两者的内涵是不一样的，这一点前文已经述及，恕不赘言，现在所要做的就是请出禅宗来坐实佛教的“疑——悟——信”这条宗教路线图，因为相较于其他佛教宗派“犹抱琵琶半遮面”地只言“信”不言“疑”，藐视和反对一切权威敢于“呵佛骂祖”的禅宗是毫不讳言“疑”对于修行的意义的。

三、禅宗的“不疑不悟”

在刚才薇依所讲的那个故事中，小和尚父亲的“念佛开悟”其实就是中国佛教在宋代以后“禅净合流”运动中所发展出来的通过念佛而获得解脱的“念佛禅”。按照净土宗所尊崇的《佛说阿弥陀经》，念佛的作用本是“往生”而不是“开悟”：

> 若有善男子善女人，闻说阿弥陀佛，执持名号，若一日，若二日，若三日，若四日，若五日，若六日，若七日，一心不乱，其人临命终时，阿弥陀佛，与诸圣众，现在其前。是人终时，心不颠倒，即得往生阿弥陀佛极乐国土。

经文中的“执持名号”就是指念“阿弥陀佛”的名号，就是“念佛”。当然，在净土宗中，不但可以“念佛”，而且还可以“念观世音”，这本之于《法华经·观世音菩萨普门品》：

> 善男子，若有无量百千万亿众生，受诸苦恼，闻是观世音菩萨，一心称名，观世音菩萨即时观其音声，皆得解脱。

这里的“一心称名”就是指称观世音菩萨之名，就是“念观世音”。净土宗认为众生只有通过“念佛”或“念观世音”，才能借由这种“念”而感得阿弥陀佛和观世音菩萨前来拯救，这是属于“他力”拯救。与净土宗的“他力”拯救相反，禅宗追求的是“自力”拯救，要求众生“回归自性”，回到自己的心地上来下工夫，也就是慧能(638～713)所开示的：“菩提自性，本来清净，但用此心，直了成佛”[①]，这“直了成佛”就是所谓的“开悟”。熟悉中国佛教史的人都知道，在唐代，净土宗和禅宗本是两个宗派，但是到了五代宋初，“永明延寿禅师将(禅宗的)禅修与(净土宗的)净土念佛法门相融合，大力提倡禅净双修。到了明代的云庵国师，更将念佛法门作为了(出)生死海、永超轮回之要门”[②]——就是在这样一种禅净融合的潮流中，以“开悟”为归趣的禅宗将净土宗的“念佛”方法嫁接到“开悟”上，开出了与

① 宗宝本：《坛经·自序品》。

② 道坚：《如何是鬼神觑不破之机——金佛山云庵国师禅法略析》，《磨镜台》2014 年第 1 期。

净土宗"念佛往生"不同的通过"念佛"而"开悟"的"念佛禅",这"念佛禅"有时也被称为"念佛观"。关于"念佛观",蒋维乔先生(1873～1958)曾说,在"禅之种类中,特别发达而与后世以绝大之影响者,念佛观是也。此念佛观,始存于小乘五停心观之中;任何禅经,无不说之者。其区别又多种,举凡观佛三昧、生身观、法身观、十方诸佛观法、观无量寿法,如上所述者,莫非念佛观也"[①]。"念佛观"乃是"在修行过程中念佛和修禅普遍地被结合起来,无疑是因为专心致志地诵经……会使诵念者达到心无旁骛的境界,增强了禅定之力"[②]。不过,"念佛观"亦即"念佛禅"中的佛,念佛者开始念的时候是外在于他的佛,但念着念着,这佛就被念成了他自己。当念佛者把佛念成他自己的时候,他也就成佛了"开悟"了,一如蕅益大师(1599～1655)所说的,"若单念自佛,与参禅止观全同"[③],而一旦入于"止观",便是禅宗所谓的"即心即佛","禅宗讲即心是佛,并不是单纯从理上去讲的,而是'一念迷是众生,一念悟是佛',当下就会认识到信佛就是信自己,只有信自己才能真正地信佛,从而在禅者的生命中产生了作用。早期佛教中的四念处等禅法,曾经在中国佛教史上非常盛行,后被禅宗和天台宗等所吸收,奠定了二千年的基础。与目前在大陆盛行的南传佛教内观禅恶'正念'相比,六祖慧能大师的'无念'禅法,不仅包括了禅法修行的工夫,同时更包含了般若正观的见地,尤其是作为中国禅宗最具代表性的看话禅,对于公案和疑情的运用,更具有丰富的实修和悟入的方法,值得深入的探讨和发掘"[④],发掘什么呢?就是要发掘以"开悟"为目的的禅宗在其"实修和悟入的方法"中为何要有"疑情的运用"?为何要起"疑请"?为何要有"疑"的介入?这里至少有两点是明确的:首先,作为佛教的一个宗派,诚如空海法师在其宗教分类中所明示的,禅宗乃是一种"智慧型的宗教,它是重视在求真求证","绝对不是要你只是信",而是在"信"的基础上还要有你去"疑",不"疑"就不可能有真智慧,甚至在智慧的发生上"疑"比"信"更为重要;其次,虽然作为宗教,禅宗最终是要通过"悟"来确立切己之"信",但这是终点而不是起点,在其起点还是需要"疑",只有通过对这"疑"的破除,才能有效地"开悟"而确立起切己之"信",这就是禅宗所谓的"不疑不悟"。

禅宗"不疑不悟"最典型地体现在它"参话头"的实修方法上,"禅宗要参一句

---

① 蒋维乔:《中国佛教史》,转引自严耀中:《无念与念佛——再读〈蕅益大师净土集〉》,《觉群》2014年第1期。

② 严耀中:《无念与念佛——再读〈蕅益大师净土集〉》,《觉群》2014年第1期。

③ 《蕅益大师净土集》卷下,转引自严耀中:《无念与念佛——再读〈蕅益大师净土集〉》,《觉群》2014年第1期。

④ 纪华传:《禅宗修学体系的反思》,黄夏年编:《"第二届黄梅禅宗文化高峰论坛"论文集》下册,中州古籍出版社2013年版,第428页。

话头，要起疑情，使全身心都集中在话头的疑情上。疑情起时，笼罩着全身，行不知行，坐不知坐，整个身心都凝到这个疑团里去了。禅宗把这比喻为吞了一个栗棘蓬，吐也吐不出，咽也咽不下。于妄念剿绝处，猛著精彩，才有好消息到来”[①]，而这“好消息”就是所谓的“开悟”。

禅宗的“参话头”在中国佛教修行史上曾经历了三个发展阶段。第一个阶段实际上是作为“参话头”之前身的“参公案”，而所谓的“公案”乃是指历代禅宗祖师与学人之间的一些著名对话，如：

问：“万法归一，一归何处？”师曰：“老僧在青州作得一领布衫重七斤。”[②]

问：“狗子还有佛性也无？”师曰：“无。”曰：“上自诸佛，下至蝼蚁，皆有佛性，狗子为甚么却无？”师曰：“为伊有业识性在。”[③]

这两个“公案”都与赵州从谂禅师(778～897)有关(其中的“师”就是指赵州从谂禅师)，它们常被禅门拿来“参”，那参什么？又怎么“参”呢？很简单，当你读这两则“公案”的时候，心中免不了会涌起一股“疑情”：“青州布衫重七斤是什么意思？”“狗子为什么无佛性？”你参其中的无论哪一个“疑情”都可以，参的时候，不是像学生考试时那样将它们作为一个知识问题去思考和寻求其答案，而是“单提疑情，将此疑情凝在眉梢，所谓万年一念，一念万年，无论行住坐卧，不离这个，终有疑情脱落时，当下证悟，达无碍之自然境地”[④]，这就是所谓的“参公案”。“参公案”后来演变成了“参话头”，此乃“参话头”的第二个阶段。“参话头”，简单地说，就是从具有对话语境的“公案”中选出一句话来参，比如将“老僧在青州作得一领布衫重七斤”或“狗子还有佛性也无”从其具体的对话语境中抽离出来当作“话头”来参。[⑤] 当然，在禅宗史上，曾经被禅门用来参的“话头”是很多的，据《五灯严统》卷十六：“达州罗氏子，参金佛山云庵，令看如何是鬼神觑不破之机，三年有省。”[⑥]其中的“如何是鬼神觑不破之机”便是一个很好的“话头”。虽然禅宗的“话头”很多，但是随着禅净合流运动的发展，所有的“话头”都甘拜下风地让位给了“念佛的是谁”，从而参禅也就成了参“念佛的是谁”这个“话头”，这就是所

① 远尘：《修学佛法的三个层次》，《上海佛教》2014 年第 2 期。

② 普济：《五灯会元》上册，中华书局 2002 年版，第 203 页。

③ 普济：《五灯会元》上册，中华书局 2002 年版，第 204 页。

④ 道坚：《如何是鬼神觑不破之机——金佛山云庵国师禅法略析》，《磨镜台》2014 年第 1 期。

⑤ 有时甚至更简单，拈出“话头”中的某一个字来参，比如拈出“狗子还有佛性也无”中的“无”字来参，这叫参“无”字话头或“无”字公案。到过河北赵州柏林禅寺的人都知道，该寺禅堂正壁中央写着一个大大的繁体“无”字，供来此坐禅的人“参”。历史上虚云老和尚(1840～1959)还曾参“死”这个字。

⑥ 道坚：《如何是鬼神觑不破之机——金佛山云庵国师禅法略析》，《磨镜台》2014 年第 1 期。

谓的"念佛禅",而当"念佛禅"从参"念佛的是谁"发展到参"阿弥陀佛"这个名号,"单提自己一句阿弥陀佛","若单念自佛,与参禅止观全同",就这样边念边参,有时干脆就念一个"佛"字参一个"佛"字,"初引声由念,后渐渐没声,微声乃至无声。送佛至意,意念犹粗,又送至心,念念存想,有佛恒在心中,乃至无想,盍得道"①,这便进入了"参话头"的第三个阶段。

结　语

英国哲学家休谟(David Hume,1711～1776)在其晚年的最后一本哲学著作《自然宗教对话录》中以一个怀疑主义者的严密推理告诉世人:"以人的有限认知能力,面对无限的宇宙,人所给出的任何答案,都不可能是标准答案。每一种宗教神学体系,包括无神论在内,都各有其合乎情理之处,也都各有其内在的、不可克服的困难,因此,分歧是必然的,也是必要的。"②休谟的意思是说,在文化多元、信仰多样的时代,信仰也像理性一样,是需要以怀疑为基础的,没有足够的怀疑就没有坚定的信仰,这是宗教信仰的辩证法。请问,它否可以与"大疑大悟,小疑小悟,不疑不悟"的禅宗辩证法互参呢？大家不妨试着一参吧！

补正:《犹太研究》第13辑中《中国—以色列友谊之进程》一文译者为张玉,山东大学犹太教与跨宗教研究中心博士研究生。

① 严耀中:《无念与念佛——再读〈蕅益大师净土集〉》,《觉群》2014年第1期。

② 黄芸:《道德、上帝与怀疑论——解读休谟〈自然宗教对话录〉》,《第一届"宗教对话与中国梦"学术研讨会论文集》,2014年6月10～11日,兰州大学,第287页。

《圣经》研究

《圣经》诠释的社会科学方法[*]

田海华[**]

社会科学方法，又称为社会科学批判或社会历史批判。作为《圣经》诠释方法的一个分支，社会科学方法的目的是将《圣经》文本视为社会与文化场景的反映而进行研究，并展现其处境的维度。因此，《圣经》文本的意义，通过社会科学的实践，尤其是社会学与人类学的视角而得到较充分的说明。本文将社会科学批判作为《圣经》诠释的一种跨学科视角，探讨了这一方法的具体呈现，并对其产生与贡献进行了评述。

社会科学方法，又称社会科学批判(social-scientific criticism)或社会历史批判(social-historical criticism)。从广义而言，《圣经》诠释的社会科学批判，是将相关的方法与理论运用于《圣经》文本，试图重构这些文本背后的世界，同时说明人们在这一世界的社会生活。对这一方法的应用，反映了一种范式转移，即疏离历史批评家与《圣经》神学家设定的框架，认为这些旧的模式在反映《圣经》文本之社会世界方面的局限性。通过社会科学而生成的新理论，为《圣经》学者提供了新的模式，去理解《圣经》世界的社会与宗教现象。社会科学批判的模式与进路，涵盖社会科学的各种分支学科，它们将《圣经》视为一个社会文本而进行分析。这些分支学科当中，最为重要的是社会学，它旨在定位与分析能够为社会变化提供一般规律的社会行为的模式。其次，是人类学与考古学，它们并不在意于揭示一般规律，而是关注对人类行为的比较研究。此外，还有政治学、心理学与经济学等，它们也为《圣经》研究提供重要的社会科学的视角。以上这些方法的结合与运用，使《圣经》研究者有可能从不同的角度，去重构《圣经》文本丰富的社会维度。现代历史研究通常伴随有对社会方面的旨趣，它离不开社会或社会学

* 本文为教育部人文社科基地重大课题“《圣经》诠释的历史与方法”(13JJD730004)的阶段成果。
** 田海华，哲学博士，四川大学道教与宗教文化研究所教授。

的意识与概念。因此,《圣经》研究中的社会科学批判,是《圣经》历史批判之一部分。本文拟以社会学与人类学视角为中心,对此作一简要说明。

一、社会学的视角

对《圣经》的社会学批判,是以研究社会现实的理论与方法,去系统地考察与分析《圣经》中社会群体的行为及其意义。它并没有一个固定的模式,但有的学者将之更多地局限于社会学的视角。[①] 也就是说,是以《圣经》文本中的社会行为模式为基础,"既要反映《圣经》文本中描述的社会世界,也要表现文本背后的社会世界,即产生文本的那个世界"[②]。20 世纪,对《圣经》的社会学批判,理论基础得益于杜尔凯姆(Emile Durkheim,1858～1917)、韦伯(Max Weber,1864～1920)与马克思(Karl Marx,1818～1883)的相关建树与贡献。杜尔凯姆将宗教信仰理解为社会事实与维护群体凝聚的力量;而韦伯沉迷于宗教与经济之间的相互作用,并对权力中传统的、克里斯玛式的与官僚体制的形式进行了分析;马克思则对生产模式进行了分析,并全面掌握了政治、经济对社会结构与意识形态所具有的调节力量。这些社会学理论,起初用来理解古代以色列的宗教,说明宗教是揭示《希伯来圣经》之社会起源的关键,而且,《希伯来圣经》中描述的早期以色列的宗教,正是其社会结构之特征的一种表达。虽然很多学者认为社会学批判的方法新近才被加入《圣经》诠释的行列,但是对社会进程进行分析,并将之视为是《圣经》文本形成的原因之一,在释经史上有历史渊源可循。因为在《圣经》传统中,一个重要的主题是如何论及以色列群体。显然,在《圣经》中,以色列的社会组织呈现了不同的形式,并经历了漫长的发展历史。早在中世纪的学者,比如犹太释经者拉什(Rashi,1040～1105)以及梅尔(Samuel ben Meir,1085～1175)等,在评注《希伯来圣经》与《塔木德》时,就开始关注与理解文本产生之周遭的文化,而不只是限于流行的寓意解经。文艺复兴时期的学者,开始关注古代以色列与古代近东其他民族之间的跨文化联系。20 世纪初,芝加哥社会分析学派产生,其中芝加哥大学的瓦利斯(Louis Wallis),对古代以色列的起源作出了

---

① Dale B. Martin, "Social-Scientific Criticism," in Steven L. McKenzie and Stephen R. Haynes (eds.), *To Each Its Own Meaning: An Introduction to Biblical Criticism and Their Application* (Louisville: Westminster John Knox Press, 1999), pp. 125-141.

② Naomi Steinberg, "Sociological Approaches: Toward a Sociology of Childhood in the Hebrew Bible," in Joel M. LeMon & Kent Harold Richards (eds.), *Method Matters: Essays on the Interpretation of the Hebrew Bible in Honor of David L. Petersen* (Atlanta: Society of Biblical Literature, 2009), p. 251.

社会学的分析。在他看来,《圣经》宗教不是城乡之间阶级斗争的原因,而是结果。[①]

随着韦伯《古代犹太教》(*Ancient Judaism*)的出版,以社会学的视角进入《希伯来圣经》的研究,取得了重大的突破与进展。[②] 韦伯受到神学方面的影响,这主要来自索赫姆(Rudolph Sohm)与哈那克(Adolf von Harnack)之间的辩论,同时,还有威尔豪森对古代以色列之社会发展的分析。[③] 此外,韦伯也深受马克思的经济与社会理论的影响,只是马克思强调经济对社会发展的决定作用,但韦伯提倡的是共同的精神与价值对社会的驱动与塑造,以抗衡马克思的辩证唯物主义。在《古代犹太教》里,韦伯对《希伯来圣经》进行了持续连贯的社会学分析,并将之作为是其资本主义理论的依据。韦伯对古代以色列的建构,描述了一个依赖于两种经济基础的社会。这两种基础是半游牧群体与定居的农业者。二者之间的结合,通过他们对约以及历史中特定时刻出现的克里斯玛个体权威的共同委身而被巩固。这个松散地组织在一起的混合社群,随着时光的变迁,逐步演变为一个具有等级制的结构,日益侵蚀以家庭为单位的自由与权威,并最终篡夺了权力。韦伯认为在君王制的开始阶段,它所导致的社会的分层,形成了地主与失地农民。这种经济上的区分、腐败与剥削,最终导致的是对先知的关注。先知利用约的传统以及前君王制时期存在的社会平等去抗议这一不公正的制度。因此,韦伯对古代以色列的重构,探讨了社会制度的变化,以及相对应的政治与经济条件的变化。韦伯还有探讨《圣经》之《诗篇》与《约伯记》等的研究计划,但因1920年的离世而搁浅。在30年代,韦伯的对古代以色列进行分析的宗教社会学理论,被洛兹(A. Lods)和科斯(A. Causse)进一步发展,他们都注意到本土的迦南人与游牧的以色列人之间的紧张关系。[④]

20世纪的60年代与70年代,是一个重要的分水岭,因为涌现出了大批的学者,他们运用社会科学批判的理论与方法去重构古代以色列史。其中,最为著名的即是门德豪尔(George E. Mendenhall)与哥特沃德(Norman Gottwald)。

---

① Louis Wallis, *God and the Social Process*, Chicago: University of Chicago Press, 1935.

② 1917～1919年间,此著的德文版最初以文章的形式发表在期刊上。在韦伯逝后的1920～1921年间,他的妻子将之作为《宗教社会学》的第三部分结集出版。英文版出版于1952年,参见Max Weber, *Ancient Judaism*, Free Press, 1952.关于此著对后世《圣经》批判的影响,参见Irving M. Zeitlin, *Ancient Judaism: Biblical Criticism from Max Weber to the Present*, Oxford: Polity Press, 1986.

③ 韦伯有关"克里斯玛"(charismatic)的概念,就是借自索赫姆。索赫姆曾用此概念研究早期基督教。Peter Burke, *Sociology and History*, London: Allen & Unwin, 1980, pp. 20-24.

④ Naomi Steinberg, "Social-Scientific Criticism," in *Methods of Biblical Interpretation*, foreword by Douglas A. Knight, Nashville: Abingdon, 2004, p. 276.

门德豪尔以社会经济条件为考察的中心，驳斥诺特(Martin Noth)有关古代以色列存在邻邦联盟这样的社会组织的理论，认为《圣经》传统并不支持古代以色列存在一个中央圣所的理论。同时，门德豪尔也反对诺特将邻邦联盟置于城市场景的说法，认为早期以色列的社会组织是以农民为基础的部族联盟。这些农民作为迦南的底层力量，受到出逃自埃及的奴隶的影响与刺激，因为后者带来了雅威的宗教。他们联合起来以对抗迦南的封建统治者，并通过与上帝建立的约传统使自身团结和强大起来。[①] 在《第十世代：圣经传统的起源》中，门德豪尔进一步阐释与细化了以上的观点。他强调出埃及事件与以色列宗教中好战之上帝形象的重要性，认为它们同早期以色列传统中大量的农业社会的特征相一致，而且它们具有的强烈的社会历史的意味，表明了只有少部分的早期以色列人参与了出埃及事件，而《约书亚记》的叙述中，大批的以色列人侵入迦南地并消灭迦南人，是申命学派的后期"修正主义者"进行诠释的结果。[②] 在后期，门德豪尔对古代以色列社会的重构，其研究方法由社会经济学的角度，转向强调社会革命的伦理维度，认为革命是以牺牲政治力量为代价。

哥特沃德承袭了门德豪尔有关古代以色列社会革命的理论，并明确地运用社会学的方法去分析《圣经》的数据。门德豪尔关注的重点是前君王制时期的以色列。1979 年，他的名著《雅威的族群》问世，影响甚巨。[③] 在这部著作里，他要突出的是，宗教必须要作为一种连贯的社会经济结构之功能而被论述。就《希伯来圣经》而言，这意味着雅威崇拜不能离开促使它产生的社会政治群体而被理解，因此，早期以色列崇拜雅威的宗教，是激进的平等主义的社会运动的产物，同周遭占有统治地位的等级体制形成尖锐的对立。哥特沃德否认早期以色列盛行游牧生活的社会模式，并将进入迦南地的征服解释为本土农民大众进行重新部落化(retribalization)的一种努力。他认为早期的以色列是迦南地的农民起义后

① George E. Mendenhall, "The Hebrew Conquest of Canaan," *Biblical Archaeologist* 25 (1962), pp. 66-87.

② George E. Mendenhall, *The Tenth Generation*: *Origins of the Biblical Tradition*, Baltimore: Johns Hopkins University Press, 1973.

③ Norman Gottwald, *The Tribes of Yahweh*: *A Sociology of the Religion of Liberated Israel*, 1250-1050 *BC*, Maryknoll: Orbis, 1979. 关于该著产生的学术影响及相关讨论，参见 Rolan Boer (ed.), "Tracking 'The Tribes of Yahweh', On the Trail of a Classic," *JSOT Sup*, 351, Sheffield: Sheffield Academic Press, 2002. 哥特沃德在其编著《圣经与解放：政治与社会的诠释学》中，突出了社会学与政治学的方法对《圣经》研究的重要性，融合了女性主义、第三世界与其他解放主义的视角，将《圣经》文本的社会场景同当今读者的社会处境紧密结合。同时，该著对早期社会学与政治学的进路作出反省与批评。参见 Norman Gottwald (ed.), *The Bible and Liberation*: *Political and Social Hermeneutics*, Maryknoll: Orbis Books, 1983.

形成，他们退居约旦山谷地带，力图塑造一个新的更加提倡集体主义的社会。在理论上，哥特沃德沿袭社会学家马克思的理论，即认为历史变化的根源在于经济与社会力量之间的抗衡。哥特沃德认为以色列是在迦南等级制的社会结构中通过重新部落化的运动而出现。他详细考察了这一过程，指出愤怒的被剥夺公民权的农民反抗等级制的权力结构，并随之提倡平等主义路线，主张重新部落化。哥特沃德的研究，是社会学视角的典型范例，他将社会经济发展的过程同意识形态的分析相结合，实现重构《圣经》时代社会结构与社会历史的目的。他被誉为美国主张马克思主义的《圣经》学者的先驱。①

20 世纪 60～70 年代，也涌现出一批对《新约》进行社会学追问的《圣经》学者。《新约》学者盖格尔(John Gager)即是其中之一。盖格尔追随韦伯与贝格尔(Peter Berger)的社会学理论，于 1975 年出版了《王国与社群》一书。其中，他将早期基督教解释为一种"千禧年运动"的产物，而早期基督徒在对现实的建构中经历了"认知失调"，因为他们寄望于耶稣复临，但这没有发生。他们通过复兴传教活动来应对失调。② 60 年代中期，约翰·艾略特(John Elliott)投入到民权运动中。在参与反对越战的过程中，他将注意力转到了宗教信仰与行为的社会与政治领域。因此，他的政治活动将他引领进入哥特沃德的世界，探索如何将社会分析的方式同《圣经》的历史研究结合起来。结果是，艾略特对《新约》中的《彼得前书》进行了社会学的诠释，看到了社会冲突在《彼得前书》中的功能。③ 艾略特赞赏威尔森(Bryan Wilson)关于教派类型的观点，即认为《彼得前书》中的基督徒将自己视为"外来者"，居于希腊、罗马，但抗击占有统治地位的希腊、罗马文

---

① Roland Boer, "Norman Gottwald: A Pioneering Marxist Biblical Scholar," *Monthly Review*, 29.04(2011).

② John Gager, *Kingdom and Community: The Social World of Early Christianity*, Englewood Cliffs: Prentice-Hall, 1975.

③ John H. Elliott, *A Home for the Homeless: A Sociological Exegesis of 1 Peter, Its Situation and Strategy*, Philadelphia: Fortress, 1981, pp. 112-117. 1986 年，美国《圣经》批判的学术期刊《赛迈亚》(*Semeia*)出版专号，题为《〈新约〉的社会科学批判及其社会世界》，艾略特为主编。该期荟萃了《新约》学者，运用社会科学的进路去处理具体的经文。参见 John H. Elliot (ed.), *Social-Scientific Criticism of the New Testament and Its Social World*. *Semeia* 35(1986). 此外，艾略特从理论上探讨了如何运用社会科学批判从事《新约》诠释。参 John H. Elliott, *Social-Scientific Criticism of the New Testament* (London: SPCK, 1993).

化。[1] 艾略特指出:对社群之宗派本质的识别,说明了书信之可能的社会功能。[2] 通过对《彼得前书》社会学视角的阅读,艾略特提出了对早期基督教的某个社群进行历史重构的可能。

美国耶鲁大学的《圣经》学者米克斯(Wayne A. Meeks),在早年的教学与研究过程中,对《新约》的神学范畴不再抱有幻想,而是转向探讨"现实"的学科,他后来选择了韦伯的功能主义社会学。同时,他也受到"知识社会学"的强烈影响,比如美国的贝格尔与德国的卢克曼(Thomas Luckmann),还有格尔兹(Clifford Geertz)文化人类学的影响。米克斯的社会科学批判,始于对约翰福音书中之基督教的探索。他运用宗派主义的概念,指出约翰将耶稣描述成一个被百姓拒绝的人,反映了约翰社群与圣堂之间的社会断裂关系。[3] 他认为约翰福音书的功能,在于强化社群的社会身份,赋予被孤立的社群宗教合法性和神义性。[4] 此外,米克斯运用各种社会科学的模式与类型,对保罗书信中的基督教进行了分析,呈现了早期基督徒在罗马时代所面临的诸种社会问题与冲突。这就是其名著《首批城市基督徒》的主要内容。[5] 1973 年,美国的《圣经》文学学会(Society of Biblical Literature)设立专题"早期基督教的社会世界",召集相关学者在年度大会上进行讨论,米克斯是这一专题的主持人之一。在 2011 年的年会册子里,《圣经》文学学会的相关专题,明确分为两组,即"社会科学与希伯来经典诠释"与"对《新约》的社会科学批判"。

对《圣经》进行社会学视角的诠释,除了以上提到的美国《圣经》学者之外,欧洲的学者在此领域也作出了重要贡献。在社会学"功能主义"的影响下,德国海德堡大学的《新约》学者泰森(Gerd Theissen),对两约之间的文献进行了探索,深入分析了早期的"耶稣运动"。由于,社会学的功能主义将社会视为一个有机体,不同的要素之间密切相关并互相影响,从而导致社会的运作,其中社会冲突是社会发展过程中的一个必然部分。因此,泰森运用福音文本去重构巴勒斯坦基督教的史前时代,指出众多的福音书言论都反映了"巡回的激进分子"所扮演

---

① 威尔森对现代宗教的教派进行了社会学的研究,探讨各教派的仪式实践、组织形式以及对社会的态度。Bryan R. Wilson, *Sects and Society: A Sociological Study of the Elim Tabernacle, Christian Science, and the Christadelphians*, Berkeley: University of California Press, 1961.

② John H. Elliott, *A Home for the Homeless: A Sociological Exegesis of 1 Peter, Its Situation and Strategy*, pp. 165-236.

③ Wayne A. Meeks, "The Man from Heaven in Johannine Sectarianism," *Journal of Biblical Literature* 91 (1972), pp. 44-72.

④ Wayne A. Meeks, "The Man from Heaven in Johannine Sectarianism," p. 70.

⑤ Wayne A. Meeks, *The First Urban Christians: The Social World of Apostle Paul*, New Haven & London: Yale University Press, 1983.

的社会角色。在1世纪的巴勒斯坦,由于社会经济方面的紧张与冲突,这些激进分子放弃了诸如职业与家庭这种正常的社会组织,到处流浪,去宣讲耶稣的信息。巴勒斯坦的其他早期基督徒,保持着他们传统的社会角色,并为这些激进分子提供支持。① 泰森的观点,在其《早期巴勒斯坦基督教的社会学》一书中得到详述。② 尽管泰森的观点不断被质疑,但是他对后来从事《新约》的社会科学批判研究的学者具有持续的影响。③

二、人类学的视角

从人类学的视角研究《圣经》,在方法论上,有时同社会学的进路有交叉重叠之处,因为二者都以社会处境中人的行为作为研究对象,但侧重点有所不同。社会学更侧重于社会或社群的行为关系与运作,重视测量与调查,而人类学更强调小型社群的生活形式及其文化表达,注重参与观察或文化浸染。总之,二者并没有非此即彼的界限,正如以上提到的哥特沃德、艾略特、威尔逊与米克斯等,在引用社会学方法的同时,也借鉴了人类学的理论。人类学产生于19世纪,有文化人类学、生理人类学、语言人类学与社会人类学等分支。从人类学的视角探讨《圣经》,来自田野调查的丰富资料有助于我们理解《圣经》中的特定现象;同时,人类学家的理论建构能够使我们洞察文化与社会过程的本质,这对我们诠释古代文本是重要的。④ 这正如文化人类学家道格拉斯(Mary Douglas,1921～2007)所说:"任何对信仰、宗教与象征有兴趣的人,都会诉诸人类学而获得洞见。"⑤探索宗教的信仰与实践,是人类学研究的重要内容。因此,当19世纪对

---

① Gerd Theissen, "Itinerant Radicalism: The Tradition of Jesus' Sayings from the Perspective of the Sociology of Literature," *Radical Religion* 2 (1975), pp. 84-93. 该文的德文初版,发表于1973年。

② Gerd Theissen, *Sociology of Early Palestinian Christianity*, Philadelphia: Fortress Press, 1978. 泰森还有对保罗书信与哥林多教会的相关研究,参见 Gerd Theissen, *The Social Setting of Pauline Christianity: Essays on Corinth*, Philadelphia: Fortress Press, 1982.

③ 米克斯就是泰森思想的重要传播者之一。对泰森作品的有关批评,参见 Bengt Holmberg, *Sociology and the New Testament: An Appraisal*, Minneapolis: Fortress Press, 1990, pp. 44-54, 119-125.

④ Thomas W. Overholt, *Cultural Anthropology and the Old Testament*, Minneapolis: Fortress Press, 1996, p. 1.

⑤ Mary Douglas, *Implicit Meanings: Selected Essays in Anthropology*, London: Routledge, 1999, p. vii. 基于不同的分类角度,也有学者称其为社会人类学家。参见 Naomi Steinberg, "Social-Scientific Criticism," p. 278. 通常,文化人类学起源于美国,关注象征与仪式;而社会人类学源自于英国,强调社会群体与制度。但二者的综合,被称为社会文化人类学(socio-cultural anthropology),同时包含了以上的要素与传统,目前西方正有这一综合的趋势。

人类文化进行比较研究出现之时，人类学与《圣经》研究的密切联系就已经发生。[①]《希伯来圣经》描述的古代以色列的社会与文化，为人类学研究提供了重要的素材。同时，人类学为《圣经》学者探讨古代以色列提供了多种方式，“透过人类学的镜头，我们可以发现一个特定的群体如何在社会中表达并寻索它的意识形态”[②]。

早期人类学的代表人物史密斯(William R. Smith)，是苏格兰的东方主义者，他将人类学与《圣经》研究相结合。史密斯探讨古代以色列的社会结构与宗教习俗，运用进化论去解释《希伯来圣经》中的社会现象，提出仪式高于信仰的内涵；同时，他运用比较的方法去联接早期的以色列与阿拉伯文化。通过探查古典阿拉伯文本，并对《希伯来圣经》进行比较研究，史密斯相信去重构古代以色列的宗教是可能的。[③] 20 世纪初叶，史密斯的人类学进路被后来的彼德森(Randall J. Petersen)所继承，致力于研究古代以色列的社会生活。[④] 在六七十年代，人类学家道格拉斯与利奇(Edmund Leach，1910～1989)相关著作的出版，为人类学视角的《圣经》研究领域投入了令人瞩目的耀眼光芒。1966 年，道格拉斯的成名作《洁净与危险》出版。[⑤] 该著突破了传统人类学的范式，摈弃视“他者宗教”为迷信与蛮荒的社会达尔文主义，以一种批判的、人性的与敏锐的眼光看待《圣经》宗教，如此，她不仅将人类学的方法带入《圣经》的仪式、宗教与社会的探察中，而且她的作品“成为英国人类学现代主义的一种经典表达”[⑥]。在《洁净与危险》中，道格拉斯呈现了《圣经》中食物律法与其他洁净律法，如何通过标记与限

① Wendy James, *The Ceremonial Animal: A New Portrait of Anthropology*, New York: Oxford University Press, 2003, pp. 122-125.

② William K. Gilders, “Anthropological Approaches: Ritual in Leviticus 8, Real or Rhetorical,” in Joel M. LeMon & Kent Harold Richards (eds.), *Method Matters: Essays on the Interpretation of the Hebrew Bible in Honor of David L. Petersen*, Atlanta: Society of Biblical Literature, 2009, pp. 246-247.

③ William R. Smith, *The Religion of the Semites* (1899, reprint 1972). 当时，还有深入研究《圣经》之献祭行为的法国比较宗教学家休伯特(Henri Hubert)与人类学家莫斯(Marcel Mauss)的合著。参见 Henri Hubert and Marcel Mauss, *Sacrifice: Its Nature and Function*, trans. by W. D. Hall, Chicago: University of Chicago Press, 1964. 法文版初版于 1898 年。

④ J. Petersen, *Israel: Its Life and Culture* (1920-1934). 彼德森的研究依赖于比较的数据，而这些数据对古代以色列研究带有偏见，是陈腐可疑的。参见 Naomi Steinberg, “Social-Scientific Criticism,” p. 275.

⑤ Mary Douglas, *Purity and Danger: An Analysis of Concepts of Pollution and Taboo*, London: Routledge, 1966.

⑥ Richard Fardon, *Mary Douglas: An Intellectual Biography*, London: Routledge, 1999, p. 260. 另参见 Ronald Hendel, “Mary Douglas and Anthropological Modernism,” *Journal of Hebrew Scriptures* 8(2008), article 8.

定以色列世界观的范畴而塑造古代以色列人的经验。通过仪式实践，以色列人不断地确认《圣经》中描述的宇宙结构，将上帝圣洁的观念同创造的范畴与日常饮食紧密相联。如此，宇宙论与道德观成为《圣经》宗教的重要内容。[①] 她对《圣经》中食物律法与文化进行诠释的关键，是"不洁"这一概念。"不洁"意味着不适宜。大众对"不洁"的认知，显示了文化范畴的边界。有关不洁的律法，以及相对而言的洁净律法，建构了经验的认知框架与结构。这些系统的说教，证明与缔造了我们栖居的有序世界。因此，"为了探察有关不洁的文化系统，就要探讨这一文化的宇宙，一个被经验的宇宙，它必须包含认知、伦理、意识形态与实践的交织"[②]。

道格拉斯极其重视仪式的象征意义，因为，在她看来，"作为一种社会动物，人是仪式动物。没有仪式行为，各种社会关系不可能存在"[③]。道格拉斯将仪式直接描述为"首先是一种交流的形式"[④]。在《洁净与危险》中，她以《利未记》11章的食物律法为例，说明以色列人不可食的不洁生物。律法依据地上、水中与天上这三大场所，将所有的动物分为洁与不洁的、可吃与不可吃的。而这种区分同这些生物是否允许被献祭相关。同时，道格拉斯也论及对猪的禁忌。她认为中世纪与现代的人们对此仪式细节的解释都是以假乱真的，因为他们都完全脱离了那个文化系统更为广袤的现实。这一禁忌既不是非理性的迷信，也不是一种道德象征。她将这一禁忌置于仪式教导的场景里，从人类学的视角认为这一禁忌属于更大的、更具有多元意义的文化系统之一部分，同一个系统的观念排列与整个思想结构相关。[⑤] 道格拉斯不仅掌握了现代人类学的诠释技巧，而且，为了走进古代以色列人的生活，她研习掌握了希伯来文。她从研究西非部落，转向研究《希伯来圣经》，因为她视其为宗教与文化的一个重要来源。对此，她写道："我研究《圣经》的个人计划，是要将人类学带进对我们自身文明有影响的来源中。"[⑥]从关注异域的"他者"而转向审视自身，这是 60 年代人类学的一个激进转向。

---

① Mary Douglas, *Purity and Danger*: *An Analysis of Concepts of Pollution and Taboo*, pp. 41-57.

② Ronald Hendel, "Remembering Mary Douglas: Kashrut, Culture, and Thought-Styles," *Jewish Studies* 45(2008), p. 6.

③ Mary Douglas, *Purity and Danger*: *An Analysis of Concepts of Pollution and Taboo*, p. 62.

④ Mary Douglas, *Natural Symbols*: *Explorations in Cosmology*, New York: Random House, 1970, p. 20.

⑤ Mary Douglas, *Purity and Danger*: *An Analysis of Concepts of Pollution and Taboo*, p. 41.

⑥ Mary Douglas, "Why I Have to Learn Hebrew: The Doctrine of Sanctification", in T. Ryba, G. D. Bond, and H. Tull (eds.), *The Comity and Grace of Method*: *Essays in Honor of Edmund F. Perry*, Evanston: Northwestern University Press, 2004, p. 151.

道格拉斯致力于《希伯来圣经》的研究，她人类学研究的顶峰之作，是她晚年对《圣经》诠释的三部曲。[①] 在这三部曲中，道格拉斯对《利未记》与《民数记》的文学与概念结构进行了更为深入细致的探讨，尤为重要的是，她由此发展出成熟的文化分析理论，显示了社会组织的类型同宗教宇宙论系统的类型之间的相互关系。她将文化分析理论应用于《希伯来圣经》，特别是以祭司典文本(Priestly text)为考察的中心，最终探讨了祭司典来源(Priestly source)及其认知的思想风格，认为这一来源建构了它的叙述与仪式文本，并分析了这一风格是如何符合祭司等级制的社会形式。祭司叙述的模式与思想风格认同其制度化的语境，因为祭司典作者建构了一个宏大的道德与宇宙论系统。针对现代读者，道格拉斯指出我们要学会如何阅读祭司典叙述中暗示的意义，包括其内在关联的形式与道德评判的形式。因此，我们必须学会自我反省，摈弃现代个人主义的预设，学会欣赏等级制的风格以及古代祭司的学识，才能呈现古代以色列人的世界。她以《利未记》中食物律法为例，指出祭司典叙述的风格是类比与关联并重。[②] 道格拉斯也探讨了《申命记》的思想特征。她认为这些不同的《圣经》叙述风格，同古代以色列人的神学、伦理、仪式观念与宇宙论密切相关。

利奇是英国的社会人类学家，是他将列维—施特劳斯(Claude Lévi-Strauss)的结构主义理论带入人类学中。1969年，他的《作为神话的〈创世记〉及其他》一书出版。[③] 该著对《创世记》中的神话传统与叙述作出了分析。他倾向于从结构人类学的角度对《圣经》神话进行诠释，矫正了过往在《圣经》传统与所谓的原始叙述传统之间所作的假定二分法。[④] 利奇最有影响力的作品是1976年出版的《文化与交流》，探讨了如何将结构主义的分析应用于社会人类学中，去分析仪式象征的逻辑。他的分析从象征的社会表述向象征的文化意义转移，认为文化作为意义、价值观和情感的主流，有效地作用于社会组织，与社会层面交汇，并相互作用，构成一个整体。[⑤] 该著一版再版，其最后一章论及"献祭的逻

---

① Mary Douglas, *In the Wilderness: The Doctrine of Defilement in the Book of Numbers*, JSOT Sup 158, Sheffield: Sheffield Academic Press, 1993; idem, *Leviticus as Literature*, New York: Oxford University Press, 1999; idem, *Jacob's Tears: The Priestly Work of Reconciliation*, New York: Oxford University Press, 2004.

② Mary Douglas, *Leviticus as Literature*, p. 18.

③ Edmund Leach, *Genesis as Myth, and Other Essays*, London: Cape, 1969.

④ Edmund Leach and D. Alan Aycock, *Structuralist Interpretation of Biblical Myth*, Cambridge: Cambridge University Press, 1983.

⑤ Edmund Leach, *Culture and Communication: The Logic by Which Symbols Are Connected: An Introduction to the Use of Structuralist Analysis in Social Anthropology*, Cambridge: Cambridge University Press, 1976.

辑”,以《圣经》中亚伦与其子接受神职授任的叙述为案例,去说明献祭仪式的意义以及仪式行为的社会属性。该文作为人类学视角诠释《圣经》的范例,被收入《旧约的人类学进路》中。[①] 七八十年代以来,献祭作为古代以色列宗教的核心仪式实践,受到《圣经》研究学者的重视,而且多以象征交际法(symbolic-communicative approach)为主流。比如,亨德尔(Ronald Hendel)以《出埃及记》24:3～8 作为文本基础,运用史密斯(William R. Smith)的理论,将献祭仪式置入文化系统中,认为以色列人的献祭活动,“是一种象征行为,是古代以色列人的社会与宗教自我意识的一种核心表达”[②]。另外,吉尔德(William K. Gilders)关注古代以色列的献祭行为与仪式表达,指出《希伯来圣经》中用动物的血进行献祭有不同的形式与功能。他以《利未记》《出埃及记》与《申命记》中的相关经文为中心,对《希伯来圣经》中的血祭进行了慎密的人类学的考察,呈现了血祭对神圣空间的限定,以及它在社会整合中的象征意义与作用,表达了不同于以往神学视角的全新理解。[③]

在 80 年代,也涌现了以人类学视角探讨先知的《圣经》学者。威尔森(Robert R. Wilson)运用比较人类学和社会学的方法去搜集数据,试图说明先知在古代以色列的社会角色与功能,突出先知活动的社会维度。他用“中保”(interme-

① Bernhard Lang (ed.), *Anthropological Approaches to the Old Testament*, Philadelphia: Fortress Press, 1985, pp. 136-150.

② Ronald Hendel, “Sacrifice as a Cultural System: The Ritual Symbolism of Exodus 24:3-8,” *Zeitschrift für die Alttestamentliche Wissenschaft* 101 (1989), pp. 366-390. 关于《圣经》之献祭仪式,克劳文(Jonathan Klawans)视之为一种普遍现象在文化上的特殊显现,具有一种“内在的象征意义”,认为古代以色列人是以象征的术语去思索他们的献祭实践。这涉及两大观念原则:其一,献祭是人类追随神圣的一种实践;其二,献祭是对神圣临在的吸引与维持。参见 Jonathan Klawans, *Purity, Sacrifice, and the Temple: Symbolism and Supersessionism in the Study of Ancient Judaism*, New York: Oxford University Press, 2006.

③ William K. Gilders, *Blood Ritual in the Hebrew Bible: Meaning and Power*, Baltimore: Johns Hopkins University Press, 2004. 对《圣经》之仪式的最新研究,在此值得一提的有格曼(Frank Gorman)对祭司仪式文本的分析,参见 Frank Gorman, *The Ideology of Ritual: Space and Status in the Priestly Theology* (JSOTSup 91, Sheffield: JSOT Press, 1990);欧严(Saul M. Olyan)论及仪式行为如何表达并规定身份,以及条件的变化。欧严更多关注于对《圣经》仪式文本的呈现,而非仪式行为本身,因为,他意识到《圣经》学者探究的是文本,而非活生生的文化实践。参见 Saul M. Olyan, *Rites and Rank: Hierarchy in Biblical Representations of Cult*, Princeton: Princeton University Press, 2000; idem, *Biblical Mourning: Ritual and Social Dimensions*, New York: Oxford University Press, 2004. 还有对《利未记》第 1～7 章中的动物献祭仪式的后现代解读,参见 Wesley J. Bergen, *Reading Ritual: Leviticus in Postmodern Culture*, New York: T & T Clark, 2005. 从修辞分析的角度对《利未记》的仪式进行探讨,参见 James W. Watts, *Ritual and Rhetoric in Leviticus: From Sacrifice to Scripture*, Cambridge: Cambridge University Press, 2007. 以上的学者多采用象征交际法。

diary)这一概念去指涉古代以色列先知活动的整个范围,并将之放在一个文化的场景里进行阐述,而不是关注其超自然的方面。他将先知分为两种类型:主要的与次要的,前者维持社会现状,后者寻求社会变化。威尔森认为二者角色不是对立的,而是使社会运动成为可能的一个连续体。[①]《圣经》学者伯克·朗(Burke O. Long)诉诸英国的结构人类学与美国描述性的民族志研究,对以色列的古代先知进行了探讨。此外,欧文赫特(Thomas W. Overholt)将来自不同文化背景的人类学资料应用于先知角色,以跨文化的视角认识和处理先知的活动。这些丰富的比较数据,为理解《圣经》中的先知提供了诸多亮光。[②] 值得一提的,鉴于从人类学的视角对《圣经》之先知的研究已崭露头角,1982 年,《圣经》学术期刊《赛迈亚》(*Semeia*)登出专号,主题为"以人类学视角论《旧约》先知"。以上提到的三位《圣经》学者,都参与了这一专题的讨论。

随着 60 年代以来妇女研究在北美的兴起,越来越多的学者开始关注《圣经》中的性别议题,发展出女性主义《圣经》诠释,试图重构妇女在《圣经》世界扮演的社会角色,如此,家庭血亲关系、婚姻、性别、母性与族谱等,都成为人类学与社会学视角探讨《圣经》的重要素材。比较人类学的数据,有助于《圣经》学者重构古代以色列社会组织中的血亲关系的基础,从而使学者有可能发现家庭住户、部族与家系之间的内在关系。杜克大学的米耶斯(Carol Meyers)运用比较人类学的数据,将《希伯来圣经》中农庄社会的性别议题处境化(contextualization),聚焦于前君王制时代居住于中央高地的以色列妇女。她认为两性之间的平等关系存在于以色列形成的早期年代,而君王制与等级制的政治结构的发展,将妇女的力量与权威视为对男性的侵害。[③]《圣经》学者普瑞斯勒(Carolyn Pressler)认为君王制下等级制的社会操控,对妇女角色的限制与影响,可以在《申命记》法典涉及家庭关系的规范中找到确证。她指出在以男性为主导的家庭结构中,申命典律法构成对妇女之性态的抑制,但另一方面,相较而言,申命典律法在某种程度上表现出对妇女的保护,这反映了古代以色列血亲系统的文化特点。[④] 依据跨文化的比较人类学的数据去分析古代以色列的血亲世系,是社会科学研究相互进行整合的一个范例。斯坦伯格(Naomi Steinberg)探讨了《创世记》中的家庭结

---

① Robert R. Wilson, *Prophecy and Society in Ancient Israel*, Philadelphia: Fortress Press, 1980.

② T. O. Overholt, *Prophecy in Cross-Cultural Perspective: A Source Book for Biblical Researchers*, Atlanta: Scholars Press, 1986.

③ Carol Meyers, *Rediscovering Eve: Ancient Israelite Women in Context*, New York: Oxford University Press, 2012.

④ Carolyn Pressler, *The View of Women Found in the Deuteronomic Family Laws*, Berlin: de Cruyter, 1993.

构、性别与政治组织。她揭示了古代以色列社会中婚姻与家庭的父系基础，指出父系的同宗联姻构成了他拉至亚伯拉罕的家族世系的谱系框架。[①] 此外，杰伊(Nancy Jay)对献祭活动进行了人类学与社会学的考察，认为古代以色列强调父系的传承，即当母亲生育一个可以继承父位的儿子，就要求有一个仪式化的过程，其目的在于合法化并维护父系的结构。[②] 关于家族谱系在以色列社会组织中的重要性，斯坦伯格与杰伊的相关研究，对威尔森(Robert R. Wilson)的早期研究，即《圣经世界中的谱系与历史》(1977 年版)中的理论作出了补充。

结 语

综上所述，对《圣经》的社会科学批判，就是运用社会科学的方法进行《圣经》诠释，关注《圣经》文本及其世界的社会、历史与文化的向度。尽管，社会科学批判的方法被越来越多的学者所接受并应用于《圣经》研究领域，但是这一方法本身还是面临一些挑战与批评。这些批评主要集中在以下几点：第一，有的学者认为将社会科学批判运用于一个古代社会或古代文本，实质上是不可能的，因为社会科学方法依赖于参与观察，以及一种对同研究对象进行互动及其结果进行测试的能力。这样的测试针对当代社会是可能的，而运用于古代社会的案例显然是没有操作性的。[③] 这一点是对社会科学批判方法所持的基本质疑，就是对现代学者能够著述古代社会历史之能力的怀疑。多数现代历史学家不能解决这一问题，但是，那些从事社会科学批判的学者需要审慎思索这一方法论难题。[④] 第二，对社会科学方法的应用，可以导致一种社会的化约主义(reductionism)，即忽略塑造历史与文学的所有非社会的力量。[⑤] 比如说，社会科学批判可能会使学者忽视《圣经》文本的神学维度。因此，这一方法的实践者，可以通过同时运用其他的诠释方法而避免化约主义。第三，在应用社会科学批判的过程中，涉及模式与重构的运用。没有某种程度的重构，是很难明白古代社会历史的著述是如何

---

① Naomi Steinberg, *Kinship and Marriage in Genesis: A Household Economics Perspective*, Augsburg: Fortress Press, 1993.

② Nancy Jay, *Throughout Your Generations Forever: Sacrifice, Religion, and Paternity*, Chicago: Chicago University Press, 1992.

③ Cyril S. Rodd, "On Applying a Sociological Theory to Biblical Studies," *Journal for the Study of Old Testament* 19 (1981), pp. 95-106.

④ 有关这一问题的讨论，参见 Rainer Kessler, *The Social History of Ancient Israel: An Introduction*, Minneapolis: Fortress, 2008, pp. 5-12.

⑤ Cary A. Herion, "The Impact of Modern and Social Science Assumptions on the Reconstruction of Israelite History," *Journal for the Study of Old Testament* 34(1986), pp. 3-33.

发生的，但是，不宣称其确定性是重要的，也就是不能夸大模式与重构的作用。第四，对比较与运用民族志数据资料的批评，认为这些数据可能不具代表性，因为在其他文化中也有类似的数据。这一问题对那些运用人类学研究成果的《圣经》学者是重要的。也就是说，运用非典型性的比较数据是危险的，因为没有意识到文化的独特性。最后，近年来的争论，涉及《圣经》文本的年代。其产生的问题，是运用社会科学方法去追溯《圣经》文本之年代的可能性与有效性。如果描述前被掳时期的以色列的《圣经》文本是晚期的著述，那么，人们不能用社会学的方法去重构早期历史，除非这一历史保存在较晚的《圣经》文本中。[1] 尽管社会科学批判面临以上多种质疑，但是，它被广泛地应用于《圣经》研究中，是理解与呈现《圣经》世界与历史的一种重要方法。

① Robert R. Wilson, "Reflection on Social-Scientific Criticism," in Joel M. LeMon & Kent Harold Richards (eds.), *Method Matters: Essays on the Interpretation of the Hebrew Bible in Honor of David L. Petersen*, Atlanta: Society of Biblical Literature, 2009, pp. 515-517.

界定生命概念:《新约》对希腊哲学的冲击

谢文郁*

《新约》对“生命”概念给出了一种新的界定,用两个不同的词指称它:ζωή(生命)和ψυχή(性命)。考虑到《新约》原始文字乃是希腊文,我们把这个新界定放在当时希腊思想史语境中进行考察,并使之与希腊哲学的相关使用加以比较。我们注意到,《新约》关于“生命”和“性命”两词的使用涉及了其他三个词的使用:πνεῦμα(圣灵)、σάρξ(肉体)、σῶμα(身体)。这五个词之间的概念关系是我们把握《新约》生命概念的关键所在。简略而言,《新约》生命概念指称着一种摆脱肉体控制而由圣灵主导身体的生命。

《约翰福音》和保罗书信对ζωή和ψυχή这两个字进行了严格区分。Ζωή的源泉是圣灵,是天父的赐予,因而是永恒的生命;ψυχή则是内存于人的性命,由人的心思意念决定,因而来源于人自身,随着时间的消耗而归于死亡。考虑到这两个字是希腊文,我们需要结合希腊哲学对它们的使用,对πνεῦμα(圣灵)、σάρξ(肉体)、σῶμα(身体)等字进行思想史分析①。总的来说,《新约》对5个希腊字的界定是这样的:σῶμα是中性的。对于一个人的生存来说,由πνεῦμα主导σῶμα便是ζωή。σάρξ是一种在ψυχή加σῶμα的生存状态,即:人的身体(σῶμα)完全受

* 谢文郁,山东大学犹太教与跨宗教研究中心教授,博士生导师。

① 我这里不打算就方法论问题展开讨论。《新约》学术界存在着两种研究思路。一种是完全从《旧约》出发分析《新约》的用词和思路;一种是在希腊哲学中寻找《新约》的语词界定。参见谢文郁:《道路与真理——解读〈约翰福音〉的思想史密码》,华东师范大学出版社2012年版,第6~8页。我的看法是,《新约》用希腊文写作,不可能完全摆脱希腊哲学语境来重新界定这些希腊字。但是,《新约》有自己的思想角度,因而对一些关键的希腊字有自己的界定。本文对《新约》的生命概念的分析,更多的是思想史角度。

制于人的心思意念(ψυχή)的生存状态。充分理解 ζωή(生命)和 ψυχή(性命)的区别是我们理解基督教生命观的关键所在。

一、ψυχή和 ζωή

《约翰福音》(12:25)记载了耶稣的一句话:

ὁ φιλῶν τὴν ψυχὴν αὐτοῦ ἀπολλύει αὐτήν, καὶ ὁ μισῶν τὴν ψυχὴν αὐτοῦ ἐν τῷκόσμῳ τούτῳ εἰς ζωὴν αἰώνιον φυλάξει αὐτήν.(和合本译文:爱惜自己生命的,就失丧生命;在这世上恨恶自己生命的,就要保守生命到永生)

类似的记载在其他三本福音书中都能读到,参看《马太福音》10:39、16:25,《马可福音》8:35 和《路加福音》9:24。这几处的用语略有不同,但中心意思差别不大,即:强调两个生存出发点,以自己为出发点和以耶稣为出发点,以及两者之间不相容。不过,《约翰福音》的用语多了一个 ζωή。从语言的角度看,上述译文中有 5 个"生命"。就希腊文而言,这 5 个译为生命的词,在原文中有两个用 ψυχή,有一个用 ζωή,另外两个用代名词 αὐτήν。

《约翰福音》在这段话中使用了 ζωή,等于说,人的生存有两种不同的状态,即:ψυχή和 ζωή。这种用词的差别需要我们认真分析。《约翰福音》的写作较晚;作者在写作时应该都读了其他福音书和保罗书信。因此,使徒约翰在神学上有深入反思,并对耶稣说过的话有更深的体会。在他看来,基督信仰给人带来的生存不同于其他人的生存。因此,在表达上,他有意识地区别 ψυχή和 ζωή这个词的使用。检索《新约》其他书卷的用法,可以发现,虽然《新约》作者在使用这两个词时不像《约翰福音》那样严格,但有一个基本的倾向,那就是,ψυχή指的是在人的心思意念控制下的生存,可以丧失。在翻译上,更恰切的译文可用"性命"。"ζωή"一词常常加上"永恒"这个形容词。ζωή是神赐予的,是真正的生命。我认为,ζωή在《新约》看来乃是真正的生命,因此,可以直接译为"生命"。① 这种区分对我们阅读《新约》具有十分重要的意义。

在语言上,需要指出的是,《马太福音》《马可福音》《路加福音》在记载耶稣上述那句话时没有使用 ζωή而是用代名词 αὐτήν。就语法习惯而言,这个代名词

① 《马太福音》《马可福音》和《约翰福音》在涉及这两个词的使用时比较一致,都是在永恒生命意义上使用 ζωή;《路加福音》和保罗书信在使用"ζωή"一词时虽然也大都指称"永恒生命",但有时也会用来指称一般意义上的生命,如《路加福音》16:25 中提到的那个财主的生命;《哥林多前书》15:19 提到的此生生命等。就 ζωή的词义来说,它指称一切生命。但是,我认为,《新约》对这个词的特殊用法值得十分重视。

指的是“他的 ψυχή”。对于一些听众来说，人活着就是因为有 ψυχή，除此没有其他使人活着的力量。但是，耶稣强调，人活着是因为有神的话语。[①] 在神的话语中生活是一种不同于在 ψυχή中的生活。考虑到 ζωή具有永恒性，因而在使徒约翰看来，这种在神的话语中的生活便是 ζωή。我想，这是《约翰福音》记载这段话时比其他福音书的记载多出 ζωή的原因。

《新约神学辞典》在涉及这两个字时指出：“在日常用语和诗词用语中，ψυχή和 ζωή是可以相互替换的。”[②]不过，当人们认真处理它们时，发现它们会出现在不同的语境中。在希腊—罗马神话中，人们把诸神的生存状态称为 ζῶα，是不朽的，永远地拥有身体(σῶμα)和灵魂(ψυχή)。ζῶα 是一种生存状态，ζωή则是保存这种生存状态的那种力量。因此，这两个字是相通的。柏拉图在《蒂迈欧篇》中用 ζῶα 来指称宇宙作为一个整体的存在状态[③]；接着用这个字来指称诸神的存在(指那些永恒存在物，如天上的星星等)。[④] 从这个意义上，“ζωή”(或 ζῶα)一词的用法就具有某种神圣性或不朽性了。[⑤] 也就是说，虽然人们可以随意使用 ζωή或 ψυχή，但是，当人们认真地称某人拥有 ζωή时，这种说法就具有某种特殊的含义，意思是他的生存与众不同。《约翰福音》在使用 ζωή时显然带着这种意识，认为 ζωή是不同于 ψυχή的生命、而且是真正的生命、永恒的生命。

“ψυχή”一词在古典希腊文献中的用法并不难理解，它指的是那种支持人活着的力量。通常译为“灵魂”。当它在人的身体内部时，人就是活的；当它离开人的身体时，人就死了。从这个意义上看，拥有 ψυχή意味着活着。不过，需要指出的是，ψυχή并不因为它离开人而消失。从《荷马史诗》到柏拉图的著作，ψυχή都具有不朽性。当灵魂离开人的身体之后，它会去一个地方，称为“冥界”。《荷马史诗·伊利亚特》的开头就宣称：“英雄们的灵魂被关入冥界之门；而他们的尸体，则成了野狗和兀鹰的美餐。”[⑥]把人的生存分为灵魂和身体的想法基本上也是柏拉图的想法。柏拉图在《理想国》[⑦]的最后一卷书中专门叙述了一个神话，对冥界进行描述，并认为灵魂在冥界待上一千年后还要投胎，回到世间。在《蒂

---

① 参见《马太福音》4:4。

② *Theological Dictionary of the New Testament* ,Vol. II, ed. Gerhard Kittel, tr. Geoffrey W. Bromiley, Grand Rapids, MI: WM. B. Eerdmans Publishing Company, 1964, p. 833.

③ 参见柏拉图:《蒂迈欧篇》30C,谢文郁译,上海人民出版社 2003 年版。

④ 参见柏拉图:《蒂迈欧篇》38D-39A。

⑤ *Theological Dictionary of the New Testament*,Vol. II, p. 833.

⑥ 译自英译本 *Homer*: *The Iliad*,1:3,tr. Ian Johnston,Arlington, VA: Richer Resources Publications, 2007.

⑦ 柏拉图:《理想国》第 10 卷,郭斌和、张竹明译,商务印书馆 2010 年。

迈欧篇》,柏拉图对灵魂的产生过程进行详尽叙述,认为灵魂是造物主根据理性(概念和数学)所造,但进入人体后受到限制而忘却了自己的神圣性,从而离神越来越远。特别地,对于那些不追求理性的人,他们在重新投胎时将成为越来越低级的动物。[①] 古希腊思想界的这些说法,我们称之为"灵魂—身体二元论"。

人在生活中可以直接体会自己的生存力量,比如,人有欲望并追求满足欲望;有情感并加以表达;有想法并实现之等等。这里,欲望、情感、想法等的产生及其满足过程是自己还活着的直接验证。在这种生存状态中,人的欲望、情感和想法具有决定性的作用。或者说,有什么样的欲望、情感和想法,就有什么样的生存状态。即使在欲望满足、情感表达和想法实现受到阻拦而无法满足时,人们还是会在欲望、情感和想法的推动下追求满足。考虑到欲望、情感和思想的有限性,不难指出,这种生存是有限的,是和死亡联系在一起的。保罗在《哥林多前书》(2:14,15:44～46)用了 ψυχή的形容词性表达式 ψυχικό ς(属魂的)来指称这种在灵魂主导下的有限的生存状态。

《新约神学辞典》在分析"ψυχή"一词时,根据《马太福音》(10:39,16:25)、《马可福音》(8:35)和《路加福音》(9:24)的记载,认为:"Ψυχή作为人的生命并不仅仅是健康或财富,而且还是一种由神源源不断地赐予的生命,一种不会被死所限制且受神看顾的生命。"[②]正是在这个思路中,《辞典》在解释这段话——以《马太福音》16:25 为例:"ὃς δ᾽ ἂν ἀπολέση τήν ψυχήν αύτοῦ ἕνεκεν ἐμοῦ εὑρήσει αὐτήν."(参考和合本译文:"凡为我丧掉生命的,必得着生命。")——时,指出,这里的"必得着生命"中的生命乃是神所祝福的生命。因此,ψυχή也可以是由神而来并得到神的祝福的生命。从纯粹语言学角度看,εὑρήσει αὐτήν(直译:得着它)中的 αὐτήν 作为代词指的便是前面的 ψυχή。这个解释在语言学上似乎无可非议。但是,如果这里的生命指的就是 ψυχή,这段话表达的意思是:我们为了耶稣而丧失自己的 ψυχή,从耶稣那里得到的还是 ψυχή;那么,我们跟随耶稣和其他人在生存上有什么不同呢?《辞典》的解释思路是:丧失了人所追求的 ψυχή,而得到了神所主导的 ψυχή。不过,我们在《新约》其他文字中找不到这种解释的更多材料。

我们继续分析。按照《新约神学辞典》的这种解释,ψυχή和 ζωή之间的区分并非必要。正是在这个思路中,我所接触到的《圣经》英译一般对 ψυχή和 ζωή不加区别,都用"life"一词来翻译。然而,我们阅读《约翰福音》时,发现耶稣在说这

① 参见柏拉图:《蒂迈欧篇》91A-92C。

② *Theological Dictionary of the New Testament*, Vol. IX, ed. Gerhard Friedrich, tr. Geoffrey W. Bromiley, Grand Rapids, MI: WM. B. Eerdmans Publishing Company, 1974, p. 644

段话时使用了 ζωή这个词。《约翰福音》对 ψυχή和 ζωή进行了相当明确的区分。[①]我们不能无视这个语言现象。特别地,我们在《哥林多前书》那里读到的关于"属魂的"的界定。ψυχικό ς和 ψυχή之间的内在联系是显而易见的。对于保罗来说,存在着一种由灵魂主导的生存状态;它不是在基督信仰中的生存状态。这些文字都不支持《新约神学辞典》关于《新约》中的 ψυχή和 ζωή缺乏本质性区别的解释。我认为,《辞典》的说法是一种孤立的语言学解释,缺乏思想史视角。《新约》在使用这两个字时是有明确区分的。因此,ψυχή和 ζωή之间的本质性区别需要认真对待,而不是淡化。[②]

为了方便进一步讨论,我想对前引《约翰福音》(12:25)那段话作如下直译:"喜欢他的性命,乃是毁坏它;在这个世界中憎恨他的性命,就拥有它直到永远的生命。"我希望对 ψυχή和 ζωή两字作不同的翻译,目的是强调这两个字表达了两种不同的生命观。"性命"(ψυχή)在中文语境中指的是使人活着的力量。它是人在出生之时天给予人的;不过,性命是有限度的,会丧失的。对于人来说,丧失它就等于死亡。在《约翰福音》看来,当人依靠性命而活时,会不断接近它的界限,即接近死亡。相对地,"生命"(ζωή)更多强调的是生生不息,是一种向前的力量。这种力量只能来自于神。人只能在信心中领受这种力量。一般来说,人可以拥有性命而生存,也可以拥有生命而生存。但是,在《新约》作者看来,这是两种完全不同的生存:ψυχή是一种由人的心思意念主导的生存;ζωή是一种由神的旨意主导的生存。[③]

---

① 更加详细的关于《约翰福音》对 ψυχή和 ζωή的语境分析,参见谢文郁:《道路与真理——解读〈约翰福音〉的思想史密码》,华东师范大学出版社 2012 年版,导论第 5 部分。

② 《新约神学辞典》用 ζωή来指称那来自神的生命这个语言现象还是相当重视的。不过,它对《新约》生命观关于 ψυχή和 ζωή分别表达两种生命观的倾向似乎拿不准。在分析《加拉太书》2:20"在肉身活着"和《腓力比书》1:22"我在肉身活着"这些表达式(都是用 ζωή的动词形式)时,《辞典》(参见第 863 页)认为保罗还在其他意义上使用 ζωή。其实,保罗这里谈到的"活着"是指神的生命在"肉身"中,并且不断长大;而不是谈论 ψυχή意义上的性命。我们下面还会进一步分析这个语言现象。

③ 李常受在翻译《新约》时也发现 ψυχή和 ζωή不好处理,于是,他创造了一个词"魂生命"来指称 ψυχή:"爱惜自己魂生命的,就丧失魂生命;在这世上恨恶自己魂生命的,就要保守魂生命归入永远的生命。"(《约翰福音》12:25;引自水流职事站《新约》注解版,2007 年)在这段译文中,"魂生命"指的是 ψυχή,"生命"指的是 ζωή。在注释 3:15 节时,他指出,ζωή是"神的生命"。

二、σῶμα 和 σάρξ

就人的直接经验而言,活着是一种"判断—选择—实行"的过程。在这个过程中,人拥有自己的心思意念,包括关于外界世界的概念体系和价值体系。但是,人还能感受到自己的身体运动:既主动地支配自己的身体,也被动地受身体活动的限制。当一个人无法主动地支配自己的身体的任何部分时,这个人就进入死亡状态。人的心思意念存在于人的灵魂(ψυχή)中;一般来说,灵魂离去之后,人的身体就成了尸体。这个意义上的身体,希腊文用 σῶμα 来表达,比如,耶稣死后的身体便称为 σῶμα。[①] 从这个角度看,σῶμα 对于人的生存来说是一种被动性存在。丧失灵魂的尸体在希腊人看来和其他物体性存在没有什么区别。因此,就理解人的生存而言,σῶμα 似乎不值得更多的讨论。

不过,对于一个活人来说,人的灵魂是存在于人的身体中的。对于离开人的身体的灵魂,谁也无法谈论;——谈论这个动作需要通过"口"(身体的一部分)发出声音。因此,要深入理解人的生存,这种灵魂—身体二元论显然是不够的。柏拉图在分析人的生存时就深刻认识到灵魂—身体二元论的不足。他虽然十分强调灵魂的主导性,但也注意到,对于那脱离身体的灵魂,我们最多只能通过神话的方式来谈论。要理解人的生存,就不能脱离身体来谈论灵魂。为此,柏拉图讨论更多的是另一个字:σάρξ。

柏拉图谈到,灵魂在人的身体中有三个处所:头部、胸部和腹部。头部的灵魂称为"理性灵魂",它追求秩序和控制;胸部的灵魂主管人的情感,是人运动的主要动力,称为"激情灵魂";腹部的灵魂是人物质欲望的推动者,称为"欲望灵魂"。大部分人都是在欲望灵魂主导下生存的。灵魂就原始含义而言乃是物体的动力。任何能够自己运动的东西都是有灵魂的。柏拉图的上述说法基于他对人的生存现象的简单观察。首先,人是在欲望中活动的。比如,当饥饿、性欲等产生后,人就开始追求欲望对象。欲望仅仅和身体内部的器官相关。其次,人是在激情中活动的。比如,当人的情绪激动起来之后,就会冲向那挑动情绪的对象。激情一般都是由外在事物引起的。第三,人还在理性安排中有序活动。比如,制定一个计划,然后按计划行事。理性来自于神,是人在生存上向上的力量。欲望、激情和理性都是人的生存动力,因而背后必然有灵魂在驱动。[②]

在这三种活动中,欲望灵魂和激情灵魂都是无序化驱动,理性灵魂则是一种

---

① 福音书在描述耶稣死后留下的身体时都用了这个词,如《约翰福音》19:31、38、40,20:12 等处。

② 参见柏拉图:《理想国》第 4 卷。

有序化驱动。因此，柏拉图认为，人的生存应该由理性来控制欲望和激情。欲望灵魂和内在器官联系在一起。这种在欲望灵魂支配下的活动便称为“σάρξ”（肉体）。σάρξ 的含义有这么几点：首先，肉体是活的。一旦丧失灵魂的主导，肉体就是尸体。其次，肉体运动是无序的。欲望一出现，欲望灵魂就驱动人的活动。如果缺乏理性，人在欲望灵魂驱动下的生活就是无序状态。柏拉图对这种无序生活持强烈的批评态度。在他看来，在欲望灵魂支配下的生活是与理性对立、混乱无序，并远离神的生活。因此，第三，肉体指称一种败坏的生活状态，一种灵魂受身体器官束缚的消极运动，是向下的、低贱的。第四，在肉体中，灵魂完全受身体器官束缚，因而受制于器官的好坏。柏拉图认为，一种健康的生存状态应该是在理性主导下的秩序生活。在他的生存分析中，理性和肉体之间的关系就是有序和无序的关系，向上和向下的关系。正是在这种视角中，柏拉图在他的中早期著作中并不关心 σῶμα 这个中性概念；他的重点在于分析 σάρξ，指出这种生存状态的确定。目的很显然，那就是人们应该过一种理性的生活，而非肉体的生活。

当然，在理性主导下的生存也是有身体的。柏拉图在晚年的著作《蒂迈欧篇》那里开始谈论身体对于我们理解人的存在的重要性。他发现，身体内在结构的秩序对人的生存有很大作用，因而必须重视 σῶμα 问题，并对此进行了相当深入的分析。他认为，活人是灵魂和身体的结合。灵魂强大而身体弱小会导致心有余而力不足；身体强大而灵魂弱小会使人笨拙愚蠢。一个健康的人需要让他的灵魂和身体之间在力量上保持平衡。① 他进一步认为，一种好的生存状态是灵魂理性地、恰当地主导身体的生存状态。灵魂在本性上是理性的并趋向秩序化，因而在理性主导下的身体是一种健康的身体。②

总的来说，在柏拉图的这种处理方式中，σάρξ 指的是一种在身体器官束缚并控制下的灵魂运动，或者说，是指在欲望灵魂指导下的生存状态。σῶμα 则是一种中性概念。在理性灵魂主导的主导下，σῶμα 是健康的，由此而呈现的生存乃是积极向上、井然有序的生存状态；但是，σῶμα 也可以由激情或欲望灵魂主导而呈现为 σάρξ（肉体）生存状态。

人能否引导一种由理性主导身体的生存状态呢？——柏拉图对此似乎持乐观态度。不过，人如何过一种理性主导身体的生活呢？这涉及“秩序”的理解问题。不同的人关于“秩序”有不同的理解。因此，哪一种关于“秩序”的理解才是正确的理解就是一个严重的问题。这便是所谓的真理问题。柏拉图强调，只要人在理性中注目真理并努力追求，就能够获得真理，并在真理中过一种有序生

① 参见《蒂迈欧篇》87D-88C。

② 参见《蒂迈欧篇》90B-E。

活。真理问题是一个十分复杂的问题,远远超出柏拉图当时的期望。希腊哲学在遵循柏拉图所指出的理性追求真理的道路上最后陷入了怀疑主义,发现真理可望而不可即。《约翰福音》对怀疑主义困境有深入体会,并在恩典、信心、见证等概念中建构了一种恩典真理论,认为真理自我启示,而人通过信心和见证来领受真理的给予,从而进入真理。①

在这样一种思路中,《约翰福音》认为,人的现实生存状态乃是凭着自己的心思意念的生存,因而和真理(神)相隔离。换句话说,人的现实生存状态其实就是一种 σάρξ 生存状态,一种缺乏真理而走向死亡的生存状态,即罪人的生存状态。至于柏拉图所倡导的那种理性生存状态,因其完全依赖于人对真理的追求,是可望而不可即的理想生存状态,没有实现的可能性。然而,这种真理同在的生存状态,用恩典真理论的语言来说,在如下条件中可以完全实现:真理来到世人面前并通过耶稣基督而彰显自己;人在信心接受耶稣基督的真理见证,从而通过耶稣基督进入真理。《约翰福音》区分了两种生存状态:一种是 σάρξ 生存状态,即人的现实生存状态;一种是在真理中的生存状态,即基督徒的生存状态。它在谈到基督徒的生存状态时指出:"这等人不是从血气生的,不是从情欲(σάρξ)生的,也不是从人意生的,乃是从神生的。"(1:13)我们看到,这里的"血气""情欲"和"人意"都是在同一意义上使用的,与"神"相对。可以说,《新约》在使用"σάρξ"一词时常常等同于人,比如在接下来的一句话(1:14)中提到耶稣拥有肉身(σάρξ)便是强调耶稣的人性;在 8:15 中,耶稣批评那些犹太人,说他们是根据 σάρξ(人的标准)来判断是非。保罗也在这个思路上。他说:"随从肉体的人体贴肉体的事,随从圣灵的人体贴圣灵的事。"(《罗马书》8:5)保罗这里提到的"圣灵"也就是神。

总之,《新约》提出了两种生存状态:随人意的生存状态和神主导的生存状态。就形态而言,这一划分和柏拉图的关于两种生存状态的划分有类似的地方。在柏拉图划分中,"肉体生存状态"和"理性生存状态"都是在人的心思意念主导中的生存状态。前者是一种混乱无序的生存状态,后者是一种井然有序的生存状态。但是,在《新约》看来,只要在人的心思意念中,人的生存就是一种肉体生存,是一种死在罪中的生存;而那种所谓的理性生存状态是虚构的。人只能在信心中接受耶稣基督而顺从神的带领,才能与真理同在。因此,柏拉图所设想的那种和真理同在的生存状态只有在基督徒的生存中才有现实性。

---

① 关于柏拉图理性主义思路的困境,参见谢文郁:《信仰与理性:一种认识论分析》,《山东大学学报》(哲学与社会科学版)2008 年第 3 期;关于《约翰福音》对怀疑主义的回应,参见谢文郁:《恩典真理论》,《哲学门》2007 年第 1 期,以及谢文郁:《道路与真理——解读〈约翰福音〉的思想史密码》,华东师范大学出版社 2012 年版,导论第 4 部分。

不难发现，基督教给出一种新的划分，即：按照人意而生存的肉体生存和遵循神意的生存状态。人们会问，在基督教的语境中，应该如何理解人的身体？

我们来分析保罗书信《哥林多前书》第十五章。保罗在传福音时十分强调耶稣死后复活事件。但是，这个事件对于当时的哥林多教会来说却成了一个激烈争论的话题。对此，保罗相当激情地反问这些哥林多教会信徒：“既传基督是从死里复活了，怎么在你们中间有人说没有死人复活的事呢？”(15:12)从保罗反驳的角度看，这场争论的焦点是身体问题。哥林多是一个希腊文化相当发达的城市。希腊人可以相信灵魂不朽，但是，很难承认身体不朽。灵魂是看不见的，但是身体是肉眼可见的。死后的身体只会腐烂并成为泥土，不可能再生为一个活体。因此，基督复活如果意味着身体复活，对于他们来说是难以理解的。然而，基督复活是福音的核心事件；否定复活等于否定福音。复活如果不涉及身体，那就不是真正意义上的复活：“死人怎样复活，带着甚么身体来呢？”(15:35)这便是争论的焦点。

保罗接下来(15:36～41)用植物和动物种子做比喻。不同植物种子长成不同植物。同样，不同动物种子成长为不同动物。因此，不同植物有不同的身体，而不同动物则有不同的肉体[①]。天上地下的万物都在神的主权中，神随意加给它们某种身体，因而我们能够看到各种各样的身体。需要注意的是，保罗这里并不是要讨论不同种类的身体；在种子比喻中，保罗要强调的是出发点问题，即：不同的出发点(种子[②])会形成不同的身体。对于人的生存来说，如果他的出发点是人的心思意念，他就过一种肉体生存。现在，基督徒相信耶稣基督，从而从基督那里领受神的旨意，这种生存的出发点就不是人的心思意念，而是神的心思意念。既然出发点(种子)不同，长出来的果实当然就不同。也就是说，在圣灵的带领下，基督徒的身体会发生变化[③]。

我们来分析保罗的这两句话：

> 42 Οὕτως καὶ ἡ ἀνάστασις τῶν νεκρῶν. σπείρεται ἐν φθορᾷ, ἐγείρεται ἐν ἀφθαρσίᾳ. …44 σπείρεται σῶμα ψυχικόν, ἐγείρεται σῶμα πνευματικόν. Εἰ ἔστιν σῶμα ψυχικόν, ἔστιν καὶ πνευματικόν. （和合本译文：死人复活也是这样：所

---

① 保罗这里的用词需要一个说明。他在第37节谈到植物时用“身体”一词；第39节谈到动物时用“肉体”一词。我想这里更多的是一种习惯用法，即肉体作为一个活物指称动物。

② 保罗用“κόκκος”一词来指称所种的粒子。这个词出现在耶稣关于芥菜种子的比喻中，参见《马太福音》13:31、17:20，《马可福音》4:31，《路加福音》13:19、17:6，以及《约翰福音》(12:24)关于麦子种子的比喻。

③ “身体改变”是保罗强调的字眼。在15:51～52中连续使用“ἀλλαγησόμεθα”(ἀλλάσσω的被动态)一词，意思是“被改变”。

种的是必朽坏的，复活的是不朽坏的。……所种的是血气的身体，复活的是灵性的身体。若有血气的身体，也必有灵性的身体）

我们需要对这里的语言进行分析。首先，在第42节中，“必朽坏的”之前有一个介词：ἐν。英语钦定本用了介词词组：in corruption。有介词和没有介词，对句子的理解是很不一样的。按照和合本译文，“所种的是必朽坏的”，意思是说，种下去的这个东西是必朽坏的。其他英译本如新国际（NIV）和美国新标准版（NASB）都没有用介词，与和合本译文相近。但是，使用介词的语义是：把种子播在朽坏中。[①] 我认为，这里的介词不能忽略。其次，这里的“所种”（σπείρεται）和“复活”（ἐγείρεται）用的都是被动态。在保罗看来，种子（圣灵）是神播种在人体中的；当这种子长大开始主导人体时，人体内就有一种新的不朽的样式。因此，第42节经文更为准确的译文是：“播种在朽坏中的，复活在不朽坏中。”“朽坏”指的是肉体中的身体；“不朽坏”指的是圣灵中的身体。

第43节出现了一个保罗自己喜欢使用的单词：ψυχικός。就词源来看，它指的是那些属于ψυχή的。《哥林多前书》2:14中特别强调，在ψυχικός中的人无法接受圣灵的事。和合本译为“血气”，我想是合适的。不过，英文大都用一个中性名词（natural）来翻译。我觉得英文的这种译法无法充分表达原意。在语法结构上，这一节没有使用介词。按照和合本译文的理解：血气的身体被播下了，最后是属灵的身体复活了。但是，我们怎样能够播下“血气的身体”呢？——身体都是指已经长成的事物。我想，在语言上可以把这一节和第42节作对称处理，即这里的介词被省略了。这一节的意思是：“播种在血气的身体中，复活在灵性的身体中。”[②]

就出发点而言，保罗强调“血气”（或肉体，指人的心思意念）和“圣灵”（神的旨意）之间的区别。就结果而言，保罗强调，这两种不同的出发点会带来两种不同的身体：血气身体和灵性身体。保罗说的身体改变，并不是说“血气身体”变为

① 恢复本的译文是：“在朽坏中所种的，在不朽坏中复活。”这里也用了介词。不过，恢复本在处理第43节时没有采取引入介词结构的做法。

② 保罗似乎喜欢这种介词用法。比如《罗马书》7:18：“我的肉体之中没有良善”；《加拉太书》2:20：“在肉身活着，在相信神的儿子的信心中活着”；《腓力比书》1:22：“我在肉身活着”等等。在他看来，因为基督在他的身体里面，就会生成一种新的身体。

"灵性身体"[①];毋宁说,它们是两种彼此无法相容的身体,是从不同种子生成的。保罗在50节用"不能承受"来表达两者的关系;在第53节则用"披挂"(或"取替")[②]来指称两者关系。总之,两者是毫不相关的。[③]

哥林多教会的某些人在反对身体复活时,在保罗看来,乃是混淆了"血气身体"和"灵性身体",以为我们复活的时候,那复活的身体就是我们现在的肉体。所以,他反复强调,这是两种不同的身体。肉体意义上的身体(血气身体)是在人的心思意念中成长起来的,是会腐朽的身体。但是,在圣灵带领下成长起来的身体则是不朽的。对于任何一位基督徒来说,他相信耶稣基督,因而圣灵进驻并带领他。从此,他的灵性身体开始成长。在大审判的时候复活而不朽便是这灵性身体。至于他的肉体,随着年龄增加走向死亡,并归于泥土。因此,他说:"弟兄们,我告诉你们说,血肉之体不能承受神的国,必朽坏的不能承受不朽坏的。"(15:50)灵性身体的在圣灵进驻后成长起来的。因此,我们还需要进一步探讨"灵"这个概念。

三、πνεῦμα 字义分析

在语言上,πνεῦμα 是由动词 πνέω(风吹、呼吸)名词化而来。它可以指称在自然界的风,同时也指称动物的呼吸。就自然现象来看,活人的标志是呼吸(冷气近而热气出)。我们说这人还有一口气时,表明他还活着。πνεῦμα 成为一个重要概念而引起重视,应该起于斯多噶学派。我们知道,柏拉图在谈论生命的时

---

① 恢复本在注释第53～54节时,一方面指出:"这在天然的眼光看来是奥秘难解的。"另一方面,它又谈到:"这复活开始于我们死了的灵活过来,完成于我们必朽坏的身体改变形状,中间的过程乃是我们堕落的魂,借着基督那里赐生命的灵,就是复活的实际,而有新陈代谢的变化。"注释者似乎更多关心的是身体的改变,忽略了两种生存出发点所形成的身体彼此不相容这个基本事实。不过,我想指出的是,在肉体中的身体是在人的心思意念中长成的,只能随着人的心思意念的死去而死去;它是不可能改变的。但是,在肉体中的圣灵带来重生,从而在肉体中产生出一种新的身体;这是神的心思意念中成长的身体。

② 第53节中的"ἐνδύω"一词,也可以译为"穿上"。和合本译为"变成",并加注释"原文是穿"。保罗要说的是,不朽身体要取替必朽身体;而不是说,从一种身体变为另一种身体。和合本的这种译法使得很多华人信徒在想象中探究肉体复活的事。

③ 《新约神学词典》(第7卷,1971年)在解释"σῶμα"一词时也是把它和肉体混淆在一起,并引用《哥林多前书》4:11(保罗在这里提到自己饥渴受冻等事)写道:"如此强调他的在形体上的遭受表明,指的就是 σάρξ 的事情。"(第1064页)显然,《辞典》作者未能对 σάρξ 和 σῶμα 之间的区别有足够的意识。英语学术界关于复活的讨论,因为缺乏对这个区别的明确意识,大都陷入所谓 physical body(物理身体)和 spiritual body(属灵身体)之争;而这里的 physical body 并没有区分 σάρξ 和 σῶμα。参见 Peter C. Phan, "Contemporary Context and Issues in Eschatology," *Theological Studies*, 55.3 (1994), pp.507-536; *The Oxford Handbook of Eschatology*, ed. Jerry L. Walls, Oxford University Press, 2010.

候,关注点是人的灵魂(ψυχή,或译为"魂"),特别是灵魂中的理性成分。灵魂在自我感受上可以直接验证,但在经验观察上无法指称。因此,柏拉图关于灵魂的所有讨论,一方面是依靠自己的直接感受,另一方面则是具有浓重想象成分的思辨。对比之下,斯多噶学派重视经验和逻辑。在处理生命问题时,他们更多依据的是经验观察。对于一个活人来说,身体的各部位有感觉表明这个人是活着的。有感觉意味着人的灵魂遍布于身体的各个部位。追踪人体的形成,乃是从小到大而发展出来的。就其最初状态而言,在观察上呈现为一团气,即胚胎。根据这种观察,他们用 πνεῦμα 来指称这种原始状态,即:认为生命的本质乃是一团具有一定热量的精气(πνεῦμα)。[①] 在这种界定中,灵魂指的是肉体具有对外来刺激的反应能力;灵(精气)则指生命的本质。

在我们深入分析"πνεῦμα"一词之前,我们还是需要简略地追踪一下希腊思想界关于生命的讨论。总的来说,柏拉图和斯多噶学派的生命观值得我们重视。人的生存是一个判断—选择过程。柏拉图认为,人的生存是向善的;因而人在判断上是追求善的。也就是说,只有在判断中认为是善的,才能成为人的追求对象。不过,不同的价值体系导致不同的善恶判断;因此,对于人的生存来说,关键在于拥有真理性的价值体系,从而能够根据真理作出正确的善恶判断,满足对善的追求。柏拉图认为,没有真理,人就在生存中作出错误判断,从而不断损害生存。在这种生存状态中,人实际上是破坏生命,而不是助益生命。因此,真正的生命是在真理中的生存。柏拉图的论证建立在一种真理情结上,是情感性的。[②] 考虑到人们在现实生活不断作错误判断,从而损害自己的生命,人们对柏拉图的真理情结很容易产生共鸣。

斯多噶学派更加重视经验。在他们的观察中,生命的源头就是 πνεῦμα。从经验观察的角度看,一个人从胚胎到成人到衰老的过程便是一股精气(πνεῦμα)的变化。这股热气会扩展、消耗乃至燃尽。这便是生命的过程。对于一个人来说,胚胎形成的时刻是他的 πνεῦμα 的形成时刻。但是,这个 πνεῦμα 的根源又在何处?斯多噶学派对此不作回答。虽然在观察中可以看到生命现象的变化,而 πνεῦμα 乃是一种物质性存在,但是,πνεῦμα 本身却不是经验对象。因此,任何关于 πνεῦμα 的认识,从知识论的角度看,都是猜测性的,缺乏经验基础。

就生命观而言,我们对于柏拉图的真理情结提出的问题是:什么是真理?对

---

① A. A. Long & D. N. Sedley (eds.), *The Hellenistic Philosophers*, Vol. 1, Cambridge University Press, 1987, 53B, 45 A, C, D, F.

② 关于柏拉图的真理情结,参见谢文郁:《道路与真理——解读〈约翰福音〉的思想史密码》,导论第2部分。

于斯多噶主义:如何理解 πνεῦμα?《约翰福音》的生命观隐含着对这两个问题的回答。就生命的起点而言,πνεῦμα 是《约翰福音》的关键词。这里,我们来分析《约翰福音》关于生命的几种说法,呈现它对 πνεῦμα 的界定。

《约翰福音》在谈论生命(ζωή)时,首先把它和光(φῶς)联系在一起:“生命在他里头。这生命就是人的光。”(1:4)[1]生命怎么能够和光联系在一起呢?我们知道,光在经验中指称一种使事物彰显出来的力量,如太阳光、灯光、光明等等。它的对立面是黑暗。在黑暗中,我们看不见事物;有了光才能看见事物。因此,“光”这个词包含着某种认识论意义。柏拉图在洞穴比喻中把光和真理等同起来。也就是说,人进入光便是进入真理。柏拉图是从认识论的角度使用“光”这个词的。《约翰福音》等同于光和生命,意思是说,有了这光就有了生命。如果把光理解为真理,那就不难理解其中关系。在这个思路上,《约翰福音》说:“但行真理的必来就光,要显明他所行的是靠神而行。”(3:21)因此,我们看到,《约翰福音》还在真理意义上谈论生命。在光中的生命,也就是在真理中的生命,即真正的生命。

我们指出,《约翰福音》的真理观是恩典真理论。[2] 耶稣说:“我是道路、真理、生命。”(14:6)而且,“耶稣又对众人说,我是世界的光。跟从我的,就不在黑暗里走,必要得着生命的光。”(8:12)这里,耶稣作为真理的启示者把人带入真理;而人在真理中拥有的生命便是真正的生命。一方面,恩典真理论是一种生存论,强调人在生存中跟随耶稣、接受恩典;另一方面,它也是一种认识论,充分揭示了认识主体的接受性在认识中的作用。《约翰福音》的生命观既是生存论的,也是认识论的。

这种在跟随耶稣基督中、在光中、在真理中的生命,也是在灵里的生命。在《约翰福音》第 3 章,耶稣在和尼哥底母的谈话中提到了两种生存状态。一种是在肉体中的生存,一种在灵里的生命。“耶稣说,我实实在在地告诉你,人若不是从水和圣灵生的,就不能进神的国。从肉身生的,就是肉身。从灵生的,就是灵。”(3:5~6)前面指出,“肉体”(σάρξ)乃是一种根据人的心思意念进行判断选择而进入的生存状态。在灵里的生命是灵(πνεῦμα)出发的。耶稣说:“叫人活着的乃是灵,肉体是无益的。我对你们所说的话,就是灵,就是生命。”(6:63)耶稣的身份是基督,即从神而来传达神的旨意的人。他说的话就是神要说的话。灵就是耶稣说的话。人接受了耶稣的话就是接受了灵,接受了神的话。可见,这样一种生命乃是按照神的心思意念而进行判断选择的生命。在《约翰福音》看来,

① 相关的文字多次出现(如 3:21 等),并把这“光”和耶稣等同起来(如 8:12,12:36 等)。

② 参见谢文郁:《恩典真理论》,《哲学门》2007 年第 1 期。

这种生命是真正的生命。

我们看到,"光""真理""灵"这些词都是耶稣基督中界定的。就概念而言,光、真理、灵所指称的对象都是非经验的。我们无法从经验的角度界定它们。但是,耶稣基督来自真理,并把真理赐给所有相信他的人;耶稣基督是来自神,因而就是神的启示,是那要彰显神的光;耶稣基督说的话就是那灵,把生命给予了所有相信、跟随并接受他的人。

这里,《约翰福音》关于生命的理解有两点值得注意。首先,它基本上肯定了柏拉图关于生命必须在真理中的说法。没有真理的生存是一种自我损害的生存状态。但是,《约翰福音》认为,真理只能在跟随并接受耶稣基督中获得。真理问题不是单纯的认识论问题,更重要的是生存论问题。真理是在人的理解力不断更新改变中进入人的思想和生存的。理解力更新改变是一种生存过程。也就是说,人在跟随耶稣的过程中不断领受神的给予,理解力经历更新改变,并在圣灵的带领下进入真理。这种在真理中的生命是真生命(对比于肉体—性命)。

其次,《约翰福音》对 πνεῦμα 的界定完全不同于斯多噶学派。在斯多噶学派的理解中,πνεῦμα 是一股热气,当这股热气的热量消耗完了之后,它的生命力也就消耗完了。这股热气从胚胎开始就存在于生命体中。因此,任何生命都是有限的,走向死亡的。然而,《约翰福音》认为,πνεῦμα 作为生命的源泉是神通过耶稣而给予人的。在信心中,人不断地领受从神而来的力量,源源不断。πνεῦμα 在神那里永远不会消耗殆尽。

保罗在谈到生命时和《约翰福音》的思路基本一致。保罗喜欢把肉体和圣灵作为对立的两个生存出发点呈现给读者。我们来读一段保罗在《罗马书》(8:5~9)中的话:

> 随从肉体的人体贴肉体的事,随从圣灵的人体贴圣灵的事。体贴肉体的,就是死;体贴圣灵的,乃是生命、平安。原来体贴肉体的,就是与神为仇。因为不服神的律法,也是不能服。而且属肉体的人,不能得神的喜欢。如果神的灵住在你们心里,你们就不属肉体,乃属圣灵了。人若没有基督的灵,就不是属基督的。

保罗在使用"肉体"一词时是和人的心思意念联系在一起来说的。这里,"体贴肉体"的意思就是按照人的心思意念。在保罗看来,有两种生存状态,"体贴肉体"和"体贴圣灵"。按照人的心思意念去生存是走向死亡,而只有在体贴圣灵的生存中,人才能得到生命。体贴圣灵的生存也就是相信并跟随耶稣基督的生存。"体贴肉体"和"体贴圣灵"乃是两种根本不同的生存出发点。

小　结

我们从思想史的角度分析了《新约》文献中的五个希腊字，即：ζωή(生命)、ψυχή(性命、血气、魂)、σῶμα(身体)、σάρξ(肉体)和 πνεῦμα(灵、圣灵)。《新约》的生命观便是在界定这些名词的基础上建立起来的。《新约》认为人有两种生存状态。一种是由人的心思意念所主导的生存，这是一种在罪中走向死亡的生存。一种是在圣灵中的生存，这是一种在信心中领受神的旨意，并从神的旨意出发进行判断选择的生存。

关于上述五个希腊字的关系，可以这样看，ψυχή和 σῶμα 的结合乃是一种属血气或属肉体的生存，称为 σάρξ。就语言而言，如果单独使用 ψυχή和 σάρξ，它们都指称一种在人的心思意念中的生存。πνεῦμα 和 σῶμα 的结合则产生了 ζωή(生命)。πνεῦμα 是通过耶稣基督而进入人的肉体的灵。对于基督徒来说，他们相信耶稣基督，圣灵进驻其中作为新的生存出发点。圣灵作为生存出发点在肉体中开始慢慢地成长，并拥有与之相应的身体或称灵性身体。肉体慢慢衰败死去，但是，在圣灵带领下的身体则逐渐强壮。显然，肉体是不能进天堂的。进入天堂的身体乃是在圣灵中成长起来的身体，而不是肉体。这便是 ζωή。

JEWISH STUDIES
犹太研究
第14辑

弥赛亚犹太人眼中的《新约》与耶稣的中国化

——以“登山宝训”的犹太性为例

刘　平*

在基督教思想史上，长期以来存在着一种替代神学之趋向。在犹太浩劫之后，弥赛亚犹太人试图重新翻译《新约》，揭示出基督教的犹太根源以及基督教的犹太性。这种努力并不是要淡化基督教的传统，实际上是在强化这种传统。本文聚焦于“登山宝训”，借此重新强调耶稣的犹太性并未削弱耶稣的人性，而是使之真正成为完全。一个完全的犹太人耶稣（同时也是一个完全的神的耶稣）是一个为了外邦人以及犹太人而生死复活的耶稣。一个完全的亚洲犹太人耶稣（同时也是一个完全的神的耶稣）是一个（也不仅仅）为了亚洲人而生死复活的耶稣。当代汉语语境将耶稣中国化，不仅仅给基督教加上中国元素，而是将基督教世俗化、民俗化以及伦理化，有可能借此去掉耶稣的基督身份。相对于替代神学的去犹太性，耶稣的中国化有可能是去耶稣的犹太性以及耶稣的基督身份。

问题的提出：拆十字架与基督教的中国化

2014 年必将以若干带有暴力意味的词语被历史所记忆：“打”老虎，“拆”十字架、“占”中……就第二个事件而言，拆十字架至今以中国基督教（包括新教与天主教）兴盛的地区之一浙江省为主，于 2 月 27 日拉开序幕。是日，杭州余杭区黄湖镇黄湖基督教堂房顶上的十字架被强行拆除，而此后不久，4 月 28 日，舟山白泉镇教堂十字架与永嘉三江教堂倒下成为该事件的一个高潮。国内外教界、学界、媒体界对此问题多有分析与研究，一时成为舆论的焦点。

* 刘平，哲学博士，复旦大学宗教学系副教授。

笔者在此所要关注的是这一事件背后所隐藏的问题及其危机。这个问题就是,拆十字架在本质上似乎并不是要在中国大地上消灭基督教,而仅仅是要让十字架从广大的公共空间中消失且仅仅局限于教堂建筑之内。所以,拆十字架所追求的目标是将基督教变成一个中国人自己的"私人性的"、与社会主义社会相适应的宗教信仰,尽可能禁绝基督教在公共世界的显明和彰显。既然如此,拆十字架表明,在中国执政党与政府的思想观念中,当前中国的基督教必须变成一个中国人自己的私人宗教信仰,而矗立于教堂顶端的十字架以及公共空间中的教堂实际上以有形的方式显明自身不是中国文化所本有的,从而挑战了这个底线,通过拆十字架以及政府与官方的三自教会已经提出来的"基督教中国化"[①]目标而实现这个标的。所以,拆十字架还仅仅是一个外在的现象,通过这个事件——谁能够理解被官方允许建造的教堂又被官方拆除[尽管其中有部分教堂违建,但是,如此大规模的拆除至少暴露出两个疑难:不可能所有教堂都违建,若教堂违建为什么仅仅拆除教堂的装饰物(十字架)?政府大规模拆除自己允许建造的教堂本身以及/或者教堂上的十字架,而且假如这些教堂都是违建,为什么政府姑息至今才采取行动?不论教堂违建与否,教堂上的十字架何以可能成为拆除的主要对象?]——笔者认为这里的关键问题是:在部分官员的眼中,基督教尚未完成中国化。对此,本文先从基督教历史上的替代神学以及去犹太教现象入手,以《新约》中的犹太性来回应其中的问题,最后将笔触落实到当下的汉语语境,对所谓的基督教中国化提出质疑。

替代神学、弥赛亚犹太人与《新约》的犹太性

现今,若有人说,耶稣诞生于伯利恒,这不会引起争议,但是若有人说,耶稣诞生于犹太人或犹太教,这恐怕会让某些人不舒服。造成这种不适感的一个原因在于,自早期教会历史以降,基督教中存在一种去犹太教(de-Judaism)的趋向。这种趋向的典型表现就是替代神学(replacement theology)。替代神学[②],简言之,就是认为基督教已经取代犹太教,基督教会和基督徒已经借着主耶稣基督取代犹太人成为选民或神的子民。从表面上看,这种神学具有神学正确性

① 国家宗教事务局二司:《中国基督教三自爱国运动委员会成立60周年纪念会暨"基督教中国化研讨会"在上海举行》,http://www.sara.gov.cn/xwzx/xwjj/123976.htm。

② Renal E. Showers: *The Coming Apocalypse: A Study of Replacement Theology vs. God's Faithfulness in the End-Times*, Bellmawr, NJ: The Friends of Israel, Inc., 2009.在该书的第8～30页对替代神学历史有简要的回顾。

(theologically correct),即拿撒勒人耶稣作为救主借着自己的生死与复活而实现神的救赎计划,将灵魂得救的恩典从地域与血缘中摆脱出来而惠及两次来临之间的所有人类。这种符合古罗马信经和使徒信经的神学在包含真理性的同时,一旦将这种真理性绝对化且抹杀基督教自身的犹太性,那么在理论上和实践上都会带来可怕甚至灾难性的后果。古代的基督教异端马西昂派是替代神学的最早期也是最极端的代表。马西昂为了消除基督教的犹太性以至于将《旧约》删除,将《新约》中与犹太教相关的经卷弃之不顾[①];而纳粹德国的德国基督徒派用种族主义重新诠释耶稣基督,以至于出生于伯利恒的犹太人耶稣成为纯种雅利安人,并在完成对耶稣血统之肃清工作之后在神学上彻底将犹太人妖魔化,在一定程度上为大屠杀提供了一种神学上的依据——既然犹太人是屠杀纯种雅利安人的刽子手以及属于非人的臭虫,灭绝犹太人就无关乎神学与道德。[②] 替代神学所潜藏的危机不在于它在神学上的正确性,而在于它将这种神学的正确性夸大到一定的程度,以至于救世主的人性成为人自身的面壁虚构——耶稣不过成为一位完全的神和一位不完全的人。这位作为不完全的人的耶稣似乎是犹太人,但是在实质上是一个外邦人。

纳粹大屠杀的悲剧促动学术界和教会界反思自身的神学立场。在这种背景之下,当代的弥赛亚犹太人(Messianic Jews)开始以自己信奉耶稣为基督即弥赛亚的犹太人的眼睛重新翻译和诠释《新约》,试图通过这种犹太人的《新约》来显明《新约》的犹太性。在这个方面,他们已经出版几部代表性的《犹太新约》译本:(1)Sid Roth, *The Book of Life*, Nashville:Thomas Nelson, 1982; (2)David Bronstein,Jr. , *The Living Bible*:*Messianit Edition*, Wheaton, Illinois:Tyndale House, 1984; (3)Hugh Schonfield, *The Original New Testament*, San Francisco:Harper & Row,1985; (4)David H. Stern, *Jewish New Testament*, Jerusalem, Israel:Jewish New Testament Publications, 1989. 这些译本的宗旨在于要修复这个世界(*tikkun-ha'olam*)。也就是说,它们要将基督教的反犹主义拨乱反正,让犹太人理解并接受基督教以及化解基督教与犹太教之间的疏离与隔阂。[③]

笔者认为上述犹太人的《新约》还具有另外一个重要的作用,即它们可以帮

---

① 关于马西昂对正典所采取的去犹太教的立场与做法,参见哈纳克(Adolf von Harnack):《论马克安:陌生上帝的福音》,朱雁冰译,上海三联书店 2007 年。马克安即马西昂。

② 欧文·路兹尔(Erwin W. Lutzer):《希特勒的十字架》,张大军译,团结出版社 2012 年版,第 94～106 页。

③ David H. Stern, *Jewish New Testament*, Jerusalem, Israel:Jewish New Testament Publications, 1989, p. xi. 本文所引用的《犹太新约》即为此书,下同,不另注。

助读者(不论何种宗教,不论有无宗教信仰)了解与认识《新约》自身所具有的另外的面向——犹太性。耶稣与《新约》出自于犹太教。这是一个众所周知的常识。但是就《新约》本身而言,特别就《新约》译本而言,——毕竟大多数人是通过各种《新约》译本来了解《新约》的,其中的犹太性往往在翻译的过程中有意或无意中被遮蔽或修改而无法以自身本来应该有的样式呈现给一定时代的读者。下文选取《马太福音》中的"登山宝训"为个案来具体说明这种问题。

"登山宝训"中的犹太性

(一)《托拉》(*torah*, the *Torah*)

在下文所列的《马太福音》7:17～20 中,《犹太新约》与其他汉译本之间最大的差别是对于同一个希腊文单词采取两种不同的翻译:"律法"和"托拉"。那么,这两种翻译哪一个更符合原意呢?

通常,基督教将《旧约》前五卷即"摩西五经"命名为"律法书"(the Book of the Law),而《希伯来圣经》则称之为"托拉" (the Torah)。希伯来文 *torah* 的动词词根原意是"教训"或"教导"。例如,《利未记》10:11 记载:"可以把耶和华借着摩西告诉以色列人的一切律例,教训他们。"(新译本)该词的名词形式的含义是"教导""教理"或"训示"。在"五经"中该词通常指特定种类的律法集,例如《利未记》6:9(《希伯来圣经》为 6:7)的"燔祭的律例"以及《利未记》7:1 的"赎愆祭的律例",《民数记》6:21 的"许愿的拿细耳人的律例",这里的"律例"在原文中均为 *torah*。*torah* 也指所有特定律例的总和:"燔祭、素祭、赎罪祭、赎愆祭、承受圣职祭和平安祭的律例"(《利未记》7:37～38;参见 14:54～56)。《申命记》4:44 说道:"以下是摩西在以色列人面前所立的律法",33:4 提及"摩西把律法吩咐我们,作为雅各会众的基业",因此,torah 也指" 律法"。不过,在"摩西五经"之后,《希伯来圣经》使用"摩西的律法"(the Torah of Moses,参见《约书亚记》1:7;《以斯拉记》3:2,7:6,8:1,8;《玛拉基书》3:22),表明"摩西五经"不同于《圣经》其余经卷。

随着犹太教的不断发展,*torah* 一词的外延进一步扩展。具体而言,在最狭义上说,*torah* 指"摩西五经",也被称为"成文托拉"(Written Torah)或"成文律法"(Written Laws)。正是由于 *torah* 具有"律法"含义,希伯来传统的 the Torah 也被译为"律法书"。在较为宽泛的意义上,*torah* 指托拉经卷的内容以及一切神圣经书的内容,即整本《希伯来圣经》,例如《诗篇》1:2 邀请读者日夜思想耶和华的训示(原文为"托拉"),可能也将诗篇等同于"摩西五经"而成为神的训示。在最广义上说,*torah* 也指对《希伯来圣经》或《塔纳赫》的所有的解释和评注,因此,*torah* 包括"成文托拉"(Written Torah)或"成文律法"(Written Law)和"口传托拉"(Oral Torah)或"口传律法"(Oral Laws)。在这种意义上,*torah* 指犹太人的一切遗产,代表犹太人的精神或犹太教的本质。所以,犹太人被称为"托拉民族"或"托拉子民"。[①]

尤其要注意到的一点是,犹太人不是一个律法民族。换言之,我们不能够将"托拉"的意义窄化,以免误解犹太人和犹太教。但是,实际上,通过将托拉界定为律法,托拉批评者们窄化了托拉的范围,将之描绘为一种由大量琐碎的律法构筑成的礼仪法(ritualistic laws)体系,由此而强调犹太教贬低信仰与灵性的重要地位。在经过他们这一番取舍之后,再添加上其他因素如《新约》对于法利赛派的批判及其对基督教社会的影响,在非犹太教视野之中,犹太教成为一个僵化的律法宗教,从而忽略了托拉自身所包含的信仰与灵性要素。由此,窄化托拉无疑是对丰富而多元的犹太传统的误读。

尽管 "托拉"在希伯来文中意为"训诲"或"教导",但是多将其译为"律法"(law),这就是基督教将"摩西五经"译为"律法书"的根本原因。这种观点受到许多犹太学者的批判:如果将之理解为"律法",就将"托拉"的含义片面化,简单地将犹太教解释或界定为"律法宗教"。而实际上,希伯来文 *halakhah* 一词完全等同于"律法"(law),但是整部《旧约》中根本没有出现这个单词。

经过一番词源学上的梳理之后,我们再分析《马太福音》5:17～20 的译文。显而易见,耶稣降世为人所要达成的目的不是废除律法,换言之不是废除托拉。在此他提及的"托拉"和"先知"分别代表"摩西五经"和"先知书",并以这两个词语代表整部《希伯来圣经》——耶稣时代尚未有《新约》问世,也就无《旧约》可言。为了强调《希伯来圣经》与他自己之间的"应许—成全"的关系,突出《希伯来圣经》的神圣地位,耶稣用形象化的语言说"一点或一画,绝不能从托拉中过去"。这里的"一点"指的是希伯来文 22 个字母中的","(*yod*)。这个如同蝌蚪的希伯来文字母如同标点符号中的逗号",",是最小的字母。下文以最小的诫命也不可不遵守来直接呼应《希伯来圣经》的神圣不可侵犯的地位——一个最小的字母都不可废除,一条最小诫命也不可不恪守。

① Geoffrey Wigoder (ed.), *The Student's Encyclopedia of Judaism*, New York & London: New York University Press, 2004, p. 346.

《马太福音》5:17～20

马礼逊译本	和合本	恢复本	《犹太新约》
尔勿想我来以废律法、废先知辈；我非来以废之，乃以成验之也。盖我确语汝知，待天地过去之先，律法之一点一毫断不致废，不至无得其验矣。故不论何人犯其律诫之至小，或教他人犯之者，则于天之王必被称至小也；惟不论何人守其律诫，而教之者，其则称盖大于天之王也。盖我语汝知，尔义若非胜于法利哂辈与书士之义，尔则断不致进于天之国也。	莫想我来要废掉律法和先知；我来不是要废掉，乃是要成全。我实在告诉你们，就是到天地都废去了，律法的一点一画也不能废去，都要成全。所以，无论何人废掉这诫命中最小的一条，又教训人这样作，他在天国要称为最小的；但无论何人遵行这诫命，又教训人遵行，他在天国要称为大的。我告诉你们：你们的义若不胜于文士和法利赛人的义，断不能进天国。	不要以为我来是要废除律法或申言者；我来不是要废除，乃是要成全。我实在告诉你们，即使到天地都过去了，律法的一撇或一画，也绝不能过去，直到一切都得成全。所以无论谁废掉这些诫命中最小的一条，又这样教训人，他在诸天的国里必称为最小的；但无论谁遵行这些诫命，又这样教训人，这人在诸天的国里必称为大的。我告诉你们，你们的义，若不超过经学家和法利赛人的义，绝不能进诸天的国。	不要以为我来是要废除托拉或先知；我来不是要废除，乃是要成全。的确诚然！我告诉你们，即使到天和地都过去了，一点或一画，绝不能从托拉中过去，直到一切必定要发生都发生。所以无论谁废掉这些诫命中最小的一条，又这样教训人，他在天国里必称为最小的；但无论谁遵行这些诫命，又这样教训人，这人在天国里必称为大的。我告诉你们，你们的义，若不超过托拉教师和法利赛人的义，诚然不能进入天国。

(二)休书(get)

休书(get)是《旧约》中的重要传统之一。根据《申命记》24:1～4，拉比传统认为犹太夫妻离婚需要具备如下两个条件：其一，有提出离婚权力的一方仅为男方；其二，男方必须准备并递交成文的离婚文件。这样夫妻双方的离婚才有效。这里的离婚文件就是休书。耶稣在“登山宝训”中特别引用《旧约》经文并强调休书的重要性，其中具有深刻的历史文化背景。在犹太传统社会中，犹太夫妻双方若无离婚证书，那么，根据犹太律法，他们依然是合法的夫妻，且不论是否办理民法离婚手续。[①] 所以，休书属于宗教离婚契约。在犹太传统社会中，女子常常处

① Geoffrey Wigoder (ed.), *The Student's Encyclopedia of Judaism*, p.97.

于弱势,休书对于女子维护自身的权益以及再嫁具有极大的好处。就此而论,耶稣从宗教立场捍卫婚姻的神圣性。

《马太福音》5:31

马礼逊译本	和合本	恢复本	《犹太新约》
昔有云:"凡休厥妻者,则可交之以休书"。	又有话说,"人若休妻,就当给她休书"。	又有话说,"人若休妻,就当给她休书"。	经上说,"凡休妻的,必需给她休书"。

(三)主(*kurios*,Lord 和 YHWH)

在希腊文《新约》中有一个核心词汇,其在不同的语境中时常会语义不清,而该词又是最为关键的词汇——*kurios*。该词可以指"先生"(sir)、"主人"(lord,例如"庄园的主人")、具有神圣含义的"主"(Lord)以及《旧约》中"雅威"(YHWH,犹太教传统用 Adonai 即"主"来代替,英文译为"LORD")。也就是说,*kurios* 一词可以有不同的指称,但是,Lord 和 LORD 虽然能指相同,但是所指并不完全一致。这就意味着,在一定的语境下要对该词的译文采取谨慎的态度。通常情况下,在英文中为了避免该词到底是 Lord 和 LORD 的困扰,将指译为 Lord 更为安全和稳妥。实际上,这里的问题是,*kurios* 可以用来翻译《旧约》中不可言说的神名 YHWH,即作为父的神,那么 YHWH 或 Adonai 是否可以包括耶稣基督以及/或者圣灵。《腓立比书》2:10～11 说:"以被赐予耶稣的名,万膝都要跪拜——天上的、地上的和地底下的——万口都要承认约书亚弥赛亚(Yeshua the Messiah,即耶稣基督)为主(*Adonai*)——将荣耀归与父神。"(《犹太新约》)《犹太新约》之所以采取这种翻译,其中的理据是这段经文出自《以赛亚书》45:23,在此经文中,其中的含义非常明显的是万膝都要向 YHWH 或 Adonai 跪拜。另外,在《哥林多后书》3:16～18 中,经文引用《出埃及记》34:34,所以《犹太新约》将之翻译为:

> "但是",《托拉》说,"当有人归向主(Adonai),帕子就被除去"。现在,在这经文中,"主"指的是灵,主的灵在哪里,哪里就有自由。

这里如此翻译的依据是经文本身引用《旧约》,且明确指明,主是灵,所以 Adonai 可以用于圣灵。概言之,圣父、圣子与圣灵就其内在本质上而言都是 Adonai。

不仅英文翻译中存在上述问题,汉译中也是如此,马礼逊译本、和合本与恢复本都将 *kurios* 翻译为"主"。这种译法具有直译的益处,但是对于原文本身则存在理解上的偏差。希伯来文《圣经》中的 Adonai 与《新约》中称呼耶稣基督为

Lord 虽然都可以翻译为同一个希腊文词语和中文词语，但是在源语言(source language)中，Adonai 与 Lord 还是在本质上同一中存在一定的差别——前者指的是父神，而后者指的是子神。用一个单词翻译则将这种差别抹平了。

《马太福音》5:33、7:21～22

马礼逊译本	和合本	恢复本	《犹太新约》
“再者尔闻得有言及古人，云：‘尔不可负誓，乃成尔及主之誓也。’”	“你们又听见有吩咐古人的，话：‘不可背誓，所起的誓，总要向主谨守。’”	“你们又听见有对古人说的话：‘不可背誓，所起的誓，总要向主谨守。’”	“另外，你们听见我们的先祖被告知：‘不可背弃你的誓言’，而且‘要向主(Adonai)谨守你的誓言。’”
“非凡语我言主，主，将得进天之国；乃彼成在天我父之旨者也。于当日多将语我云：‘主，主，我们岂非以尔名教训，以尔名逐鬼风，又以尔名多行异迹？”	“凡称呼我‘主啊、主啊’的人，不能都进天国；惟独遵行我天父旨意的人，才能进去。当那日，必有许多人对我说：‘主啊，主啊，我们不是奉你的名传道，奉你的名赶鬼，奉你的名行许多异能吗？’”	不是每一个对我说，主啊，主啊的人，都能进诸天的国，惟独实行我诸天之上父旨意的人，才能进去。当那日，许多人要对我说，主啊，主啊，我们不是在你的名里豫言过，在你的名里赶鬼过，并在你的名里行过许多异能么？	“不是每一个对我说‘主(Lord)啊，主(Lord)啊’的人，都能进天国，惟独实行我天父旨意的人，才能进去。在那日，许多人要对我说，‘主(Lord)啊，主(Lord)啊！我们不是以你的名发预言吗？我们不是以你的名赶鬼吗？我们不是以你的名行许多异能吗？’”

(四)善眼(*tovah 'ayin*)与恶眼(*ra'ah 'ayin*)

英国著名作家狄更斯(1812～1870)在《圣诞颂歌》中曾经用讽刺的笔调调侃主角斯克鲁济(Scrooge)：

> 似乎连瞎子们的狗都认识他，一看见他来了，就把主人往大门里拖，直到拖进庭院，然后摇着尾巴，好像在说：“黑暗中的主人啊！瞎了眼睛也比长着一双凶眼(evil eye)好得多啊！”[①]

译者为了读者理解小说中提及的“凶眼”一词，特别加上注解说：“按照外国迷信的说法，巫师和巫婆生有一双超自然的凶眼，一旦被凶眼怒视就会招来巨大

① 狄更斯：《圣诞颂歌》，庙时区译，中国社会科学出版社 2004 年版，第 6 页。

的麻烦。"[①]那么,这里的问题是,译者的理解正确吗?

狄更斯所引用的典故出自于《新约》中出现的"善眼"与"恶眼"。对此不同的译本采取不同的翻译:"眼""全","眼不好"(马礼逊译本);"眼睛""了亮","眼睛""昏花"(和合本);"眼睛""单一","眼睛""专一"(恢复本);"善眼","恶眼"(《犹太新约》)。前三种译法采取意译,后一种采取直译。这里的意译明显采取与"眼睛"自身的功能相关的含义来翻译,而直译所指称的含义更加难以明确。若从希伯来传统来看,这里的困惑非常容易解决。在希伯来文中,"善眼"(*tovah 'ayin*)指的是"慷慨""大方",而"恶眼"(*ra'ah 'ayin*)是前者的反义词,指的是"小气""吝啬"。从《希伯来圣经》的考据来看,《箴言》22:9 说道:

眼目慈善的,就必蒙福,因他将食物分给穷人。(和合本)

这里的"眼目慈善"就是原文的"善眼"。这种翻译合乎原文的意思。所谓的"眼目慈善"就是"慷慨""大方",待人不"吝啬",这种道德品格具体体现在愿意将自己的食物与穷人分享。与之对立的"恶眼",但是,若从词意对等来说,最好译为"眼目凶恶"。就此而论,一般的读者并不知道这个"恶眼"与"眼目慈善"互为反义词。

但是,就和合本而言,它将其译为"恶眼":

不要吃恶眼人的饭,也不要贪他的美味。(《箴言》23:6,另外参见《箴言》28:22;《申命记》15:9;《马太福音》20:15 的 NRSV 的脚注)

《旧约》第一次在《申命记》15:9 要求以色列人在安息年的时候不要用"恶眼"对待贫穷的以色列同胞,即为人不要吝啬。与《箴言》22:9 一样,雅威借着摩西的口说不吝啬待人的人"赐福与你"(《申命记》15:10,同样的意思也见于《箴言》11:26,14:21,19:17)。在《新约》中,《哥林多后书》9:6～10 也用多种多收少种少收的比喻要求信徒为人大方,做乐意捐助的人,并得神更多的恩惠。[②]

所以,在这段经文中,耶稣所要教导的仅仅是敦促信徒要为人慷慨而不要吝啬或贪恋钱财。另外,这种理解也与上下文的语境完全吻合:上文是要信徒为自己积攒天上的财宝,下文则要信徒在神和财利之间作出抉择,反对鱼与熊掌兼得的偶像崇拜。所以,以此理解为基础,这段经文的意思就非常简单明了:眼睛是身上的灯。所以,若人慷慨,那么他的全身充满光明;但若人吝啬,那么他的全身充满黑暗。所以,若你心里面的光黑暗,那么这黑暗是何等大啊! 也就是说,这种罪——贪婪钱财的罪——是何等大啊! 再以这种理解来理解狄更斯笔下瞎子的狗对斯克鲁济的嘲弄:"黑暗中的主人啊"即肉眼瞎了的人,"瞎了眼睛也比长

① 狄更斯:《圣诞颂歌》,庙时区译,中国社会科学出版社 2004 年版,第 6 页。

② *The New Interpreter's Bible*, Vol. 5, Nashville: Abingdon Press, 1997, pp. 198-199.

着一双凶眼好得多啊!”即肉眼瞎了也远比心灵吝啬或贪财好。这样的分析完全符合斯克鲁济的为人,而译者的注释不仅多余,而且让读者误入歧途。

《马太福音》6:22～23

马礼逊译本	和合本	恢复本	《犹太新约》
“身之光乃眼。故若眼为全,则浑身得光;惟若眼不好,则浑身暗黑。故若在尔之光为暗,则暗大矣!”	“眼睛就是身上的灯。你的眼睛若了亮,全身就光明;你的眼睛若昏花,全身就黑暗。你里头的光若黑暗了,那黑暗是何等大呢!”	“眼睛乃是身上的灯。所以你的眼睛若单一,全身就明亮;但你的眼睛若不专,全身就黑暗。所以你里面的光若黑暗了,那黑暗是何等的大!”	“‘眼睛是身上的灯。’所以,若你有一只‘善眼’,你的全身充满光明;但若你有一只‘恶眼’,你的全身充满黑暗。所以,若你里面的光黑暗,那么这黑暗是何等大啊!”

结语:犹太人耶稣与中国人耶稣

在21世纪全球化时代,笔者在此重申基督教的犹太根源以及基督教的犹太性,并不是要淡化基督教的传统,实际上是在强化或凸出这种传统。回到本文开始所言,耶稣的犹太性并不削弱耶稣的人性,而是使之真正成为完全。一个完全的犹太人耶稣(同时也是一个完全的神的耶稣)是一个为了外邦人以及犹太人而生死复活的耶稣。进言之,一个完全的亚洲犹太人耶稣(同时也是一个完全的神的耶稣)是一个(也不仅仅)为了亚洲人而生死复活的耶稣。

这种反复强调并不是风车之战,毋宁说指向当下的现实:将耶稣中国化,本来并无可以指责之处,但是这种中国化往往在当代汉语语境中不仅仅给基督教加上汉服唐装、笔墨纸砚和青砖灰瓦,而是将基督教世俗化、民俗化以及伦理化,借此去掉耶稣的基督身份。相对于替代神学的去犹太性,耶稣中国化的本质不过就是去耶稣的犹太性以及耶稣的基督身份,但是,实际上,经过此三化之后并不存在这样一个中国化的、原汁原味的耶稣。

中国化的耶稣陷入两个自身无法解决的困境:其一,作为完全的神的耶稣基督所要成就的特殊救恩本不为中国所具有,任何主张中国化耶稣的人,若将这种救恩归于儒、释、道,则将耶稣变成一位中国的圣贤之辈或道德楷模,即将耶稣基督伦理化,而在儒、释、道之外为中国文化多一个教化体系;其二,作为完全的人的耶稣是一个完全的犹太人,这种完全性不仅在于地缘与血缘,更在于宗教与文化传统,任何主张中国化耶稣的人,若将犹太人耶稣修改为中国人,则将耶稣变成一个丧失历史真实性的假象或想象。

本文如此强调耶稣基督神人二性相对于中国文化的特殊性,并非否定耶稣在中国不可以中国化。换言之,耶稣在中国的中国化是以不能牺牲上述两个方面为前提的:如果牺牲前者,那么耶稣的救恩就是值得怀疑的,因为耶稣所坚持的希伯来传统认为人自身凭借自己无法实现内在的超越——从失丧的罪人超越为蒙恩的罪人;如果牺牲后者,那么耶稣就不合乎科学,即:他既不是客观存在、具有历史真实性的人物,也不是一个全面的人本身——我们难以想象一个人出生在这个世界而没有自己的特定的地缘和血缘。那么,耶稣中国化或者中国化耶稣的做法能够成立的前提就是以上述两个方面为条件的。除此之外,中国化耶稣可以使用竹筷,穿上唐装、儒服,住在青砖灰瓦的房舍,拜访庙宇、道观,说一口流利的国语以及/或者中国方言;中国化也是可以治病救人、救死扶伤,维护中国公民的合法权益,为日趋严重的生态危机奔走呼告。但是,他依然是完全的神与完全的人,在这个方面——一位位格,两个属性——他是永远不可替代的。这样的中国化的耶稣会透过圣灵的工作做成信徒的信望爱的功夫,彰显并扩展已经呈现但是尚未完全实现、在他第二次来临之前不会实现但是他再次来临时必定实现的天国。

仅仅就当代汉语语境而言,基督教(包括天主教与新教)已经被承认为合法的五大宗教之一部分。这种"承认"意味着汉语语境要承认基督教的特殊恩典以及施行特殊恩典的救赎主耶稣基督自身的特殊身份——犹太性。笔者假设,在当前汉语语境中,我们将上述两个特殊性抽离,那么剩余下来的耶稣最多就是一个道德圣贤。若进一步将这位作为道德圣贤的耶稣作为一个普遍的准则衡量所有汉语语境中的基督教,凡不合乎此标准的中国耶稣就可能被从中华大地以及中华文明中抹去。所以,不承认耶稣之特殊性的中国化耶稣,或者实际上只承认中国化耶稣本身所具有的特殊性,那么,这样的中国化耶稣距离雅利安人耶稣并不遥远。——本文从学理上所致力的标的,正是要提醒汉语语境中的中国化耶稣思想:让出自于犹太人的救主耶稣基督迁就于汉语语境以至于彻底丧失上述两个特殊性,新的特殊性将置真实的耶稣于死地。

女娲—伏羲与夏娃—亚当创世神话的比较*

贺璋瑢**

将女娲—伏羲与夏娃—亚当这两则创世神话进行一番比较，为的是触摸到世界上两大有着悠久历史传统的民族（即中华民族与以色列犹太民族）是怎样在“神话”中开始探索世界和人生的起源以及两性关系和族群关系的起源的。女娲—伏羲的创世神话反映了先人对自然界的观察以及在这种观察之后的对阴阳意识的认知，因此两性关系的逻辑起点是自然本体论，即本乎阴阳；而夏娃—亚当的创世神话则反映了上帝是自然和人类（包括男女两性之间的关系）的绝对创造主，两性关系的逻辑起点是神本体论，即本乎上帝与人的关系。这种不同或许与这两大文化传统在“开端”时前者更加注重“看”、后者更加注重“听”的不同特征相关。

本文是关于女娲—伏羲与夏娃—亚当这两则创世神话的比较，为什么要进行这样一番比较，这是因为透过神话，人们也许能触摸到自己文化深处的某些东西，神话不仅只是“神话”，而且也是“人话”，人是在“神话”中开始探索世界和人生的起源（包括两性关系和族群关系的起源）及归宿之途的。“神话叙述之后总是隐藏着历史真实。神话是一个族群的神圣活动，是世代相承的集体记忆。”① 在某种程度与意义上，这种集体记忆好似“基因”的传承业已融入了我们现代人的血脉与生命之中。因而了解神话、了解古人，或许也能帮助我们更好地认识或了解今天的我们。

* 本文受国家社会科学基金后期资助项目（10FZS018）、广东省哲学社会科学“十一五规划”2009 年度后期资助项目（09HI-03）的资助。

** 贺璋瑢，华南师范大学历史文化学院教授、博士生导师。

① 尹荣方：《神话求源》（王小盾作序），上海古籍出版社 2003 年版，第 2 页。

一、关于女娲的记载与神迹

女娲的故事,在中国可谓老幼皆知。

有神十人,名曰女娲之肠,化为神,处粟广之野,横道而处。(《山海经·大荒西经》[①])

登立为帝,孰道尚之?女娲有体,孰制匠之?(汉代学者王逸注:"传言女娲人头蛇身,一日七十化。")(《楚辞·天问》)

娲,古之神圣女,化万物者也。(《说文解字》)

女娲的神迹最常为人们乐道的有三,即抟黄土造人、炼石补天、为人类设立了婚姻制度,因而女娲又被视为"媒神之祖"。不过,先秦文献对女娲的记载多半是三言两语,女娲的上述神迹多见于秦以后,如汉代的文献《淮南子》《史记》以及宋代著名的类书《太平御览》等文献中,且多半也是零星半爪,不见有完整的文本。

黄帝生阴阳,上骈生耳目,桑林生臂手,此女娲所以七十化也。(高诱注:"黄帝,古天神也;始造人之时,化生阴阳。上骈、桑林皆神名。")(《淮南子·说林训》[②])

往古之时,四极废,九州裂;天不兼复,地不周载;火滥焱而不灭,水浩洋而不息;猛兽食颛民,鸷鸟攫老弱。于是女娲炼五色以补苍天,断鳌足以立四极,杀黑龙以济冀州,积芦灰以止淫水。苍天补,四极正;淫水涸,冀州平;狡虫死,颛民生;背方州,抱圆天。(《淮南子·览冥训》)

俗说天地开辟,未有人民,女娲抟黄土造人,剧务,力不暇供,乃引绳于泥中,举以为人。(《太平御览》[③]卷七八引《风俗通》[④])

---

① 《山海经》是现存的唯一的保存中国古代神话资料最多的著作,学者们对其成书的时代有种种说法,但大都认为其成书于春秋战国时代,秦汉以后虽有所增益,但并没有改变其古神话的性质。李申先生在《中国儒教史》(上卷)第6页云:"《山海经》一般认为成书于战国时代,但《山海经》所反映的意识,却不是战国时代的主导意识,而是上古流传下来的、某一时期的主导意识。"袁珂在《中国古代神话》第21页则说《山海经》"原题为夏禹、伯益作,实际上却是无名氏的作品,而且不是一时期一人所作。内中五藏山经可信为东周时代的作品;海内外经八卷可能作成于春秋战国时代;荒经四卷及海内经一卷当系汉初人作。里面所述神话,虽是零星片断,还存本来面貌,极可珍贵。"

② 《淮南子》又称《淮南鸿列》,是西汉淮南王刘安召集门下宾客集体编撰而成。《淮南子》虽是西汉的作品,其书的旨意是"纪纲道德,经纬人事",反映了编撰人的观念与意图,但其中所涉及的许多内容与材料却是先秦时代早已有的。

③ 《太平御览》是宋代一部著名的类书,以引证广博见称,对后世影响很大。《太平御览》中保存了大量古代的佚书遗文,它所引用的古书,十之七八今已亡佚,所以这就更显《太平御览》中所保存的材料之珍贵。

④ 《风俗通》的作者是东汉大学者应劭,他注《史记》《汉书》时,常用"俗说"一词,可见他是很注意从民间的传说中吸取材料的。

女娲祷祠神，祈而为女媒，因置昏（婚）姻，以其载媒，是以后世有国，是祀为皋媒之神。（《路史·后纪二》）

从上述着墨不多的记载中，以今天女性主义的视角来看，我们大致可以推断出：女娲不仅是一位创世女神、始祖女神、全能女神，而且还是一位为人类设立了婚姻制度与主管婚姻的女神。女娲或许“代表着父权制文明尚未确立时的全能女神信仰，那时的女神不仅是崇拜的中心，而且是宇宙秩序和自然和谐的代表。女娲补天和立地四极的情节，表明她也代表着远古时期人力工程和科学方面（包括知识、技能和经验）的最高成就。作为人类的创造者，宇宙的灾难性错误的纠正者，女娲也就相当于所谓‘救世主’（the savior of universe）”[①]。

与其他民族、尤其是与古希腊的女神相比较，女娲的形象无疑比较“呆板”和“单薄”，人们只知其神迹，却不知其爱情或性关系的任何事迹，也许是为了弥补以上的缺憾，在有关女娲的神话中，后来又有伏羲、女娲是对偶神之说。闻一多在其《伏羲考》中认为，绝大部分的先秦典籍中不会同时提及伏羲与女娲，也不见有伏羲、女娲是夫妇的记载，似乎女娲神话和伏羲神话分属于两个独立的系统。这种对偶神之说尤其反映在汉代伏羲、女娲的画像中。有学者认为以伏羲女娲兄妹制嫁娶的传说恰恰证明了这就是从原始群婚经对偶婚向一夫一妻制的过渡。[②]

另据汉代人王逸在《天问章句·序》所言，屈原的《天问》是根据楚先王之庙及公卿祠堂中所绘天地山川神灵及古贤圣怪物行事的图画所作，即所谓“仰见图画，因书其壁，呵而问之”[③]。而屈原在《天问》中问到女娲，却没有问伏羲，可见楚国庙堂壁画中也许本来就没有伏羲的形象。

二、《创世记》中上帝的造男造女

《创世记》中关于人类的由来与中国文化传统中人类之由来的讲述完全不同，《创世记》完整地讲述了天地万物以及植物、动物与人类的由来。“创世记”这一词，是从希腊文译出，原文的意思是“起源”。在希伯来文中，《创世记》中的第一个单词是“在起初”之意，这说明了这卷书从一开始就是要告诉人们关于包括人在内的万物（除了神以外）的起源。长久以来，尤其在基督教世界中，《创世记》的最初几章被公认为是关于人类的起源及两性关系的由来的唯一标准答案，神

① Bettina L. Knapp, *Women in Myth*, State University of New York Press, 1997, p. 185.
② 参见郑本法：《伏羲的传说与原始婚制变革》，《甘肃社会科学》2001 年第 6 期。
③ 洪兴祖撰，白化文等点校：《楚辞补注》，中华书局 1983 年版，第 85 页。

学家圣·奥古斯丁除了在《忏悔录》和《上帝之城》中提及《创世记》外,还写了三本《创世记》释义,宗教改革家马丁·路德则认为《创世记》的最初几章毫无疑问地是整部《圣经》的基础。由此可见《创世记》在《圣经》中的重要地位。

由《创世记》可知:上帝创造的工作,是逐步推进的,即依着物质的世界(光、天、地与海)——生命的系统(植物、动物)——人的顺序来进行,显然,包括男人和女人在内的人类的产生是由达到创世高潮的上帝的直接行动造成的(上帝在创造的第六日造男造女,此前已造好了水里的鱼、空中的飞鸟、地上的动物等),人是上帝创造的最高和最后的杰作。正因为上帝的造男造女,才有了男人和女人之间的性别关系。

在《创世记》的第1章和第2章中,分别讲述了两个关于上帝造人的故事。在第一个故事中,上帝同时造了男人和女人,经文是:"我们要照着我们的形像,按着我们的样式造人,使他们管理海里的鱼、空中的鸟、地上的牲畜和全地,并地上所爬的一切昆虫。神就照着自己的形像造人,乃是照着他的形像造男造女。神就赐福给他们,又对他们说:要生养众多,遍满地面,治理这地;也要管理海里的鱼、空中的鸟和地上各样行动的活物。"(《创世记》1:26～28)[①]这第一个故事在《创世记》第5章中还有提到:"亚当的后代记在下面。当神造人的日子,是照着自己的样式造的;并且造男造女。在他们被造的日子,神赐福给他们,称他们为人。"(《创世记》5:1～2)

如果说上帝造人且同时造男造女的第一个故事突出体现了上帝与世界的关系的话;那么上帝先造男人、后造女人的第二个故事则突出体现了上帝与人、人与世界的关系,而且这个故事也许在内容上比第一个故事更详细、更丰富,也更生动。上帝在创造天地万物的前五天中,常伴随有"事就这样成了"和"神看着是好的"的评语,当耶和华神用地上的尘土造出第一个人,并"将生气吹在他鼻孔里,他就成了有灵的活人,名叫亚当"(《创世记》2:7)后,却没有再出现类似的评语。耶和华神把亚当安置在伊甸园中,并交代了亚当应当注意的事项后,紧接着就作了一个决定:"那人独居不好,我要为他造一个配偶帮助他。"(《创世记》2:18～19)

当亚当为耶和华神用土所造成的野地各样走兽和空中各样飞鸟都命了名后,"耶和华神使他沉睡,他就睡了;于是取下他的一条肋骨,又把肉合起来。耶和华神就用那人身上所取的肋骨造成一个女人"(《创世记》2:21)。对于这段经文中的"造"字,美国女性主义神学家玛丽琳·黑基(Marilyn Hickey)从希伯来

① 本文中所采用的《圣经》经文全引自中国基督教协会2007年版新标点和合本,该版《圣经》采用"神"版,凡是称呼"神"的地方,也可以称"上帝"。

语言学的角度对此有一个精彩的解释，她说："《创世记》2 章 7 节讲上帝用地上的尘土造男人时，希伯来语的'造'是 yester，这个词的意思是'像陶匠那样捏塑或挤压成型'。而《创世记》2 章 22 节讲到创造夏娃时，却用了一个完全不同的词，'banal'意指'精巧地形塑'(skillfully formed)。可见她不是像男人一样是被挤压出来的而是由上帝精心制造的。"[1]当耶和华神造好夏娃后，就领她来到亚当面前，当时亚当欣然惊叹："这是我骨中的骨，肉中的肉，可以称她为女人，因为她是从男人身上取出来的。因此，人要离开父母与妻子连合，二人成为一体。"(《创世记》2:23～24)

显然，耶和华神并没有用造亚当的尘土来造一个新的受造物，而是用亚当身体中的最靠近心脏的一根肋骨来造了世界上的第一个女人，并使他们二人"成为一体。"由此可见，《圣经》强调人类是一个群体的存有(being-with)，两性的结合即人类的婚姻制度是起于神、起于上帝的亲自安排和设置，而非起于人类。

三、两则创世神话的比较

将两则创世神话进行一番比较，或许对我们更清楚地了解与认识中国与以色列两大文明传统在"起源"处的不同特色有帮助。具体而言：

(一)神与人的界限

1. 两则神话所体现的或清晰或含混的神与人的界限

女娲的神话或者女娲与伏羲的神话表明女娲、伏羲，既是神，也是始祖，他们是神还是人？或者他们亦神亦人？神与人的界限一开始就是不清晰、不明了的，不像《创世记》所讲述的，耶和华神是创造主，人类的始祖亚当、夏娃是受造者，创造者永远是创造者，受造者永远是受造者。神是神，人是人，人与神之间有一条不可跨越的鸿沟。而且人既是上帝的受造者，因而人与其他生物一样，无法摆脱自然本性的限制；相对于无限的上帝，人永远是一个有限的存在，人之上永远都有一个超越的存在，神与人的界限或关系一开始就摆明了。

在《创世记》中，不仅一开始就摆明了神与人的关系，而且也摆明了人与自然的关系，天地万物既然与人一样，都出自上帝的创造，因而"自然"不能成为人类的崇拜对象。人与自然的关系，被人与上帝、受造与创造的关系所涵盖。就人与自然的关系而言，人是代为管理者，是受上帝之托而代为"治理这地"及"管理海里的鱼、空中的鸟，和地上各样行动的活物"。因此，人切不可以自然的主人自

---

① Marilyn Hickey, *Women of the Word*, Harrison House, Oklahoma, U. S. A, 1981, p. 83.

居，对自然随心所欲、为所欲为，而是要很好地承担起神的托付，行使好“治理”与“管理”之责。《创世记》中所启示的这种人受上帝之托而管理自然的这种使命正是今天流行于欧美的生态神学的神学理据。

在女娲、伏羲的创世神话中，却含有人与自然的含混互证或者人对自然的依赖关系，人与自然的关系不甚明了，这两位神的神格好似出自人们对自然界的观察之后的对其含混的表述，深究下去，在这种含混的表述中蕴含了中国古人对于阴阳意识的认知。

2. 女娲—伏羲的神话所蕴含的阴阳意识

《淮南子·精神》云：“古未有天地之时，惟象无形，窈窈冥冥，芒芠漠闵，澒濛鸿洞，莫知其门。有二神混生，经天营地，孔乎莫知其所终极，滔乎莫知其所止息，于是乃别为阴阳，离为八极，刚柔相成，万物乃形。”高诱注：“二神，阴阳之神也。”高诱注《淮南子·览冥》时也说：“女娲，阴帝，佐虑戏氏者也。三皇时，天不足西北，故补之，师说如此。”此处的“虑戏氏”即指“伏羲氏”[①]，“佐”即“辅佐”之意。高诱注女娲为“阴帝”，清楚地说明了女娲的神格乃阴气之神。高诱在此还特地强调这不是他个人的想法，乃“师说如此”。想必这“师说”由来已久。从高诱注还不难看出，神不孤生，因为“二神”，乃指“阴阳之神也”。如果说女娲的神格乃阴气之神，女娲是阴气的喻指；那么伏羲的神格当是阳气之神，伏羲是阳气的喻指。伏羲的原型是“太阳神”，何新先生在其《诸神的起源》第一章中对此有专门的论证。

《左传·昭公十七年》曰：“陈，太皞之虚也。”杜预注：“太皞，伏羲氏，风姓之祖也。”“姓”照《说文》的说法，“生也”，那么伏羲是生于风的，风即“气”意，所以《说文》说：“羲，气也。”女娲传说也是风姓，《太平御览》卷七十八引《帝王世记》：“女娲氏亦风姓，承庖牺制度，亦蛇身人首，一号女希，是为女皇。“希”“羲”音同，所传达的或许也是“气”的远古信息，因此女娲、伏羲当含有阴气、阳气之意，中国的阴阳概念或许是我们理解女娲、伏羲二神的基础，换言之，女娲、伏羲二神的背后有着中国人特有的对于阴阳的思考与理解。

神话学学者尹荣方在其以人类学视野所著的《神话求原》中指出：“早期人类缺乏抽象词汇，他们往往用表示具体存在物的名词来表示较抽象的概念这种看法，与人类学家对原始思维的看法完全一致……‘阴’与‘阳’是非常抽象的概念，古代先民从自然物、自然界气候等变化中抽象出这两个概念后，试问如何才能恰如其分地向他人表达出它的内涵呢？最好的办法也即最传统的办法就是‘立

① 伏羲又有“伏牺、伏戏、包羲、庖牺、庖羲、虑戏、虑牺、宓羲、羲皇”等名，均是古史上所记载的伏羲一名的不同写法。

象’,立象可见意,即通过具体的‘图像’来表达其抽象的意思。”[①]上述见解不无道理。女娲—伏羲的神话实则是阴阳概念的具象化或符号化。伏羲、女娲之举规、矩,也即表示他们规天矩地、以定方圆、开天辟地的神性。

不过,尹荣方先生在此所讲的“早期人类”不一定是原始人,因为原始人的抽象思辨能力有限,他们不可能抽象出一个“阴阳二神”来,所谓“阴阳二神”明显是文明时代的智者、哲人们在原始人的口耳相传的神话基础上对之进一步改造加工或抽象的结果。中国文字的产生约有4000年左右的历史,最初只有极少数人如巫史之类的人识字用字,直至晚周时代,随着周天子王室势力之衰微,王官之学渐渐流散到民间,识字读书之人才渐渐多了起来,中国大规模记录神话,恰是从这一时期开始,到六朝告一段落,此后虽仍有记录,但都不再成规模。显然,能记录口传神话且对神话进行加工改造的人多半是男人,而且是男人中的智者、哲人们。因此,“阴阳二神”明显带有智者、哲人们对神话进行加工改造的痕迹。

众所周知,在中国思想史上,阴阳观念起源甚早,据对甲骨文的考证研究,早在商周时代就有了关于阴阳的记载,《国语·周语》[②]上曾记载西周末年的周太史伯阳父以阴阳二气的升降变化来解释地震发生的原因。在《左传·昭公二十一年》《管子》《礼记》等中还有将日食及月食与阴阳相联系的表述。

虽然西周、春秋时期的学者、思想家都有论及阴阳,不过,当时阴阳概念的使用比较含糊,并且只是在自然的范围内使用,因而“阴阳”一词多出于主管天象、星占之类的史官之口。到了战国时代,阴阳的观念更加普遍。各派思想家在其论述中都或多或少谈到阴阳,并用阴阳来解释天、地与人,尽管其对阴阳的理解和表述各有不同,但可以肯定的是,阴阳的观念在此时已被引入社会生活领域与哲学思考领域,成为中国哲学和中国文化特有的概念和范畴。不仅如此,战国时代的学者还开始了将自然界的各种事物及性质如日月水火、动静刚柔等和人类社会中的各种人事如男女君臣等归类于阴阳的工作,当然这项工作直到西汉的董仲舒时甫告完成。

正是从春秋战国时代开始,阴阳二气和阴阳交合的观念就常被用来解释万物和人类的产生。在当时的人看来,人的躯体和生命秉赋天地阴阳二气生成,因为人也是自然界的一个组成部分。阴与阳的交合在人类社会的表现就是男女的交合,汉代交尾的伏羲、女娲图像,其传达的信息正是阴阳交合的观念,而汉代也正是阴阳学说比较盛行之时。《淮南子·览冥》云:“故至阴飂飂,至阳赫赫,两者

① 尹荣方:《神话求原》,上海古籍出版社2003年版,第39、41页。

② 《国语·周语》云:“夫天地之气,不失其序。若过其序,民乱之也。阳伏而不能出,阴迫而不能烝,于是有地震。今三川实震,是阳失其所而镇阴。阳失而在阴,川源必塞。源塞,国必亡。”

交接成和而万物生焉。众雄而无雌,又何化之所能造乎?所谓不言之辩,不道之道也。"简言之,阴与阳的交合,天与地的交合,男与女的交合,转化为神话意象,也就是伏羲、女娲的合体形相。所以,伏羲、女娲的交尾图像可以视为阴阳概念的具象化或符号化。

3.《创世记》所蕴含的基督教的神学观念

《创世记》所揭示的是:人从存在的那一刻开始,便处于神人关系之中,神是创造主,人是受造物,不是先有人,再有神人关系;而是神人关系决定了人的存在与人的本质。正如20世纪最重要的基督教神学家卡尔·巴特(Karl Barth)所认为的,人与上帝的关系是人的最重要本性,要成为一个人就是要与上帝相关联。而且,创造者与受造者之间有本质的区别,他们之间永远有一条不可跨越的界限,创造者永恒是创造者,受造者永恒是受造者,神是神,人是人,上帝永远在天上,而人则始终在地上,人与其他生物一样,永远都是神创造的有限的存在。

不仅如此,神人关系也决定了人与人之间即两性之间的关系,决定了他们同是上帝的受造物,同是有限的存在,同样需要与"上帝关联"。而且,上帝之所以要造出两个不同的性别来,自有其美意在其中。

(二)两则创世神话所揭示的两性关系的逻辑起点的不同

伏羲、女娲的创世叙述与《创世记》中的创世叙述揭示了两类两性关系的逻辑起点的不同。在先秦的中国,伏羲、女娲的"神格"既然是阴阳概念的具象化或符号化,而阴阳概念又属于出自自然的抽象概念,由此可见两性关系的逻辑起点是自然本体论,即本乎阴阳。所以在中国的古籍中就常以阴阳来指代男女,所以在中国的思想史语境中探讨两性的关系就一定会涉及对阴阳的探讨,并且要从对阴阳的探讨入手,离开对阴阳的探讨,对两性关系的探讨就会不着边际,就会落入空泛。

而《创世记》所揭示出的是:不管男人、女人,都为上帝所创造,人要按照上帝的旨意行事。上帝的旨意是绝对命令,是最高原则。众所周知,《圣经》是由两本"约"即《旧约全书》和《新约全书》合在一起所组成,"约"即神与人所立之约之意。既然是神为人所立之"约",就有神对人之行为的约束,即人所当遵守的约定,更有神对人的祝福与应许,当然祝福与应许的前提是人的守约。所以,不论男女,首先他们是与上帝关系中被造的存有。上帝是绝对的"他者"①,而男之于女,女

① 基督教历代的思想家,从中世纪的经院学者安瑟伦(Anselm,1033～1109)、托马斯·阿奎那(Thomas Aquinus, 1225～1274)直到20世纪的基督教思想家卡尔·巴特(Karl Barth, 1886～1968)、海因里希·奥特(Heinrich Ott)等,总是不厌其烦地论证上帝这位"他者"及其存在方式。可参见海因里希·奥特的《上帝》中译本,香港社会理论出版社1990年版,第35～46页。

之于男则是相对的“他者”。而且，上帝创造的，并非男人和女人而已，更包括了他们的相互关系，这种相互关系的处理与对待也要按照上帝的教导。因此其两性关系的逻辑起点是神本体论，即本乎上帝与人的关系。因此在基督教的语境中探讨两性的关系一定要涉及上帝与人的关系的探讨，而且要从上帝与人的关系的探讨入手，离开对上帝与人的关系的探讨，对两性关系的探讨同样也会不着边际，从而落入空泛。

(三)两则神话系统中爱的模糊与凸显

1. 两性之爱在中国神话中的缺失

人们很少在中国的古籍中读到对女娲或女娲、伏羲的爱情故事或两性生活的描写。读《山海经》，给人感觉是女神们大都缺乏活力、缺乏女性的柔媚气质与性魅力，她们与爱情无缘、与性无缘，而且她们还多被塑造为“半人半兽”的形象(如女娲是“人面兽身”；西王母是“其状如人，豹尾虎齿而善啸，蓬发戴胜。是司天之历及五残”；精卫是“其状如乌，文首，白喙，赤足”的鸟儿)，她们多了威严、神秘甚至恐怖，却少了个性、人性与心灵性情的丰富性。这些女神全都静穆凝重、内敛深沉、清心寡欲，似乎患有“集体性冷淡”或“集体性压抑”。由此可见其与爱、与异性的性关系之疏离状态。她们的世俗生活与凡人相去甚远，读她们的故事，你会感觉多了沉重与庄严甚至压抑，却少了轻松与快乐。这就难怪中国古代传说中的五帝以及夏、商、周的祖先都是其母无夫而孕、“感”生于神的，如果夏的祖先禹的诞生取“母生说”也可归入这一类，《史记·殷本纪》说商的祖先契是其母简狄吞玄鸟卵而生，《史记·周本纪》说周人的始祖弃是其母姜嫄践巨人迹而生。

2. 两性之爱在《创世记》中的体现

在上帝造人的第二个故事中，上帝造男造女的过程其实是挺诗意的。首先，上帝体恤亚当的孤单和需要，于是决定为亚当造一个配偶。其次，上帝造女的过程挺特别，他不是像造亚当一样直接地从泥土中造出夏娃，而是在亚当沉睡时从亚当的身上最靠近心脏的部位取一根肋骨造夏娃。再次，当亚当醒来时，上帝亲自领她——女人来到那个男人——亚当跟前，亚当对上帝给他的这个女人从心底发出了惊叹和欣然接纳。“这是我骨中的骨，肉中的肉。”(《创世记》2:23)

奥古斯丁在其《上帝之城》中曾就“上帝为什么不同时造亚当、夏娃，而要用亚当的一根肋骨造夏娃”的问题给出了一个解释：“人类从一个个体中繁衍出来，为的是使人类能够保持和谐……上帝使人类从一个人中衍生出来，为的是表明上帝有多么重视众多之统一。”奥古斯丁还说：“上帝只造了一个人，但并没有让这个人独居……要记住我们所有人都是来自一个祖先，没有任何东西能比记住这一点更适宜防止或医治不和……人们由此得到告诫，要在众多的人群中保持团结。还有,女人是用男人的肋骨造出来的这一事实,十分清楚地象征着夫妻之间应当具有何等骨肉之亲。"[①]不难看出,奥古斯丁在此强调的是男女两性的亲密关系,而不是从属关系。神学家托马斯·阿奎那也曾就此问题给出了一个解释:"神没有从男人的头造出女人来辖制他,也没有从男人的脚造出女人来由他践踏,神却从男人的肋旁造出女人,与之平等,在他的臂下受保护,贴住他的心受疼爱。"[②]

笔者以为,这两位大思想家所言极是,他们的用意或许是想传达这样的意思:早在上帝创世时,上帝所创造的男人、女人本来就是相依相伴、骨肉一体的亲密关系。

如前所言,包括女娲在内的爱情故事在中国先秦的神话中几近空白,不过,要说明的是,中国先秦的神话虽缺少爱情的内容,缺少心理及情感的描述,体现在神话中的两性关系,虽说比较淡漠、沉闷与压抑,但中国先秦的神话中却不乏对生殖的描述,不乏对女性生理及行为的性描述,神话中的这种倾向对中国思想史产生了很大的影响。我们稍微留意一下便可发现:先秦以来的中国思想史中不乏涉及"夫妇之道"的内容,却少有涉及两性之间的"爱情"的探讨,少有涉及"夫妇之爱"的探讨。儒家虽有"仁者爱人"之说,但此处的"爱"作为"仁"的一个规定是指源自家庭成员间并扩展至社会成员之间的亲昵与情感联系,其内涵主要是指"孝爱",即孔子所说的"君子务本,本立而道生。孝弟也者,其为仁之本与!"(《论语·学而》)此种"孝爱"建立在一个人对其父母兄弟的情感之上,它既非男女两性间的浪漫之爱,也不是神对于人的神爱。与中国思想史中缺乏爱的讨论相对照的是,希腊哲学讨论了欲爱(Eros)、情爱(philia)与圣爱(agapa),基督教的信仰更是离不开"神圣之爱"对于两性之爱的启示。

诚然,先秦文学如《诗经》《楚辞》中也不乏对爱情的描写,甚至还有色情的文字,中国后代的文学如《肉蒲团》《金瓶梅》等对男女之间的情欲性事也有很露骨的描写,但中国的哲学史或思想史中却缺少对爱情的讨论。正是因为与《创世记》上帝造男造女所带给人们的启示不同,或许可以说,中国的哲学或思想缺失在信仰的层面上,认信来自神的关于两性关系的绝对启示,这就使得中国历来的思想家对两性关系的思考大多建立在冷静、实际与功利的基础上,这在先秦儒家或其他诸子百家的或显或隐的性别意识中,也明显地体现了这种思考的倾向,即这种思考既不会像希腊古典哲学那样将男人与灵魂、理性相联系,将女人与身

① 奥古斯丁:《上帝之城》中册,王晓朝译,道风书社2004年初版,第12卷,第28章,第164页。

② 转引自亨利·布洛谢(Henri Blocher):《创世启示——创世记1~3章深度解释》,潘柏滔、周一心译,(台北)中华福音神学院出版社2000年5月初版,第134页。

体、感性相联系，从而使两性关系处于一种紧张对峙的张力中，也不会像希伯来人的信仰那样使得两性关系的处理处于一种超越的原则的启示之下。中国历来的思想家对两性关系的“冷静”思考更多的是体现在人们将此种思考与对宇宙、天地、阴阳的观察和思考联系了起来。

为什么在中国的文化传统中会缺失来自神的关于两性关系的绝对启示？

笔者以为，这或许与中国文化在“开端”时就比较注重“看”相关。中国神话对中国思想史的影响并不像《圣经》那样对西方文明的影响那么长久和深远，如果说西方文明的源头之一可以追溯到《圣经》、追溯到希伯来—犹太宗教文化传统的话，而中国哲学的源头则更多地可以追溯到《易经》，追溯到对龟甲的占卜，甚至追溯到更早的“三皇五帝”的传说那儿去。冯达文先生认为：“三皇虽被奉为神，但他们也不以创世者或先知的形象出现。实际上人们更多地把他们视为圣人，他们是以农业文明的最早开创者而被尊崇的。五帝的形象则体现了农业文明进一步的发展……五帝中，黄帝使百物得以命名并使之得以成为财用，颛顼是黄帝的努力的继承者，帝喾依日、月、星辰的运化制定历法以使百姓生活有序化，尧则制定统一的刑法以为万民的仪则。五帝之中舜更为老百姓的事业而死于荒野。显见，这五帝为农耕与农业社会生活秩序的缔造者。他们不是以某种特殊的神力，而是以勤勉的德性受到推崇的。“三皇五帝”的传说，预定了先秦乃至中国古典文明的理性走向。”[①]

占卜在中国起源很早，殷商时代更是盛行对龟甲的占卜，殷人凡事都占卜问上帝，“人与神的沟通方式，是靠烧灼甲骨之后呈现出来的裂纹”。只是这个“上帝”是由殷人的祖先神升格而来，因而具有祖先神的色彩，不同于《创世记》中创造了天地万物与人的创造者——上帝。甲骨文资料没有显示，“‘帝’或‘上帝’为创世者”[②]。占卜的程序是先要将龟甲钻凿，再将其烧灼，烧灼后龟甲会出现各种裂纹，占卜的人要仔细观看裂纹的方向、颜色等，然后再予以解释。显然，这个过程是先看然后再判断的过程，这无疑是一个比较理性的过程。

西周以降，中国文化在整体上是礼乐文化，礼乐文化当然理性的色彩更重。而这种理性更是基于“看”，即《易传·系辞下》所云：“仰则观象于天，俯则观法于地，观鸟兽之文与地之宜。”“仰则观”“俯则观”都是“观”，即通过人的眼睛去看待自然，在“观”的经验积累的基础上去解释自然，并使自己的生活方式与自然协调起来。这与基督教文化、与《圣经》中强调的听不太一样，“听”是要听来自神的声音、神的启示，在“听”的过程中要放弃自己的判断，《旧约》中常常强调以色列人

① 冯达文：《中国古典哲学略述》，广东人民出版社 2009 年版，第 4 页。

② 冯达文：《中国古典哲学略述》，广东人民出版社 2009 年版，第 4～5 页。

要“侧耳而听”,《新约》中耶稣也常常强调:“有耳可听的,就应当听!”(《圣经·路加福音》14:34)

也许可以说,在某种意义上,中国的文化是强调“看”的文化,看的地位高于“听”,所谓“百闻不如一见”。希伯来—犹太文化则是强调“听”的文化。“看”的文化强调的是人自己的思维与判断,“听”的文化强调的是人对神的信仰与对神的完全交托,其凸显的当然是信仰。正因为如此,“中国远古即便有上帝信仰,其意旨也还是以‘看’来领受。‘看’离不开占卜者的经验与猜测,此依然预示着理性的走向”①。

① 尹荣方:《神话求源》,上海古籍出版社2003年版,第5页。

市民社会与政治哲学

《市场街的斯宾诺莎》与《伦理学》的互文解读*

傅晓微　王　毅**

通过对艾·巴·辛格的小说《市场街的斯宾诺莎》与斯宾诺莎《伦理学》的互文性解读,我们可以从小说中读出辛格对误解斯宾诺莎的斯宾诺莎信徒的嘲讽,对斯宾诺莎哲学缺陷的婉转批评:远离活生生人间生活,求助于空洞的理性,终将陷入虚无。也可以从中窥探出辛格一生对斯宾诺莎既接受又拒斥,剪不断、理还乱的矛盾心态。辛格的《市场街的斯宾诺莎》更像是对他自己的斯宾诺莎情结的一曲轻松的挽歌。

巴鲁赫·德·斯宾诺莎(Baruch de Spinoza,1632～1677)对近现代西方知识分子尤其是犹太知识分子的影响非常大,比如爱因斯坦的经常为人们引证的观点:"我信仰在井然有序的存在中显现自己的斯宾诺莎的上帝。"[①]美国犹太作家艾·巴·辛格作品里的现代犹太知识分子几乎都是或曾经是斯宾诺莎信徒。[②] 辛格少年时期起迷恋上斯宾诺莎哲学,此后一生都无法摆脱其思想的影响。其脍炙人口的短篇小说《市场街的斯宾诺莎》(以下简称《市》)可以说就是辛格自己对其一生挥之不去的斯宾诺莎情结的一曲轻松的挽歌。

《市》描写的是一个忠实的斯宾诺莎信徒,一个亦步亦趋,完全按照他自己理解的斯宾诺莎哲学生活的现代犹太知识分子。他几十年来全部的生活就是研究斯宾诺莎的《伦理学》,他追随斯宾诺莎的生活方式——单身,不依附任何组织,按照《伦理学》的观点看待世界、解释世界,按照书中的理性原则生活,甚至按照书中的逻辑进行推理、思考。从这个意义上说,内厄姆·菲谢尔森(Nahum Fis-

---

* 本文为国家社会科学基金项目《辛格民族忧煎情结与犹太文学传统》(批准号 12XWW007)中期成果之一。

** 傅晓微,四川外国语大学中犹文化研究所教授。王毅,四川外国语大学中犹文化研究所教授。

① 罗伯特·M·塞尔茨:《犹太的思想》,赵立行、冯玮译,上海三联书店 1994 年版,第 695～696 页。

② 参见傅晓微:《上帝是谁——辛格创作及其对中国文坛的影响》,人民文学出版社 2006 年版,第 89～103 页。

chelon)博士,活脱脱一个文艺版的斯宾诺莎,是20世纪初波兰华沙犹太社区"市场街的斯宾诺莎"。但这个穷其一生执着于斯宾诺莎哲学的信徒在自己的婚礼之夜对自己毕生追求的理性发生了怀疑。通过对《伦理学》和这篇小说的互文解读,我们会发现,正是作家自己对斯宾诺莎的哲学思想,尤其是对其代表作《伦理学》的熟悉程度,尤其是作家本人一生对《伦理学》思想矛盾纠结的态度造就了菲谢尔森博士这个独特而鲜活的人物形象。

这里既有作家辛格的影子,也有斯宾诺莎的影子;更多的是通过对误解斯宾诺莎的斯宾诺莎信徒的嘲讽,婉转批评斯宾诺莎哲学的缺陷:远离活生生的人间生活,求助于空洞的理性,终将陷入虚无。人间虽然充满污秽、低俗、争斗、杀戮,但也充满温情与活力。

一、斯宾诺莎对辛格的影响

纵观艾萨克·巴什维斯·辛格的一生,斯宾诺莎可以说是对其影响最大的人物。辛格的三部自传和他的多部小说到处都是斯宾诺莎的影子,好几篇小说的主人公都是或曾经是斯宾诺莎信徒(如:长篇小说《童爱》中的叙述者;《莫斯卡特家族》中主人公爱莎·黑希尔·班内特;《庄园》中的主人公爱兹列尔),更不用说他几十个短篇中众多的现代犹太知识分子。而《市》中的菲谢尔森博士则是一个集中表现。

对照辛格的传记作品和《市》的主人公菲谢尔森博士的经历,我们会发现小说主人翁在很多方面都有着青年辛格的影子。

像辛格一样,菲谢尔森生活在20世纪初的华沙哈西德派犹太社区。像辛格一样,博士也是出身于拉比世家。他也像辛格一样,早年在"耶希瓦"学校,即培养拉比的神学院读书,后来逐渐偏离犹太神学传统,与传统社区生活逐渐疏离。菲谢尔森博士就像《在父亲的法庭上》和《寻求上帝的年轻人》等自传中的辛格一样,"把《伦理学》读了一遍又一遍",最后竟能"背诵每一个命题、每一个论证、每一个推论、每一个注解"[①]。《伦理学》成为了他们的"圣经"。

但是,菲谢尔森博士不是辛格。事实上,曾经狂热迷恋斯宾诺莎哲学,且终其一生始终无法摆脱其影响的辛格对斯宾诺莎思想始终是既爱又恨,既接受又

① 这里的引文出自小说《市场街的斯宾诺莎》,类似的话也出自辛格的几部自传性作品: *A Little Boy in Search of God*. trans by Joseph Singer Garden City, NY: Doubleday, 1976, p. 57; *Love and Exile*. Garden City, NY: Doubleday, 1984, p. 43,以及《在父亲的法庭上》,傅晓微译,四川文艺出版社2010年版,第281～282页。

排斥。这种矛盾纠结的心理最终演变成了《市》中"菲谢尔森博士"这个天真迂腐、毕生追求理性却陷入非理性病态的斯宾诺莎信徒形象。

二、菲谢尔森博士:市场街的斯宾诺莎

(一)食古不化的"市场街的斯宾诺莎"

菲谢尔森博士对斯宾诺莎膜拜的程度远远超过今天的追星族、明星粉丝。菲谢尔森博士一心一意专研斯宾诺莎的《伦理学》整整三十年。

> 书中的每条命题、每个证据、每个推论、每条注释他都烂熟于心。他若想找哪个段落,直接就能打开那一页,根本不用一页页地翻。就这样,他还是每天要花好几个小时继续研究《伦理学》。他瘦骨嶙峋的手里拿着放大镜,一边喃喃自语,读到自己同意的地方便点点头。……他的抽屉里装满了笔记和草稿。[①]

三十年来,菲谢尔森博士不仅心无旁骛,潜心研究《伦理学》,更是亦步亦趋地按照他的偶像的生活方式生活。

比如,斯宾诺莎年轻时曾与其恩师范・丹・恩德的女儿有过一段短暂的恋情,不过恋人很快被情敌夺去了,他终生未婚。菲谢尔森博士也因此仿效。媒人"给他介绍了好几个有钱人家的姑娘。可是菲谢尔森博士却没有抓住这些机会。他想像斯宾诺莎那样独立,而且他过去也一直独身"(p.9)。不过,斯宾诺莎终生未婚究竟是如菲谢尔森博士理解的那样是"要做一个无拘无束的人",还是因为严苛的现实环境造成的,这还不好说。因为据研究,斯宾诺莎因为其理性主义思想,尤其是他对《圣经》作者真实性的质疑——《圣经》作者既不是上帝,也不是摩西——被犹太社团开除教籍,又因为拒绝了基督教社会给他伸出的橄榄枝而被整个欧洲社会抛弃。[②] 幸而当时的荷兰是欧洲最自由的国家,一个没有任何宗教信仰的人还可以有一块容身之地,但斯宾诺莎也只能靠磨眼镜的镜片为生,后因为长期吸入过多粉末,死于肺病。

1673年,斯宾诺莎被聘请到海德堡大学任哲学教授。但因为邀请书中有"你将有充分的自由讲授哲学,深信你将不会滥用此种自由以动摇公共信仰的宗

---

① Isaac Bashevis Singer, *The Spinoza of Market Street and Other Stories*, trans. by Martha Glicklich, Cecil Hemley, and others, New York: Farrar, Straus & Cudahy, 1961, p.4. 因小说原文中所引斯宾诺莎《伦理学》在1980年版《辛格短篇小说集》中的中译本有出入,本文所引《市场街的斯宾诺莎》译文为笔者为译林出版社即将出版的《市场街的斯宾诺莎及其他故事》所译。下文所引该小说均只在括号中标明原小说页码。

② 参见洪汉鼎:《斯宾诺莎哲学研究》,人民出版社1993年版,第30页。

教(即基督教)"这样一句警告性的提示,他最终以"我不知道为了避免动摇公共信仰的宗教的一切嫌疑,我的哲学讲授的自由将被限制于何种范围"的答复,婉言拒绝了这一邀请。[①]

菲谢尔森博士也曾"以贵宾的身份经常出入于好几家有钱人的公馆;华沙的犹太会堂请他担任图书馆主任"(p. 9)。就像斯宾诺莎拒绝海德堡大学的有条件的聘请一样,他也因不肯放弃原则,遵从旧俗而"辞去了图书馆中的职务"(p. 9)。

因为其反传统的思想被逐出犹太教社团的斯宾诺莎曾受到过海牙的政界领袖让·德·维特(Jonah de Witt)提供给他的一笔小小的津贴。但在1672年法国入侵荷兰后的动乱中,斯宾诺莎的资助人维特被暴徒绞死。失去资助的斯宾诺莎靠着过去在犹太学校学到的一门手艺——磨光学镜片为生,他能熟练地磨制望远镜、眼镜和显微镜的镜片。小说中,辛格刻意安排菲谢尔森博士,这个连这一谋生手段都没有,全靠一个学术团体微薄的资助生活的斯宾诺莎信徒,在研究斯宾诺莎哲学之余,用望远镜遥望天空。

对斯宾诺莎的崇拜,不仅仅止于生活上的刻意模仿,更重要的是要用斯宾诺莎的理论指导他的一言一行,解释他的喜怒哀乐,甚至看待世界万物的视角。

比如夏天热得受不了,当他把头探到窗外凉快的晚风里时,他会喃喃自语:"'真是太幸福了。'这时候他就会想起来,斯宾诺莎说过,德性与幸福是同一性的,一个人最符合道德的行为就是沉浸于并不违背理性的快乐中。"(p. 6)

这里,菲谢尔森博士引用的是《伦理学》第五部分《论理智的力量或人的自由》中的命题四十二,原文是:"幸福并非德性的报酬,而是德性自身;并不是因为克制情欲,我们才享有幸福。相反,因为我们享有幸福,所以我们就能够克制情欲。"[②]

当他感到自己的胃病一天比一天厉害,菲谢尔森博士这样思考死亡:"首先,他已经不年轻了。再者说,《伦理学》的第四部分也写着:'自由的人绝少想到死;他的智慧,不是对死的默念,而是对生的沉思。'第三,书上还写着:'人的心灵不能完全随身体之消灭而消灭,它的某种永恒的东西依然保留着。'"(p. 5)这里,菲谢尔森博士引用的斯宾诺莎语录分别出自《伦理学》第四部分的命题六十七和第五部分的命题第二十三。[③] 在这里,斯宾诺莎的语录成为了菲谢尔森博士治疗疾病的灵丹妙药。

---

① 参见洪汉鼎:《斯宾诺莎哲学研究》,第48页。

② 斯宾诺莎:《伦理学》,贺麟译,商务印书馆1983年版,第266页。

③ 参见斯宾诺莎:《伦理学》,第222、254页。

菲谢尔森对自己毕生偶像的刻意模仿，对斯宾诺莎式的完美心灵的追求，他企图将《伦理学》的命题与自己单调、贫困的生活整合在一起的努力，他用斯宾诺莎理论来应对现实生活时的困苦、无奈，生动地再现了一个亦步亦趋、食古不化的"市场街的斯宾诺莎"。

(二)斯宾诺莎之镜下的世界

对斯宾诺莎的教条主义理解，使博士的生活陷入困境，为了逃避现实，他与各种社会关系断绝，把注意力投向空虚的太空，拒绝活生生的世俗生活。但是，他眼中的理性的天空，与楼下充满七情六欲的市场街，依然是来自他所理解的斯宾诺莎视角。

> 菲谢尔森博士站在最高的那级台阶上，靠着窗户向外看去，能看到两个世界。头顶是缀满繁星的天空……在他看来，它们既近又远，既是实体又非实体。
>
> 他意识到那无限的广延，照斯宾诺莎的说法，那是上帝的属性之一。菲谢尔森博士想到尽管自己是个弱小的微不足道的凡人，是那绝对无限的实体的一个变化形式，但他也是宇宙的一部分，和那些天体一样由同样的物质构成。从这个意义上说，他也是神性的一部分，不可能被毁灭。想到这里菲谢尔森博士倍感安慰。在这样的时刻，菲谢尔森博士便体会到"神的理性之爱"，按阿姆斯特丹那位哲学家[①]的话说，那是心灵的最高完满。(p. 6)

这两段引文里，引用了好几个斯宾诺莎的哲学概念。"实体"，亦即"神"/"自然"/"上帝"，是斯宾诺莎哲学的核心概念。斯宾诺莎称实体"是指存在于自身内并通过自身被认识的东西"，这样的实体就是神。"一切存在的东西都存在于神之中，没有神，任何东西既不可能存在，也不可能被设想。"[②]神就是自然，就是上帝。

这一部分还涉及斯宾诺莎对神(上帝)的属性的定义以及如何达到心灵的完美，见《伦理学》第二部分《论心灵的性质和起源》命题一"思想是神的一种属性"；命题二"广延是神的一个属性"。在《伦理学》第一部分《论神》中，斯宾诺莎认为，神/实体通过各种特殊状态即具体事物来体现自己的存在。实体的各种状态即"样式"或"形态"。作为样式/形态的个别事物只能存在于作为实体的整个自然之中，并以整个自然为其产生和存在的根源。一切事物都被一种逻辑必然性支配，发生的一切事情都是神不可思议的本性的体现。认识和把握了整个自然这一"永恒无限的东西"就达到了伦理学上的"至善"，亦即"心灵的最高完满"。

在这里，对《伦理学》烂熟于心的辛格，娴熟地把《伦理学》深奥的哲学术语糅

① 这里指斯宾诺莎。

② 斯宾诺莎：《伦理学》，第一部分，第9页。

进了幽默风趣的小说中,也使一个食古不化、思维僵硬的哲学家形象跃然纸上,令人忍俊不禁。

只有在遥望天空太久,脖子变酸之后,戴着"斯宾诺莎之镜"的菲谢尔森博士才会低头看看另一个世界——"熙熙攘攘的市场街",这个世界与头顶上的那个安静的、井然有序的理性世界截然相反:

> 那些小偷啊,妓女啊,赌徒啊,还有倒卖赃物的家伙们都在广场游荡。从上面看下去,那广场就像个洒满罂粟籽的椒盐脆饼。年轻男人们在粗鲁地大笑,女孩子尖叫着。(p.7)

菲谢尔森博士居高临下地俯视着楼下的芸芸众生,因为:

> 他知道这群乌合之众的行为与理性截然对立。这些人深陷激情的虚无中,醉心于情感。按照斯宾诺莎的说法,情感绝不是什么好东西。他们寻欢作乐,却以疾病、入狱收场,饱受无知愚昧带来的羞辱和痛苦。(p.9)

这里,博士参照的斯宾诺莎理论,源于《伦理学》第四部分《论人的奴役或情感的力量》:"我把人在控制或者克制情感上的软弱无力称为'奴役'。因为一个人为情感所支配,行为就没有了自主之权,而受命运的宰割。"(不过,博士这里所理解的"斯宾诺莎的说法"似乎有些武断,下文我们将指出博士抑或辛格混淆了斯宾诺莎对主动与被动情感的区分)无法融入这个世界的博士将它视为"理性"世界的对立面,鄙视、疏远它,通过这种鄙视与疏离,为自己贫困、孤独无助的生活找到一份安慰。

(三)理性的生活与非理性的病态

但是试图远离"非理性"的现实世界的博士,无法逃离现实世界带来的灾难。彻底的理性,压制欲望、恐惧等情感,却使博士在梦中、幻想中的非理性更加剧烈,甚至以疾病的形式折射。

一战爆发,他一直没有收到柏林一个犹太团体每三个月一次的汇款,这是他唯一的生活来源。博士害怕极了,可是,转而一想,他不应该害怕,发愁。因为"菲谢尔森博士知道凡事都有原因。一切都是预定的,一切都是必要的,一个理性的人是不该烦恼的"(p.12)。这里辛格巧妙地糅进了《伦理学》的第一部分《论神》,斯宾诺莎认为一切事物都被一种逻辑必然性支配,发生的一切事情都是神不可思议的本性的体现。"一切事物都受神的本性的必然性所决定而以一定方式存在和动作。"①想到斯宾诺莎的教导,菲谢尔森博士决定"一个理性的人是不该烦恼的"。

① 斯宾诺莎:《伦理学》,第29页。

可是,这一次,斯宾诺莎的理性思维的药方好像不管用,“烦恼还是侵入了他的大脑,像苍蝇一样飞来飞去。他想到,如果最糟糕的情况发生,他就自杀。可他马上想起来斯宾诺莎并不赞成自杀,称那些自杀的人是疯子”(p. 12)。这里菲谢尔森博士引用的是《伦理学》第四部分《论人的奴役或情感的力量》:“凡自杀的人都是心灵薄弱的人,都是完全为违反他们的本性的外界原因所征服的人。”(p. 184)一辈子以斯宾诺莎为楷模,自诩为这个世上唯一真正理解斯宾诺莎哲学的菲谢尔森博士,只好立刻扼杀了这个想要通过自杀来解决问题的念头。

由于与犹太社区的疏远,他与市场街上所有的犹太人都没有来往,甚至在整个华沙都找不到一个朋友。既找不到办法,又控制不住发愁,甚至绝望得想到自杀,却又因为斯宾诺莎的教导连自杀这条路都走不通的博士,在绝望与恐惧中转入疾病幻想和持续不断的恶梦中。

他开始出现幻象,不停地做恶梦。这些怪诞、离奇、可怕的幻觉、梦境自然与斯宾诺莎的理性相悖。博士又得想办法对这些现象作理性的解释,以符合斯宾诺莎的思想。“他想思考一下这个离奇的梦境,努力找出与正在发生的事件之间的理性关联,以便从斯宾诺莎‘永恒的形式’(sub specie eternitatis)[①]去领会它。”(p. 14)可是这“永恒的形式”帮不了他的忙,“他还是理不出头绪来”。“菲谢尔森博士一阵阵作呕。他的胃部疼痛,肠子像是要翻出来似的。”“我要死了,”他想着,“就要结束了。”(p. 13)但就如同折磨了他几年的胃病一样,这不过是他自己恐惧的产物。他并未真正病倒。医生说,“这不过是你的神经质罢了”(p. 5)。就像有的人因为害怕袭击而出现换气过度或反胃一样,菲谢尔森博士一方面以自己的理性而骄傲,但却无法用斯宾诺莎的理性来解决问题,结果是非理性地臆想出自己的病症来。他的疾病给了他完不成《伦理学》评注的借口,“他的抽屉里装满了笔记和草稿,不过看样子他永远也不可能完成他的大作。”他追随《伦理学》倡导的理性而远离了世俗社会的激情,自己却深陷在对理性主义的“激情”中无法理性地完成自己的研究。

而这一切斯宾诺莎理性的病态,居然因菲谢尔森博士瞧不起的世俗的激情而治愈。一个市场街上嫁不出去的、又老又丑的姑娘——黑黛比进入菲谢尔森的生活后,人间的温暖、世俗的乐趣和性爱的激情,竟使菲谢尔森那道用斯宾诺莎哲学竖起的与世隔绝的高墙轰然倒塌。新婚之夜,他“亲吻黛比,对她说情话”,成为一个不折不扣的俗人。而“那些早已忘却的克洛普斯托克、莱辛、歌德的诗句又回到嘴边”。原以为自己已病入膏肓、不久人世的博士身上沉睡的人性

① sub specie eternitatis,拉丁文,斯宾诺莎专用语。大意为:不参考任何短暂现实的普遍、永恒的真实。

力量被“世俗”唤醒。“那些压痛啊、胸痛啊都消失了。他拥抱着黛比,和她紧紧贴在一起,他又成了个年轻人了。”(p. 23)

菲谢尔森的这个突变,无疑为他迷恋斯宾诺莎哲学的过去打上了一个问号。

三、谁误读了斯宾诺莎

那么,是谁误读了斯宾诺莎?小说主人公菲谢尔森博士,还是小说家辛格?

我们可以说,博士对他人的批评,正好折射出他本人对斯宾诺莎的误读。研究《伦理学》三十年,却写不出一部评注。他追求“永恒形式下”的理性生活,却陷入非理性的恐惧;他将斯宾诺莎的理智作为“人心征服情感的力量”,理解成远离物质世界,不参与人类生活,结果差点被社会抛弃,孤独死去。

(一)哲学家斯宾诺莎与市场街的斯宾诺莎

熟悉斯宾诺莎理论的人们,会觉得是辛格抑或博士误读了斯宾诺莎。

菲谢尔森博士毕生研究斯宾诺莎《伦理学》,努力按照他所理解的斯宾诺莎的理性原则生活,最终导致他与社团的隔离,与时代分离。他没有向其他人讲授斯宾诺莎的教义,也不起身维护他所理解的社会,他退缩一隅。他不再读希伯来文杂志,因为他得出的结论是“就连那些所谓的精神领袖也放弃了理性,竭尽所能去迎合暴民”(p. 11)。虽然每隔一段时间,他还是要上图书馆去,浏览一番,可是他总是愤怒离开,因为他认为“他发现那些教授们根本读不懂斯宾诺莎,对他的引用错误百出,还将他们个人的糊涂观点塞给这个哲学家”(p. 11)。熟悉斯宾诺莎理论的读者也许会说,辛格是在通过菲谢尔森博士对他人的批评来显露博士自己的毛病。

大战来临,人心惶惶,食物匮乏,博士没有了生活费,走投无路,只能遥望星空,把自己视为宇宙、实体的一部分,感觉到永生;这样一来,“从那高处俯视人间,就是这场世界大战也不过是‘样式’[①]的一种短暂游戏罢了”。博士通过这种自欺欺人的方式麻痹自己,逃避即将到来的危险。但是,据记载斯宾诺莎曾在两国交战之际,亲临敌人的军营,劝其休战,虽然失败,他的入世精神却不是博士所能理解的。[②]

---

① 样式(modes)和前面的“实体”都是斯宾诺莎用语。斯宾诺莎把世界分为实体和样式,实体就是永恒不变的存在,其他一切不过是它的形式。

② 1673年,荷兰与法国交战,法军统帅久慕斯宾诺莎之名,召其入法国军营会晤。斯宾诺莎借机劝说两国休兵,盘桓数周未果,回去又被诬陷有叛国罪嫌疑,但斯宾诺莎问心无愧。称自己的愿望是“为共和国谋福利”。(参见洪汉鼎:《斯宾诺莎哲学研究》,人民出版社1993年版,第48页)

斯宾诺莎把“理智”作为“人心征服情感的力量”，并获得心灵的自由和幸福的切实途径，是建立在他的上帝观基础上的。他认为，只要了解了人作为自然的一部分是整个自然界的连续不断的因果链条的一环，为铁的必然性所支配，就能获得“关于情感的本性及情感和外界原因的关系的清晰、判然的观念”，人就“有力量依照理智的程序以整理或联系身体的感触”[①]，从而获得控制情感的力量，成为自由的人。“只要心灵理解一切事物都是必然的，那么它控制情感的力量便愈大，而感受情感（激情）的痛苦便愈少。”[②]总之，斯宾诺莎强调，人只要借助于理性，把握了作为整体的自然即神，就会不受情感的控制，便能获得真正的自由和幸福。据此，他把认识自然或神，理解自神的本性的必然性而出的一切行为看作是心灵的最高的德性，即“至善”。这也是他的“对神的理智的爱”。人达到了这种境界，就能从“永恒的形式”（sub specie aeternitatis）去认识世界，同时自己的心灵也得到了彻底的解放，成为永恒的心灵。在《市场街的斯宾诺莎》中则是辛格对斯宾诺莎这一思想的调侃。“他（菲谢尔森博士）想思考一下这个离奇的梦境，努力找出与正在发生的事件之间的理性关联，以便从斯宾诺莎‘永恒的形式’去领会它。”（p. 14）

然而，斯宾诺莎的理智作为“人心征服情感的力量”，并非远离社区、远离物质世界，不参与人类生活。他本人在被逐出犹太社区，又不接受基督教世界的帮助的情况下，还能通过磨制镜片为生（尽管他因此早早地患上肺病去世），并且参与世俗生活，而几百年后，他的这位亦步亦趋的追随者，菲谢尔森博士却只能用望远镜遥望天空，逃避窗下市场街的犹太社区现实生活。这个一辈子专研斯宾诺莎哲学的博士自己才是真正误读了这位哲学家的人。

当然，这也并不因此就证明斯宾诺莎用理性克制情感的伦理学说的正确性。事实上，有学者指出，不管是从论证的角度还是从有效性角度来看，斯宾诺莎的上述方法都是不完善甚至是有缺陷的。拿斯宾诺莎本人来说，可以想象，在他被开除出犹太教会并被驱逐出阿姆斯特丹的孤独贫穷的岁月里，内心深处两种灵魂之间的冲突、斗争一定非常激烈。从他最后的著作中可以看出，斯宾诺莎对摆脱情感而遵循“纯粹理智命令”的可行性逐渐有了一些保留。正如当代斯宾诺莎学者约翰·科廷汉所说：“很难说斯宾诺莎本人得到了多少他的伦理体系所设定的作为人类最大幸福的这种超然安宁。”[③]

不过，另一方面，熟悉斯宾诺莎理论的人们，也许又会觉得辛格借由对博士

---

① 参见斯宾诺莎：《伦理学》第五部分《论理智的力量或人的自由》。

② 斯宾诺莎：《伦理学》第五部分《论理智的力量或人的自由》，第 243 页。

③ 约翰·科廷汉：《理性主义者》，江怡译，辽宁教育出版社 1998 年版，第 24 页。

的嘲讽来否定斯宾诺莎的激情观,其实辛格本人也误读了斯宾诺莎。

(二)辛格对斯宾诺莎激情观的嘲讽或误读?

可以说菲谢尔森博士这个人物,就是对斯宾诺莎的激情观的一种讽刺,当然我们也可以说是辛格有意无意曲解斯宾诺莎激情观的产物。

辛格评论者多将这篇小说的主题定为:"对斯宾诺莎否定一切情感的理性主义的嘲弄",如美国学者爱德华·亚历山大说:"斯宾诺莎主义者远离激情(也包括爱情和战争)的理想受到了生活的嘲弄。"[①]还有学者认为,斯宾诺莎被辛格"象征性地用来揭示……启蒙与传统之间或斯宾诺莎主义者的唯理智论与哈西德情感之间的紧张关系"[②]。"当启蒙运动颂扬理性的人,减弱甚至忽视人类天性中的非理性成分,辛格却努力表明人类并非仅靠理性生活。"[③]

的确辛格多次批评斯宾诺莎否定一切激情的观点。他说:"人不应该轻视任何情感。哲学家都轻视情感,尤其是斯宾诺莎,他认为人的一切情感都是罪恶。我却自信我们头脑里闪现的念头,不管多么微不足道,多么愚蠢,或者多么可怕,都具有一些价值。换句话说,抽掉人的各种情感,这个人不管他的思维多么合乎逻辑,也不过是个生活呆板单调的木头人。"[④]

这段话可以说是对上述观点的最好注解。不过,斯宾诺莎有关情感的论述的确给了辛格的创作以莫大的启示。"我记得斯宾诺莎说过一句话,大意是一切都可能成为激情。我早已决定做一个人类激情的记叙者而不只讲述平谈的生活。"[⑤]这句话后来成为他 1975 年一本短篇小说集的标题故事《激情及其他故事》中的经典台词:"一切都可能成为激情。"

瑞典学院拉思·吉兰斯坦教授在给辛格的诺贝尔奖《授奖辞》中也提到辛格小说中随处可见的激情主题:"激情可以有万千种类型——通常是性,但也有疯狂的渴望和梦幻,虚幻的恐惧,欲望或权力的诱惑和悲苦的噩梦。甚至连厌倦也能成为一种动荡不定的情感……这些奇特的故事中,妖魔鬼怪和幽灵,以及各种

---

① Edward Alexander, *Isaac Bashevis Singer: A Study of the Short Fiction*, Boston: Mass., Twayne Pub., 1990, p. 56.

② Samuel I. Mintz, "Spinoza and Spinozism in Singer's Shorter Fiction," Irving Malin (ed.), *Critical Views of Isaac Bashevis Singer*, New York: New York University Press, 1969.

③ Nili Wachtel, "Freedom and Slavery in the Fiction of Isaac Bashevis Singer," *Judaism*, Vol. 26, No. 2, Spring, 1977, p. 176.

④ 转引自梅绍武:《1978 年诺贝尔奖金获得者艾萨克·辛格》,《读书》1979 年 1 期。

⑤ I. B. Singer, *A Young Man in Search of Love*, trans. by Joseph Singer, Garden City, NY: Doubleday, 1978, p. 11.

来源于犹太大众信仰宝库或他自己想象的地狱或超自然的力量,成了激情或癫狂的化身。"[1]

事实上,他的作品人物大多数是被激情纠缠而难以自拔甚至走向毁灭的人物。他曾回忆 20 世纪初波兰华沙的意第绪语作家俱乐部,"这儿几乎所有的人都有某种激情而且被激情所蒙蔽。……共产主义者们不耐烦地等待社会革命的开始,这样他们就可以向所有的资产阶级、犹太复国主义者、社会主义者、小资产阶级、流氓无产者、牧师,尤其是那些拒绝给他们发表文章的编辑们报仇。几个女成员则相信他们是男尊女卑的牺牲品"[2]。在他的小说里,除了上述被激情所蒙蔽的年青作家们、革命者,还有很多被各种各样激情所控制的犹太人。有痴迷于禁食,并将其推到极致把"从上个安息日禁食到下个安息日"变成了一种养生法的哈西德派拉比(《激情》)[3];有因"痴迷服饰",终身不嫁,甚至为了死后能穿着盛装下葬而不惜改信基督教的女人(《痴迷服饰的女人》)[4]……这些被激情困扰的男女可以说又是对斯宾诺莎否定情感的最好注解。

但问题是,斯宾诺莎真的如辛格理解的那样否定一切情感吗?

斯宾诺莎认为人容易被激情所奴役,但并不反对一切激情。他认为情感可以分为主动的情感(actio /action)和被动的情感(passio /passion,或译"激情,炽情"[5])。在《伦理学》中,斯宾诺莎指出:"人必然常常受制于被动的情感。"假如"一个人为情感所支配,行为便没有自主之权,而受命运的宰割。在命运的控制之下,有时他虽明知什么对他是善,但往往被迫而偏去作恶事"(第 166 页)。可见,斯宾诺莎这里所谓的情感指的是"被动的情感",而非一切人间情感。辛格有意无意间抹杀了斯宾诺莎对主动、被动情感的区分,多次声称斯宾诺莎反对一切情感。[6] 也许正因为如此,才使得辛格塑造出了这么一个一切依照理性生活却陷入了非理性幻觉的迂腐可笑的博士来。

对菲谢尔森博士而言,无论是毁灭的幻像还是斯宾诺莎式和谐的幻觉都具有根本的反讽意义的:他时不时会爬上阁楼的窗台,眺望窗外,感觉自己是宇宙

---

① Isaac Bashevis Singer, *Nobel Lecture*, New York: Farrar, Straus & Giroux, 1979. 译文参考了段传勇译《受奖演说》,《魔术师 · 原野王》,漓江出版社 1992 年版,第 482 页。

② I. B. Singer, *A Young Man in Search of Love*, pp. 11-15.

③ Isaac Bashevis Singer, *Passions and Other Stories*, trans. by Blanche Nevel, Joseph Nevel, and others, New York: Farrar, Straus & Giroux, 1975.

④ Isaac Bashevis Singer, *A Friend of Kafka and Other Stories*, trans. by Elizabeth Shub, and others, New York: Farrar, Straus & Giroux, 1970.

⑤ 被动的情感(passions),中国学者有"情绪""激情""炽情"等译法,辛格有一本以 *Passions*(《激情》)为名的短篇小说集,本文沿用"激情"这一译法。参见《伦理学》,第 98～105 页。

⑥ 辛格在美国的演讲中也曾遭到斯宾诺莎研究者的批判。

的一部分,因此也是神圣、永恒的一部分。"在这样的时刻,菲谢尔森博士便体会到'神的理性之爱',按阿姆斯特丹那位哲学家的话说,那是心灵的最高完满。"(p. 6)然而,这句话,这幅图,尤其是菲谢尔森博士的孤独寂寞却突出了这一意象的浅薄和这种和谐的虚幻。在辛格的笔下,菲谢尔森对斯宾诺莎式的完美心灵的追求,他企图将《伦理学》的命题与自己单调、窘迫的生活整合在一起的努力,他对滑入"片刻的欢愉"的讥讽,他用斯宾诺莎理论来应对现实生活时的无奈,都表现为对斯宾诺莎哲学的动人的挽歌。

(三)对斯宾诺莎上帝观的嘲讽

斯宾诺莎的理论的确有巨大缺陷,这是辛格十分清楚的。

辛格回忆说,幼年时常听父母兄长争论时,提到斯宾诺莎。"哥哥约书亚提到哲学家巴鲁赫·斯宾诺莎,他认为上帝即自然,自然就是上帝。……自然法则就是上帝的法则。"[①]辛格10岁时首次接触柏拉图、亚里士多德和叔本华、康德、休谟等众多的哲学家,他对斯宾诺莎的理论情有独钟。辛格曾坦言:他最初接触斯宾诺莎时"完完全全给迷住了,而且此后好多年都受到他的影响"。虽然成年后的辛格声称"深知斯宾诺莎主义的所有缺陷与毛病"[②],他依然在他的作品里反复提及斯宾诺莎关于上帝、激情的理论,时而引用,时而抨击,时而嘲讽。其中,涉及最多的就是斯宾诺莎的上帝观。

从斯宾诺莎哲学体系的确立及其上帝观的成分来看,他的哲学思想与犹太文化有着十分紧密的血缘关系。尤其是喀巴拉神秘主义关于世界即上帝、上帝即世界的泛神论思想对他的上帝观有重大影响。如斯宾诺莎认为上帝(God)、自然(Nature)和实体(Substance)这三个概念并非表述三个不同的东西,而是表达了同一个最高的存在,即世界的本体。辛格反复申明自己对斯宾诺莎的痴迷就在于他们二人共同的文化基因:喀巴拉神秘主义中的泛神论因素。

但辛格与斯宾诺莎的上帝观有一个重大区别。斯宾诺莎把上帝(或曰神、自然)定义为没有意志、没有感情的自然法则,上帝就是自然界及其必然规律。上帝的力量就是自然法则,上帝的表现就是自然的统一秩序。这样的一个上帝,一方面和喀巴拉神秘主义中上帝充盈于一切事物的泛神论思想相似;另一方面,斯宾诺莎的上帝对世界一切善恶无动于衷,没有任何情感、意志,没有人格,也就是没有喀巴拉神秘主义上帝观中具有同情和仁慈的人格神的属性。这是辛格无法接受的。但面对残酷的现实,辛格也时常在感到看不出上帝的仁慈时,时不时短暂地认同斯宾诺莎。但辛格的潜意识里,始终怀有见到上帝的仁慈与同情的愿

① Isaac Bashevis Singer, *Love and Exile*, p. xxiii.

② 艾·巴·辛格:《在父亲的法庭上》,傅晓微译,第280~281页。

望,因而始终对斯宾诺莎的上帝观心怀抵触。

接受理查·伯金采访时,辛格强调了与斯宾诺莎上帝观的异同:

我倾向于相信上帝和世界是同一的。上帝就是一切:一切精神、事物、现在、过去、未来,正如斯宾诺莎所构想的那样。不过,按斯宾诺莎的说法,实体及其无限的属性,没有意志,也没有目的。我不相信斯宾诺莎的这一部分。我认为我们同样可以把意志、设计和目的归于实体。按斯宾诺莎的说法,上帝有两种我们已知的属性——广延(extension)和思维(thought)。我认为还可将更多的属性归于上帝——甚至仁慈——尽管我们也许看不到这点。这里是定义与逻辑终止、信仰开始的地方。泛神论不是几何学。没有了信仰,泛神论便化作了虚无。[①]

辛格在哈西德上帝和斯宾诺莎上帝之间徘徊的时候,发现"斯宾诺莎的《伦理学》是冷酷的、纯粹的逻辑。但在这冰冷的逻辑下面显然潜伏着一个对公义、真理具有强烈感情的心灵。斯宾诺莎在一个缺乏意志和情感,只有伟大权力和永恒法则的上帝中找到了安慰"。而喀巴拉神秘主义者"纳赫曼拉比则在一个充满仁爱的上帝中找到了安慰,尽管我们凡人无法理解他的仁慈"。辛格看不到上帝的仁慈,却始终对上帝的仁慈怀有希望。最终,他"在纳赫曼拉比的上帝和斯宾诺莎的上帝中都找不到安慰"[②]。这就使得辛格的上帝观始终在喀巴拉和斯宾诺莎之间摇摆不定,对两种上帝观都有所肯定,又有所保留。

这一矛盾态度使得《市》的主题格外模糊。

斯宾诺莎的这一上帝观通过菲谢尔森博士严格的字面理解后的阐发,产生了喜剧效果,也折射出辛格对斯宾诺莎上帝观的怀疑与嘲讽。

辛格显然故意把故事的背景安排在 1914 年夏天,第一次世界大战前夕,以增强讽刺的效果。菲谢尔森博士出门买食物时首次听说了即将来临的战争,了解到"在塞尔维亚的某个地方,一位奥地利亲王被枪杀了,奥地利人向塞尔维亚人发出了最后通牒"(p. 12)。这指的是据称引起第一次世界大战的那个事件。他病重在床时,黑黛比告诉他德国人即将进入波兰的消息。战争给博士带来的直接后果是:他唯一的生活来源,柏林一个犹太团体资助他的那笔微薄的津贴收不到了。食品短缺,商店关门,被征兵入伍的犹太人后面跟着他们哭哭啼啼的妻子。既无生活来源,又重病在身的博士除了仰望天空,思索斯宾诺莎的神/实体

① Richard Burgin, *Conversations with Isaac Bashevis Singer*, New York: Farrar, Straus & Giroux, 1986, p. 103. 参见《伦理学》第二部分,斯宾诺莎对神的属性的定义,命题一,"思想是神的一种属性;"命题二,"广延是神的一个属性"。

② Isaac Bashevis Singer, *Love and Exile*, p. 57.

及其“不可避免的命运”外，别无它法。他也十分清楚，这件事在那无垠的天空是不会引起任何注意的，“从那高处俯视人间，就是这场世界大战也不过是‘样式’(modes)的一种短暂游戏罢了”(p. 23)。

菲谢尔森博士从斯宾诺莎那里获得的是对秩序的不太强烈的信仰，对一个既否定个体又否定社会的宇宙和谐(这个宇宙秩序甚至不受世界大战的影响)的空洞接受。他的这一哲学成见使他只能从一个理性的远距离的视角思考这场战争，并把自己置于永恒的上帝之一部分，以此求得短暂的自我解脱。“是啊，那神圣的实体在延伸，无始无终；它是绝对的，不可分割的，永恒的，没有间隙，具有无限的属性。它在宇宙的大锅里舞蹈，波浪翻滚，泡沫四溢，变化翻腾，却是循着因果的永不断裂的链条。而他，菲谢尔森博士，命里注定也是这宇宙的一部分。”(p. 23)

结论：谁是愚人?

小说结尾并未给读者一个“最后的答案”，让故事悬而未决。

菲谢尔森虚弱得在婚礼上连高脚杯都踢不碎，他觉得自己连婚姻仪式都无法完成。但黑黛比的肉体的意志打败了斯宾诺莎的理性。新婚之夜，博士没想到，自己竟然被理智无法点燃的那部分宇宙给拯救了。尽管菲谢尔森博士的斯宾诺莎主义拒斥超自然的东西，但真正不可思议的奇迹还是在他们俩身上发生了。当他们激情相拥时，他不仅与她、与他的族群结合在一起(过去博士与市场街的犹太人没有任何来往，但婚礼上，整条街的人都来祝贺，对他说“现在我们是兄弟啦”)，也与他的青春和早年的梦想结合在了一起。早已忘记的浪漫诗句变得清晰起来，她回应他以神秘的俚语(东欧犹太人所说的意第绪语土话)情话。他奇迹般地变得完整起来，健康而有活力。他进入了梦乡——“像年轻男人那样沉沉睡去”。

博士半夜起来，凝视天体，思想着：“那神圣的实体在延伸，无始无终；它是绝对的，不可分割的，永恒的，没有间隙，具有无限的属性。”他将自己看成一环紧扣一环的因果锁链上的一个组成部分。然而，他却“发抖了”，不敢确定，新婚之夜焕发的激情不仅治好了他的胃病，还让他恢复了青春，完成了人伦，平庸的、肉体的、世俗的情欲力量，轻轻松松打败了三十年来博士一直努力坚守的聪明人的理性生活方式。

故事的结尾，幸福而又惶恐不安的博士，向着自己一生的偶像喃喃地祈求道：“神圣的斯宾诺莎啊，宽恕我吧。我变成一个愚人啦。”这里，博士显然对照《伦理学》第五部分：“聪明人是如何强而有力，是如何远远超过单纯被情欲驱使

的愚人”(第 267 页),觉得自己最终还是变成“愚人”了。

澳大利亚斯宾诺莎学者吉利夫指出,小说结尾的这句话“既像是讽刺,也像是双关,也可视之为符合《伦理学》精神的”[①]。我们究竟应该把菲谢尔森博士堕入“片刻的欢愉”看成他请求斯宾诺莎宽恕的蠢事呢?还是认为他在请求斯宾诺莎宽恕他过去从“高处看下来”把“滑入片刻的欢愉”视为错误的幻觉(即发现自己过去其实误读了斯宾诺莎)?我们可以把这篇小说解读为:讥讽那个完全按照斯宾诺莎的哲学生活的“愚人”,也可以看成是对这一哲学的更丰富的理解。

辛格认为文学的功能首先是娱乐。《市场街的斯宾诺莎》是一个简单的脍炙人口的故事。一个食古不化的老学究与一个丑陋的老处女之间的世俗爱情轻松击败了大哲学家的理论。不了解斯宾诺莎《伦理学》和辛格哲学观的读者一样可以品出作品这层诙谐、幽默的含义来。而熟悉斯宾诺莎和辛格哲学观的读者若能读出其“言外之意”,双关意蕴,会不会像亨利·米勒那样感到“迷狂”呢?[②]

---

① Lloyd Genvieve, *Spinoza and the Ethics*, London: Routledge, 1996, p. 60.

② 美国作家亨利·米勒(Henry Miller)曾说,辛格是个“能让那些听得见潜伏的旋律,能读出言外之意的读者感到迷狂的作家”。Paul Kresh, *The Magician of West 86th Street*, New York: the Dial Press, 1979, p. 335.

以色列基布兹中的共产主义哲学体系[*]

李　勇[**]

以色列的基布兹(Kibbutz)是指其社会主义社区,第一个基布兹已有100多年的历史。作为以色列社会主义社区理论基础的共产主义哲学自成为一个完整的体系。总的来说,社区以"集体主义体验"为其实践基础,同时以"平等与协作""相互责任""劳动""共有""团结一致""民主"等六大核心概念组成一个动态的、完整的体系来维系社区的运转;而曾经作为其意识形态存在的三种马克思主义理论更是马克思主义在以色列本土化的产物,并且至今依然或多或少地存留在社区之中。但是,20世纪末,这种体系在基布兹的发展中遭遇了严峻的挑战。新世纪的基布兹如果想蓬勃发展,其唯一的出路就是对这种理论基础进行改革。

以色列的基布兹实行生产资料共有、集体劳动、按需分配等社会主义原则,又被称为以色列的"社会主义社区"。"基布兹"这个名称首先来自于犹太教①,但它却是一个崭新的开始,是对传统犹太社会与生活的一种扬弃与超越②。以

* 本文系国家社科基金青年项目"文化唯物主义的现代性批判思想研究"(编号:13CZX020)中期成果。

** 李勇,哲学博士,山西大学马克思主义哲学研究所副教授。

① 以色列社会主义社区的名称最初比较混乱:有的基布兹叫"kvutza";比"kvutza"更大一些的群体则叫"chavura";有一些群体也叫"Corps";还有"kvutzot""Gdudim""Plugot"等。其中,有一个叫"Bratzlaver Chassidim"的团体每年在"Rosh Hashana"(犹太新年)的时候都会聚集起来祷告,学习他们的拉比Nachman的著作,这位拉比本身是一位非常忠诚与公正之人;第一次世界大战之前,他们在乌克兰的一个叫Uman的小镇上集会,后来这个团体的人则到耶路撒冷及世界各地集会;这个在新年相聚在的一起的"Bratzlaver Chassidim"团体后来被人称为"Kibbutz"(基布兹);慢慢地,"基布兹"这个名字被所有以色列境内的社会主义社区所接受。参见Yehuda Ya'ari, "How Kibbutz Got It's Name," in Divid Leichman and Idit Paz (eds.), *Kibbutz: An Alternative Lifestyle*, Ramat Efal: Yad Tabenkin, 1997. p. 26.

② Shalom Lilker, "Martin Buber and the Kibbutz," in Divid Leichman and Idit Paz (eds.), *Kibbutz: An Alternative Lifestyle*, Ramat Efal: Yad Tabenkin, 1997, p. 76.

色列的基布兹在国际风云变幻的 20 世纪毅然挺立在中东地区，直至今日依然表现出强大的生命力。早在以色列建国之前，它就为以色列国的顺利建成立下汗马功劳；以色列建国后，它又在以色列国的迅速腾飞史上功勋显赫。[①] 一直以来，国际学者们对以色列的基布兹思想赞赏有加，认为“以色列的基布兹是世界上建设乌托邦式的共产主义社区最为成功的尝试”[②]。60 多年前，对话哲学大师马丁·布伯(Martin Buber)就曾断言以色列的基布兹是选择共产主义生活的最为有效的一项经历，也是一项成功的经验。[③] 这种社会主义社区之所以能在以色列国取得如此重大的成就，与其实行的管理制度、成员的受教育水平以及以色列政府的支持等因素息息相关；但作为其理论基础的共产主义哲学却是使基布兹成其为社会主义社区的内在因素，它自成一体，形成了完整的理论体系。

一、作为实践基础的集体主义体验

在以色列的基布兹理论中，“集体主义体验”是指一种对集体共产生活的经历、领悟与向往。无论是对社区的产生还是对个体融入而言，集体主义体验都具有基础性的地位；换言之，集体主义体验是以色列基布兹的实践基础。没有这种集体主义体验，社区便丧失了实践前提；没有这种集体主义体验，个人也无法融入基布兹的实践生产生活。

首先，基布兹理论认为，对集体主义生活的向往与热衷来自于人的天性，是人性的一部分，这样以色列基布兹的建立便有了其合法性与合理性。在基布兹

---

① 以色列第一个基布兹叫“Degania”，建立于 1910～1911 年，至今还在运行。目前，以色列境内大约有 270 个基布兹，其人口规模大多在 300～800 人，总人口约为 12.4 万，约为以色列总人口的1.62%。其中，从事工业生产的人最多，约占基布兹总人口的 26.5%，工业出口总值占全以色列工业出口的 9%；基布兹所生产经营的行业包括农业、工业、手工制造业、珠宝业、教育行业、电子行业等等。在这些基布兹中，社区成员共同劳动，实行财产、生产资料公有，按需分配。它们供应全以色列 98.8%的鱼类，51.3%牛奶，40.7%的牛肉，43.6%的农产品。同时，基布兹也为以色列国培育了 4 位总理，1948～1977 年的执政党以色列工党的 1/3 的内阁成员也都来自基布兹。具体数据可参见：Divid Leichman and Idit Paz (eds.), *Kibbutz: An Alternative Lifestyle*, Ramat Efal: Yad Tabenkin, 1997, pp. 256-260; Stanley Maron, *Kibbutz in Market Society*, Ramat Efal: Yad Tabenkin, 1993, pp. 88-99.

② A. I. Rabin and Benjamin Beit-Hallahmi, *Twenty Years Later: Kibbutz Children Grow Up*, NY: Springer Publishing Company, 1982, p. 6. 同样持这种观点的还有 Blasi 与 Henry Near，具体参见 Joseph Blasi, *The Communal Experience of the Kibbutz*, New Brunswick: Transaction Books, 1986, p. 7; Henry Near, *The Kibbutz Movement: A History: Crisis and Achievement*, 1939-1995, Vol. II, NY: Oxford University Press, 1997.

③ Martin Buber, *Paths in Utopia*, trans. R. F. C. Hull, London: Routledge & Kegan Paul, 1949, p. 139.

创立之初,基布兹理论家们经常会遇到的问题是:为什么人们会愿意加入一种集体主义公社式的生活?为什么一旦加入,即使是遇到了实际的困难与艰辛,他们也不愿意离开这种紧密联系的集体?为什么即使离开了,他们穷其一生都会对这种生活和经历念念不忘?

对这些问题的回答无疑是很复杂的。基布兹理论家们认为对这样一种稳定而紧密的集体主义生活的向往来自人的自然天性,是"普遍团结的天性,我们这种生活的身份充斥着我们的整个生命,它是一种将所有存在秩序固定在某一特殊轨道的向心力……这种激情足以使我们自己丢掉我们本身,也可以放弃所有的个人,它是团结的最伟大律法之表达……"①。正是在这种追求与爱的驱动下,以色列最早一代基布兹人回到了巴勒斯坦地区,建立了他们理想中的社会主义社区。早期的基布兹无处不体现着这种激情,在那里甚至出现了类似于此的半神话的迷恋。据一位20世纪20年代的社会主义社区成员的描述,"一直以来,我们都有一种共同的渴望,即想要一起坐到夜深,洞悉我们共产生活的最深处。灵魂抚摸着灵魂。我们渴望着集体融汇成一条灵魂的河流,它支流的涌现也能变成鲜艳的、有力的友谊与博爱之湍"②。无可否认,正是这些紧密的集体主义生活的经历成为了他们日后人生价值观与行为的基石③;正是这种出于天性的对集体主义生活的向往与追求,成为了以色列社会主义社区得以产生的一个普遍前提;正如以色列国的第一位总理本·古里安④所说:集体社区不仅仅是一种最高人类原则……它也是一个普遍性的宇宙原则。在基布兹理论那里,集体主义体验并不是特定文化传统的流露,而是从人类行为与交往中迸发出来的一种现象;这种现象也出现在共同工作、唱歌、舞蹈或历险之后的团体中,表现为成员之间"灵魂交融式"的讨论。人类历史表明,当人们一起战斗或参加某种运动之后,这种集体主义现象出现的可能性很大,参与者对集体主义生活的欲望越强。⑤

基于这种人类普遍情感而来的以色列社会主义社区,各种人类文化现象被捆绑在一起并得到同等的强调:它们都过犹太传统节日,也接受犹太传统中的每个星期五傍晚为安息日,包括各种当地或由成员从其他地区带来的文化节日与

---

① Edward Bellamy, *The Religion of Solidarity*, Yellow Spring, Ohio: Antioch Bookplate Co., 1940, pp. 24-31.

② Y. Likever, *The Table*, The Book of Ginegar, Ginegar, 1947, pp. 146-147.

③ Edward Bellamy, *The Religion of Solidarity*, Yellow Spring, Ohio: Antioch Bookplate Co., 1940, pp. 48.

④ 本·古利安(David Ben Gurion)是以色列的第一位总理,他本人来自一个叫Sdeh Boker的基布兹,他在就任总理前两年在这个基布兹工作。

⑤ Henry Near, *Where Community Happens*, Bern: Peter Lang AG, 2011, p. 7.

习惯。在整个社区中,人们能感觉到的是一种紧密的联系与交融。成员间基本的忠诚、信任与形式上的不信任构成了一个系统,日常生活的审理与错误就在这种模式中得以解决……圆桌晚餐与谈论在最初的基布兹中有着无上的权力,这种权力概念如同家庭的权力概念,14 或 12 个男女成员在晚饭前后交换意见与讨论成了解决问题的形式。[①] 当众表白与忏悔在许多基布兹中是一种司空见惯的事件形式……忠诚是首要的价值……这种以情感为基础而建立的社会最后得到一个很有趣的结果:慢慢地、逐渐地,情感的表达与宣泄成了一种习以为常的现象。

其次,基布兹要求每个社区成员都要有集体主义体验,这种体验是个人加入基布兹以及参与基布兹生活的基础。通常,社区吸纳新成员必须经过一段时间的考察和教育,当确定该新成员具备了这种集体主义体验与意识后方能吸纳为正式成员。"社区决定个体成员是否能适应集体生活;最初的基布兹成员需要经过长时间的小心翼翼的筛选。这种制度构成了所谓的基布兹张力:申请者被考察一年的时间,在此期间他适应基布兹的能力还不确定;一旦个体被基布兹接受,那么基布兹所有成员必须尊重他的情感与情绪;心理学也是基布兹意识形态的组成部分。"[②]

同时,为了加强与保有这种集体主义体验,社区教育的主要目的与方向便是集体主义经验教育。成员的教育从小开始,涉及社区生产生活的方方面面。社区教育的一个很重要的任务便是营造一种能保有或加强这种集体主义体验的条件。[③] 社区会从各方面加大对这种体验的投资,如反复的宣传、教育与主办各种能加强这种体验的活动。各种节日也非常重要,社区经常组织各种庆祝活动来加强这种集体主义体验,如载歌载舞等。

虽然说以色列现在的基布兹与早期的基布兹已经不一样了,一些最初的集体主义体验方式、教育等都发生了变化,但这些原初的品质与特点在今天依然起着重要的作用,并作为血液流淌在基布兹的体内,一直作为其实践基础而存在。总的来说,真实的"集体主义体验"是集体与作为集体中的个人存在的现实基础与条件。

---

① Muki Tsur, "The Intimate Kibbutz," Divid Leichman and Idit Paz (eds.), *Kibbutz: An Alternative Lifestyle*, Ramat Efal: Yad Tabenkin, 1997. p. 11.

② Muki Tsur, "The Intimate Kibbutz," Divid Leichman and Idit Paz (eds.), *Kibbutz: An Alternative Lifestyle*, Ramat Efal: Yad Tabenkin, 1997, p. 13

③ Henry Near, *Where Community Happens*, Bern: Peter Lang AG, 2011, p. 12.

二、基布兹存在的六大核心概念体系[①]

依靠集体主义体验为基础建立起来的基布兹的日常运行与管理建立在几大核心概念之上。根据基布兹理论家的思想以及基布兹与以色列国的政治首领的表述，其存在依靠六大核心概念体系，这六大核心概念体系相互关联，形成一个大的基布兹共产主义哲学体系。

(一)"平等"与"协作"是普遍基础

以色列的社会主义社区反对一切形式化的"机械式的平等"或"数字上的平等"。用本·古利安的话来说是"(基布兹里的)平等是根据每个人的需要给予，又根据每个人的能力索取"[②]。这种平等观的内核在于其"双向性"与"整体性"。"双向性"在于集体与个人、个人与个人间的"真正相遇"，相互关系与责任上的平等；而"整体性"则表现为个人与集体作为统一的"一"而存在，同时集体的"一"融入到个人中，个人的"一"也融入到集体之中。[③]

基布兹所倡导的这种平等观成了基布兹理论与意识形态中的最为核心的概念[④]，得到社区成员的普遍赞同和接受。在他们看来，自然界本无什么绝对的或机械的平等，要不然人为何有眼睛是黑的，又有眼睛是蓝的；有人头发是棕色的，又有头发是红色或黑色的；有人生得高，又有人生得矮；有人天生聪慧，又有人生而迟钝呢！所以社区中施行的财产公有、个人等同分配只是社区平等的表象，其

① 有学者从社会学角度进行考察，认为以色列基布兹实际得以运行，依靠的是七大原则或手段，并且认为这七大劳动原则来源于犹太青年运动的三大基本意识形态，是他们对当时所处环境的物质、法律、社会、经济、政治、安全等条件所作出的反应。它们分别是：(1)自愿原则：加入基布兹的劳动或离开都出自于一种自我意识选择。(2)财产共有原则：所有财产由社区组织统一管理，所有财产的法定拥有者是集体，而非个人，个人无财产拥有权。(3)强制劳作原则：每个人都必须参与体力劳动，尤其是农业生产劳动。(4)劳动独享原则：劳动只能由社区成员来完成，禁止社区外界人士参与社区劳动活动。(5)自我管理原则：社区的所有管理组织活动由社区成员自己完成。(6)直接民主原则：每个成员都参与的投票是社区的最高立法与执行权威。(7)公有制教育与孩子抚养原则：社区负担下一代的教育与抚养责任，而社区教育的一个责任在于培育下一代集体主义生活方式。这些原则大部分延续到了20世纪80年代中叶。随着80年代的经济与社会危机以及新技术革命的到来，这七大原则都得到相应的调整与修改。详情参见 Michael Harris, "The Kibbutz: Uncovering the Utopian Dimension," *Utopian Studies*, Vol. 10, No. 1 (1999), p. 122.

② 1960年，本·古利安在以色列第一个基布兹 Degania 成立50周年纪念会上发表了一段讲话；其中对基布兹的存在与发展的根本原则进行了界定。次年3月，这次讲话得到扩充整理后出版。参见 Israel Bitman (ed.), *Hakibbutz*, 1984, p. 14.

③ Shalom Lilker, "Martin Buber and the Kibbutz," Divid Leichman and Idit Paz (eds.), *Kibbutz: An Alternative Lifestyle*, Ramat Efal: Yad Tabenkin, 1997, pp. 76-78.

④ Shimon Shur, "The Evolution of the Idea of Equality in the Kibbutz Movement," *Hakibbutz* 9-10(1983/4), p. 162.

真正内涵在于“各尽所能，按需分配”，如此才能得到一种超越式的平等。正是以这种平等观为基础，社区才能确立其基本的工作与分配原则。

这种超验的平等必须在成员之间或成员与集体间的相互协作的过程之中完成。他们信仰一种“宇宙协作观”。这种理论认为：人是环境的一部分，环境也存在于人那里；人从环境中吸取养分，环境又将人吸收进去。所谓的环境包含着自然界与人类社会；环境中的人也不仅仅指特定时间段里的人，还包括那些对后世产生影响的前人，他们的存在于当下具有不证自明性，如人的自然属性存在于人之前一样；但是人却不是孤独的，人生活在一个充满表象、秘密、神奇的整全的世界之中，人要解开这些神秘，人要找出最好存在状态的解决之道；人天然地被抛于宇宙网络之中。

根据这一理论，“协作”在以色列的社会主义社区中便有了其“本体论”地位，它是人性与整个宇宙的定律。而依据这种理论建立的社区，也就有了其天然的合法性和向前发展的合理性。其次，最初基布兹建设的恶劣自然与现实环境也迫使基布兹的建立必须在“协作”的基础上，社区需要在经济与各种社会生活实现最大化的协作，才能在巴勒斯坦恶劣的自然环境以及仇视其存在的阿拉伯邻居中生存下来。

但是，理念必须接受现实的拷问。这种意义上的“平等”与最大化的“协作”是否能实现依然是个问题。尽管经过几代人的努力，但是在以色列的基布兹中，这种理想状态依然是一个严峻的考验。甚至有基布兹成员抱怨说“平等与最大化协作是一个很好的东西，却永远追求不到”[①]。无论这些理念在现实中能否完全实现，它们在社区存在的基础性地位却是毋庸置疑的。

（二）“相互责任”是纽带

成员间的“理想关系”一直以来都是基布兹建设的目标之一，它既由“平等”与“协作”这两个基础性的范畴来决定，反过来又能很好地促进社区的平等与协作。

基布兹理论认为成员间的理想关系应该是“心与心的关照”，是“你和我真正的相遇”[②]，是一种面对面的你我关怀。社区要直接为成员间“心与心”关系的建立提供可能性，为每一组可能的个体提供一种最大可能的对话关系，从而达到“心与心的关照”。这样“社区不再是松散的人组成的存在，而是相互连接为一的

① Daniel Gavron, *The Kibbutz: Awakening From Utopia*, Boston: Rowman & Littlefield Publishers, Inc., 2000, p. 183.

② Shalom Lilker, “Martin Buber and the Kibbutz,” Divid Leichman and Idit Paz (eds.), *Kibbutz: An Alternative Lifestyle*, Ramat Efal: Yad Tabenkin, 1997, p. 76.

存在……它成了从我到你的一个动态面对等关系"[①]。

在社区中,这种理想关系由"相互责任"作为纽带来完成。这种"相互责任"定义是指:作为整体的社区责任是每个成员的福利,我为人人,人人为我。[②] 从这种意义上讲,基布兹便达到了"福利最大化的状态"。集体将其成员的福利作为整全的责任揽到自己身上,最大化地实现个体福利,但作为交换条件的是其成员将丧失某些个人自由。[③] 但是,这种舍弃在社区成员那里似乎并不存在:"我从不相信基布兹生活会抹杀任何个性。直至今日,我依然坚信,我们必须要将社区唱诗班中不同的音调带入一种和……我坚持在社区生活,即使现在我与新加入的成员的亲密关系没有从前那么强了;但是我们住在社区中,任何时候有新成员加入,都没有过严重的冲突或类似的冲突发生,这恰恰证明了基布兹理念的胜利。在社区中,一个女人能照顾那些并非她朋友的孩子,这些画面很让人感动。另外,劳动与共同生活也为个人造就了以前未曾预料到的新的联系与情感;这里的人与人间的关系要比其他地方的来得纯洁得多。"[④]

(三)"劳动"链接你我

以色列基布兹的核心在某种意义上可以说就是各种协作的、创造性的劳动。"劳动"作为一个中心概念,包括各种形式的身体劳动。基布兹中公社式的生活并非共产主义的终点与目的,它只是为达到共同目的所做的努力,是一种最为有效的方式与手段。这种方式以共同的、协作性的劳动为基础。

在社区里,劳动并不仅仅为社区未来提供可持续性的物质条件,更重要的是它是一种共同价值的表述,"一个有共同信念的集体只能在集体劳动中才能真正存在"[⑤]。在基布兹中,劳动才是"生活的真实,所有的逻辑,所有的绝对公正,所有美好与崇高的东西;所有这些才能使每个人享有平等。为了创造而共同使用人力,这并非出于饥饿与奴役,乃是出于自由意志;它是人内心深处的呼唤,是一首灵魂之歌"[⑥]。"每日的各项劳动都是社区成员生活的中心,也是个人灵性的表达。我们将我们的灵魂投入到这些事情之中,就像作家与艺术家将他们的灵魂投在他们的作品中一样。我们没有别种生活,我们也不想要其他的生活。"[⑦]

---

① Martin Buber, *Between Man and Man*, London: Routledge and Kegan, 1947, p. 31.

② Henry Near, *Where Community Happens*, Bern: Peter Lang AG, 2011, p. 35.

③ Martin Buber, *Between Man and Man*, London: Routledge and Kegan, 1947, p. 36.

④ Joseph Bussel, "Letter to a Friend 1919", in Sefer Bussel (ed.), *Shalom Wurm*, Tel Aviv: Am Oved, 1960, p. 240.

⑤ Martin Buber, *Paths in Utopia*, trans. R. F. C. Hull. London: Routledge & Kegan Paul, 1949, p. 135.

⑥ Shlomo Lavi. "Four Years," *Mibifnim* 17 (1925), p. 336.

⑦ Shmuel Dayan, *Degania at Its Half Jubilee*, Tel Aviv: Stiebel, 1935, p. 100.

这样,劳动不仅被看做是一项社会必须行为,也被视为道德崇高的行为。它成了精神生活的一部分,也成了一种情感价值①,连接社区中的“你”和“我”,既是社区的一种理念,也是实现其他理念的手段。

(四)“共有”是个人走向集体的途径

“共有”(Communion)这个词首先出现在犹太青年运动②中。它被用以描述青年关系间那种多样的、甚至接近半神秘的共产主义品质与体验。基布兹的第一代成员发现他们也继承了这种体验与原则,于是这一概念便被继承了下来。③但是,这一概念的内涵被扩大了,不仅仅指一种品质与体验,更成为了个体成员能否很好地适应共产生活的标准。

集体是一个有机体。个人在有机体里面,对其他共产同志有一种强烈的一体情感,当然个人并没有失去其个人身份,但个体并非仅仅作为个体而存在了,而是作为整体的一部分而存在。同时,在这种“共有”的狂喜中,个体能立即感觉到自己主动地成为了集体的一部分。在此,整体要比组成它的个体伟大得多。在许多基布兹文献中,这种体验经常被冠以“爱”“集体主义体验”“链接”等名称出现。下面这一段话是对“共有”体验最为强烈的表述:“一直以来,我们都有一种共同的渴望,即想要一起坐到夜深,洞悉我们共产生活的最深处。灵魂抚摸着灵魂。我们渴望着集体融汇成一条灵魂的河流,它支流的涌现也能变成鲜艳的、有力的友谊与博爱之湍。”④在以色列基布兹的发展过程中,这种体验后来演变成了一种衡量个体与社区关系的标准,慢慢地成了成员集体生活的起始概念。

概括来说,这种“共有”品质或标准对基布兹整体的重要性怎么强调都不为过,因为它直接关乎到社区能否作为一个整体而存在;反过来,也直接决定个人能否成功地走向集体。

(五)“团结一致”使集体走向个人

从个人走向集体的关键在于“共有”;反过来,集体对个人的要求便是“团结一致”,它是对个人与集体关系的反向延续。

“团结一致”是成员关系最简洁与基础的表述,同时也为集体居于个体之上与集体严格限制个人表达与满足提供可能。“团结一致”概念在基布兹的后来发展中遭到了来自基布兹内外的众多批判。其中最具代表的是“集权主义民主”批

---

① Muki Tsur, “The Intimate Kibbutz,” in Divid Leichman and Idit Paz (eds.), *Kibbutz: An Alternative Lifestyle*, Ramat Efal: Yad Tabenkin, 1997, p. 12.

② 19世纪末20世纪初开展的犹太复国主义青年运动。

③ 李勇:《以色列的宗教社会主义运动研究》,《国外社会科学》2012年第1期。

④ Y. Likever, “The Table,” in *The Book of Ginegar*, Ginegar, 1947, pp. 146-147.

判。批判者认为集体对个人的这种要求使集体与个人、个人与个人平等原则摇摇欲坠,甚至威胁到了基布兹的平等理念基础。对话哲学大师马丁·布伯就认为这样的集体"不是将你我连接在一起,而是捆绑在一起"[①];在这样的集体中,"人的被孤立状态并没有得到克服,相反却被极度权利麻痹……个人归属集体也就直接放弃了个人决定与责任的权利"[②];集体与个人的关系将不再是"我们"与"我"的关系,而变成了"我们"与"他们"的关系。但在某些历史时期,"团结一致"的极端化也不会遭到社区成员的反对,因为它的运用会带来个人慰藉与社会效用。比如,在第二次世界大战前夕,基布兹领袖便喊出"我们今天必须摒弃个人主义那毫无价值可言的信念"这样的话语。

虽然"团结一致"遭到众多非议,但它至今依然存在于以色列的社会主义社区之中,它在所有基布兹中若隐若现。[③] 这一概念是基布兹历史的必然产物,它扎根于社区最深处,"因为我们团结力量以及我们集体主义的生活方式决定了我们必须继续奋斗;在那个年代,个体在那种艰难的环境中很难成功……我们将团体视为我们的家庭,并且渴望由此建立一种公正的生活方式。成员间的联系成了这种新的生活方式的基础……它并非从其他国家借鉴与复制而来。它是以色列的创造,扎根于我们的民族性与道德理念"[④]。可以说,没有"团结一致"就没有以色列基布兹的产生、发展以及对以色列社会政治、经济、文化的巨大影响。它象征着个人对集体自我牺牲与奉献的一种灵性状态;没有了这种灵性状态,所谓的传统意义上共产主义社区便不复存在;所谓的基布兹社区也只会沦为一种机器鸣叫的现代化工厂或农场。

(六)"民主"是对话的手段

以色列基布兹的民主也被称为"圆桌民主"。基布兹产生的初期,社区解决所有问题与贯彻民主都通过"圆桌会议"的方式来进行。后来,人们将这种民主称为"圆桌民主",它是社区最为重要的社会价值之一。

"成员间基本的忠诚、信任与形式上的不信任构成了一个系统,日常生活的审理与错误就在这种模式中得以解决……圆桌晚餐与谈论在最初的基布兹中有着无上的权力,这种权力概念如同家庭的权力概念,14 或 12 个男女成员在晚饭

---

① Martin Buber, *Between Man and Man*, London: Routledge and Kegan, 1947, p. 31.

② Martin Buber, *Between Man and Man*, London: Routledge and Kegan, 1947, pp. 201-202.

③ Henry Near, "The Actress's Wisdom and the Author's Beauty," *Shdemot* 63(1980), p. 102.

④ Joseph Baratz, "One of the Founding Fathers Recalls the Early Years of Deganya," Divid Leichman and Idit Paz (eds.), *Kibbutz: An Alternative Lifestyle*, Ramat Efal: Yad Tabenkin, 1997, pp. 16-17.

前后交换意见与讨论成了解决问题的形式。”[①]这种“圆桌会议”式的民主一直延续至今，成了解决社区问题与对话的核心手段，并且这种基于理性的公开讨论式的民主被视为社区的天生构成要素。每个成员都有机会和权利来表达自己的问题、建议以及主张，这种最早期的机会平等基础上的民主一直存在于社区中，“慢慢地、逐渐地，情感的表达与宣泄成了一种是习以为常的现象”，“当众表白与忏悔在许多基布兹中是一种司空见惯的事件形式……忠诚是首要的价值”[②]。不管社区壮大到何种程度，即使是千人以上的大社区，这种公开的、民主的讨论形式都被很好地执行，这种对话式的民主被称为是“理性的胜利”。

综上，以色列社会主义社区的维系建立在六大概念体系之上。虽然每一概念体系都能独立存在，但它们之间相互渗透、相互作用，任何一个单一的因素都无法撑起一个系统性的基布兹社会。同样，任何一个因素的缺失也都会使基布兹社会陷入瘫痪。“平等与协作”是普遍的基础，社区的任何行为与活动都必须以这一组概念为前提；“劳动”既是联系生产与情感的手段，也是社区所倡导的社会价值；“相互责任”是维系社区纽带；“共有”与“团结一致”两大概念决定着个人与集体关系的双向运动；对话式“民主”是解决社区所有问题的唯一手段。

三、作为意识形态的三种马克思主义

以色列基布兹建立的最初目的是为了在以色列地建立一个普遍的犹太社区，它愿意接纳所有能接受其社区原则与生活方式的工人阶级。这种普遍社区就是整个的犹太经济体，也是一个复国主义的社会主义社会。[③] 这种以建立整体基布兹社会为目的的社会主义社区建设被称为“基布兹革命”。正是这种整体性的目的使得以色列的基布兹运动与以解放全人类、建立共产主义社会的马克思主义理论不谋而合。

在20世纪早期，犹太移民将马克思主义思想从西欧和苏联带到了巴勒斯坦地区，并参与到以色列的基布兹建设过程当中。经过漫长的马克思主义本土化过程，基布兹社区中共出现了三种不同形态的马克思主义理论，并且它们在以色列的基布兹社区中作为意识形态而存在。

第一种可以称为“建设的马克思主义”。它于20世纪20年代至30年代早

---

① Muki Tsur, “The Intimate Kibbutz,” in Divid Leichman and Idit Paz (eds.), *Kibbutz: An Alternative Lifestyle*, Ramat Efal: Yad Tabenkin, 1997, p. 11.

② Muki Tsur, “The Intimate Kibbutz,” in Divid Leichman and Idit Paz (eds.), *Kibbutz: An Alternative Lifestyle*, Ramat Efal: Yad Tabenkin, 1997, pp. 12-13.

③ Henry Near, *Where Community Happens*, Bern: Peter Lang AG, 2011, p. 198.

期，产生在一个叫Me'uhad的基布兹中。马克思主义的阶级斗争与革命的理论引进后得到犹太复国主义运动中的工人阶级的普遍接受，被称之为“建设的社会主义”(Constructive Socialism)。根据这种理论，在巴勒斯坦地区建立的犹太社区应当是社会主义的。社区要在一般意义上消灭阶级并粉碎旧有的社会体系。因为以色列建国前的巴勒斯地区没有(以色列)国家，也就没有完整的阶级存在，所以，Me'uhad社区所倡导的这种马克思主义理论中的阶级斗争与革命的观点在巴勒斯坦地区演变成了各种不同的社会单位间的竞争。比如：基布兹(Kibbutz)，城镇，莫沙夫(Moshav)[①]以及莫沙瓦(Moshava)[②]等社会单位间的竞争。革命最后的胜利属于社会主义社区。换言之，基布兹将消灭所有的阶级斗争以及阶级本身，最终建成一个由所有犹太工人阶级组成的犹太社会主义社会。[③]

第二种马克思主义理论叫做“阶段性社会主义理论”。这种理论由一个叫Artzi的基布兹提出。它是综合了马克思主义理论与基布兹建设理论而形成的。在基布兹建设初期并无以色列国的存在，社会主义力量与工人阶级力量相当弱小；同时基布兹运动与犹太复国主义当下的目标都是在巴勒斯坦地区首先建立一个犹太国家；所以，以色列的社会主义运动需要联合资产阶级以及所有可以联合的力量来首先建立一个犹太国家；推翻资产阶级的革命要在犹太复国主义完成后才会到来。以色列的社会主义力量在当下要做的是联合所有力量来建设社会主义社区，并为未来革命的到来做好教育、政治、经济等方面的准备。[④]

第三种基布兹的马克思主义由以色列建国前的工人党(Gedud Ha'avodah)[⑤]的左派提出。这种理论认为：“基布兹应该是革命运动的先锋队……是表达工人

① 广义上讲，“莫沙夫”是以色列社会主义社区的一种，它出现于以色列基布兹运动过程中。莫沙夫由国家土地的个人承包经营者组成。这些土地个人承包者联合起来组成一个相互合作、相对稳定的社会经济政治单位。

② 广义上讲，“莫沙瓦”也是以色列社会主义社区的一种。它由个人农庄与土地的所有者组成。他们在生产、经营、管理上施行统一管理相互合作，形成一个统一的社会政治经济体。

③ Henry Near, *The Kibbutz and Society* 1923-1933, Jerusalem: Hebrew University, 1977, pp. 94-100.

④ Elkana Margalit, Hashomer Hatza'ir, *From Youth "Bund" to Revolutionary Marxism*, Tel Aviv: Tel Aviv University and Hakibbutz Hame'uhad, 1971. pp. 135-149,303-304.

⑤ 工人党(Gedud Ha'avodah)全名为“Gdud Ha'avoda vehahagan Al Shem Yosef Trumpeldor—The Joseph Trumpeldor Work and Defense Battalion”。工人党是一个由犹太社会主义者与犹太复国主义者联合起来的一个政党。成立于1920年8月8日，当时党员为80人。工人党的三大宗旨为：劳动、定居与反抗殖民主义。政党的所有收入为集体所有并统一分配。其成员一度超过2500人，涉及各个领域，为以色列的建国做出了卓越的贡献。1923年，由于意识形态的分歧，工人党发生分裂，左派要求立刻执行社会主义革命以及政策，而右派则期望先施行犹太复国主义。很快，左派中的极左分子分离出去。1926年12月，这些极左分子被工人党除名，这些人中的一些人返回俄罗斯组成了自己的社会主义政党，直到斯大林时代遭到肃清。1927年，工人党正式解散。1929年，工人党的三位党员在巴勒斯坦地区开展了Hameuchad基布兹运动。

集体意识的，并时刻战斗着的团体。”[①]这种理论认为基布兹的首要任务是政治教育与组织，而社会与经济活动则是为了革命活动做物质基础准备。

无论由这些要素组成的共产主义哲学与意识形态体系在以色列以及西方社会受到多少指责与批判，遇到多少挑战与改革，也不论其本身存在多少缺陷与不足；有一点值得肯定的是，在这些核心概念与原则组成的体系下，社会主义社区与运动在以色列产生了。上面三种曾作为以色列基布兹运动意识形态的三种马克思主义是马克思主义在以色列本土化的产物，但最终在以色列基布兹运动的历史长河中归于了沉寂。

结　语

以色列的基布兹发展到 20 世纪末，开始出现了普遍的危机，比如：社区人口减少，尤其是年轻人的数量严重下降；有些社区赢利开始下降，很多社区负债率居高不下；私有化加速，贫富差距增大，社区矛盾开始激化等。这些现象的出现与以色列本国市场和国际环境的变化有很大的关系，同时也与作为其理论基础的共产主义哲学体系有着莫大的关联。

首先，从整体上来看，基布兹的共产主义哲学体系存在着天生的缺陷。这种哲学体系是一个封闭自足的体系，社区内的事物通过社区原则来处理，特别是它以“集体主义”来衡量成员的进出，这些因素阻断了社区本身与外界社会的交流之门，造成的弊端至少有如下几个：第一，它与以色列社会主义运动的总体目标相矛盾。以色列基布兹的创建者们，包括绝大多数基布兹的成员，都认为自己是整个民族运动的一部分，并且许多成员也参与了全国性的政党。[②] 换言之，整个基布兹运动和参与者都是外扩的，但这种哲学体系提供的却是一种回缩式的道路。第二，这种封闭自足的体系无法承受过多的人口，所有以色列基布兹的规模都不大。第三，在这些原则约束下运行的基布兹中，法律天然地缺失了，特别是在管理原则触及不到的领域，道德约束成了唯一的力量。例如：在基布兹中就出现过谋杀、抢劫、虐童、强奸（包括轮奸，还有一例父亲性虐自己女儿的事件）等犯罪。虽然与外界比较起来，基布兹里的犯罪率要低很多[③]，可是犯罪无疑与基布

---

① D. Horowitz, “Kibbutze and Party,” *Mihayeinu* 67, 1926, p. 279.

② Henry Near, “Experiment and Survival: The beginnings of the Kibbutz,” *Journal of Contemporary History*, Vol. 20. No. 1 (Jan, 1985), p. 189.

③ Daniel Gavron, *The Kibbutz: Awakening From Utopia*, Boston: Rowman & Littlefield Publishers, Inc., 2000, p. 160.

兹共产主义哲学的理念与设想是格格不入的。

另外，从基布兹的共产主义哲学体系内部来看，某些原则很难得以实际操作或者被很好地执行，这也多少使这种体系蒙上了乌托邦的色彩。第一，这种哲学体系将"集体主义体验"作为社区建设的实践基础，这种体验属于一种半宗教的体验，虽然后来社区以制度的形式来保证这种"体验"的长期在场，但无论进行如何的制度化，永远无法改变的是这种体验的天然缺点，即它的短暂与多变易逝性。第二，作为"各尽所能，按需分配"的平等在经过几代人的努力后似乎还很难实现。这种矛盾在教育领域体现得尤为突出，如何给予天赋与秉性各异的下一代平等的教育？随着教育国际化程度的不断深化，父母拒绝给予孩子"同质化"的教育现象很常见了，这种平等哲学在教育领域势必改革。[①] 第三，作为"心与心关照"的成员间的"相互责任"在经过100多年的制度化执行后，人们还是会将其归入宗教范畴，这与当年基布兹创始人的想法相去甚远甚至背道而驰。那些创始人将这种"心与心的关照"制度化是为了将其去宗教化，而如今这种方式却要被宗教化。最后，作为马克思主义以色列化产物的三种马克思主义理论已经很少再有人重视或者宣讲了，其直接后果是使以色列基布兹的发展丧失了明确的方向，基布兹的发展蓝图在现在的社区议事日程上基本缺席了。

现今以色列的基布兹已经发生了很大的变化，原初意义上的共产主义社区即将不复存在。在现今以色列的社会主义社区里，人民已经不再像20世纪20年代、30年代、40年代那样简单地运用马克思主义的某种理论来行事了。现在的社区意识形态认为人民生活在一个不确定的时代，改革是唯一的出路，未来可能会属于社会主义革命。或者说，现今的以色列社会主义运动不再依赖一种一劳永逸、一成不变的革命与建设理论了。几乎所有的社区都放弃了阶级斗争等革命理论，但马克思主义理论中的民主、平等、共同富裕以及消灭不公(阶级)等理念还是被很好地继承了下来。

总的来说，以色列的社会主义运动是中东地区乃至整个世界的一个非常特殊的现象；它通过建立一个一个的社会主义社区(基布兹)来推进这场运动。这些社区都有其自身的特殊性，他们共同的理论基础是共产主义哲学。这种哲学自成一个完整的体系，由诸多的子系统构成；其中，带着半宗教色彩的"集体主义体验"是社区建立的实践基础，也是其哲学体系的基础。在社区建立后，这种体验被制度化，并且成了考察社区成员是否适合社区生活的标准，其宗教色彩被或多或少地抛弃了。同时，以"平等与协作""相互责任""劳动""共有""团结一致"

---

① 李勇：《以色列基布兹共产主义教育研究》，《武汉科技大学学报(社会科学版)》2013年第6期。

"民主"等六大核心概念体系组成的动态体系如血液一般渗透在社区有机体的每个环节;社区里的每个事件都在不同程度上体现了这六大理念。在此基础上,三种本土化了的马克思主义理论在以色列建国前的社会主义社区中影响巨大;虽然,如今鲜有理论家名言倡导,但是这三种马克思理论所倡导的理念和表征的精神作为一种历史传统已经浸润在以色列的基布兹之中了。

"犹太性"与"美国化"之间的张力

——二战前后美国犹太共产主义知识分子的演变

姜胤安*

20世纪初至30年代,美国左翼知识分子中包含了许多信仰共产主义的犹太知识分子,他们的影响以及规模在30年代到达高点。他们参与共产主义运动的原因之一在于融入美国的过程中面临了"犹太性"与"美国化"之间非此即彼的巨大张力。然而二战期间一系列问题的出现,不仅造成许多知识分子动摇了其亲苏亲共的立场,同时也增强了原本正在消退的"犹太性"。随着战后原本紧张的"犹太性"与"美国化"之间张力的消退,加之冷战自由主义成为了可以兼容"犹太性"与"美国化"的新立场,从而造成了共产主义知识分子在犹太知识分子中的式微。

在战后美国知识界,犹太知识分子中许多最著名的旗帜人物一直都被视作反苏反共的先锋代表,从20世纪五六十年代的西德尼·胡克(Sidney Hook)、七八十年代的诺曼·波多雷茨(Norman Podhoretz)直至今日《旗帜周刊》(*The Weekly Standard*)的主编威廉·克里斯托(William Kristol)都是如此。事实上,反苏反共这一立场并非就是美国犹太知识分子一直以来的传统,恰恰相反,20世纪50年代之前的相当长的一段时间里,他们中有许多都曾经参与了左翼激进政治,出现了一批影响很大的共产主义知识分子。在当时的美国知识界中,共产主义影响巨大,最有"话语权势",几乎所有左翼知识分子或多或少都与共产主义或者美国共产党有所联系。戴安娜·特里林日后回忆当时共产党人及其"同路人"(Fellow Traveler)对美国知识界的影响还说:"怎么强调都不为过……

* 姜胤安,中国人民大学历史学院2013级博士研究生。

受到影响的是整个文化、整个知识界。”[①]

然而在二战之后，共产主义在犹太知识分子中的影响却发生了衰落，其中许多代表人物甚至逐渐转向反苏反共的冷战自由派立场。对于这一过程，尽管并没有成为国外学界的热点，但在其他领域，比如文学激进主义的研究[②]、冷战政治学的研究[③]中都有所涉及，还有知识分子史学者以其中个别群体和知识分子圈子为研究对象，将个别代表性知识分子群体在这一过程中的转变视作其自身“犹太性”的“回归”[④]。而笔者则以“犹太性”与“美国化”这两者之间的张力为线索，尝试以知识分子融合的视角来理解为何在战前战后会发生这些变化。

一、战前犹太共产主义知识分子的繁荣

英语中“知识分子”(Intellectual)一词具有两个起源：其一源自法语 Intellectuel，伴随着法国著名的德雷福斯运动而产生，并在 20 世纪逐渐发展壮大，其主要人物包括左拉(Émile Zola)、萨特(Jean-Paul Sartre)、阿隆(Raymond Aron)等人[⑤]；其二则是源自 19 世纪一群致力于将西欧哲学引介到沙俄的东欧知识分子，即 Intelligentsia。对于美国“知识分子”一词的含义而言，两者之中后者的影响更大。随着俄国在 19 世纪的改革失败以及沙俄政府的大规模排犹，大

① Joseph Dorman, *Arguing the World*: *The New York Intellectuals in Their Own Words*, Chicago, The University of Chicago Press, 2000, p. 58.

② 较为著名的有 James Gilbert, *Writers and Partisans*: *A History of Literary Radicalism in America*, New York: Columbia University Press, 1992.

③ 在 Murray Friedman 的 *The Neoconservative Revolution*: *Jewish Intellectuals and the Shaping of Public Policy* (New York: Cambridge University Press, 2005)一书的前部有较为翔实且卓有论断的论述，尽管这一部分并非弗里曼研究的中心点，而且许多学者对他的观点也不赞同，福山就认为总体而言弗里曼存在相当的偏见，详见 Francis Fukuyama, *America at the Crossroads*: *Democracy, Power and the Neo-conservative Legacy*, New Haven: Yale University Press, 2006.

④ 这一视角最为著名的就是 Alexander Bloom, *Prodigal Sons*: *The New York Intellectuals and Their World*, New York: Oxford University Press, 1986. 书名中的“浪子回头”(Prodigal Son)一语出自《圣经》“浪子回头”(The Prodigal Son)这一典故。布鲁姆用“浪子回头”来比喻“纽约知识分子”从早年“逃离”犹太到晚年“回归”犹太的这一转变。然而布鲁姆的研究存在一个问题，就是“纽约知识分子”这一群体并非完全是犹太知识分子群体，一方面这一群体中自始至终都有非犹太知识分子参与其中；另一方面，其中的犹太知识分子参与犹太问题的探讨与研究更多的是以个人身份，而作为一个整体，这一群体并没有将犹太问题作为整个群体的关注中心，其成员科恩(Elliot Cohen)也认为作为纽约知识分子最中心的杂志《党人评论》从未想成为一个犹太杂志。因此尽管“纽约知识分子”中包含了大量犹太知识分子群体的核心人物，但仍然不能将这一群体等同于或者视作犹太知识分子的主要组成。

⑤ 有关法国知识分子形成与发展的历史，可参见吕一民、朱晓罕《良知与担当》，浙江大学出版社 2012 年版。

量东欧犹太知识分子[①]在19世纪后期远渡重洋逃难到美国,这些知识分子极大地改变了美国犹太人原有的文化,他们带领这些新的犹太移民在逐步融入美国的过程中,与美国本土传统知识分子一同组成了一个新的包含大量犹太人的知识分子阶层。这个阶层在20世纪初逐渐发展壮大,其左翼主要派别包括:

其一是较为温和的"进步派"(Progressives),主要受到19世纪末20世纪初的进步主义运动的影响,至20世纪30年代之后其主要代表人物为杜威(John Dewey)等人。他们更加致力于改善劳动环境、提高劳动报酬等社会进步改革,在思想脉络上受传统自由主义影响较大,倾向于改革而并非革命。

其二则是较为激进的"共产派"(Communists),主要受到马克思主义以及国际共产主义运动的影响,1917年的俄国革命则进一步推动了这一群体的壮大。美国共产党在此间发挥了重要作用,不仅仅组织创办了一系列文宣刊物,例如《青年工人》(*Young Worker*)、《新群众》(*New Mass*)等,而且围绕这些刊物组织了不同的知识分子小团体。而"共产派"这一派别还存在狭义和广义之分,从狭义上讲,"共产派"主要指在美国共产党旗下或周围的支持苏联、亲近美国共产党的知识分子,常用大写C的Communist来指称,由于其基本与苏联官方保持一致,因此也有学者使用"斯大林派"(Stalinist)这一名称;而广义上的"共产派"则包括所有自认为归属于共产主义旗下的知识分子,因此也可被称作"马克思主义者"(Marxist),主要有与"斯大林派"为敌的托派知识分子以及一部分受马克思主义影响很大的左翼社会主义知识分子[②],其中前者的犹太代表主要包括阿尔伯特·威斯博(Albert Weisbord)、费力克斯·莫罗、(Felix Morrow)、阿尔伯特·古德曼(Albert Goldman)等人,他们的主要阵地是托派官方报《战士》(*The Militant*);而后者的犹太代表则有古斯·泰勒(Gus Tyler),他最早倾向于民主社会主义,但与托派关联密切。[③]

---

① 即Intelligentsia。

② 对于"communist"一词的大小写含义的区别,美国知识分子中的泰斗拉夫(Philip Rahv)曾经在1967年作过详述,详见Alan Wald, *The New York Intellectuals: the Rise and Decline of the Anti-Stalinist Left from the* 1930*s to the* 1980*s*, Chapel Hill/London, The University of North Carolina Press, 1987, p. xv. 事实上,对于"共产主义知识分子"(communist intellectual)一词的使用同样存在这种歧义,许多学者仅使用狭义含义,特指与美国共产党有关的知识分子或者是美国共产党同路人(fellow traveler)而不包括与美国共产党或苏联无关或相敌对的其他马克思主义知识分子。而笔者则赞同拉夫的观点,认为这部分知识分子应当用大写Communist intellectual来指代,而小写communist intellectual则完全依靠思想意识形态划分,即知识分子中所有在意识形态上受马克思主义影响的共产主义者。

③ 除了这两派之外,包括民主社会主义等同属左翼的社会主义思潮在当时影响也很大,但在知识分子层面上却不如上述两派那样特征鲜明,泾渭分明,许多地方与两者都有交集,且与本文关联不大,因此笔者在此不再详述。

尽管对于普通犹太民众而言,他们不仅认同进步派的理念,而且还积极参与了 19 世纪末 20 世纪初的进步主义运动;但是对于犹太知识分子而言,相比于温和的进步派,主张激进革命的共产派显得更有吸引力,尤其是在 30 年代的信仰共产主义的知识分子中,包含了许多犹太青年知识分子。一些著名的犹太报纸杂志的立场都受到了影响,最为著名的当属受到传统犹太社团资助的《烛台》(*Menorah Journal*),在 30 年代初期开始逐步倾向于马克思主义的立场,并有着相当广泛的作者群体;而当时美国共产党所创立的意第绪语[①]报纸《弗莱海特报》(*Morgen Freiheit*)旗帜鲜明地表明共产主义的立场,在犹太知识分子中很有市场。参与其中的包括一批信仰共产主义或者同情共产主义的文人,主要有小说家埃德温·西弗(Edwin Seaver)、以赛多·施耐德(Isidor Schneider)、斯坦利·博恩肖(Stanley Burnshaw)、批评家路易斯·洛佐维克(Louis Lozowick)以及创作较少但是长期担任《烛台》编委的艾略特·科恩(Eliot Cohen)等人。[②] 而在读者层面,还有大量青年犹太知识分子追随这些报刊,不仅研读学习,而且积极投稿。此外,犹太知识分子中还有许多直接加入美国共产党或者其外围知识分子组织,美国共产党中央委员会(Central Committee of CPUSA)下属中设立了犹太部(Jewish Bureau),在犹太部所属知识分子的努力下于 1929 年建立了一个犹太知识分子组织"无产者之笔"(The Proletpen),其参与人数从 54 人逐渐在 30 年代中期增加到了 80 人,其中包括了几乎当时全部共产派犹太知识分子中的头面人士,"无产者之笔"还建立了自己的刊物——《信号》(*Der Signal*),[③]与美国共产党直属的《新群众》都在犹太知识分子中影响很大。此外,随着共产主义理念在犹太知识分子中影响的扩大,共产派知识分子参与建立了教授马克思主义的"共产主义学校"(Communist School),马尔默(Kalmen Marmor)以及明德尔(Jacob Mindel)担任了最初的校长。[④] 由此在 20 世纪 30 年代,犹太知识分子中信仰共产主义的知识分子的规模以及影响都出现了高峰。尽管在这一时期他们在美国知识界的影响并不突出,总体上仍未能进入美国知识界的中心,但仍然值得关注。这一方面是因为与普通美国人或者其他族裔的美国

① 意第绪语是东欧地区犹太人所使用的语言,属于日耳曼语的一支,最早源自 9 世纪,在美国犹太人的日常生活中广泛应用。

② Alan Wald, *The New York Intellectuals: The Rise and Decline of the Anti-Stainist Left from the 1930s to the 1980s*, Chapel Hill: The University of North Carolina Press, 1987, p. 46.

③ Bat-Ami Zucker, "Jewish Communists and Jewish Culture in the 1930s," *Modern Judaism*, Vol. 14, No. 2, May, 1994, p. 178.

④ Bat-Ami Zucker, "Jewish Communists and Jewish Culture in the 1930s," *Modern Judaism*, Vol. 14, No. 2, May, 1994, p. 179.

人相比,当时的犹太知识分子倾向马克思主义的比例明显要高;另一方面也是因为“犹太”与“共产主义”两者之间看上去自相矛盾——犹太民族传承千年的强大的民族性与共产主义所主张的超越民族性之间可是存在冲突的。

从思想脉络而言,这些犹太知识分子参与共产主义运动的原因在于,相比较于普通美国知识分子,犹太知识分子缺乏对美国政治及其理念的积淀与熏陶,因而他们更容易倾向于“重建”美国而不是“修复”美国。进步派所发源的进步主义运动思想的源流是美国传统的自由主义,其实质是在对美国资本主义政治认可的前提下进行各项现代化改革,尽管普通美国犹太人对于进步主义的主张积极支持,并且某种程度上20世纪初的进步主义运动中犹太人是主要参与者之一,但这种支持与参与更多的是出于现实考量,而非思想传承;对于犹太知识分子而言,缺乏思想传承的结果之一就是同样缺乏对于美国资本主义政治的认可,因而他们对于马克思主义所指出的经济危机是资本主义无法避免的本质缺陷这一论点也就更为接受,而“大萧条”带来的一切对他们而言都毫无疑问就是最有力的证据,这也是为什么在二三十年代的美国社会主义运动中会有如此广泛的犹太人参与其中。

然而除此之外,笔者认为这一现象的另一个原因还在于大量犹太知识分子在“同化”入美国的过程之中感受到了自身“犹太性”与“美国化”两者之间近乎于非此即彼的强大张力,在张力的冲突之中才选择了共产主义。

在经济、社会层面,普通犹太人的“美国化”进程基本上是很顺利的,大部分犹太人迅速“融化”进了“民族大熔炉”里[①],但是知识分子的“美国化”与普通民众的美国化存在不同,知识分子的“美国化”不仅要求知识分子进入知识界的中心地带,而且在思想、文化上也要融入美国传统。然而首先,“犹太性”在30年代逐步成为了犹太知识分子融入美国知识界的阻碍,无论是犹太文学,还是犹太文化或者犹太宗教,在那个时代都远远不是知识界关心的热点问题,犹太知识分子对于犹太文化的思考不仅丝毫无助于他们加入美国知识界的主流,而且出于西方社会传承千年的犹太偏见,这只能进一步造成犹太知识分子与美国知识界主流的疏远。特里林(Lionel Trilling)是最早在美国文学上卓有建树的犹太人之一,其本科和硕士都毕业于哥伦比亚大学,然而他却在1936年哥伦比亚大学本科生导师的聘任中落选,他所在部门的负责人直截了当地告诉他原因之一就是他是犹太人。即便是在他有关英国文学家马修·阿诺德的研究名著发表之后,也还是在当时哥伦比亚大学校长的个人关照下,他才成为哥伦比亚大学英语系

① 邱文平:《同化的悖论:“熔炉”犹太人和美国精神的互动》,《史林》2011年第1期。

历史上第一个能担任副教授的犹太人。[①] 而“犹太性”对于知识分子融入美国化的另一个巨大阻碍在于语言文学，当时美国犹太人主要使用意第绪语，无论是日常生活还是写作，意第绪语都被视作“犹太性”的代表之一，但是意第绪语一方面与当时的美国文学关联甚小，越是关注意第绪语文学就越在犹太知识分子与“美国化”之间造成隔阂；另一方面，意第绪语在日常的广泛使用也限制了英语的使用，并造成了犹太人在意第绪语世界与英语世界之间的撕裂，这种撕裂的创伤使得许多犹太知识分子在晚年还记忆犹新。日后作为意第绪文学大师的欧文·豪(Irving Howe)在上幼儿园的第一天就因为自己使用意第绪语词汇而遭到同伴嘲笑，文化冲突的创伤使得豪当即决定再也不跟父母用意第绪语对话。[②] 犹太文人卡汉(Abraham Cahan)曾经收到一封犹太青年时期的来信，信中称他的父亲在公开场合说意第绪语令他感到尴尬。[③] 这种尴尬的根源不在于语言，而在于语言背后“犹太性”与“美国化”之间的张力。

而另一个方面，知识分子的“美国化”进程也不可避免地损伤“犹太性”。一方面，“美国化”所要求的一系列思想、价值观的转变对犹太宗教而言是颠覆性的。“美国化”尽管被视作宗教自由、政教分离的代表，但是其精神最初来自清教徒，而在宗教传统上，美国也毫无疑问是基督教国家。不仅如此，“美国化”还表现出明显的世俗化特征，这些都冲击着原本信仰犹太教的犹太知识分子逐步动摇宗教信仰。青年时期的贝尔(Daniel Bell)就曾经向拉比倾诉过自己宗教信仰的动摇，但是拉比的回复不仅没有任何实质性内容，而且还带有一丝嘲讽，反而更加坚定了贝尔不信教的决心。[④] 类似的情况不仅出现在贝尔身上，这也是当时许多犹太知识分子在面临犹太教问题时的写照，“美国化”的世俗性不可避免地削弱了“犹太性”的宗教性。

而更重要的是，“美国化”对于“犹太性”的损伤还在于影响了犹太知识分子的犹太归属感，并因此造成了犹太知识分子普遍的在身份方面的自我认知焦虑乃至于自卑。在“美国化”与“犹太性”两者之间，对于知识分子而言存在一个身份的认知问题，“美国化”意味着以“美国作家”或者“美国人”的身份加入知识界

---

① Diana Trilling, *Lionel Trilling: A Jew at Columbia*, *Commentary*, Mar., 1979, p. 44. 转引自 Alexander Bloom: *Prodigal Sons: The New York Intellectuals and Their World*, New York: Oxford University Press, 1986, p. 23.

② Alexander Bloom, *Prodigal Sons: The New York Intellectuals and Their World*, New York: Oxford University Press, 1986, p. 20.

③ 李爱慧：《论早期东欧移民在美国的文化适应》，《世界民族》2007 年第 1 期。

④ Alexander Bloom: *Prodigal Sons: The New York Intellectuals and Their World*, New York: Oxford University Press, 1986, p. 48.

之中，这就必然模糊犹太知识分子的犹太属性，而"犹太性"的模糊尽管看似在同化过程中不可避免，但仍然带来了强烈的焦虑感。这一点在30年代以前的犹太文学中有非常明显的表现。卡汉的名著《戴维·莱文斯基的发迹》(*The Rise of Devid Levinsky*)就体现了犹太人"为美国文化所同化过程中的犹太人身份认同问题"。而20年代赫克特的《一个坠入爱河的犹太人》(*A Jew in Love*)中的主人公不仅想要逃避犹太，而且为自己的"犹太性"而羞愧。[①] 尽管作者本人并不一定赞同作品中人物对待"犹太性"的观点，但是其中却反映出在当时的犹太知识分子中，"美国化"带来的犹太身份认同焦虑在知识分子中是较为广泛的。

这些"犹太性"与"美国化"之间的张力都使得无论是接受"美国化"还是重返"犹太性"都困难重重，犹太知识分子似乎处在进退维谷的困境之中。既然两者的兼容十分困难，因此部分犹太知识分子开始转而摒弃两者，转而寻找一个新立场，这个立场憧憬一个没有民族歧视、融合民族差异的世界，与美国犹太人广受影响的"世界主义"(Cosmopolitanism)[②]理念暗暗相合。这一理念不仅仅是像许多学者研究过的那样源自犹太移民的来源——东欧犹太人，而且这一理念也是犹太知识分子在自身"犹太性"与"美国化"巨大张力之间的必然出路。这一理念驱使矛盾和冲突中的犹太知识分子试图既放弃对已经无法找回的犹太民族传统的坚持，同时又放弃融入美国文化的尝试，转而寻求一种全新的、能够包容各个不同种族的新文化，而共产主义则恰好满足这些犹太知识分子的需求。

首先，共产主义主张平等、大同的政治理念以及没有民族歧视、超越民族性的民族观念表现出十分强大的"国际性"，也就是我们常说的"国际主义"。在共产主义理念中，知识分子所要为之奋斗的并非民族立场，因而无论是"犹太"还是"美国"，都只是历史进程中的一个过程而非目的，模糊乃至于放弃"犹太性"或者"美国化"在共产主义理念中都不仅不是尴尬或者罪责，反而是社会发展的必然。犹太知识分子组织"无产者之笔"就宣称："我们用武器……向民族主义(特别是犹太民族主义)宣战……我们追求国际主义，追求苏维埃，追求苏联。"[③]

其次，在共产主义理念下，阶级性取代了民族性，犹太知识分子不需要在"犹太性"与"美国化"两者之间做选择，此前犹太知识分子身份认知的焦虑不再存在，因为共产主义理念为其找到了替代，那就是知识分子的阶级性。知识分子的阶级性取代并超越了原本让知识分子焦虑的民族性，让这些犹太知识分子有了

---

① 朱娟辉：《由小说关照20世纪美国犹太文学发展历程》，《湖南社会科学》2012年第1期。

② 也有称之为Universalism。

③ Bat-Ami Zucker, "Jewish Communists and Jewish Culture in the 1930s," *Modern Judaism*, Vol. 14, No. 2, May, 1994, p. 179.

新的身份认同，在共同的阶级性认同下，大量犹太知识分子以无产阶级文学为己任，菲利普斯(William Phillips)和拉夫(Philip Rahv)当时就强调文学必须与其所表现的革命阶级紧密联系，不然将必然失去根基，失去对文学的信心。[1] 西弗等人也将精力投入了“无产阶级小说”(Proletarian Novel)的探讨之中[2]，乃至于30年代犹太文学的主题可以说就是无产阶级文学。无产阶级文学不仅是犹太知识分子的凝聚力所在，而且从阶级立场上也更为符合从劳工到知识分子的绝大多数美国犹太人特别是东欧犹太后裔的阶级状况，东欧犹太后裔在1924年时已经达到240万人，但大多生活在东部大城市，为血汗工厂卖命。[3] 而犹太知识分子中绝大多数无法完全依靠写作生存，犹太人普遍的社会底层的状况不仅是他们亲眼所见，也是他们亲身经历的，这些都间接增强了无产阶级的身份认同。

其三，在共产主义之中，“美国化”也不再是犹太知识分子的唯一出路，苏联替代美国成为了许多犹太知识分子憧憬的榜样，甚至于许多犹太知识分子自认的任务之一就是改造资本主义美国。他们中有许多还参加了美国共产党或者是美国共产党所组织、掌控的外围组织，其中最为主要的就是“约翰·里德俱乐部”(John Reed Club)。该组织称得上是美国共产党旗下的青年知识分子“孵化器”，美国共产党借此来招募有志于共产主义的青年知识分子。而在参与其中的犹太知识分子的笔下，类似于“参与到与帝国主义战争、纳粹、民族与种族压迫等等的斗争中去，并且致力于废除一切滋生邪恶土壤的制度”，以及“资本主义的政治经济危机、世界革命运动的蓬勃发展以及苏联的成功都极大地影响了美国的生活以及艺术”等辞句都大量出现，甚至还曾经公开宣布要“保卫苏联”，[4]这正是因为在这些犹太知识分子看来，苏联以及美国共产党正是马克思主义的现实成就，也正是他们所要追求的，能够弥平“犹太性”与“美国化”张力的“国际主义”的典范世界。而通过对苏联的憧憬以及对共产主义的追求，在知识分子的参与下，在美国也同样可以实现社会主义革命。

由于共产主义理念提供了一个能够解决“犹太性”与“美国化”之间张力的立场，因而吸引了许多犹太知识分子投身于这股共产主义的“热潮”也就是自然而然的了。

---

① Wallace Phelps, Philip Rahv, “Problems and Perspectives in Revolutionary Literature,” *Partisan Review*, Vol. 1, No. 3, 1934, p. 3.

② Edwin Seaver, “What Is A Proletarian Novel,” *Partisan Review*, Vol. 2, No. 7, 1935, pp. 5-7.

③ 邓蜀生:《美国犹太人同化进程初探》,《世界历史》1989年第2期。

④ *Editorial Statement*, *Partisan Review*, Vol. 1, No. 1, 1934, p. 3.

二、二战与犹太共产主义知识分子的思想变化

犹太共产主义知识分子在20世纪30年代初还是呈现蒸蒸日上的态势，然而在40年代到来之前，其中许多人就已经出现了思想“骚动”，而更重要的是，在此期间，他们对于犹太文化的关注以及其自身的“犹太意识”出现了逐步增强的趋势。

与原本高调宣扬阶级斗争以及超越民族的国际主义不同的是，苏联在战前几年越来越表现出强烈的民族主义倾向，同时其领导的共产国际也开始出现政策转向，共产国际出台了试图争取资本主义世界对苏联当局支持的“人民阵线”(People Front)政策①，其后甚至出现与帝国主义国家政府和谐相处的示好行为，尽管现在我们认为苏联的这一政策转向是出于自身反对纳粹的需要，但是在共产派犹太知识分子看来，这更像是由阶级立场向民族主义立场“叛变”。而我们知道，民族主义可是许多追求“世界主义”的犹太共产派知识分子们所竭力扬弃的，他们之所以憧憬苏联，正是因为苏联并不存在那困扰他们许久的“犹太性”与“美国化”之间的张力问题。因此“人民阵线”让许多原本属于犹太共产派的知识分子感到失望，西德尼·胡克(Sidney Hook)就批评其绝不是苏联当局宣传的那样是一个“统一战线”，而是“在保守势力的联合面前放弃了自己的政治原则”②。而1939年的《苏德互不侵犯条约》则被看作这一转向以及苏联民族主义的顶峰，欧文·豪(Irving Howe)就将他得知纳粹和苏联媾和的日子称作他人生中“最糟糕的日子”③，因为苏德和约的本质被原本憧憬苏联的犹太知识分子视作出于民族利益而放弃了阶级利益，更何况对方是曾经被苏联以及共产主义视作死敌的纳粹，因而也就动摇了原本对苏联憧憬的立场。

由此，一部分原先属于美国共产党组织的知识分子斩断了与美国共产党之间的联系，其中许多转而与同属共产主义阵营的托洛茨基越走越近，从而间接壮大了托派知识分子的阵容，他们在知识分子政治光谱上属于反斯大林派。而另

---

① “人民阵线”是共产国际在1935年共产国际七大提出的一项新政策，决定在资本主义国家扩大阶级联合，改变原先只联合各国工人阶级的政策，转而试图团结包括之前曾经严厉抨击过的社会民主党在内的诸多左翼或者中左阶层。共产国际所推行的这一“人民阵线”政策的实质是通过扩大在资本主义国家的跨阶级的统一战线，以此来换取资本主义国家不同阶级对反法西斯运动的支持，并以此减轻之前苏联在反法西斯斗争中所承受的压力。

② Sidney Hook, “The Anatomy of the Popular Front,” *Partisan Review*, Vol. 6, No. 3, 1939, p. 40.

③ Joseph Dorman, *Arguing the World*: *The New York Intellectuals in Their Own Words*, Chicago: The University of Chicago Press, 2000, p. 79.

外一部分则选择"留守"美国共产党，在知识分子政治光谱上属于斯大林派。其中前者主要聚集在《党人评论》(*Partisan Review*)周围，许多都归属于日后一个被称为"纽约知识分子"(The New York Intellectuals)的知识分子群体，尽管人数较少但是在共产派中影响却很大。而后者仍然聚集在美国共产党及其犹太部旗下，仍然代表共产主义知识分子的"正统"。而即使这些"正统"知识分子也在战前几年出现了一个转变，那就是对于犹太问题的关注及其"犹太性"意识与日俱增。

之前很长时间里，犹太文化特别是意第绪语在共产主义运动中只是"推动工人阶级斗争的工具"[①]，纳迪尔(M. Nadir)总结犹太共产主义者的立场就是："反对犹太文化(Jewish Culture)或者文化的犹太化(Judaizing the culture)，支持的是意第绪语书写文化(Culture in Yiddish)。"[②]而随着纳粹德国的日渐强大以及人民阵线政策的出台，从美国共产党犹太部领导到一般知识分子都开始重视犹太以及犹太文化。1938 年 12 月，犹太部组织的"犹太共产党人全国大会"(National Conference of the Jewish Communists)正式承认犹太文化的重要地位。而犹太部的书记约瑟夫·苏尔坦(Joseph Sultan)也为过去没能够重视犹太文化而感到后悔。[③]

如果说犹太部领导下的这种对犹太文化的重新重视对于犹太共产主义知识分子"犹太性"意识的重新觉醒的影响还不够普遍的话，那二战的爆发则是彻底激发了几乎所有犹太知识分子的犹太意识，并且在某种程度上使得犹太与美国两者站在了同一条战壕中。

尽管第二次世界大战在 1939 年已经在欧洲正式爆发，但是直到 1941 年底以前，美国仍然保持中立的立场，但是美国知识界对于美国是否应当介入以及如何介入早已产生了激烈的争论。对于犹太共产主义知识分子而言，在是否介入战争的看法上较为一致，大部分都支持参与抗击纳粹，不过在对战争性质的理解上却存在两种看法，其一是：第二次世界大战与第一次世界大战一样，是一场由资本主义的衰落与危机引发的"帝国主义战争"。犹太知识分子德怀特·麦克唐纳(Dwight MacDonald)以及克莱蒙·格林伯格(Clement Greenberg)就秉持这一立场，两人在 1941 年德国向苏联宣战后发表了一篇题为《有关战争的十项建

---

① Bat-Ami Zucker, "Jewish Communists and Jewish Culture in the 1930s," *Modern Judaism*, Vol. 14, No. 2, May, 1994, p. 181.

② Bat-Ami Zucker, "Jewish Communists and Jewish Culture in the 1930s," *Modern Judaism*, Vol. 14, No. 2, May, 1994, p. 177.

③ Bat-Ami Zucker, "Jewish Communists and Jewish Culture in the 1930s," *Modern Judaism*, Vol. 14, No. 2, May, 1994, p. 181.

议》一文，两人坚决否认美国介入战争的正义性，只不过纳粹比美国的民主资本主义更加邪恶而已，因此从某种程度上来说，美国在此只不过是更不坏的选择罢了，而在纳粹被击败之后，知识分子仍然应当坚持批判美国资本主义以及发动社会主义革命这一传统方向。① 这一立场从理论上来说正是大多数犹太共产主义知识分子在 30 年代乃至之前的普遍观点，同时也符合苏联以及美共在 1935 年人民阵线政策出台前的官方态度，然而此时却已然没有多少追随者。很快菲利普·拉夫作为另一种看法的代表针锋相对地撰写了《十项建议与八个错误》，认为此时麦克唐纳等人还在坚持共产主义革命简直就是空想，唯一能够击败纳粹的就是资本主义民主的美国，因此应当摒弃前嫌，支持即将参战的美国政府。②拉夫的观点在犹太知识分子中毫无疑问产生了更大的影响，麦克唐纳等人因此在广受犹太知识分子欢迎的《党人评论》的编委中失势，转而独自创办了一个新的杂志《政治》(*Politics*)。事实上，无论是麦克唐纳所代表的观点，还是拉夫所代表的观点，都与其犹太身份有关，这两方面支持美国参战的极为重要的一个出发点就是反对迫害犹太人的纳粹，只不过与麦克唐纳仍然“抗拒”美国不同的是，拉夫代表了更多更加“亲近”美国的知识分子的立场。

三、战后张力的弥合与新型美国犹太知识分子的形成

二战后期至冷战期间，美国犹太共产主义知识分子的影响相比战前已然大大衰落。一方面，许多曾经的而且是十分著名的共产主义知识分子转入了反苏反共的阵营。比如胡克，他曾经在 20 年代公开以“为何我是一名共产主义者”为题目与自己的老师杜威进行辩论，并由此长期被视作共产主义知识分子的代表，然而战后他却变身为了反苏反共最积极的犹太知识分子之一。他在二战期间组织建立的反苏知识分子组织“文化自由委员会”(Committee for Cultural Freedom)不仅明确强调“不持特定的社会哲学”(No particular social philosophy)③，而且还邀请了“进步派”的代表杜威来担任主席。这一组织在战后进一步成为了美苏冷战中西方阵营的旗手之一，其中许多成员甚至接受了中央情报局的资助，建立了包括克里斯托的《邂逅》(*Encounter*)在内的一些杂志参与美苏意识形态

① 两人将继续坚持孤立主义的观点称为“乡鄙之言”(Provincial Inanity)，参见 Clement Greenberg, Dwight MacDonald, “Ten Propositions on the War,” *Partisan Review*, Vol. 8, No. 4, 1941, p. 271.

② James Gilbert, *Writers and Partisans: A History of Literary Radicalism in America*, New York: Columbia University Press, 1992, p. 246.

③ Terry Cooney, *The Rise of the New York Intellectuals: Partisan Review and Its Circle*, Madison: The University of Wisconsin Press, 1986, p. 143.

的战争。[1] 而曾经坚决批判资本主义并推动美国社会主义革命的麦克唐纳也在建立《政治》杂志5年之后舍弃了这一立场，转而对苏联以及马克思主义进行批评。1957年，他推出了文集《革命者回忆》，在回忆中他称自己已经从一名托洛茨基主义者转变到了美国立场。[2] 而另一个方面，战后新生代犹太知识分子中不仅左翼激进共产主义者十分稀有，而且反苏反共成为了大部分新生代犹太知识分子的政治共识，就连其中的左翼分子，始终坚称自己为"社会主义者"的欧文·豪也不例外。贝尔甚至称美国的社会主义运动在50年代已然成为了"历史档案中的一个记号"而已。[3] 而更明显的衰落信号，则表现在犹太知识分子所参与的报纸杂志中，一方面像《弗莱海特》报等"正统"共产主义报纸杂志的影响力以及追随的群体都不如往昔；另一方面，曾经坚持共产主义立场或者同情共产主义并受马克思主义影响很深的杂志，像《党人评论》等也都转变了阵营，1945年由"美国犹太人大会"组建的期刊《评论》(*Commentary*)逐渐成为犹太知识分子最主流的杂志，而犹太共产主义知识分子则基本无法参与其中。这一切都表明，到了冷战时期，犹太共产主义知识分子在美国的地位大不如前了。

笔者认为，共产主义在犹太知识分子中"衰落"的原因之一正在于原本剑拔弩张的"犹太性"与"美国化"之间逐渐发生了由彼此对立到相互统一的转变，冷战自由主义的出现代替了共产主义理念，成为了可以弥合"犹太性"与"美国化"之间张力的新立场。

从思想上而言，战后美国主流意识形态为"犹太性"与"美国化"张力的弥合提供了共同的思想基础。战后美国知识界对二战这一灾难的根源进行了广泛的讨论，其中冷战自由主义者将其视作"极权主义"(Totalitarianism)的恶果，而"极权主义"问题也是冷战自由主义知识分子一直以来关注的中心问题之一。在这一讨论中，犹太知识分子不仅参与其中，而且在犹太知识分子的研究下，"极权主义"的起源之一正是西方自古以来的排犹或者说是犹太歧视。阿伦特(Hannah Arendt)作为其中的代表发表了《极权主义的起源》(*The Origins of Totalitarianism*)一书，其中不仅探讨了"极权主义"的犹太迫害问题，而且将苏联与纳

① 有关于中情局资助知识分子的问题，详见[英]弗朗西丝·斯托纳·桑德斯：《文化冷战与中央情报局》，曹大鹏译，国际文化出版公司2002年版，以及梯姆：《CIA渗透国际文化的一段历史》，《读书》1990年第9期。

② Dwight MacDonald, "Introduction," *Memoirs of a Revolusionist*, New York: Meridian Books, 1957.

③ Daniel Bell, *Marxian Socialism in the United States*, Princeton: Princeton University Press, 1967, p.193. 转引自 Michael Kazin, "The Agony and Romance of the American Left," *The American Historical Review*, Vol.100, No.5 (Dec., 1995), p.1488.

粹在"极权主义"问题上画了等号。[①] 在犹太学者的研究之下,"极权主义"不仅仅对犹太民族造成了灾难,而且也塑造了纳粹德国这样一个怪物,而更为"可怕"的是,苏联在这些犹太知识分子的研究之下即将成为另一个纳粹。因此在反对"极权主义"这一问题上,犹太知识分子与冷战自由主义站在了同一立场上,对"极权主义"的反对不仅是对反犹主义的反击,同时也是对纳粹与苏联的反击。

而战后美国知识界中,"犹太性"也不再是阻碍犹太知识分子进入知识界中心这一知识分子"美国化"的关键一步的阻碍,相反,通过犹太知识分子对"极权主义"问题的研究和讨论,大量犹太知识分子借此进入了美国知识界的中心舞台。而二战后另一个被全世界关注的问题就是二战期间纳粹针对犹太人的大屠杀,对这个问题的研究在二战之后相当长的时间里一直都是美国知识界的"显学",而犹太知识分子以及犹太问题也借此进一步走入了美国知识界的大舞台。

此外,一直普遍困扰犹太知识分子的身份认同问题到了冷战期间也逐渐解决。一方面,在二战中,美国在某种意义上扮演了犹太民族"救世主"的角色。纳粹有计划的大规模灭犹可以说是历史上对犹太民族生存威胁最大的一次灭犹运动,从根本上威胁到了全体犹太人的生存。而击败了纳粹的美国则被视为拯救犹太民族的救星,自然也就受到了犹太知识分子的推崇。也正因如此,贝尔在美国向纳粹宣战的时候曾经自问自答道:"难道这时候我还能够反对美国吗?"[②]而另一方面,随着时间的推移,美国犹太人整体上基本融入了美国社会,与战前不同的是,战后绝大部分犹太青年已经对于他们移民祖先的欧洲老家及其文化缺少感情,美国犹太人已经普遍接受了自己"美国人"的属性,甚至于作为犹太教拉比的美国犹太人大会主席戈德斯坦(Israel Goldstein)也声称:"美国犹太人就是美国的一部分,因此美国的未来就是我们的未来。"[③]此前一直对"美国化"身份感到焦虑的犹太知识分子在战后也逐渐不再抗拒,"美国文化"此时反而成为了许多知识分子关注的中心。1952 年,由《党人评论》组织的"我们的国家,我们的文化"(Our Country, Our Culture)研讨会中就有大量曾经追求世界主义或者投身于无产阶级文学的犹太知识分子参与其中。研讨会的一个主题就是不再与美国以及美国文化保持距离,反而要参与其中,因为美国以及美国文化已经无可避免地成为了他们生活的一部分,而这也是研讨会主题中将美国称为"我们的国

---

① Hannah Arendt, *The Origins of Totalitarianism*, New York: Harcourt, 1951.

② Joseph Dorman, *Arguing the World: The New York Intellectuals in Their Own Words*, Chicago: The University of Chicago Press, 2000, p. 82.

③ Valerie Sandler Thaler, "The Reshaping of American Jewish Identity, 1945 to 1960," PhD dissertation of Yale University, 2008, p. 2.

家”，将美国文化称为“我们的文化”的原因所在。[1] 对“美国化”身份的坦然接受结束了许多犹太知识分子长期以来对于身份认同的焦虑。

最后，从经济社会层面来看，战后犹太知识分子的经济社会状况与战前的“无产阶级立场”已经大为不同。到二战结束之后，美国犹太知识分子的地位已经今非昔比，犹太知识分子已经大量出现在了高校，与战前相比反差尤为显著。在战前，哥伦比亚大学有位校长甚至曾经公开声称犹太后裔“缺乏社会技能”，“并非传统的哥伦比亚大学学生的理想同伴”。[2] 然而战后，不仅大量犹太学生进入了包括哥伦比亚大学和哈佛大学在内的美国顶尖高校，犹太知识分子也逐步进入高校加入了学院派的队伍，较为著名的包括先后在芝加哥大学和哈佛大学任教的社会学家贝尔，以及 1946 年升为哈佛大学副教授，1954 年升为历史学教授的小施莱辛格(Arthur Schlesinger, Jr.)。此时的犹太知识分子已经深度参与到了美国高校中。知识分子阶层地位的改变，也使得战后没有多少犹太知识分子再投身于共产主义左翼激进政治运动。

概括地讲，笔者认为，到冷战期间美国犹太共产主义知识分子的吸引力越来越弱的一个原因就在于无论是思想、经济还是情感方面，“犹太性”与“美国化”两者之间的张力逐渐被弥合，而美国也越来越为犹太知识分子提供了更好的平台。而在张力弥合之后，犹太知识分子在文学创作之中也逐渐不再表现出对“犹太性”的抗拒，转而敢于正面“犹太”问题，从而形成了今日这般兼具两者特性的美国犹太知识分子群体。

---

① “我们的国家，我们的文化”研讨会以文章笔谈的形式在 1952 年的《党人评论》第 3 期至第 5 期连载了 3 期，详见 *Partisan Review*, Vol. 19, No. 3-5, 1952.

② Joseph Dorman, *Arguing the World: The New York Intellectuals in Their Own Words*, Chicago: The University of Chicago Press, 2000, p. 44.

迈蒙尼德研究

试论《迷途指津》中的“特殊导言”*

张 缨**

本文打算回答的问题是:《迷途指津》是否为一部犹太教著作?如果是,那么在何种程度上它是犹太教著作?哲学在《迷途指津》中有怎样的地位。回答这样的问题当然需要对《迷途指津》一书有全面的把握,但对某些关键文本的推敲,或许能帮助我们回到上述问题。本文认为,《迷途指津》里的某些“特殊导言”——正文里作者要求读者特别“注意”或提醒读者这里有很重要的“导言”——正是这样的关键文本。通过对《迷途指津》卷一第73章和卷二第2章里两篇“特殊导言”的考察,本文尝试勾勒迈蒙尼德此书的谋篇特色及真正意图。

迈蒙尼德的《迷途指津》究竟是一部什么样的作品?很多人认为,这无疑是一部哲学著作,至少跟迈蒙尼德的《〈密释纳〉义疏》(*The Commentary on the Mishnah*)和《重述〈托拉〉》(*Mishneh Torah*)相比,它更为哲学。也有人认为,这就是一本“一个犹太人为[其他]犹太人所写的犹太著作”①。面对这样大相径庭

* 本文得以完成,要感谢芝加哥大学哲学系Josef Stern教授、芝大神学院James T. Robinson教授以及社会思想委员会的Ralph Lerner教授,他们三位以不同方式极大地帮助我对迈蒙尼德思想有更深入的理解。同时感谢董修元博士,他细致地阅读了本文初稿,他的批评意见使本文避免犯下常识性错误。本文是上海市哲学社会科学规划课题(2011BZX003)阶段性成果。

** 张缨,哲学博士,华东师范大学哲学系副教授。

① Leo Strauss, “How to Begin to Study the Guide of the Perplexed,” Moses Maimonides, *The Guide of the Perplexed*, trans. Shlomo Pines, Chicago: University of Chicago Press, 2010/1963, p. xiv. 在一份近年发现的施特劳斯手稿残篇里,他指出:“对迈蒙尼德研究者而言首先需要克服的特别困难在于如下事实的一个结果,即迈蒙尼德的主要著作《迷途指津》,既不能被阅读和理解为一种现代哲学体系,也不能被阅读和理解为中古的神学大全,而且也不能被阅读和理解为以阿维森纳或阿威罗伊笔法写就的哲学手册。因为《迷途指津》有意识地、刻意地要成为一部谜一般的作品:其教导并非以平直的语言确立,而是通过影射和暗示确立。如果它本身不是致力于以解开另一部谜一样的作品为目的,那人们或许不可能解开它的谜。那另一部谜一样的作品即《圣经》。”参见Leo Strauss, “The Secret Teaching of Maimonides,” Kenneth Hart Green (ed.), *Leo Strauss on Maimonides: The Complete Writing*, Chicago: University of Chicago Press, 2013, pp. 616-617.

的断言，我们当然首先可以说，每种主张背后有不同的出发点或视角；但与此同时，我们不能因为这样的视角差异轻易地接受两种主张的同样合理性。为了在不同的主张间作出恰切的判断，对《迷途指津》的谋篇布局进行详尽的探究极为必要。

在《迷途指津》正文之前或中间，穿插有不少"导言"，这些"导言"对于理解《迷途指津》全书或某重要论题的结构和要旨往往起到点睛作用。[①] 限于篇幅，本文仅尝试探索《迷途指津》中某些"特殊导言"[②]的地位和作用。

一、《迷途指津》的各种"导言"

《迷途指津》分为三卷，每卷正文之前各有一篇"卷首语"，迈蒙尼德并未对这些"卷首语"加以命名——他没有称之为"前言"(מקדמה)。[③] 在这些"卷首语"里，迈蒙尼德反复强调，他写作此书的目的，是通过解释先知书里具有歧义的措辞和各种寓言，"揭示《托拉》的秘密"，为读者指点迷津。"卷首语"往往也对全书或各卷的内容加以或明或暗的提示，因此其重要性不言而喻。

此外，《迷途指津》全书开头还有几篇特别的类似导言的长短章。作为题记的几行诗句之后，"献辞书"是其中的第一篇。从这封书信里，读者可以得知，迈蒙尼德《迷途指津》的写作对象是他的学生拉比约瑟夫(Joseph ben Judah)，这个学生天资聪颖，热爱思辨事物，曾在迈蒙尼德指导下循序渐进地学过数学、天象学和逻辑学。离开老师以后，约瑟夫向迈蒙尼德写信表示，他还渴望探究有关神的事物。然而迈蒙尼德发现，他的学生受到那些一知半解者的误导，迷上了伊斯兰思辨神学家们(the Mutakallimūn)的思想及其论证方法，进而陷入了困惑和惊愕中。迈蒙尼德决定为他的学生约瑟夫和像他那样的人写这本《迷途指津》，帮助他们认识恰当的方法，从而建立确定的知识和真理。

《迷途指津》卷一之前——或者更确切地说，全书之前——的"卷首语"可以

---

① Steven Harvey 曾撰文讨论迈蒙尼德各种著作中的"导言"，对《迷途指津》中的"导言"，他的讨论仅限于各卷题辞、"献辞书"及各卷的"卷首语"。参见 Steven Harvey, "Maimonides and the Art of Writing Introductions," Arthur Hyman & Alfred Ivry (eds.), *Maimonidean Studies*, Vol. 5, New York: Michael Sharf Publication Trust of Yeshiva University Press; Jersey City, NJ: distributed by KTAV Pub. House, 2008, pp. 85-105.

② 本文所谓的"特殊导言"，指的是穿插在正文里，特别被标示为"导言"或"注意"的内容。详见下文。

③ מקדמה(即مقدمة)，原义指"摆在前面的东西"，可以译作"前言"(preface)，往往也译作"导言"(introduction)。在阿拉伯语中，该词也指逻辑学中的"前提"(premise)。本文仅对事关"导言"的各种措辞给出《迷途指津》的原文犹太—阿拉伯语(Judaeo-Arabic)词汇，其他术语仅标示英语作为参考。

说是整部书最重要的“导言”之一。在其中，迈蒙尼德不仅明确了他写作此书的目的，而且交待了他的特殊的写作方法，并为后文埋下草蛇灰线，留待悉心的读者慢慢发现一条又一条由语词架构的隐秘线索。正是在这篇“卷首语”里，迈蒙尼德指出：

> 此书的第一个目的，是解释某些出现在预言书里的措辞的含义。这些措辞中，有些带有歧义(equivocal)……另一些是衍生词(derivative)……还有一些是模棱两可的词(amphibolous)，亦即有时人们相信它是单义的，有时则当它是有歧义的。让这些措辞的整体对俗众或初学思辨者来说变得可理解，并非本书的目的……本书的目的在于真正意义上的律法的科学。(卷一卷首语，第 5 页)

> 本书还有第二个目的：亦即解释出现在先知作品里的极为晦涩的各种寓言，这些寓言在先知作品里并没有明确地被等同为寓言。因此，无知者或掉以轻心者可能会认为，这些寓言只有一种外在的含义，而没有内在的含义。(卷一卷首语，第 6 页)

这两段简短的引文清楚表明，《迷途指津》是一部着眼于“真正意义上的律法科学”的犹太解经作品。但是，从迈蒙尼德对解释对象——“有歧义的”措辞和具有内在含义或曰非字面含义的寓言——的强调，读者可以看出，这绝非一部寻常的解经作品。在迈蒙尼德看来，对《圣经》里的多义词和带有寓意的故事理解不当，会造成律法研习者的极大困惑。他继而指出，开端论(the *Account of the Beginning*)等于自然科学，神车论(the *Account of the Chariot*)等于神的科学[①]，借先贤的话语(rabbinic saying)，迈蒙尼德表明，“神车论甚至一个人也不能教，除非此人既有智慧，又有能力凭自己理解，即便如此，也只能传达给他章回标题(*chapter headings*)”(卷一卷首语，第 6 页)。换言之，关于神的知识非但不能公开传授，连私相授受也要对传授对象精挑细选。迈蒙尼德进而表明，他会遵循先贤的教诲，在《迷途指津》里以分散和无序的方式处理各种论题：

> 因为我的目的是让人瞥见真理，随即再度将真理隐匿起来，这样做是为了不致违背人不可能违背的神的目的(divine purpose)，神的目的是使那些真理——尤其对理解上帝(His apprehension)必不可少的真理——向俗众(the vulgar)隐匿。(卷一卷首语，第 6～7 页)

随后，迈蒙尼德继续借先贤话语表示，对解释自然事物(natural matters)他会采取同样的方式，亦即他不会清楚明白地详述自然事物的原理，“因为在这些

① 这两个概念原文为希伯来文，通常以拉丁拼法分别表示为 ma'aseh bereshith(开端论)和 ma'aseh merkabah(神车论)。

[自然]事物与神的科学之间有紧密的关联,它们同样属于神的科学的秘密"(卷一卷首语,第7页)。

"献辞书"和第一卷的"卷首语"之后,是一篇被迈蒙尼德称为"本书指南"(וציה' הד'ה אלמאקלה)的短文,在其中,他嘱咐读者留意他所写的每个词,因为"本书的措辞绝非随意选取,而是带有很大的准确性和极度的精确,小心避免疏于解释任何隐晦的观点"①。继而,迈蒙尼德点明,一个对思辨一无所知的"初学者","可以从此书的某些章节受益",而一位投身律法又心怀迷惘的"完善者",则"可以从此书的所有章节里受益"。(本书指南,第16页)在这个地方,迈蒙尼德澄清了他在"献辞书"里没有明言的东西:会遭遇迷惘的,恰恰是既投身犹太教律法,同时又对思辨事物感兴趣的人。换言之,引发迷惘或困惑的是律法与哲学之间的冲突。

位于"本书指南"之后的,是全书正文之前可称为"第四篇导言"的"真正导言"——所谓"真正",是因为迈蒙尼德自己明确称之为"קדמה"(前言/导言)。在这篇"导言"里,迈蒙尼德列举了造成任何文本中的自相矛盾(contradictory)或对立主张(contrary statements)的七种原因。他特别指出,出现于《迷途指津》里的自相矛盾,分别属于其中第五种和第七种——问题是,如果仅第五种和第七种原因跟《迷途指津》相关,他列举其他那些原因究竟要说明什么?仔细读过所有原因后,读者或许可以察觉,其余的原因都并非真正意义上的"自相矛盾":要么文本里事实上只有一个主张得到认同,其对立主张并不真正成立(第一、二、四种原因),要么所谓矛盾出自对两种不同寓言的字面理解产生的冲突(第三种原因),又或者,有些文本中的相互对立的主张根本就是作者的疏忽造成的(第六种原因),不会构成理解文本的障碍。(导言,第17～18页)通过这样的排除法,迈蒙尼德借正文之前最后的场合既提醒又告诫读者,《迷途指津》虽以"解惑"或"指点迷津"为己任,但它本身像谜一样,充满自相矛盾的主张,是一部隐晦之作,需要读者怀着思想侦探般的智慧、勇气和耐心,克服重重困难,企及最终的理解。

二

如前所述,《迷途指津》除了位于各卷卷首的显著"导言"外,还有一些隐匿在正文内部的"特殊导言"。从卷一第73章到卷二第9章的短短十三章之间,出现

① Moses Maimonides, *The Guide of the Perplexed*, trans. Shlomo Pines, p. 15. 本文的《迷途指津》引文均据 Pines 英译本译出,以下随文注明章节及页码。

了三篇或被称为“前言”或被称为“注意”(תנביה)的插曲(以下统称“特殊导言”)[①]:卷一第 73 章,在讨论伊斯兰思辨神学家们为论证世界的被造性而提出的十二种前提的第十种时,迈蒙尼德特别提醒大家“注意”后面论述的内容;此外,在卷二第 2 章和卷二第 9 章的正文里,迈蒙尼德以未必引人注意的方式分别插入了一篇简短的“导言”。

从形式上看,这些“特殊导言”显然是对论述过程的一种打断,从而使得“特殊导言”前后的内容有某种落差;从内容上看,这些透着玄机的导语往往是一种指导方针,引领着悉心的读者走向对此书的真正理解。从卷一第 73 章至卷二第 9 章的这几篇“特殊导言”相对集中,反复阅读可以发现,它们围绕的是同一个论题,即上帝的存在、一体性和无形体性(incorporeality)(卷一第 71 章至卷二第 12 章),而紧随其后的问题是:世界究竟是被造的还是恒在的(卷二第 13～24 章)。[②]

(一)卷一第 71～76 章

就主题而言,卷一第 73 章连同之前的两章一起构成了《迷途指津》整个第二部分的引子。第 71 章是《迷途指津》第二部分的开端[③],迈蒙尼德在其中首先简要总结了科学知识在犹太教中式微的内外原因[④],进而提到伊斯兰思辨神学各派对首要的神学问题——上帝的存在——的论证。对迈蒙尼德来说,伊斯兰思辨神学的重要性在于,一方面,其中的穆泰齐勒派(the Mu'tazila)是晚近几个世纪犹太教某些学术领袖(Gaonim)及卡拉依派(Karaites 或 Qaraites)思想的重要源头(卷一第 71 章,第 176～177 页),另一方面,思辨神学家们自称学习并使用希腊哲学的论证方法来证明各种神学问题,但恰恰其方法在迈蒙尼德看来大成问题,因为他们不像哲人那样,使论证的前提符合“存在物之所是”(that which exist),而是“为了给一种特定意见的正确性提供证据,考虑如何让存在物是其所是”。(卷一第 71 章,第 178 页)在“献辞书”里,事实上迈蒙尼德已经表达了对如拉比约瑟夫这样好学的犹太青年沉溺于思辨神学思想的担心。(第 4 页)可以说,很大程度上,《迷途指津》是为了廓清伊斯兰思辨神学——尤其是其中打着理性旗号的穆泰齐勒派——的不良影响才写的。

---

① 《迷途指津》另一篇出现在正文的“特殊导言”位于卷三第 41 章(Pines 译本,第 560 页),该章讨论的是涉及惩罚的《圣经》诫命,另一篇“注意”出现于卷三第 51 章(同上,第 621 页)。限于篇幅,本文的论述仅限于卷一第 73 章和卷二第 2 章的两篇“特殊导言”。

② 参见施特劳斯对《迷途指津》谋篇的厘析,“How to Begin to Study the Guide of the Perplexed,” p. xii。

③ “How to Begin to Study the Guide of the Perplexed,” pp. xii, li, and after.

④ 卷一第 34 章对这一问题作了详尽讨论。

因此,在卷一第73章,迈蒙尼德逐一考察思辨神学家们由以建立其论证的各种前提,试图通过揭示其前提的荒谬,来说明其论证本身的站不住脚。迈蒙尼德首先指出,思辨神学家们内部在方法和意见上尽管也有分歧,但他们普遍共享十二种前提,它们分别是:

> 第一个前提:确立原子的存在。第二个前提:真空的存在。第三个前提:时间由瞬间(instants)组成。第四个前提:那种实体(substance;[英译按]直译:原子)不能免受大量偶性(accidents)的影响。第五个前提:我将要描述的偶性靠不能免受其影响的原子来维系其存在。第六个前提:一种偶性不能在两个时间单位里持存。第七个前提:性状的状态(the status of habitus)是它们的匮乏,且前者和后者都是需要一个动力因(efficient cause)的实存的偶性。第八个前提:所有实存事物中——他们(引按:思辨神学家们)的意思是,所有被造事物中——除了实体和偶性,别无它物持存,自然形式(natural form)同样也是一种偶性。第九个前提是:[不同的]偶性并不相互支持(英译按:指一种偶性并不内在于另一种偶性)。第十个前提:不应该认为,一事物的可能性建立在现存事物(that which exits)与心灵表象(mental representation)的相关性中。第十一种前提:就无限的不可能性而言,无限究竟是现实存在、潜在存在还是以偶然方式存在,并无区别;我的意思是说,那些无限事物的同时实存(simultaneous existence)之间并无区别,或者说,它们的存在(their being)据信是实存者(what exists)与因偶然方式成为无限的不再实存者构成的。他们说所有这样种类的无限都不可能。第十二个前提在于,他们说各种感官会犯错,它们疏于对许多对象的领会,出于这个理由,不应诉诸感官带来的判断,它们也不应以绝对方式被视为论证的原则。(卷一第73章,第194~195页)

从这些前提涉及的概念可以很清楚看到,思辨神学家们据以建立其论证的前提绝大部分涉及亚里士多德的范畴:实体以及种种偶性。此外,按迈蒙尼德的排列顺序,对他们而言首要的前提是原子及真空的存在以及时间由瞬间构成这三者。在随后对每一前提及其后果的进一步辨析中,迈蒙尼德指出,按思辨神学家们的看法,世界作为整体由不能再分的微小粒子即原子构成。个别物体因这些彼此无分别的粒子的聚合而生成,物体的腐朽则由粒子的分解带来。问题是,思辨神学家们同时相信,粒子不拘囿于其实存,上帝按其意愿持续不断地创造它们,因而,它们的寂灭(annihilation)同样有可能。迈蒙尼德指出,把思辨神学家们的头三个前提放在一起看,可能得出极荒谬的结论,比如,如果从同时从微粒存在和时间由瞬间构成的角度看运动,没有一种运动比另一种更快。如果把关于粒子的意见坚持到底,则思辨神学家们不得不否认数量(quantity)是偶性的

一种，因为他们所谓的原子不拥有数量。

迈蒙尼德认为，对伊斯兰思辨神学而言，最主要的命题是他所列举的前提中的第十项，他解释说，这个前提意味着，思辨神学家们相信，“一切可以被想象的东西对理智来说都是可接受的(admissible)”(卷一第 73 章，第 206 页)。与此同时，他们一致认同，“同一地点、同一瞬间，两个相反的东西的聚合(coming-together)是不可能的，不会成真，也不能得到理智的接受”。同样被他们认为理智不可能接受的还有：实体没有任何偶性而存在，偶性不附着于任何基质(substratum)而存在，或者实体和偶性相互转化，等等(卷一第 73 章，第 207 页)。迈蒙尼德承认，他们认为不可能的事情的确无法由心灵来表象。但是，迈蒙尼德指出：

> 哲人们说过，当你称一事“不可能”时，那是因为它不可被想象，当你称一事“可能”时，因为它可以被想象。因此，在你看来可能的事只是从想象力的角度而非从理智的角度看是可能的。(卷一第 73 章，第 207 页)

迈蒙尼德继而指出，这个前提只有在前九个前提成立的条件下才成立，也正因此，思辨神学家们才求助于前面的九个前提。接下来，迈蒙尼德讲述了一场争辩，这场争辩发生在一位思辨神学家与一位哲人之间。一位思辨神学家问哲人，何以铁极其坚硬、结实，且为黑色，而奶油极其柔软、松散，而且是白色的。哲人告诉他，每个自然物体都有两种偶性，一种涉及该物体的质料，比如颜色，一种涉及物体的形式，比如软或硬，这就造成了铁与奶油之间的截然反差。思辨神学家反对哲人的观点，他认为，形式本身是一种偶性(前提八)，不同物种的实体之间并无差别，因为所有存在物由无差别的原子构成(前提一)。此外，所有偶性都具有相同地位，即便某种偶性使实体具有特殊性，也不意味着这种偶性使其他偶性处于次要地位，因为一种偶性不能成为其他偶性的基质(前提九)。迈蒙尼德指出，思辨神学家由此认为，他所希望建立的前提都是成立的，从中得出的结果就是，铁与奶油具有同样的实体，而且这实体跟各种偶性的关系也完全一样，不存在特定的实体与某特定偶性之间更为匹配这样的事。整个这一套前提最终会得出的结论是：“人不比一只甲虫在智性上更适于认知(to cognize)。”(卷一第 73 章，第 209 页)

正是在这里，迈蒙尼德突然插入一个词：תנביה(注意)！然后指向此书的读者：“要知道(אעלם)，你这研习此书的人”——这里凸显的强调显得无与伦比。通常，当祈使式动词אעלם(英译为 know)出现在《迷途指津》中时，那是作者迈蒙尼德要求读者引起注意的地方，类似的祈使词还有“听着”(אסמע)以及“想一想”(פתאמל)。现在，迈蒙尼德不仅要求读者了解他即将要说的内容，而且要求读者特别“注意”这些内容，可见，这是非常重要的地方。

出现在这里的"注意"紧接着上述极为荒诞的结论,即按照思辨神学家们的种种前提,人跟甲虫在理智的认知上并无区别。迈蒙尼德首先指出,想象力存在于大部分生物中,尤其对有心脏的完善的动物,因此人之有别于其他动物不是因为人具有想象力,而恰恰是因为人具有理智。

> 理智区分合成事物、辨别其各部分并对其进行抽象……正是借助理智,普遍事物能跟个别事物相区别,而除了借助普遍性,没有任何论证得以成立。同样,借助理智,本质的谓项(essential predicates)得以从偶然的谓项(accidental one)中辨析出来。这些行为都不属于想象力。

在迈蒙尼德看来,想象力借各种感官来认识事物,无法像理智那样进行区分、辨析和抽象。但另一方面,想象力有一种虚构能力,可以设想马头带羽翼的人,尽管现实中这样的人并不存在。但迈蒙尼德同时指出,想象力并不能摆脱质料带来的局限,也就是说,想象力无法设想非质料的精神事物,所以"在想象力中不可能有批判式的检审(critical examination)"(卷一第73章,第210页)。

接下来,迈蒙尼德用"听着"加上"要知道"的双重强调提醒读者,数学教会我们,前提对于建立真实的论证多么重要。有时候,凭想象力无法设想或以为不可能的事或物,经过论证(demonstration)可以"确立为真"或"能够存在"。另一方面,迈蒙尼德指出,想象力认为必然的事物,也可以经论证证明其不可能——比如,可以设想上帝有形体,或是"某物体内的一种力"(a force in a body),对想象力来说,不存在无形体的存在者,但迈蒙尼德恰恰极力主张,上帝是无形体的(卷一第73章,第210～211页)。迈蒙尼德指出,能够认识到什么是必然的、可接受的、不可能的,或可辨别的,这样的能力不是想象力。他解释说,不要以为思辨神学家们没有意识到这一点,他们完全知道光凭想象力无法确立真理,正因如此他们才要求助于前面九个前提,为的就是有能力"借助它们来确立第十个前提——他们想要宣称可接受的那些想象之物的可接受性"(卷一第73章,第211页)。

随后,迈蒙尼德说:"想一想,你这进行思辨者(consider, thou who art engaged in speculation),感知一下,一种深刻的思辨的方法已然兴起。"迈蒙尼德心目中"深刻的思辨的方法"究竟是哪种方法,他在这个接近尾声的"特殊导言"里没有明言。针对心灵的表象究竟是理智引发的表象还是想象力引发的表象,他只说希望"我们有能力对凭理智来认知与凭想象力来认知作出区分"。不过,他在最后关头又回到哲人与"律法遵循者"(the adherent of the Law)的争辩:哲人认为,"现存事物"(that which exists)才是辨析必然性、可能性和不可能性的起点;律法遵循者则回应道,我们的争辩围绕的正是这一点,因为我们认为,现存事物是意志的产物,并非"必然的结果"(卷一第73章,第211页)——在这里,必然应该被理解为"自然的必然"。也就是说,在对世界的理解上,哲人的出发点是

事物之所是的自然,而律法遵循者的出发点是世界的被造性——这里,已经隐含了迈蒙尼德即将讨论的问题:世界究竟是恒在的抑或被造的。

在随后的几章里,迈蒙尼德先是给出了思辨神学家们对创世的证明(卷一第74章),接着是他们对上帝的一体性(unity)的证明(卷一第75章),卷一的最后一章是思辨神学家们拒斥上帝的有形体性的证明(卷一第76章)。在论述这些证明时,迈蒙尼德清楚地揭示了与这些证明及其方法相关的前提,也就是他在卷一第73章里详述的那些前提。读者可以留意到,特别在论及建立在第十个前提之上的有关上帝的无形体性的证明方法时,迈蒙尼德指出,这个证明比之前的证明"更无力"(feebler)(卷一第76章,第229页)。

在卷一最后,迈蒙尼德又一次使用祈使语气说:

> 想一想,你这进行思辨者,要是你偏爱对真理的探寻,弃绝激情、[弃绝]对权威的盲从、[弃绝]对你所习惯尊崇的事物的恭顺,你的灵魂就不会受这些进行思辨的人们的错误引导……因为他们就像逃出炙烤进入火海的人。因为他们认为,借助那些前提,可以论证世界是在时间中被造的,可他们由此废除了存在的本性(the nature of being),改变了天与地的原初特性。其结果是,他们并没有论证世界在时间中被造,而且还摧毁了我们有关神的存在、其一体性以及其无形体性的论证。因为,只有通过论证才能使所有这一切变得清楚明白,而论证只能从现存事物的持久本性——那种可以通过感官和理智看见和理解的本性——中得出。(卷一第76章,第230~231页)

在这段卷一尾章的小结里,迈蒙尼德事实上呼应了卷一第71章已经指出的真正的哲人与伊斯兰思辨神学家们在论证方法上的差异:哲人的出发点是自然事物的本性,而思辨神学家们的出发点是必须得到信仰的各种律法信条。这段话表明,迈蒙尼德提到的"深刻的思辨的方法"绝不可能是思辨神学家们的方法,只能是哲人的方法。

在卷一最后,迈蒙尼德说,他接下来要考察哲人们进行论证的前提,以及哲人们有关上帝的存在、一体性和无形体性的论证——他解释说,"为他们计,我们将承认(grant)世界是恒在的[这个主张],尽管我们自己不相信这一点"。继而,他保证说,"我将向你表明我们自己的方法"。(卷一第76章,第231页)

(二)卷二第1~2章

在第二卷正文前的"卷首语"中,迈蒙尼德一口气列举了为确立上帝的存在、一体性和无形体性由哲人们提出的二十五个前提(卷二卷首语,第235~239页)。如英译者所言,没有任何现存的证据表明,迈蒙尼德之前有任何人曾提出过这个数量的前提(卷一第76章,第235页,注2)。对照卷一第73章思辨神学家们的那些前提,可以发现哲人们的前提基本上都是亚里士多德及其追随者提出的。其中有些前提跟思辨神学家们相似或一致,有些则大相径庭。

在列举哲人们的前提之前,迈蒙尼德指出,“所有这二十五个前提都经过论证,关于它们在任一点上都没有丝毫疑问”——显然,这样的肯定是他不曾给予思辨神学家们的。值得注意的是,迈蒙尼德接下来强调,“我们要承认他们的一个前提,因为正是通过这个前提,我们探寻的目标将得到论证;这个前提即世界是恒在的”(卷一第 76 章,第 235、239～240 页)。遍览所有二十五个哲人的前提,其中并没有“世界是恒在的”这一条。而在列举完二十五个前提之后,迈蒙尼德再度回到“世界是恒在的”这个前提,这一次,他明确表示,这是亚里士多德的观点,他进而提出,还有“第二十六个前提,即时间和运动是恒在的、永久的,在现实中存在的”(卷一第 76 章,第 240 页)。

迈蒙尼德指出,亚里士多德持续不断地想要确立这个前提的真实性,但“我似乎认为(ויבדו לי אנא),亚里士多德并没有为肯定这个前提而建构一个论证,对亚里士多德来说,[运动是恒在的]这个前提最恰当也有最大的或然性”(most fitting and the most probable)(卷一第 76 章,强调为笔者所加)。迈蒙尼德告诉他的读者,在这个问题上,亚里士多德的继承者和注疏者们与思辨神学家们形成了截然对立的观点,前者认为这个前提是必然的,也就是说,不仅可能,而且已经得到论证;后者则竭力说明其不可能性。他说他本人的观点介于两者之间:他认为运动的恒在既非必然,也非不可能,而是可能的——他的言下之意是,他跟亚里士多德本人观点一致。不过,在提到他所认为的亚里士多德的观点时,迈蒙尼德用了一个表示不确定的“似乎”(יבדו),没有把话说满。

在卷二第 1 章中,迈蒙尼德以紧凑又清晰的方式,借哲人的前提,提出了有关上帝的存在、一体性和无形体性的论证。此章结尾,他预告说,接下来他要概要地讨论他此前答应的“我们的”方法(卷二第 1 章,第 252 页)。

卷二第 2 章以这样一组或此或彼的对立选择开启:“第五种物体,亦即天穹(the sphere),要么受制于生成与腐朽——在这种情况下运动也同样要受制于生成与腐朽——要么,如对手(引按:哲人)所言,不受制于生成与腐朽”(卷二第 2 章,第 252 页)。可以说,迈蒙尼德在此接续前述思辨神学家们与哲人之间的对立意见,将他们的论争从证明上帝的存在、一体性和无形体性扩展到世界的起源这个问题上——世界究竟是上帝在时间中创造的,还是恒在的,与天穹是否受制于生成与腐朽息息相关:按亚里士多德的看法,各种天体恒常进行圆周运动,不

受制于生成与腐朽，其运动来源于“第一推动者”(the Prime Mover)[①]，接下来，迈蒙尼德表明，无论沿着这组对立的哪一方，都可以论证上帝的存在：倘若天穹受制于生成与腐朽，那么，使它从无到有的必定是上帝，因为只有上帝才能使事物从无到有；另一方面，倘若天穹不受制于生成与腐朽，那么，必定有一个原因(动力因)推动它进行恒常的运动，这个原因不会是一个物体也不会是某物的一种力，而只能是上帝。

乍一看，迈蒙尼德自己给出的关于上帝存在的论证显得天衣无缝，如他自己所言，无论世界是恒在的或由上帝所造，两者都能成为上帝存在的论据。也就是说，不管世界是否有一个时间上的开端，上帝始终存在。问题是，这两种论证的有效性是不相当的，因为两者由以出发的前提不同。[②] 迈蒙尼德自己曾经强调过，只有从现存事物出发的前提才是可取的，“只有上帝才能使事物从无到有”是一个信念或者说是本身有待论证的命题，因此，将之作为论证的前提之一，按迈蒙尼德本人的原则是有问题的。

无论如何，迈蒙尼德接着说，他还将解释哲人们有关分离理智的论证，并将之与律法的根基之一——天使的存在——联系起来。

行文至此，迈蒙尼德郑重其事地说，在展开这些论述之前，他有义务交待一份“导言”，他异乎寻常地担保说，这篇导言“像一盏灯一样，会照亮这本书作为整体的隐藏特征——对之前各章与之后各章都是如此”(卷二第 2 章，第 253 页)。这样一句话会让人眼前一亮，对习惯于小心翼翼在黑暗中探寻真相的《迷途指津》的读者，这句话既让人兴奋，同时也让人疑窦丛生：为什么这篇极为特殊的“导言”会放在这样一个位置？它真的能“照亮”那些隐藏的谜团么？就算能的话，它本身又能在多大程度上被解密，或者说，得到充分理解？

这篇“导言”不像卷一第 73 章的“注意”那样长。迈蒙尼德仍然用“要知道”开头，他接连用两个否定句表示，他写作《迷途指津》的“目的”既非“撰写自然科学”，或“按某些教义来概述与神的科学有关的各种概念，或论证已经得到论证的东西”，亦非对各层天穹的特性及其数量进行概要描述。他说，早有人就这些论题写过恰切的著作，且就算他们在个别主题上写得没那么恰切，他本人也无法就

---

① 在迈蒙尼德列举的哲人的二十五个前提中，有关“第一推动者”的前提被列为第二十五个，他称之为“首要的前提”(capital premise)。迈蒙尼德明确表示，这个第一推动者就是上帝。参见《迷途指津》，卷二，卷首语，第 239 页。亚里士多德在《形而上学》1072b 讨论了这个“不动的推动者”。

② 关于迈蒙尼德的这个论证，详见 Josef Stern, *The Matter and Form of Maimonides' Guide*, Cambridge, MA: Harvard University Press, 2013, pp. 151, and after. Stern 指出，迈蒙尼德这两个论证中的上帝概念并不相同：从天穹受制于生成与腐朽这个前提得出的是律法的上帝，而另一方得出的则是哲人那里作为神的第一推动者。(第 154 页)

此做得更好。他指出,他已经在卷一的“卷首语”里说过,他写作此书的“目的”,是解释律法的难点,并揭示那些难点的隐含意味的“真相”(true reality)。这些话并没有什么特别,但接下来有两段话[①]确实与众不同:

> (1)因此,如果你感知到我论及如何确立分离理智的存在或天穹的数量及其运动的原因,或是我论及探究质料与形式概念的真相,又或论及神的流溢以及其他诸如此类的概念,你不应当认为——这想法也不应出现在你身上——我的意图仅仅是探究那个[特定](particular)哲学概念的真相。……我的意图只是提到那样的事物,即对它们的理解可能阐明律法的某些困难;事实上,通过我概述的一个概念的知识,有许多结会被解开。

在上面的第一段话里,迈蒙尼德提醒他的读者,当他在书中讨论各种哲学概念时,他不是要进行对特定问题的哲学探究。这句话可以有几层意思。首先,迈蒙尼德借这个接近全书中心位置[②]的“特殊导言”再次明确,《迷途指津》不是一部哲学著作——至少,从作者意图上说,绝不是——无论它看上去多么像哲学论著。实际上,迈蒙尼德在这个地方说这段话,首先恰恰是因为,围绕这一章的前后若干章(从卷一第74章到卷二第4章)里,没有出现一处《圣经》引文,更是绝不见拉比文献的踪影。[③] 这说明,哲学讨论是这个部分的要旨,但迈蒙尼德通过这段话提醒读者,他无意于进行哲学思辨,他的核心关注还是解决哲学思辨与律法诉求之间的冲突这个困难。其次,虽然原文里并没有“特定”这个词,但英译者添加的这个词帮助我们理解到,对具体的哲学前提、概念或论证进行孰是孰非的判断,也不是迈蒙尼德所关心的。这样说可以引出两种可能的考量:其一,迈蒙尼德或许借此暗示,他对各种论证的判断并非全都严格而公允;其二,迈蒙尼德关心的是作为整体的哲学,而非某个或某几个具体的哲学概念或论证。

> (2)……无论你在哪一章里发现,我的论述着眼于解释已经在自然科学或神的科学中得到论证的一件事,或是着眼于解释已经显现为最恰当地去相信的意见,或者着眼于解释已经在数学上得到解释的一件事——要知道,

---

① 下面两段话在Pines英译文中属于同一段落,犹太—阿拉伯语原文和伊本·提邦(Samuel Ibn Tibbon)的希伯来文译文则有不同的分段。本文作两段处理,只是方便论述。

② 《迷途指津》全书的中心位置,一般认为在卷二第13章。参见《施特劳斯论迈蒙尼德》(*Leo Strauss on Maimonides, The Complete Writings*)一书编者K. H. Green的“编者导言”(Editor's Introduction)。需要说明的是,Green尝试指出,卷二第15章才是《迷途指津》真正的中心章回。究竟孰是孰非,还有待有心的读者自己去探究。(第26页,注19)

③ 其实,跟前面几十章相比,卷一第71~73章也仅有极少量《圣经》和拉比文献引文,而且,这些引文只是充当论述哲学概念或前提的佐证,并非解释的对象。参见卷一第71章,第175~176页;卷一第72章,第192页;卷一第73章,第203页。

那件特定的事必然成为一把钥匙,[有助于]理解某个要在预言书里发现的东西,我指的是其中的某些寓言和秘密。我何以提到、解释、阐明那件事的理由,将会在为我们获取神车论或开端论的知识中被发现,或者,将会在为涉及预言概念的某种根基提供的解释中被发现。(卷二第 2 章,第 253 页;括号为笔者所加)

如果说上述第一段话再次明确了写作意图,那么第二段话就是真正意义上的"指点迷津"——迈蒙尼德知道,他的书写得晦涩难懂,如他自己在卷一的"卷首语"和"本书指南"里所说,他有意选择如此。但他答应过读者,他会提供"章回标题",像这样的"特殊导言",正是最明确的"章回标题",或者如他自己前文所言,是一盏照亮隐藏的线索,进而启蒙心智的"明灯"。

在第二段里,迈蒙尼德事实上告诉读者,他讨论哲学概念绝非随意偶然,而是有针对性——他的真正目的是借这些概念来揭示预言书里那些难解的寓言的秘密。迈蒙尼德说,这件他所讨论的"事"(אמר)会成为一把理解先知书秘密的钥匙(מפתאח)——那么,他的这篇"特殊导言",也是一把钥匙吗?可以说:是,又不是。说是,因为循着这里提供的线索和光亮,那些足够智慧和耐心的人将有能力凭自己的能力发现迈蒙尼德尝试揭示的部分预言书的秘密;然而,绝非所有人都能找到那些线索的线头,遑论按图索骥地打开一把又一把锁。

三、非结论的结语

本文尝试提出,《迷途指津》里的"特殊导言"对理解全书的谋篇乃至意图具有重要的意义。通过部分地展现和厘析这些"特殊导言"的位置和内容,本文开头提出的问题或许可以有一个比较可靠的结论:《迷途指津》并非一部哲学著作。且不谈其头七十章里的绝大部分都是词典式的解经,即便在其最有哲学味道的部分——讨论各种前提、概念、论证的部分,按迈蒙尼德自己的说法,他的出发点也不是探究哲学问题。

然而,这绝不意味着,迈蒙尼德不关心哲学或者说不认真对待哲学。恰恰相反,《迷途指津》对哲学的推崇可谓无以复加:卷一第 1 章,迈蒙尼德指出,上帝以之为"形象"造人的那个东西是人的"自然形式"即"理智"(第 22 页);紧接着在第 2 章,他指出,伊甸园里亚当吃禁果前后具有的知识的不同在于,前者是通过理智辨别真假的知识,后者是辨别好坏的知识,"属于广为接受的事物"(第 24 页以降),这两种知识孰高孰低,一眼便知。与此同时,《迷途指津》所设想的人的最高的完善,不是德性的完善,而是理智的完善(参见卷三第 18 章,第 475～476 页;第 51 章,第 624～625 页)——几乎可以说,《迷途指津》从头到尾都在礼赞哲学。

对迈蒙尼德来说,哲学有其自身的尊严,并不仅仅是思辨神学家们拿来论证神学命题的工具。尽管迈蒙尼德本人也运用哲学论证方法来证明上帝的存在、一体性和无形体性,但如他自己强调的,他是从现存事物出发来进行论证,因而最大程度担保了论证本身的真实性和有效性。另一方面,当遇到特别困难的问题——诸如世界由上帝从无中创造抑或世界恒在的问题及有关上帝的知识的问题,等等——迈蒙尼德坦承,人类理性有其限度,这些问题暂时无法用论证方法明确其结论,只能择取其中最有可能性的选项。[①]

关于《迷途指津》中的"特殊导言",本文远未能作出全面深入的探究。好在《迷途指津》是一部有耐心等待甚或陪伴读者一点点成长的巨著。

① 参见《迷途指津》卷二第22章,第295页;卷三第21章,第485页。

密得拉释对迈蒙尼德寓意释经的影响*

夏歆东**

"מדרש"(密得拉释,midrash)一词具有释经手法和释经文本这两个含义。就其为释经手法而言,它通过引申、数值化等独特的犹太方式去解释圣典经文的含义。就其为释经文本而言,它是记录了《塔木德》成文之后的几百年里不同时期、不同地区的拉比们对圣典的阐释以及身体力行的教导的庞大文集的名称。而作为释经手法与释经文本的"密得拉释"对迈蒙尼德的寓意释经都有很大影响。一方面,《密得拉释》文本里的某些内容本身就是他寓意释经的对象;另一方面,寓意释经这种手法也是密得拉释式释经手法的创造性使用。

所谓"寓意释经",在中世纪阿拉伯哲学家那里指的是以哲释经,即:将圣典经文的真正含义解释为与其字面含义不一致的哲学内涵。具体到迈蒙尼德而言,他在《迷途指津》里将犹太教圣典里的某些词、句、叙事设定为比喻之后,再通过一定的手法与步骤将这些圣典比喻的真实含义解释为他所持有的哲学观点,他的寓意释经受着哲学与传统的双重影响,其中,来自于传统的一个重要方面就是密得拉释。

一、密得拉释释义

(一)作为释经手法的密得拉释

"מדרש"(密得拉释,midrash)一词里的首字母"מ"相当于介词 from,有"从

* 本文是重庆社会科学基金项目"阿拉伯翻译运动与五四翻译浪潮的比较研究"(2012BS23)的阶段性成果。

** 夏歆东,四川外国语大学英语学院副教授,山东大学犹太教与跨宗教研究中心兼职研究员。

……里来、通过……而得来”之意，词根“דרש”(d-r-sh)的字面含义是“探求、查询、寻求”。在《圣经》[①]成书早期，百姓通过求问YHVH、先知或祭司来得知神意，例如：《创世记》25:22里的撒拉“מדרש(求问)耶和华”[②]、《出埃及记》18:15里百姓向摩西“מדרש(求问)神”[③]。《圣经》成书后期，人们通过理解“摩西五经”来得知神意，例如：《以斯拉记》7:10里以斯拉“מדרש(考究)耶和华的律法”[④]。后《圣经》时代，贤哲们的解释活动虽然也叫作“דרש”(d-r-sh)，但拉比们探求神意的具体方式却与《圣经》时代有了很大不同，Eugene B. Borowitz归纳出了以下几种常用方法[⑤]：

拆词。一个词被拆成几个部分，而拆词之后得到的句子含义往往与未拆时不同。例如，3世纪的贤哲约西·本·哈尼那拉比(Yose b. Hanina)将《列王纪下》4:27里以利沙的仆人基哈西推开她里的“推开她”(להדפה)一词拆成“הד”和“פה”，两词一起的意思是“她的美丽光芒”，表示她的胸部的委婉语，这样的解释无疑显示出基哈西心有淫念。而在心有淫念的仆人的映衬下，心无杂念的主人以利沙也就显得更加纯洁无瑕。[⑥] 又比如，针对“YHVH为什么没有把《托拉》赐予亚当而是给了摩西”这个问题，《创世记》里时常出现的“לאדם”一词被拆分成了“ל אדם”，如果给“ל”配上不同的元音，“לאדם”的惯常理解“לְאָדָם”(给亚当)就能够变成“לֹא אָדָם”(不是亚当)[⑦]，《圣经》由此便对上述疑问进行了回答。

对经文里诸如叠词、近义词等语文现象进行超语文的解释。拉比们认为，由于《托拉》授自YHVH，所以它的每个方面都无疑传递着一定的意义，不可能有丝毫冗余；如果有任何一句、一词、一笔、一划看上去显得不必要的话，那仅仅是YHVH为了避免人们的错误理解而进行的教导。比如，《出埃及记》15:16里说

---

① 本文所言之《圣经》均指犹太教的《圣经》。本文所取《圣经》汉译采自和合本，如与希伯来语及英译版本内容有异，则取希伯来语版本及英译版本之意；《圣经》英译采自Adele & Marc Zvi Brettler (eds.), *The Jewish Study Bible*, London and New York: Oxford University Press, 1999；《塔木德》英译采自*The Babylonian Talmud*, translated and edited by Rabbi Dr. I. Epstein, London: The Soncino Press, 1935-1952；《塔木德》诸部篇名称的汉译依照《〈密释纳〉第1部：种子》，张平译注，山东大学出版社2011年版；密得拉释英译采自*Midrash Rabbah*, London: The Soncino Press, 1983.

② 孩子们在她腹中彼此相争，她就说：“若是这样，我为什么活着呢？”她就去求问耶和华。

③ 摩西对岳父说：“这是因百姓到我这里来求问神。”

④ 以斯拉定志考究遵行耶和华的律法，又将律例典章教训以色列人。

⑤ 对这几种方法的提要性介绍参见Eugene B. Borowitz, *The Talmud's Theological Language-Game: A Philosophical Discourse Analysis*, Albany: State University of New York Press, 2006, p. 69.

⑥ *Gen. R.* 10b.

⑦ *Gen. R.* 24.5.

了两次“פסח”(逾越)[①],拉比们解释说:一次“逾越”说的是摩西时代发生的,另一次说的则是以斯拉时代的。[②] 近义词也被理解为指称不同的事情。例如《诗篇》104:35 先说了“חטאים”(罪人),然后说“רשעים”(恶人),拉比们认为那意味着它指的是不同的两件事。

改变句子的平实含义。具体而言,有将字面含义进行寓意式引申的。例如:《诗篇》84:7[③] 的“他们经过‘流泪谷’”被解释为对僭越者的警告;《利未记》2:13 里给祭品抹盐这条律令被解释为关于受难功效的教导。还有从正面含义里推导出负面含义的。例如:《创世记》5:3 说亚当生了个跟自己相似的儿子,2 世纪的以拉撒拉比(Jeremiah b. Elazar)却把这句经文引申为亚当生了魔鬼和阴暗。拉比们更多的做法则是扩大单词的应用范围。例如:在《创世记》12:5“亚伯兰将……他们在哈兰……所אשר(得到)的הנפש(人口),都带到迦南地去”里,“אשר”的字面含义是“做、制造”,“הנפש”的字面含义是“所有活物都具有的生命力,诸如气血、灵魂、意愿等”。结合这两个词的含义,拉比们将“אשר הנפש”(所得到的人口)这个可有繁衍后代之意的短语解释成“皈依了犹太教的人们,就好像是亚伯兰造就了那些皈依者一样”[④]。在这样的解释里,不但亚伯兰的地位受到极大拔高(能造作皈依者),而且作为部落信仰的犹太教也成了有改宗号召力的普适信仰。

想象。许多的拉比教导很难从成文或口传《托拉》里找到文本根据。例如,3 世纪的拉基希拉比(Resh Lakish)说:如果伊甸园是在以色列地的话,那么它的门开在伯珊(Bet Shean);如果在阿拉伯的话,门开在伯格棱(Bet Gelen);如果在伊拉克的话,门开在大马士革(Dumaskanin)。3 世纪的祖特拉拉比(Mar Zutra)将《诗篇》32:6 叮咛人们在能找到的任何时候向 YHVH 祷告这条诫命具体化成:就连在上厕所的时候也要祷告。有的拉比提问说,比蒙巨兽(Behemoth)每天要吃掉一千座山的出产,那么,这头巨兽如果要躺下来的话,他巨大的身躯需要一座山还是一千座山才能放得下呢?[⑤] 还有拉比很悲壮地说:当约瑟夫把哥哥本杰明关到牢里去了之后,整个世界的上空都回荡着雅各儿子们的哭声。[⑥]

改变辅音。例如,据《塔木德 · 损害部》(*Nezikin*)的《偶像崇拜篇》(*Avodah-zarah*)1.1 记载,拉比们在讨论《密释纳》规范“禁止在外邦人的איד(节

---

① 和合本将此词译为“过去”:“……等候你的百姓过去,等候你所赎的百姓过去。”仅就拉比们此处对这则经句的解释而言,专词“逾越”比泛词“过去”更加贴切。

② *Gen. R.* 4a.

③ 和合本的该句标号为 84:6。

④ *Gen. R.* 39.14.

⑤ *Lev. R.* [M524].

⑥ *Gen. R.* 93.7.

庆日）前三天跟他们做生意”里的“איד”（节庆日）一词时，他们的讨论并非围绕外邦人的“节庆日”展开，而是围绕“עד”（见证）展开。这是因为两词在《圣经》里不但都跟提及偶像崇拜的经文联系紧密，并且读音——אֵיד（节庆日）、עֵד（见证）——在巴比伦地区口音里很容易混淆。

给辅音添加不同的元音从而得出不同的意思。成于文字的《圣经》有辅音而无元音，如果同一个辅音字配上几种元音读法都有意义的话，那就意味着该词乃至该句有着多种解释的可能性。举个通俗的例子，无论我们说“不一定”还是“比亚迪”，都无伤“BYD”这几个辅音符号。举个严肃的例子，《创世记》18：25 里的最后一句根据上下文来理解的话应该是个反问句“审判全地的主岂不行公义吗”，意为亚伯拉罕为了所多玛城可能存在的义人向 YHVH 乞求正义。但有的拉比改变了一个元音读法就将反问句变成了陈述句：“审判全地的主必将不行公义。”他还进一步引申到：“如果那样，整个世界将不会存在。”①通过这种解释，亚伯拉罕对 YHVH 正义的呼求就转变成了对 YHVH 仁慈的呼求。在失去圣殿与国家之痛尚未久远的时日里，这样的解释呼应着犹太人渴望 YHVH 之仁慈甚于正义的愿景。

将词语与数字进行对应。由于希伯来数字是用辅音字来书写的，而那些辅音字本身也有一定的含义，因此，数字也可能会被赋予某些含义，词语也可能对应一定的数值。例如，有的拉比将《创世记》14：14 里亚伯拉罕有 318 名仆人解释为亚伯拉罕有仆人“אליעזר”（以利以谢，Eliezer），因为“אליעזר”这个名字对应的数值是 318。② 还有的拉比对《哀歌》首词“איכה”（alas）进行了数值化解释：“איכה”一词的四个字母分别对应 1、10、20、5 这四个数字，这四个数字又分别对应着犹太人的四大罪行：否认“一个真神”、未遵行“十诫”、抛弃“行割礼”（割礼是亚当之后第 20 代才开始的）、废弃“摩西五经”。因为犯了这四大罪行，犹太人遭到了 YHVH 的惩罚。但是，也有拉比这样解释：“איכה”对应的 1、10、20、5 这四个数字的总和是 36，36 对应着 36 项其罪当革除教籍的违法行为，也正是因为犹太人犯了那 36 项恶极大罪才导致了圣殿被毁。

种种例子，不一而足。概言之，作为释经手法的密得拉释从“向神或向人求寻神意”发展成“向圣典文本求寻神意”。在向文本寻求神意中，其显著特点是对词句进行很大程度上的推导和引申。这一方面是因为神启《托拉》的口头教导者——拉比们——认为经文的含义与经文的理解与解释可以并行不悖；另一方面，他们还认为这种做法有着成文《托拉》和口传《托拉》的双重支持。成文《托

① *Gen. R.* 39.6.

② 该说法记载于 Targum 版《圣经》、*Gen. R.* 43.2 等多处文本。

拉》里《耶利米书》23:29 的那句"YHVH 说,我的话岂不像火,又像能打碎磐石的大锤么?"被《密释纳》时代的贤哲解释为:人说出来的一个词语只能传达一个含义,但 YHVH 的一个词语可以同时有着多个意思。[①] 换言之,YHVH 将无限多的含义蕴含在了普通的人类语言里。[②] 就口传《托拉》(口头教导)而言,不但《塔木德》立定"一个经句或词语可以进行多种解释"这样的准则[③],后世拉比进而还认为,尽可能给比较概括的成文《托拉》补充细节是他们的神圣使命[④],按照密得拉释独特的细节补充之法而得到的解释内容也给犹太教圣典这个庞大的文本传统加进了跟《圣经》与《塔木德》旨趣有别的内容。

(二)作为圣典文本的密得拉释

"מדרש"(密得拉释,*Midrash*)作释经手法之意解是据其字根"דרש"而来,它作为一个不分拆的词语整体出现则是在《圣经》成书后期,如《历代志下》13:22 的"亚比雅其余的事和他的言行,都写在先知易多的מדרש上"和 24:27 的"至于他的众子和他所受的警戒,并他重修神殿的事,都写在列王的מדרש上"。不过,H. L. Strack 和 G. Stemberger 也指出,该词在《圣经》原文里的含义并不十分确切。[⑤] 本文尝试从后世的众多译词里探究其含义被译者具体化到什么范围。希腊语的七十子本(LXX)从希伯来原文译为"βιβλὶον"(*biblion*)或"γραφυ"(*graphe*),拉丁文的武加大本(Vulgate)从七十子文本译为"*libre*",众多的英文版本用了"story、treatise、annotation、commentary、commentary of the book"等,众多汉译版本用了"书、传、传记、经、史、评注"等。本文基于"מדרש"一词的字面含义"通过探究而得来",并综合上述译入语词的普遍所指,认为似可将《圣经》里"מדרש"一词的外延粗略定为"书写下来的评述"。

之后,在《圣经》犹太教逐渐向拉比犹太教过渡的初期,该词的含义有所延展。第二圣殿时期的贤哲希列(Hillel)曾拜师求学的地方就被冠以"בית מדרש"(密得拉释之屋)。在这样的屋里,教师向学生解释经文,学生与教师共同研读《托拉》。该词的核心含义因此便是学习、教导。稍晚的《阿伯特》

---

① 参见《塔木德·公会》(*Sanhedrin*)34a; *Tosafot* a. 2; 拉什(Rashi)对《安息日》(*Shabbat*)88b 的注释。

② Eugene B. Borowitz, *The Talmud's Theological Language-Game: A Philosophical Discourse Analysis*, Albany: State University of New York Press, 2006, p. 67.

③ 《塔木德·公会》*Sanhedrin* 34a.

④ *Gen. R.* 53.15.

⑤ H. L. Strack & G. Stemberger, *The Introduction to the Talmud and Midrash*, Minneapolis: Fortress Press, 1996, p. 234.

(*Avot*)1.17 里更加具体:“最根本的不是מדרש,而是实践。”[①]在犹太教里,与践行具体律令相对的便是从智性上去探求《托拉》真理了。在《阿伯特》之后的《塔木德》里,“מדרש”一词还有“被研读和解释的那部分经文”的含义,如《婚书》(*Ketuvot*)4.6 里说“他这样דרש(探究)מדרש(被释对象,具体指《圣著》)”。

《塔木德》成文之后的几百年间,不同时期、不同地区的拉比们对圣典的阐释以及身体力行的教导也被记录了下来,并逐渐累积成“מדרשים”(Midrashim, Midrash 一词的复数)这类庞大的文献集群。下文的不完全统计试图简要呈现密得拉释文本的释经特质。

表 1　《塔木德》时代的“密得拉释”

篇名	解释对象及相关内容	成书年代
Sifra	《利未记》《密释纳》	约 3 世纪
Sifre	《民数记》《申命记》	核心部分约成于 3 世纪
Mekhilta de Rabbi Ishmael	从《出埃及记》第 12～35 节里推导出可行的具体律法规定	约 4 世纪
Mekhilta de Rabbi Simeon bar Yohai	对《出埃及记》第 3～35 节经文进行阿嘎达式解释	约 4 世纪

表 2　后《塔木德》时期形成的《大密得拉释》[②](10 篇)

篇名	解释对象	最终成书年代
Genesis Rabbah	《创世记》	约 6 世纪
Exodus Rabbah	《出埃及记》	10～12 世纪
Leviticus Rabbah	《利未记》	约 11 世纪中期
Numbers Rabbah	《民数记》	约 12 世纪
Deuteronomy Rabbah	《申命记》	约 10 世纪
Canticles Rabbah	《雅歌》	约 9 世纪中期之前

① 本文的理解“从智性上去探求《托拉》真理”跟张平老师的译词“读书”是同一个主旨。详见《阿伯特——犹太智慧书》,[以]阿丁·斯坦泽兹诠释,张平译,中国社会科学出版社 1996,第 23 页。

② מדרש רבה(*Midrash Rabbah*)。“רבה”(*Rabbah*)一词的字面含义是“大”,为何将集子命名为“大密得拉释”已不可考。很多学者认为,名之曰“大”有僭越《圣经》与《塔木德》之嫌。参见 H. L. Strack & G. Stemberger, *The Introduction to the Talmud and Midrash*, Minneapolis: Fortress Press, 1996, p. 278.

续表

篇名	解释对象	最终成书年代
Ruth Rabbah	《路得记》	约 9 世纪中期之前
Easter Rabbah	《以斯帖记》	
Lamentations Rabbah	《哀歌》	约 11 世纪
Ecclesiastes Rabbah	《传道书》	

表 3　《小密得拉释》(17 篇)

篇名	解释对象
Midrash Abkir	《创世记》和《出埃及记》部分经文
Midrash Al Yithallel	所罗门的智慧以及大卫的强大
Midrash'Aseret ha-Dibrot	五旬节
Dibre ha-Yamim shel Mosheh	摩西的生平
Midrash Eleh Ezkerah	哈德良时代十位贤哲烈士
Midrash 'Eser Galiyyot	犹太人的十次被流放
Midrash Esfah	《民数记》一些经句
Midrash Hallel	《诗篇》
Midrash Leku Nerannena	燃灯节
Midrash Ma'aseh Torah	犹太教的信念和行为规范
Midrash Petirat Aharon	《民数记》一些与亚伦相关的经句
Midrash Petirat Mosheh	摩西晚年的行为和死亡
Midrash Ta'ame Haserot we-Yeterot	对《托拉》字句的读音和拼写
Midrash Tadshe	象征性解释创世
Midrash Temurah	从善恶二分的角度解释创世
Midrash Wa-Yekullu	训诫式解释“摩西五经”
Midrash Wayissa'u	哈嘎达式叙述雅各众子的故事
Midrash Wayosha'	《出埃及记》部分经文

表 4　　较完整的散篇

篇名	被释主题及相关信息	成书年代
Midrash Qohelet	《传道书》	约 9 世纪中期
Pesikta	从"摩西五经"和《先知书》里推导出训诫意义	约 8 世纪早期
Pirke de Rabbi Eliezer	"摩西五经"	不早于 8 世纪
Midrash Shmuel	《撒母耳记》(上、下)	
Midrash Tehillim	《诗篇》	
Midrash Mishle	《箴言录》	
Tanna Devei Eliyahu	以阿嘎达方式解释《圣经》诸篇	
Alphabet of Akiva ben Joseph	希伯来字母含义	

另有两部影响较大的集子,一是"מדרש תנחומא"(*Midrash Tanchuma*,《坦胡玛密得拉释》),终成于约 9 世纪,被释对象涵盖整个"摩西五经"。另一个是"ילקוט שמעוני"(*Yalkut Shimioni*),由 13 世纪人西缅・哈・达山(Shimon ha-Darshan)从流传至当时的超过 50 个密得拉释式拉比文献里收集整理而成,被释对象涵盖整部《圣经》。

从以上信息我们可知,密得拉释文本从形式和主旨上讲是释经性的,虽然从内容上看未必尽然。密得拉释里的拉比们虽然引用《圣经》语句,也把他们自己的教导(口传《托拉》)跟 YHVH 的教导(成文《托拉》)联系起来,从而让人言更有权威,却也经常用各种玩笑性质的、故意骇人听闻的、有着狂野想象力的、极度夸张的引申、故事、寓言、文字游戏等等形式来表达根基性的宗教真理。仅以 YHVH 的大能为例,《圣经》里宣扬 YHVH 大能的文字比比皆是,但密得拉释里从字面上看是在贬损 YHVH 的说法也不在少数。比如,《以赛亚书》49:3 说 YHVH 将要因以色列人而荣耀,《大利未记》里的拉比们于是解释道,那也意味着 YHVH 不以自己为荣耀,所以他才催促摩西堆砌出对以色列人的众多赞美之词[①];《大创世记》说 YHVH 也会怕蛇,因为蛇很邪恶,还是反驳高手[②],《大创世记》还说,YHVH 为自己把亚当逐出伊甸园而感到悲哀[③];说一旦 YHVH 让

① *Lev. R* 2.5.
② *Gen. R* 20.2.
③ *Gen. R* 21.4.

坏人得到好报,管事的天使就可以谴责他[①]。

富含引申和狂言的密得拉释被中世纪的信众当成《塔木德》时期(1～5 世纪)的贤哲对既有圣典的阐释,且自身也被奉为圣典,受到后人的阐释。中世纪的拉比有的按照字面含义去解释,从而得出僭越的结论;有的延续先辈用比喻去解释,但却让圣典真理灰上蒙尘,渐行渐远。迈蒙尼德不认同这些人的解释,也嘲讽他们为学识浅薄的拉比、轻率的笨蛋。虽然他在写作《迷途指津》时改变了初衷——解释密得拉释中所有难解的段落——但密得拉释依然对《迷途指津》有着深刻的影响。[②]

二、密得拉释对迈蒙尼德寓意释经的影响

在《迷途指津》的绪论中,迈蒙尼德表示,自己曾许诺阐明密得拉释(Midrashim)中所有的难解段落,那些段落的表面含义显然与真理背道而驰,也与常识不符,因为它们都是比喻。他还意识到,如果延续传统用比喻去解释比喻的话,对解释没有什么帮助;如果直接给出解释结论的话,普通人一下子理解不了。试图探究真相但修养不够的人于是要么接受密得拉释的表面含义从而看轻YHVH 与贤哲,要么依然不明白其中的真义。于是,他放弃了初衷,转而介绍信仰的基础和普遍的真理[③],从而让人在具备了这些根基性知识的情况下探究出与它们一致的圣典真义。从这些话看来,让民众真正理解密得拉释虽然可能不是《迷途指津》的最终写作目的,但至少是目的之一,不然大可隐而不提,根本不用在书首作出如上解释。事实上,《迷途指津》里的许多地方都能找见密得拉释的痕迹。

(一)作为寓意释经对象的密得拉释

据《迷途指津》的英译者、迈蒙尼德的研究者 M. Friedlander 考据,该书中解释了的圣典词句除了取自他拟定解释的《圣经 · 先知书》之外,还来自《圣经》其他章节、《塔木德》和《密得拉释》。仅就《密得拉释》而言,有取自《大密得拉释》里的《大创世记》《大出埃及记》《大利未记》《大民数记》《大诗篇》《大传道书》;还有坦胡玛密得拉释里关于《创世记》的密得拉释式解释;也有来自散篇 *Pirke de*

---

① *Gen. R.* 53.14.

② 迈蒙尼德:《迷途指津》,傅有德等译,山东大学出版社 2004 年版,第 10 页。

③ 迈蒙尼德:《迷途指津》,傅有德等译,第 10 页。

Rabbi Eliezer(《以利泽大拉比篇》)以及几个现已查找不到来源的密得拉释残篇。[①] 这就意味着,《密得拉释》里的部分内容本身便是迈蒙尼德的诠释对象之一。较为完整地体现迈蒙尼德处理方式的有两处:一是对来自散篇《以利泽大拉比篇》和《大创世记》的以利泽拉比言论的解释;二是对亚当—夏娃的被造、人与蛇的恩怨、毒液、雅各众子这几个未知来源的密得拉释的解释。

《以利泽大拉比篇》里的以利泽拉比说:

> 天从哪里创造出来的?来自上帝衣裳的光芒。上帝采下部分光,像神衣服一样把它伸展开,这样天就连续延伸开来。如《圣经》说,披上光,如披外袍,铺张穹苍,如铺幔子。(《诗篇》104:2)大地从哪里来?从上帝宝座底下的雪而来。他抓起一把雪又扔了出去。如《圣经》说:他对雪说,要降在地上。(《约伯记》37:6)[②]

迈蒙尼德对上述引文的解释是:此话表示构成宇宙的质料不是同一的,且有优劣之别,天体质料是优质的,靠近 YHVH;地球质料是劣质的,离 YHVH 最远。理由是:"在他的脚下有一块用蓝宝石做成的白色的作品。"(《出埃及记》24:10)经句里"他的脚"指"宝座",宝座底下的白色就是地球的质料。迈蒙尼德还叮咛说这是个莫大的秘密,是关于存在的奥秘,是《托拉》中奥秘的奥秘。为了辅助说明,他还引了《大创世记》第 10 章里以利泽拉比的另一句话:"凡天上之物皆产生于天,地上之物皆产生于地。"[③]并把词句的真实意思解释为:地球上的任何事物,即月球以下的所有存在物都有同一质料,而所有天体和其中存在的事物的质料与地球的质料不同。[④] 这里,迈蒙尼德的处理方式是直接将密得拉释的含义等同于自然科学的知识,而且说得很清楚明白,一点也不像下面这个例子所展示的那样遮遮掩掩。

就亚当—夏娃的被造、人与蛇的恩怨、毒液、雅各众子这几个未知来源的密得拉释的解释而言,迈蒙尼德说它们虽然显得古怪,但却是正确无谬的。残篇一是关于亚当—夏娃的被造。密得拉释里的贤哲是这样解释《圣经》里的相关经文的:起初,亚当—夏娃被造为一个,他们背对背紧紧连在一起,后来被分开,其中一半,即夏娃,被领到亚当跟前。这个说法的字面含义跟《圣经》里的字面含义不一致,但迈蒙尼德认为,贤哲已经正确地理解了《圣经》经文的真义:亚当、夏娃是

---

① Moses Maimonides, *The Guide For The Perplexed*, trans. M. Friedlander, New York: Dover Publications, Inc., 1956, pp. 399-411.

② *Pirke de Rabbi Eliezer*, translated and annotated by Gerald Friedlander, New York: Sepher-Hermon Press, 1916, pp. 15-16; 又见迈蒙尼德:《迷途指津》,傅有德等译,第 304 页。

③ 迈蒙尼德:《迷途指津》,傅有德等译,第 305 页。

④ 迈蒙尼德:《迷途指津》,傅有德等译,第 305~306 页。

一而二、二而一的。他多处都在强调 YHVH 的创造是一次性完成的，且是完美无缺的，那么，YHVH 也就当然不可能先创造出一个人，然后再开膛取骨造出另一个人。那几句《圣经》经文的真义也就不可能是其字面含义。迈蒙尼德还拿出另外两句《圣经》经文来支撑这个正确暗示《圣经》真义的密得拉释："我骨中的骨、肉中的肉。"(《创世记》2:23)"要与妻重新合并，二者合为一体。"(《创世记》2:24)虽然迈蒙尼德遵守传统做法没有把这个密得拉释的所谓真义明确说出，但有一点是肯定的，贤哲的解释被他当作一个整体比喻，且从非字面含义的角度进行了理解。当代学者戴维森(Herbert Davidson)对迈蒙尼德缄口不言的秘密进行了揣测：亚当、夏娃这两个名字是象征，亚当象征理智，夏娃象征肉体，二人曾经的一体或者结婚后合为一体象征着一个人的理智与身体之紧密结合。[①]

残篇二是人类跟蛇的恩怨。密得拉释里的蛇本身并没有接近亚当，也没有同亚当说话，它的所有不轨之心都指向了夏娃。蛇本来有个驭者，引诱夏娃的便是这个驭者，驭者名叫撒玛艾勒(Samael)，贤哲认为撒玛艾勒就是撒旦。蛇与夏娃之间有无比的仇恨，他们的后裔之间也有着深仇大恨。蛇与夏娃连在一起的方式——也是他们的后代们连在一起的方式——是一个的头连着另一个的脚跟。夏娃通过敲碎蛇的头打败了蛇，蛇咬伤了夏娃的脚跟而击败了她。中世纪一些评注迈蒙尼德思想的人认为，这则密得拉释里的亚当象征人的理智，夏娃象征人的肉体，撒旦象征人的想象力，撒姆艾勒象征人的欲望(appetitive faculties)。整个叙事说的是：想象力这个导致错误的根源是受欲望的直接影响的；想象力和欲望又与肉体紧密相关，然后三者结合起来减弱了人的理智能力，因此，人非但没有获得真知灼见，反而形成错误观念。到头来，身体遭受痛楚，不受理智引领的想象力也变得堕落腐化。[②] 迈蒙尼德稍后还引用了另一个密得拉释叙事，说的是仅有在西奈山上受授《托拉》的以色列人才从蛇毒的侵害里超脱出来。对此，他没有进行任何说明。戴维森认为，这个密得拉释的意思是：以色列人在西奈山受授《托拉》之后，便具备了控制灵魂里非理性成分的能力以及能保卫理性不受干扰的能力；那些没有被授《托拉》的异教徒则仍然屈从于低级本能的驱使，其理性能力仍然被束缚。[③]

残篇三是关于雅各众子的叙事。迈蒙尼德根据《创世记》4:25 的经文"因为神另给我立了一个儿子"指出：亚当、该隐、亚伯等名字当中蕴含了无穷智慧，实

---

① Herbert A. Davidson, *Moses Maimonides—The Man and His Works*, New York: Oxford University Press, 2005, p. 345.

② Herbert A. Davidson, *Moses Maimonides*, p. 346.

③ Herbert A. Davidson, *Moses Maimonides* pp. 346-347.

际上该隐和亚伯二者都遭到了毁灭，只是凶手死得晚一些。人中间留下来的只有赛特一个。弗里德兰德尔认为这个密得拉释的含义是：亚当三个儿子的名字象征人的三个组成成分；该隐象征着植物灵魂，亚伯象征着动物灵魂，赛特象征着理智。死亡意味着人体内的动物元素首先灭绝，腐烂意味着植物成分被解体，唯有人的理智这种非物质的东西得以长存并成为人的本质。①

以上几个例子比较集中地体现着迈蒙尼德诠释密得拉释时的处理方式：从《圣经》里挑选出来的那些经文首先被当成需要寓意解释的比喻，贤哲们解释《圣经》经文的密得拉释继而也被当作需要寓意解释的比喻，最后他再敲东打西地提示大家说，这些释经比喻的真义是与自然科学、神学的真理相一致的，也即他试图在《迷途指津》里教导人们的“信仰的基础和普遍的真理”。《圣经》经文之真义在从字面含义走到哲学含义的过程中，密得拉释便不再是隐藏圣典真义的面纱，而是引领人踏上正确理解之路的桥梁。他这种做法既缓冲了字面含义与哲学含义之间的割裂，密得拉释本身岌岌可危的圣典地位也在迈蒙尼德的寓意解释中得到了维持。

（二）作为寓意释经手段的密得拉释

密得拉释除了本身便是迈蒙尼德的解释对象之外，还是解释《圣经》与《塔木德》词句的手段。本文仿造迈蒙尼德的方式说，“密得拉释”是个多义词，有密得拉释文本与密得拉释释经手法二义。就其为文本而言，许多从它而来的语句被迈蒙尼德当作解释《圣经》或《塔木德》词句的支撑材料；就其为释经手法而言，它是寓意释经的重要生成方式。

1. 作为寓意释经支撑材料的密得拉释

在迈蒙尼德对圣典词语的寓意解释中，他会首先将被释词语认定为多义词，然后通过寓意解释一些源自《圣经》《塔木德》和《密得拉释》的相关经句得出其真实的寓意，同时辅以自然科学知识的相关信息。以对“YHVH 创世”这个主题里的词语“ע”（水）的寓意解释为例，他首先将之认定为多义词，接着通过解释《创世记》里含有它的句子、讲解物理学和气象学的相关知识、引证《大密得拉释》里的相关经句来得出其三个真实含义：海、穹苍、穹苍之上。“ע”之所以具有“穹苍”之意是因为《大创世记》第 4 章里说“空中的水珠凝聚从而形成诸天”。并且，他还泛泛地说，贤哲们早已指出处于穹苍之上的那部分仅仅是名义上的水，而不是现实的水。贤哲的这般言论之所以正确是因为它与亚里士多德在《气象学》里所证明过的真理相符合。对密得拉释的类似使用方式还见于他对“诸天”“天使”

① Moses Maimonides, *The Guide for the Perplexed*, trans. M. Friedlander, New York: Dover Publications, Inc., 1881, p. lii.

等词以及涉及“宇宙永恒与否”的相关《圣经》经句的寓意解释。在这样的解释里，密得拉释以及他对密得拉释的解读是他寓意释经的有机环节。一方面，这种以经释经——各圣典经句的互文互释——的方式体现着迈蒙尼德认可并维护着密得拉释的真理性；另一方面，他也给密得拉释的真理性附上了另一个支撑：与哲学真理的一致性。

在对密得拉释这种支撑工具的具体使用中，迈蒙尼德会采用密得拉释的传统字面含义、用该密得拉释的阿嘎达去解释，或者直接宣布说该密得拉释是个整体上的寓言。例如，在《第二律法书》第1篇“论知识”第1单元“作为律法之根基的律法”第7章第3节里，他引用了坦呼玛密得拉释里 *Parashat Vayese* 的内容：

> 看哪，“有神的使者在梯子上，上去下来”(《创世记》28:12)，他们是世上各国的王子。这教导我们说：独一真神(愿他保佑)向雅各显示了巴比伦的王子上去又下来，显示了米底的王子上去又下来，显示了以东的王子上去又下来。独一真神(愿他保佑)还对雅各说：“为什么你不上去?”还说：“如果你上去，你就不会下来。”他没信，也没有上去。[①]

迈蒙尼德根据这个密得拉释的字面含义得出的结论是：这个梦是关于未来事件的一则预言。在《迷途指津》第1章第15篇、第2章第10篇里，被他用来解释该《圣经》经文的除了上文所引的密得拉释之外，还有对这个密得拉释的阿嘎达引申：

> 拉比西缅·本·约西那(Shimeon ben Yosina)这样解释道：“虽是这样，他们仍旧犯罪，不信他奇妙的作为。”(《诗篇》78:32)独一真神(愿他保佑)对雅各说：“如果你当初上去了，也相信了，你才不会有下来的时候呢。但是，因为你当初没有相信，所以你的后代将要臣服于这世上的那四个王国。”雅各对他说：“难道永远如此吗?”他对雅各说：“不要害怕，我的仆人雅各；不要担心，以色列人啊，你看，我将要从各地拯救你们和你们的后嗣。”[②]

迈蒙尼德根据这则阿嘎达的字面含义得出的结论是：这个梦是关于未来事件的一则预言。但它的落脚点不在于神，而是在于以色列人，在于他们将要处于的被奴役和被救赎的命运。除上述两种情况以外，他还延续了密得拉释传统的以喻释喻之法。当代学者 Sarah Klein-Braslavy 指出，这不但体现在《迷途指津》第1章第15篇、第2章第10篇里，而且还体现在全书里。他对雅各梦天梯这则叙事的此类解释包含了以下一些彼此交织的程序：(1)将该梦设定为预言梦。因

① Sarah Klein-Braslavy, *Maimonides as Biblical Interpreter*, Boston: Academic Studies, 2011, p. 92.

② Sarah Klein-Braslavy, *Maimonides As Biblical Interpreter*, p. 94.

此,他在《迷途指津》中表达的先知观、预言观、天使观等等都是雅各梦的解释语境。(2)将该梦设定为寓言,因此,它便本然地具有显隐两层含义。(3)将隐层含义设定为《托拉》的秘密。由于他在《迷途指津》里试图揭示的便是《托拉》的秘密,所以,全书关于《托拉》秘密的言说便都是雅各梦的解释语境。(4)仅采用传统密得拉释的某些字词,这些字词既让熟知密得拉释的读者自己联想起相关的密得拉释来,又在寓言的前提下让该词具有了跟传统密得拉释不一样的新含义。例如,将雅各梦里的梯子解释为它象征着时间轴。①

2.作为生成寓意释经方式之一的密得拉释

迈蒙尼德释经的基本操作方式是从经文的字面含义引申出哲学含义,这种方式被之后的卡巴拉称为"רמז"(*remez*,寓意释经,给出哲学含义),与其他三个释经手法"פשט"(*peshat*,给出直白含义)、"דרש"(*derash*,给出引申含义)、"סוד"(sod,给出神秘含义)共同构成犹太教的释经四法"פרדס"(*PaRDeS*,上述四词的首字母缩写)"。虽然释经手法被分成了四种,但它们之间并非毫无关联。"רמז"(寓意释经,给出哲学含义)便是在"פשט"(给出直白含义)和"דרש"(给出引申含义)的基础上结合释经者所持有的哲学思想而来的。而"דרש"(给出引申含义)也即"מדרש"(密得拉释)——从"דרש"而来。

需要首先指出的是,寓意释经的前提之一是经文具有显、隐两层含义。在这种双层含义说的多个来源中,密得拉释式隐义观便是其中之一。密得拉释式隐义观认为:经文有显、隐两层同真的含义,显义是拉比们释出并公开宣讲的那些含义,隐义仅有少数人可以知晓,但因为隐义是关于 YHVH 的神圣秘密,所以知晓了隐义的人却不能公开讲明,只能用寓言、比喻、象征等等方式来解释。隐义用中世纪流行的一个比喻来表示就是"银丝网里的金苹果":隐义是金苹果,显义是银丝网;一般人就只看见个银丝网,眼光锐利的观察者细心察看能透过丝网看见金苹果;银丝网虽然本身也很美丽稀有,但金苹果更加尊贵,迈蒙尼德对此说法深以为然。

从具体操作上讲,迈蒙尼德解释词语时采用的分析词根、调换词根排列顺序得出新词并在新词基础上理解原句、赋予某些数字超越其数值的含义、对比喻进行整体式解释、改变经句的平实含义并作出引申等等,从方法上说与密得拉释相比并没有什么创新,所不同的只是具体内容和最终结论而已。本文仅以改变经句的平实含义并作出引申这一个方面为例进行展示。

在《迷途指津》第3章里,迈蒙尼德寓意解释了"תמונה"(likeness, form)一

---

① Sarah Klein-Braslavy, *Maimonides As Biblical Interpreter*, p. 94.

词。他指出,该词有三个不同含义:(1)存在于心外而能被感官认识的对象的形体,即东西的形状和外表;(2)影像,即当一个物体不再显现于感官时在观看者想象中保存下来的那个客体的形象;(3)被理智把握到的真观念——正是在这个含义上才被用于 YHVH。① 在这三个含义里,前两义是经验归纳,但第三义则是被迈蒙尼德断然地宣布为字面含义的。这种改变字面含义的做法与前文引证的亚伯兰造就皈依者这个密得拉释的解释手法有异曲同工之妙。

更多的时候,迈蒙尼德是在确定的字面含义的基础上层层推导引申。以他对"**פנים**"(脸)确定出的七个字面含义里的第三义——"人的在场或存在"——的引申为例进行说明。

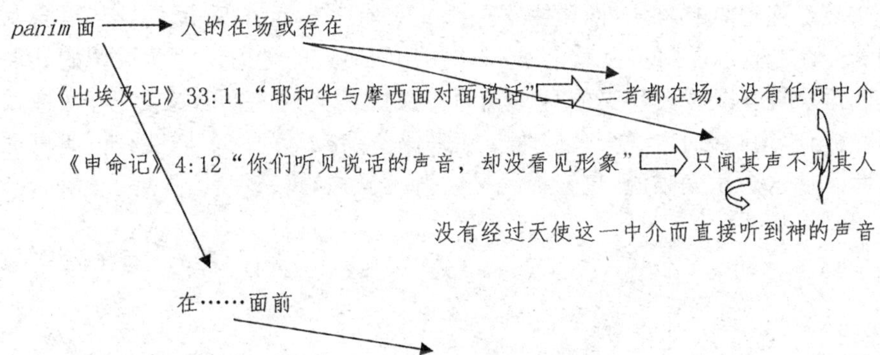

我的真正存在变幻莫测,是不可能被把握的(迈蒙尼德的解释)
将看不到我面前的东西,将得见我背后的东西(昂克劳的翻译)。

YHVH 面前还存在一种更高级的造物,其真正本质是人所无法把握的,即独立理智;人能完全把握的是那些具有质料和形式的东西,就其存在而言要低于独立理智(迈蒙尼德对昂克劳翻译的解释)。

人不能把握 YHVH 的真正存在以及在他面前的高级造物(即独立理智);人能够把握低级的具有质料与形式的造物(综合迈蒙尼德的三表述)。

以上例子简略地显示迈蒙尼德如何通过寓意释经从经文的字面含义一步一步推导他所认为的哲学含义的。当代学者 James A. Diamond 通过仔细比较后

① 迈蒙尼德:《迷途指津》,傅有德等译,山东大学出版社 2004 年版,第 27 页。

认为:迈蒙尼德的寓意释经是对密得拉释式释经的创造性使用[①], Moshe Idel 也认为中世纪犹太教的哲学式释经手法是传统的密得拉释式释经手法的变体[②],这当然囊括了以哲释经的集大成者迈蒙尼德。

结　语

在受到哲学的影响之前,包括密得拉释在内的拉比传统统辖着人们对圣典的理解,经文释义是向多种可能性敞开的,且对同一经文的多种理解可以同时为真。但一旦认可哲学真理与信仰真理的同真性,哲学真理所诉求的唯一性就会要求宗教真理也具有唯一性,要求圣典真义具有唯一性,这是受传统与哲学双重熏陶的一些"哲学化了的"犹太教徒不知该如何自处的地方。迈蒙尼德的处理方式是让哲学真理以圣典隐义的身份成为多义性圣典的内在含义之一,这种做法是牺牲(至少是隐藏)哲学真理的唯一性来保全宗教真理的多样性和圣典真理的多义性。从这个角度来说,寓意释经是密得拉释式的。

---

① James A. Diamond, "The Use of Midrash in Maimonides' *Guide of the Perplexed*: Decoding the Duality of the Text," *AJS Review*, Vol. XXI, No. 1, 1996; Warren Zev Harvey, "On Maimonides' Allegorical Readings of Scripture," in Jon Whitman (ed.), *Interpretation and Allegory-Antique to the Modern Period*, Boston: Brill Academic Publishers, Inc., 2003, pp. 181-188.

② Moshe Idel, "Midrashic Versus Other Forms of Jewish Hermeneutics: Some Comparative Reflections," in Michael Fishbane (ed.), *The Midrashic Imagination: Jewish Exegesis, Thought, and History*, Albany: State University of New York Press, 1993, p. 51.

迈蒙尼德论辩证论证及其对建构犹太律法科学的意义

董修元*

辩证论证,是亚里士多德在《论题篇》中提出的与证明性论证、修辞论证相对的一种论证类型,它针对有争议的论题,从可接受的前提出发作出推理。迈蒙尼德通过阿拉伯逍遥派哲学家尤其是法拉比的著作中了解了辩证论证,并将其运用到自己的神学探讨中。一个最突出的例子,就是他对宇宙生成论问题的处理。但迈蒙尼德对辩证论证的理解有其区别于阿拉伯亚里士多德学派主流的独到之处,体现了他建构犹太律法科学的设想。

宗教知识的科学化,是11～13世纪三大启示宗教的知识精英们共同致力的一个目标。实现此目标的一个主要手段是引入亚里士多德主义逻辑学,但三教思想者对这一途径本身的理解和定位各自不同,最终所导向的神学建构模式也各异其趣。在此潮流中,迈蒙尼德对辩证论证的理解以及在其神学探讨中对这种论证形式的应用,在很大程度上体现出他建立犹太律法科学的全盘设想。

一、何谓辩证论证

辩证论证作为一种论证形式,出于亚里士多德的《论题篇》。其中,亚里士多德对比了两种推理方式:

> 当推理由以出发的前提是真实的和原初的时,或者当我们对于它们的最初知识是来自于某些原初的和真实的前提时,这种推理就是证明的。从普遍接受的意见出发进行的推理是辩证的推理。①

* 董修元,哲学博士,山东大学犹太教与跨宗教研究中心助理研究员。

① 亚里士多德:《论题篇》,徐开来译,《亚里士多德全集》第1卷,中国人民大学出版社1990年版,第353页。

也就是说,证明推理是从自明的或已被证明为真的前提出发作出的逻辑推论,而与之相对的,辩证推理是从一种普遍接受的意见出发作出的逻辑推论。辩证推理的前提即普遍接受的意见,是指所有或多数人的意见、所有或多数或其中最负盛名的贤哲们的意见以及与得到认可的技艺性学科相一致的看法。[①] 这种辩证推理适用于辩证的论题:

> 一个辩证的问题就是一个探讨的题目,它或者引人选择或避免,或者引人得到真理和知识,或者它自身就能解决问题,或者有助于解决其他某个问题。并且它涉及的问题或者是无人有意见,或者是多数人与贤哲的意见相反,或者贤哲与多数人的意见相反,或者是这一切人中的每个人都意见各异。……在推理方面有冲突的种种疑问也属辩证的问题(因为涉及某物是否确实如此时,双方都有强有力的论证);还有的疑问是我们无法论证的,因为它们涉及面广,我们很难说出为什么的理由,例如宇宙是否是永恒的。因为某人也可能探究这一类问题。[②]

一个辩证的论题,实质上就是一个有争议的问题,各种相关于这个问题的彼此冲突的主张各有其根据,同时又没有一个必然为真的前提、从其出发就可得到必真的结论从而一劳永逸地解决问题。在这种情况下,只能退而求其次,从普遍接受的意见出发作推论。但是,看似普遍接受的意见未必就是真的被所有人或所有贤哲普遍接受的看法,很可能仍有人持相反的见解,而且,即使是被所有人或贤哲普遍接受的意见,也只是一种得到较多支持的可接受意见而并不保证就是真实的意见。所以,在对一个问题作辩证探讨的过程中,不能只从一种可接受的意见出发进行论证,而必须考察各种不同的前提和论证思路,在比较、分析其各自优劣得失的基础上来作出一种决疑的判断。

亚里士多德认为辩证论证的作用有三方面:"关于智力训练,关于交往会谈,关于哲学知识。"[③]具体说来,将辩证论证用于智力训练,是让初学者掌握提出问题并作正确逻辑论证的方法;用于交往会谈,是为了说服对方接受正确的意见;用于哲学知识,则使人具备从两方面探讨问题的能力,更容易在每个方面洞察真理和谬误,以考察、探索某门学科的初始原理。在前两种应用中,论证者对该问题其实已有定见,只是运用辩证技巧将这种意见灌输给受教者或对手;而第三种应用是一种开放的知识探索,论证者在探讨的过程中并无坚执的成见,而是随时准备接受来自不同思路的有力反驳或接纳其合理洞见,亚里士多德本人在《形而

---

① 参见《亚里士多德全集》第1卷,第363页。

② 《亚里士多德全集》第1卷,第364~365页。

③ 《亚里士多德全集》第1卷,第355页。

上学》中对本原问题的多进路解难探索就为辩证论证的这一应用提供了极佳的实例。①

亚里士多德对论证类型的分类及对辩证论证的界定,被古典晚期和阿拉伯—伊斯兰时代的注释家们所继承和发展,迈蒙尼德正是从法拉比(al-Farabi,卒于950/951)关于《工具论》的注疏及著作中接受了这种逻辑学传统。他曾向《迷途指津》的希伯来语译者提本极力推荐法拉比的逻辑著作,并称法拉比的这些著作是精确完美的。②

二、迈蒙尼德对辩证论证的理解与应用

迈蒙尼德对这种论证形式的了解,首先体现于其早期著作《论逻辑》第八章:

> 对于任何一个三段论推理而言,如果它的两个前提都是必真的,那么它就是一个证明性推理(al-qiyās al-burhānī);构造这种论证以及对于其条件的知识,构成所谓的证明技艺(the art of demonstration)。如果这个论证的一个或两个前提是公认的意见,它就是辩证性推理(al-qiyās al-jadalī),构造这种论证以及对于其条件的知识,构成所谓的辩证技艺(the art of dialectics)。③

迈蒙尼德在《迷途指津》中尽管没有直接援引这一定义,但其标准却体现在他对亚里士多德宇宙永恒论的论证类型认定上。在《迷途指津》第2篇第15章中,迈蒙尼德指出:

> 亚里士多德自己知道,他并没有为世界的永恒性提供证明,然而,这也不是他的过失。我的意思是说:他本人知道自己没有证明这一观点……[阿

---

① 亚里士多德对此论题的方法论反思集中见于《形而上学》第3卷第1章,《亚里士多德全集》第7卷,中国人民大学出版社1993年版,第64～66页。

② Pines, "Translator's Introduction," in *The Guide of the Perplexed*, Chicago: The University of Chicago Press, 1963, p. lx.

③ *Maimonides' Treatise on Logic*, ed. and trans. Israel Efros, New York: The American Academy for Jewish Studies, 1938, p. 48; Arthur Hyman, "Demonstrative, Dialectical and Sophistic Arguments in the Philosophy of Moses Maimonides," in *Maimonides and His Time*, ed. E. L. Ormsby, Washington, D. C.: The Catholic University of America Press, 1989, pp. 40-41. 据Israel Efros考证,这部著作的基本来源是法拉比的*Perakim*和*Iggeret*,参见该书编译者导言。此外,值得一提的是,Herbert Davidson在其*Moses Maimonides*(Oxford: Oxford University Press, 2005, pp. 313-22)中对《论逻辑》的真实性提出质疑,从而引发持久争论[相关情况见Sarah Stroumsa, "On Maimonides and on Logic," *Aleph* 14. 1 (2014), pp. 259-263]。笔者倾向于认为,Davidson所举出的"辨伪"证据至多只能说明这部著作出自一个改宗伊斯兰教的犹太作者,但这并不能排除迈蒙尼德的作者身份,因为迈蒙尼德在长期居留穆瓦希德王朝统治下的马格里布期间很可能曾改宗伊斯兰教。

弗罗迪西亚的]亚历山大认为,它们(指亚里士多德的世界永恒论证)是最不易反驳的。①

接下来,迈蒙尼德反问:

难道亚里士多德不懂得论证(hujaj)和证明(burhān)之间的区别?不懂得意见这种可以被或多或少接受的东西和证明的真理之间的差别吗?不仅如此,如果他已提出过充分的证明,难道他还需要用修辞性的语言来借助对论敌的友好公允来加强自己的意见吗?②

在这里,迈蒙尼德列举了论证的三个层级:从必真前提演绎结论的证明,建基于可接受意见的论证,以及借助雄辩技巧打动对手—听众的修辞论证——自上而下,三种论证形式的知识效力依次降低。居于中间地位的这种论证,其实就是亚里士多德主义传统中所谓的辩证论证。这一点还可以从本章的两处陈述中得到印证:首先,迈蒙尼德着重指明亚里士多德引证以往大多数哲学家的观点来支持自己的观点(pp. 268-269),这一方面表现出亚里士多德对自己观点真实性的不确定,正是这种不确定促使他去审视并承认反对意见中的合理成分,另一方面也是在试图通过大多数哲学家的意见一致来将自己的推理前提确立为公认的意见;其次,迈蒙尼德引述亚里士多德《论题篇》中关于世界永恒问题之疑难性的断语(p. 270),来说明在这个问题上难以作出证明论证,因而,很自然的,它就落入辩证论证的论题范围。所以,无论从论题还是从论证程序来看,迈蒙尼德所描述的亚里士多德宇宙永恒论证都是一个完全合乎定义的辩证论证。

涉及迈蒙尼德本人对辩证论证的应用,他在《迷途指津·导语》中承认本书中存在由第七种原因造成的矛盾—分歧。这种原因是:

第七个原因。(1)谈论模棱两可的问题,必然要掩盖一部分,揭示另外的部分。(2)在解释某些格言时,这种必然性有时要求讲座的过程要以某一个前提为基础,而在另外的地方,它又要求把论述建立在与第一个前提相反的前提上。(3)遇到这些情形,普通人不应察觉矛盾的存在,而作者也施尽技巧将它掩藏起来。(p. 19)③

迈蒙尼德的这段方法论陈述被施特劳斯视为理解《迷途指津》全书的枢纽。施特劳斯认为,其意义在于应用有意识的、故意的矛盾这种手法来"向那些能够

① 迈蒙尼德:《迷途指津》,傅有德、郭鹏、张志平译,山东大学出版社1998年版,第268页。以下随文标出的页码均出自此书,罗马数字I、II、III代表篇数,其后阿拉伯数字代表章数。

② 希伯来—阿拉伯语原文见Maimonides, *Dalālat al-Hā'irīn /Moreh Nevuchim*, ed. S. Munk and I. Joel, Jerusalem: Junovitch, 1929, p. 203.

③ 原文见Maimonides, *Dalālat al-Hā'irīn /Moreh Nevuchim*, p. 12;汉译参照原文略有改动,其中(1)(2)(3)标号是笔者为分析方便起见所加。

自己领悟的博学之士透露真理，同时又向普通大众隐瞒真理”[①]。尽管施特劳斯的政治哲学式隐微解读在迈蒙尼德研究界引发持久争议，但他对第七种矛盾原因的解释却一直是最为流行的版本，直到近年，劳勃鲍姆始在《论迈蒙尼德〈迷途指津〉中的矛盾、理性、辩证与隐微主义》一文中，凭借坚实的文本根据对这种解释版本提出有力挑战并给出替代性解释。[②] 这段陈述对我们理解迈蒙尼德的辩证方法论至关重要，因此有必要作详细考辨[③]：

第一，句(1)中的“模棱两可”在原文中是“ghāmida”，这个词有“模糊”“暧昧”的意思，也有“深奥”“难解”的意义，而《导语》上文论及第五种矛盾一歧异原因时(“可归于教授及解惑的需要。有一些问题晦暗不明、令人很难想象”，p. 18)所说的“晦暗不明”用的是同一个词的阳性形式(ghāmid)。在《迷途指津》第1篇第35章中迈蒙尼德用枚举的方法说明了此类深奥难明的问题的范围：

> 至于他(神)的属性的含义、他对于被造物的创造、他统治世界的特征、他之于一切被造物的神佑究竟如何、他的意志、他的洞察力、他对万物的知识以及预言及其等级、他的诸名(尽管有许多)都指称同一个东西，所有这些都是模糊不清的(ghāmida)。(p. 78)

这些问题被迈蒙尼德称为“律法的秘密”，由于它们超出人类理智能够作确定把握的范围，迈蒙尼德用“深奥—模糊”来描述这类问题的认识论特征。正是这种认识论特征要求必须执行本段下文提到的方法论指示。

第二，句(1)后半句提到“掩盖一部分，揭示另外的部分”，所要掩盖/揭示的具体内容需要联系句(2)、(3)的陈述才能明了，但是，就这两个行为本身已经与施特劳斯所说的故意自相矛盾的做法相冲突。因为自相矛盾不是掩盖一部分、揭示另一部分，而是把真的陈述和假的陈述同时“揭示”。而且，掩盖和揭示的对象分别是“一部分”和“另外的部分”，也就是说，二者应该是同一观点的两个部分，而自相矛盾的两个陈述不可能构成一个统一的观点表述。

第三，句(2)中的“格言”原文是“qawla”，意为言谈、话语，此处是指先知、贤哲们的观点陈述；“讲座”原文是“kalām”[④]，意为话语、论述，亦有辩证之义。这

① Leo Strauss, “The Literary Character of the Guide for the Perplexed,” in *Persecution and the Art of Writing*, Chicago: University of Chicago press, 1952, pp. 68-69, 73-74；所引用汉译文出自刘锋译《迫害与写作艺术》，华夏出版社2012年版，第66、67页。

② Yair Lorberbaum, “On contradictions, rationality, dialectics, and esotericism in Maimonides's *Guide of the Perplexed*,” *The Review of Metaphysics*, Jun 55(4), 2002, pp. 716-718, 747, 750.

③ 以下文本分析在基本思路上认同劳勃鲍姆(2002, pp. 722-735)对第七种矛盾原因的辩证解读，并补充笔者的部分观察。

④ 所谓的“凯拉姆”(伊斯兰辩证神学)，也是用这个词指称。

句话的直解意义就是,在解释先知和贤哲关于上述问题的陈述时,问题本身要求论述有时从一个前提出发,在另外的地方又要求论述从与之矛盾的另一前提出发。决定采取此种论证方式的原因是论题的认识论特征,此时向大众掩饰这一考虑尚未出现。

第四,句(3)其实说的是,在矛盾已经存在的情况下应注意不使大众得知,而不是从隐瞒大众的意图出发制造矛盾。施特劳斯的解释是本末倒置的。也就是说,向大众掩饰是执行此种论证时的注意事项,而不是此种论证的原初目的。而且,更值得注意的一点是,要掩饰的对象是矛盾,不是矛盾中的一方观点。结合论题之认识论特征(深奥—模糊)和向大众掩饰矛盾这双重考虑,我们可以达到对句(1)中"掩盖一部分,揭示另外的部分"这句话的实质理解,即在从相反的前提出发对深奥问题作论证的过程中,需要向大众掩饰两个前提的矛盾,在呈现其中一套前提和相应论证的过程中应避免论及与另一套前提和论证相矛盾的部分,质言之,需将这部分内容隐藏。

综合以上四点,迈蒙尼德通过对第七种矛盾—歧异原因的解释传递的信息是:基于律法之秘密即各种形而上学问题的认识论特征,他决定在本书中运用辩证论证来作知识探索,同时考虑到大众的接受能力以及可能造成的混乱、争议,他选择掩盖论证的尝试性出发点之间的矛盾。为了避免精英学徒(兼备律法知识与哲学素养者)的误解,他在《导语》中作出这一方法论提示,让他们在发现作者论证过程中的潜在矛盾时不致迷惑。

在《迷途指津》正文中,对宇宙生成论问题的处理最为集中地贯彻了导语所提出的方法论原则。这一部分居于全书的中心位置,在所有问题中占据了最大的篇幅,而且,这个问题从一开始就被亚里士多德视为辩证探讨的典型论题。依据上文给出的界定,迈蒙尼德创世论探讨的辩证性是十分明显的。从《迷途指津》第1篇第71章至第2篇第25章,他首先明确指出在宇宙生成论问题上没有证明论证,因此只能在考察各种现有思路的基础上选择或提出一种疑难最少、解释力最强的意见;进而详尽、系统地考察了当时的两大显学对此问题的解决思路,即伊斯兰凯拉姆(Kalām)建基于原子—偶因论(Atomism and Occasionalism)的世界有始论证和阿拉伯逍遥派建基于亚里士多德物理学和新柏拉图主义流溢论的宇宙永恒论证;最终在全面分析两家论证的利弊得失的前提下提出自己的意见。这体现出一个典型的辨证论证的程序,即澄清论题、评析各种思路、得出最合理结论。

三、迈蒙尼德辩证论证的新意

迈蒙尼德在对辩证论证的理解和应用上有一些不同于阿拉伯亚里士多德主义传统的特征，这些特征为揭示他在宇宙生成论问题上所发掘出的独特哲学视野提供了非常关键的观察点。在这里首先集中概括出三点，在后面正文的相关环节中还会做具体的发挥。

(一)一个更新—复本的亚里士多德形象

亚里士多德的名字在《迷途指津》中第一次(I 5, p. 31)出现即被冠以“哲学泰斗”(ra'īs al-falāsifa，字面意思是“哲学家之首”)的称号[①]，足见迈蒙尼德对他的尊重，这也似乎是迈蒙尼德在思想上认同阿拉伯逍遥派的一种标志。但是，透过《迷途指津》中对亚里士多德的观点、态度、治学路径的描述，读者所得到的印象是一个与阿拉伯逍遥派前辈们公认的“第一导师”迥然不同的形象。在迈蒙尼德眼中，亚里士多德与其说是一个真理的掌握者，不如说是一个真理的求索者。

根据《迷途指津》的叙述，亚里士多德在开始创世论问题探索之前就已清醒地意识到：关于世界是永恒的还是有始的这个问题不可能有证明性的结论，因为所涉及的对象过于宏大、出离了人类的观察范围。但是，他并没有像盖仑那样满足于一种不可知论断言，而是从他所掌握的真实确定的知识出发，运用科学的逻辑推理，对该问题作积极而审慎的辩证探讨。在探索的过程中，他试图尽可能地提出一种疑难最少、说服力最强的意见，同时虚心考察各种反对意见，并欣然承认其中的合理成分。他最终选择了较合乎可见事物本性的时间与运动永恒论。但他并不认为自己的论证是业已证明的定论，只是认为自己的观点相对于现存的其他观点而言是最可接受、最为可能的；是亚里士多德的追随者们——确切地说是以法拉比为代表的阿拉伯注释家们——出于对亚里士多德权威的盲从而把这个辩证论证当成是证明，其实这不是“亚里士多德本人的意思”。迈蒙尼德更倾向于接受古典注释家阿弗罗迪希亚的亚历山大的提法，即亚里士多德的论证是最不易反驳的。然而，这种论断的效力仅限于古代语境，在天文学不断取得进步和一神论普及的现时代(即迈蒙尼德所处的时代)，这种论证的弱点已经显现出来(II 9、17)。

迈蒙尼德所谓“亚里士多德本意”的用语，让人很自然地联想到他的同时代人阿维洛伊回复“本真的亚里士多德”的号召与努力。在更贴近文本、更信靠古

① 原文见 *Dalālat al-Hā'irīn* /*Moreh Nevuchim*, p. 19.

典注释家以获得不同于中古传统的亚里士多德理解这个意义上，迈蒙尼德与阿维洛伊确实是同路人，代表同一种诠释路向。然而，由于各自不同的出发点与侧重面，他们所还原出的亚里士多德"本真"形象大相径庭：阿维洛伊的亚里士多德是"自然所树立的人类终极完善的典范"①，对一切人类可能获得的真理达到了最大范围与最大精确度的把握；而迈蒙尼德的哲学泰斗，是一个在对知识进行不懈追求的同时清醒意识到自身理性局限性的探索者。按照《论知识》给出的标准，他在理智完善上仅可达到先知弟子或预备先知的水平②，按《迷途指津》第3篇第51章(p. 570)宫廷隐喻的等级结构，他已经进入内厅与国王共处一室，但还没有被擢升到朝中大臣的层级。

(二)辩证探讨的高阶性与科学性

按照中世纪逍遥派传统——法拉比与阿维洛伊在此点上意见一致——只有证明论证才是真正的科学论证，辩证论证则主要是用于教学训练和向普通人灌输必要信念的实用工具。③ 证明论证和辩证论证不仅有知识确定性上的差别，在诉诸受众上也有所不同：证明论证针对受过系统逻辑训练且具备完善科学知识的哲学家，而辩证论证则面向缺乏哲学—科学素养的宗教学者与大众。

相对于训练与说服这两种功能，迈蒙尼德显然更重视辩证论证作为知识探索道路的作用。尽管迈蒙尼德也接受证明论证与辩证论证在知识确定性上的差别，但是他在认识论上的独特观点使这两种论证类型的相对关系发生逆转。迈蒙尼德一反阿拉伯逍遥派传统在形而上学知识上的乐观态度，认为大部分形而上学的论题都在证明性知识的范围之外，关于这些问题的知识探索只能借助于辩证论证。由于这些问题的探索在迈蒙尼德看来代表着人类理智走向终极完善的更高阶段，辩证论证也就成为在证明论证之上——正如形而上学是在物理学"之后"，相应地，辩证论证亦在证明论证"之后"——的更为高阶的认识工具。

迈蒙尼德所认同的辩证论证并不完全等同于前辈哲学家们所说的面向大众的似是而非的论证，后者旨在顺应与安抚大众且并不要求严格的逻辑形式。迈蒙尼德以亚里士多德本人为范例呈现的辩证论证，是以科学知识为基础、遵循逻辑规范建构起来的，所得到的推测性结论不能与已被证明的科学知识相冲突，而

---

① 参见[英]彼得·亚当森、理查德·泰勒编:《剑桥哲学研究指针:阿拉伯哲学》，三联书店2006年版，第189页。

② Maimonides, *Mishneh Torah*: *The Book of Knowledge*, ed. and trans. Moses Hyamson, Jerusalem: Feldheim Publishers, 1974, "Yesodei ha-Torah", 7:1, 7:4, 7:5.

③ 法拉比、阿威洛伊等阿拉伯逍遥派代表人物对辩证论证的态度及定位，参见 Joel Kraemer, "Maimonides' use of dialetic," in *Maimonides and the sciences*, Dordrecht: Kluwer Aacademic Publishers, 2000, pp. 112-115, 120-122.

且要最大限度地符合经验观察材料或为其提供更有说服力的解释。在这个意义上，施特劳斯将迈蒙尼德在《迷途指津》中所表达的观点界定为一种“理智化的或经过启蒙的凯拉姆”[①]，确为不刊之论。因为从逻辑方法的角度看，凯拉姆是以辩证论证为神学—形而上学的根本探讨方法的，而且传统的凯拉姆学家们在逻辑与科学素养上确实与哲学家存在差距。值得一提的是，在援用哲学—科学标准对凯拉姆方法进行“启蒙”改造方面，迈蒙尼德并非如施特劳斯所说是史无前例，在他之前伊斯兰凯拉姆集大成者安萨里(al-Ghazālī，1058～1111)，已经开始将三段论引入凯拉姆，并致力于推进神学探讨的科学化。[②] 真正使迈蒙尼德区别于其阿拉伯—伊斯兰前辈的是他引介哲学的全面性，他不满足于仅仅以一种拿来主义的方式[③]取用《工具论》所代表的科学论证方法，而是试图以亚里士多德主义哲学(包括其物理学和形而上学框架)为典范彻底重建犹太律法学。

(三)辩证论证的隐微性

迈蒙尼德关于辩证论证的见解中最具特色的观点就是他坚持辩证论证的隐微性，即在进行辩证论证的过程中要运用各种手法，避免使大众察知论证前提的彼此冲突，也就是相关知识探索的不确定性。在阿拉伯逍遥派哲学家看来，辩证论证是对大众进行显白教诲的途径，而证明论证是大众无力理解的，其与通俗宗教信念相冲突的结论更是需要被隐蔽的。迈蒙尼德继承了这种隐微传统，但对需要隐蔽的对象却有不同于以往的理解。他认为，被证明的神学真理(如神之无形体性)是全体以色列民众必须接受的信条，关于这些信条的证明论证则是经过启蒙的律法学徒必须修习的内容。而对神学—形而上学问题的辩证探讨，才是需要对大众和普通学者隐蔽、只能由少数精英作排他性掌握的领域。

阿拉伯逍遥派哲学家进行隐微写作主要是基于意识形态考虑，他们对受众作出截然的划分：精英与大众——神学家亦被归入大众之中——二者之间的鸿

---

① Leo Strauss, “The Literary Character of the Guide for the Perplexed,” in *Persecution and the Art of Writing*, Chicago: University of Chicago press, 1952, p. 41.

② Dennis Morgan Davis Jr., *Al-Ghazālī on Divine Essence: A Translation from The Iqtisad fi I 'tiqād with Note and Commentary*, A dissertation submitted to the faculty of The University of Utah, 2005, “The Fourth Introduction,” pp. 105-119. 另外，安萨里在其《哲学家的宗旨》(*Maqāsid al-Falāsifa*)一书中亦系统介绍了亚里士多德主义逻辑学，这部分其实与他后来执行的以《宗旨》为基础驳斥哲学家观点的计划并无直接关联，而更有可能像《信仰之中道》(*Iqtisad fi I'tiqād*)导言第四篇一样是旨在向伊斯兰宗教学界引介科学的论证方法，该书的逻辑学部分见 Gershon B. Chertoff, *The Logical Part of Al-Ghazālī's Maqāsid al-Falāsifa*, A dissertation submitted to the faculty of Philosophy, The University of Columbia, 1952.

③ 王希在《安萨里思想研究》(中国社会科学院研究生院博士学位论文，2008 年，第 115 页)中称安萨里对待哲学理论的态度为“工具主义”，或许是对这一意向的一种更为恰切的描述。

沟是不可逾越的。在这个两分法的视野中,大众注定与证明性的真理绝缘,他们只能接受有益于维持社会秩序的必要信念,后者由于要迁就他们的低下理解力,经常实质上是虚假的。而迈蒙尼德执行隐微策略的首要出发点是教化。所有人都是被教化的对象,都要根据自己的能力接受真理:大众如果无法接受正确的表达形式,那可以暂时用不精确的方式传达,但是随着他们的理智成长,最终要传授他们正确的信条;哲学家们并不掌握终极确定的真理,他们的理解力也有待于进一步的引导和提升。在迈蒙尼德看来,大众与精英之间有区分但是没有固定的壁垒,而是始终有实现向上流动的可能。这种神学教学的次序与普通教学并无二致,是从确定的内容逐渐过渡到不确定的内容。大众的理解力处于起步的阶段,在这个阶段上主要是向他们灌输已被证明为真的结论;某些人或许只能停留在这种知其然不知其所以然的水平,较有资质者则将被授以证明的前提与过程;在充分掌握证明性的内容后,最精英的学徒将被引领进入证明性知识之外的关于上界对象的辩证探索的领域。迈蒙尼德遵循了教学的基本规律:在一个较初级的阶段上,较高阶的内容是需要被隐蔽的,尤其是考虑到辩证探讨从前提、过程到结论都具有不确定性,过早向理智尚不成熟的学徒揭示这种不确定性,会动摇他对基本信念与知识探索的信心。

在迈蒙尼德执行隐微策略的过程中还有一点引人注意之处。迈蒙尼德指出,进行辩证论证时应揭示一部分、掩盖一部分,以使普通人察觉不到矛盾。他本人在对创世论问题作辩证探讨时确实做了这种处理。迈蒙尼德从未明确表示他认可凯拉姆的某些基本立场,更不用说承认他从凯拉姆观点出发批判亚里士多德哲学。迈蒙尼德所直接呈现的姿态,是全盘否定凯拉姆的前提和论证,而对亚里士多德主义哲学则持一种同情之理解的态度,在肯定其基本框架的合理性的同时揭示其疑难和局限性。

在上一节处理过的迈蒙尼德的方法论提示中,他指出要掩盖作为论证出发点的不同前提间的矛盾。带着这点提示来看这个问题就会发现:迈蒙尼德在评述凯拉姆的过程中是从亚里士多德主义哲学立场出发的,此时他搁置了对自然秩序必然性的质疑,同时掩盖了凯拉姆的部分可取洞见,呈现出的是一种用真实观点批驳错误观点的姿态;而在质疑亚里士多德宇宙永恒论的过程中,他极力强调自己的特殊决定论证与凯拉姆的根本差异,而把这种质疑表述为从亚里士多德本人的思路出发必然会遭遇的困难,但事实上,这些困难大都是取径凯拉姆的视角看出的,亚里士多德主义者自身往往意识不到这些疑难或者以为并不成其为无法解决的问题。

因此,迈蒙尼德实际上执行了两套辩证论证的程序。在表层陈述上,他做了一个旨在说服的辩证论证,即首先给出凯拉姆这种错误的观点并指明它的错误,

然后给出一个比较正确的观点并说明它的内在困难和局限(无法对个别现象作出因果解释且只适用于可确切观察的月下世界),最后引入能够克服这一局限的摩西律法即先知预言的观点作为完满的结论——呈现给读者的印象是作者从一开始就掌握了最后表述的确定真理,整个论证是将这个单一真理渐次展开的过程。而在深层结构上,他是在做一个旨在探索的辩证论证。批驳凯拉姆的章节和呈现哲学前提一论证的章节构成一个完整的单元,是从亚里士多德哲学的立场出发探讨创世论问题的一个过程,其中既有立论亦有驳论,但立场是同一的。而当进入到对亚里士多德主义观点的质疑时,迈蒙尼德转换了视角,从经过批判筛选的凯拉姆的合理洞见出发,去探讨从虚无创世观点是否可能和可取。这一辩证探讨的结果,是凯拉姆与亚里士多德主义各自的一部分核心观点的综合。迈蒙尼德用这种综合性观点去解释《圣经》文本,就得到了所谓的摩西律法关于创世的"基本原理"。

迈蒙尼德在辩证探讨的过程中掩饰了凯拉姆的部分洞见以及自己对这些洞见的引用,始终显示一种揭露和批判凯拉姆弊失的姿态;而在审视哲学思路的过程中他则以一种平正的态度在承认其合理性的同时揭示其局限。问题是他为什么选择以这样一种抑凯拉姆、扬哲学的特殊方式来掩盖矛盾。要达到隐藏矛盾的目的,他其实还可以有其他两种选择,即抑哲学、扬凯拉姆,或者对哲学和凯拉姆各自都有抑扬的方式。要解释这个问题,需要还原迈蒙尼德的写作情境与意旨。

迈蒙尼德在《迷途指津》导言中明确指出,写作此书的目的在于调解启示信念与理性知识之间的表面矛盾,进而建立"真正意义上的律法科学"[①],也就是一种对神学信念作合乎知识规范的论证的理论学科。宗教的理性化(或者更进一步,科学化),不仅是当时拉比犹太教的内在需求,也是一种时代潮流。这种潮流由经历了中世纪理性启蒙运动(9～10 世纪)的穆斯林引领,在伊斯兰教中率先实现了宗教知识的学科化[②],在神学理论上则体现为凯拉姆的建立。迈蒙尼德在开篇书信中提到弟子约瑟夫一个非常关键的询问,即他在对神学问题困惑不解的同时向老师求问凯拉姆的方法是不是建立在证明论证的基础之上(p. 3)——这实质上就是在询问凯拉姆是不是一条解决律法与理性冲突的可行

---

① 原文为 'ilm al-sharī'a alā al-haqīqa,参见 *Dalālat al-Hā'irīn/Moreh Nevuchim*, p. 2; 汉译见《迷途指津》绪论,第 5 页。

② 这里的"学科化"是指将宗教理解为一个知识体系而对其作系统化分类和技术性处理的努力,而"科学化"是一种特殊类型的学科化,即参照欧氏几何、亚里士多德逻辑学和物理学等古代科学典范将宗教知识及其研究严格规范化的尝试。

道路。但迈蒙尼德断然否定了这一路向。在《迷途指津》中贯穿始终的一个意向,是在律法学徒面前彻底驳斥凯拉姆、使其远离此种“伪学”。

尽管迈蒙尼德在知识探索的层面也能够发现并吸取凯拉姆的合理洞见,但在教学的领域他不希望年轻的律法学徒被凯拉姆所吸引和误导,他为《迷途指津》设定的任务是开辟一条凯拉姆之外的调和律法与理性冲突的道路。

迈蒙尼德针对凯拉姆的态度,非常类似于穆斯林神学家针对希腊化哲学所采取的态度,即既暗中从其汲取理智资源又谨防其危害本教根基的倾向。而这种在穆斯林社会中遭到宗教主流排斥的哲学路向,恰恰为迈蒙尼德探索犹太教理性化道路提供了导向和助力。哲学在当时的知识界被视为建基于人类自然理性的普遍律法,具有一种相对于特殊宗教传统的中立性。迈蒙尼德所采取的护教策略是,援引哲学的普遍标准来论证拉比犹太教的优越性,说明后者是最符合理性的一种启示版本,从而树立律法学徒对于先知—拉比传统的信心,并在思想上回应教内外对这一传统的反驳与攻击。用一种形象化的说法,哲学是迈蒙尼德为拉比犹太教引入的盟友,所要对抗的敌手正是凯拉姆;在这种“远交近攻”的策略背景下,迈蒙尼德在辩证探讨中扬哲学而抑凯拉姆的做法,就是一种再自然不过的选择了。

专题：以色列民族与叙事

译者按语:2014 年 7 月 8～9 日,由中国社会科学院外国文学研究所和以色列本—古里安大学犹太、以色列文学与文化中心联合主办了“中以文学国际研讨会:文学与民族认同”。在这次会议上,本—古里安大学犹太、以色列文化与文学研究中心主任伊戈尔·施瓦茨教授等六位以色列学者围绕着“民族与叙事”“传统与现代”“文化的交汇”等主题作了发言。感谢《犹太研究》接受了这组稿件,为中国读者部分地呈现出“以色列民族与叙事”的风貌。也感谢中国社会科学院外国文学研究所的同仁在百忙中将这组稿件翻译成中文。——钟志清

关于希伯来语中“弥利查”一词的新看法

[以色列]阿米尔·班巴吉* 杨卫东** 译

本文主要试图对弥利查这一文学概念提出新的历史定义,并重新对其意义加以评估。弥利查经常被界定为文辞雄辩的写作、修辞手法,或者《圣经》语言的花哨运用。实际上,19 世纪末以色列民族复兴以来几乎所有的意识形态都猛烈地抨击弥利查,声称其无所不在地滥用恰好说明了前希伯来民族主义文学的贫乏。本文试图勾勒出一个不同的弥利查历史脉络,它有助于我们摆脱目前依然存在的对弥利查的甚嚣尘上的攻讦。

在今天的发言里,我希望跟大家分享我对希伯来语中“弥利查”一词的历史的某些看法。这个术语的标准译法是“诗歌”语言或者“文辞雄辩”的语言,它经常与修辞的规范及运用联系在一起。在今天的以色列希伯来语里,这个术语的

---

* 阿米尔·班巴吉(Amir Banbaji),1968 年生,2003 年获得美国加利福尼亚大学博士学位,以色列本—古里安大学希伯来文学系高级讲师。著有《门德勒与民族叙事》(2009 年版)。目前正在从事犹太启蒙运动时期希伯来文学理论的研究。

** 杨卫东,中国社会科学院外国文学研究所副研究员。

言外之意常常带上了很浓的贬义色彩:弥利查是一种文风浮夸的语言。我决定在使用“弥利查”这个术语时采用它在希伯来语中的本来意义。我们会看到,我将从它的意义和历史来考察它。这个术语在《圣经》里只出现过两次,它的意义来源于“弥利”(*melits*)一词,意思是“翻译者”或者“传递人”(中保)。我认为这个术语的明确界限在逻辑分析上还不够清晰,在历史进程中还不能将其断定下来。

首先,依附于这个术语上的价值判断一直是一个有争议的问题。弥利查曾经是希伯来语写作的重要标志,这种情况一直延续到 19 世纪中叶。在希伯来文学的漫长历史里,弥利查的地位下滑应该还可以算是不久前才发生的事。众所周知,这种转变发生在 19 世纪 60 年代,当时现代文学观念开始在希伯来文学理论上站稳了脚跟。在这个当头,许多重要的希伯来作家——他们当时在俄国都很活跃——开始挑战与原先的宗教文学相关联的思想及形式。

这次发言的开头部分对各种思想家反对弥利查的论点做了一个简短的概述。但是,发言的主体部分要集中阐述的是一种维护弥利查的观点。这种论述既是历史的,又是哲学的。我试图说明,如果我们想研究民族主义兴起之前的希伯来文学理论,那我们就不但要考虑诋毁者的观点,还必须要听听支持者的声音。从中世纪起,一直到 19 世纪,在争辩和磋商的漫长历史中,支持者的声音也足够响亮而清晰,尽管并不是如出一辙。我试图向大家说明,重新审视弥利查的概念遭恶意贬低的过程有助于形成一种针对现代希伯来文学的反叙述,或者说,对弥利查概念的重视不但有利于理解中世纪文学(这不是什么大新闻),而且有利于理解现代文学。在我们有文学[西弗卢(*Sifrut*)]之前,我们就有了弥利查。但是西弗卢和弥利查差别很大。西弗卢的基本定义与社会现实主义、哲学内在论或者道德功利主义有紧密的联系,门德尔(Mendele)、考夫纳(Kovner)、帕佩拉(Papera)等作家在 19 世纪 60 年代就是这么宣称的。而弥利查却意味着另一种迥然不同的文学概念,它主要关乎修辞,主要阐述对先验(transcendence)的笃信。如果我们想理解这样的一种概念,我们就必须强迫自己将弥利查的那些世俗主义诋毁者的喧嚣音量调低一点。

我要说的第二点是弥利查的本质。正如我刚才所说的那样,对弥利查的疯狂指责形成了新现实主义文学兴起的前提条件,并最终造成了这种文学的崛起。但是为什么作者和批评家如此热心于将弥利查从希伯来文学中抹掉呢?门德尔在 19 世纪 60 年代,亚伯拉罕·世隆斯基(Abraham Shlonsky)在 20 世纪 20 年代,内森·扎赫(Nathan Zach)在 20 世纪 60 年代都反对弥利查。弥利查到底为何这么让人讨厌?

透过对该术语的种种误解,透过依附在该术语上的那些陈腐的内涵意义,这个问题的真正答案就在该术语的修辞含义上。作为名词,弥利查在修辞上很讲

究;作为术语和概念,弥利查就是修辞学。它讲究修辞,但并不是那种浮夸的文风,它是修辞学也并不意味着它的内容就仅仅罗列了一些冗长乏味的拉丁语中的转义和修辞,即从昆体良(Quintilian)和西塞罗那里学来的那一套。弥利查讲究修辞是保罗·德—曼意义上的那种讲究,即语言的运用上意义不明确,令人难以琢磨。弥利查的语言可能充满修辞性,也可能与普通的"表达"无异,是一种非修辞性的语言。换言之,"弥利查"一词的使用史告诉我们,它在修辞性语言和非修辞性语言之间,在简单意义和比喻意义之间一直波动着。从历史上看,它既忠于修辞,也忠于平淡无奇、字面意义上的语言使用。当我们说到"弥利查"的时候,它既可能是指浮夸的文辞,也可能是指字面上的意思。

换句话说,我们现代这些说话的人在说到"弥利查"的时候,并不真正知道我们表达了什么意思。要界定"弥利查"就要看它如何浸淫在意义不确定的语言中,看它在其中如何波动和移动,更具体地说,要看它在简单用语与复杂用语之间怎样移动——复杂用语常常是修辞性的隐秘用语,只有在这方面有经验的人才明白它的真正意义。当笃信实证主义的思想家们开始对弥利查展开攻击时,这种介于字面意义和修辞效果的移动就戛然而止了,从此现代写作和原先的弥利查剥离开来,归属到了文学的门下。19 世纪 60 年代对文学的定义是:忠于现实生活——人们的生活、国家的生活、阶级的生活。相比而言,弥利查成了饱受嘲讽的文学前身,而它的传统定义却是:致力于探讨语言的内心生活——当然了,这里指的是《圣经》语言——致力于语言的转义、修辞和翻译。

这里如果借用一下德—曼对沃尔特·本杰明的《翻译者的任务》(*The Task of the Translator*)所作的评论,我们就可以说明,在希伯来文学中文学和弥利查的差别关系与德—曼对诗人的天真(the naiveté of the poet)和译者的任务所做的争议性的区分颇有相似之处。与译者相比,诗人是天真的,因为他/她相信自己与"(非语言学上的)意义有些联系",或者说与生活有些联系。诗人是天真的,因为他/她相信自己写的东西可以超越于语言的范畴之外。和诗人相反,译者的主要目标不是存在于语言之外的意义,其目标恰恰就是语言。译者不和事物或意义打交道,而是和其他的符号打交道。"译者和原文的关系就是语言和语言的关系",而不是一古脑儿致力于表达语言之外的东西。在 19 世纪 60 年代希伯来的文学理论中,弥利查过渡到了文学,这可以理解成从翻译的复杂性过渡或退回到诗歌的天真。在非语言学世界的名义下,人们公开向弥利查发起了攻击,反对追求过度的犹太文本性(excessive Jewish textuality),因为它与生活无关。新文学是这么界定它自己的:强调语言和文学"地域性"(territorial)、"模仿性"(mimetic)和"现实性"(realist)。

很多历史学家记录了有关这次现实主义转向的历史细节,不过他们并没有欢庆这种转向。这种转向的发生是因为当时新一代的作家一下子冲到了希伯来文学的前沿,他们要求改变希伯来文学及文学批评的基本政治前提和美学前提。这批新作家坚持认为他们那个时代的文学必须和人们的"生活"一致。门德尔在他的第一部小说《父与子》(*Avot u-Vanim*, 1862)里比较了文学写作的两大观念,他把弥利查批判成一种空洞、花哨的语言。第一种观念的文学写作,是老一派的作家的典型风格,主要由高度符合传统程式的诗歌、《圣经》注释、哲学论文和道德寓言组成。这种文学的问题,阿布拉莫维奇(Abramovich)暗示说,就在于它对"人们的生活"没有影响,或者与之没有关系。于是就有了接下来的论点:为了让文学产生影响,文学作品要么就得扎根于人们的生活里,要么就得由人们的生活来催发,也就是说,由人们的需求和激情来催生文学作品。这是一种双重的因果关系:必须由人们的实际存在来造就文学表述,这样才能造成变化或者增加影响力。文学的先验性或者文学对《圣经》及《圣经》语言的忠诚被定上了弥利查的罪名,很有效地被剥夺了存在权。

很多学者都注意到,这种新文学忠于"现实主义"(Abramovich)。这种现实主义文学既是一种哲学(它继承了实证主义和唯物主义的衣钵),又是一种文学类型。文学作为一种术语的崛起也就是小说的崛起,这是众所周知的。事实上,对阿布拉莫维奇和当时许多其他作家来说,小说是一种工具,象征着对弥利查的讨伐。"希伯来语文学批评之父"亚伯拉罕·帕佩纳对于小说的重要性做了最具影响力的理论宣言。他将19世纪五六十年代的第一批希伯来小说称颂为希伯来现代精神的第一次表述。对帕佩纳来说,先前的希伯来语作品之所以问题很大,不仅是因为他们与生活没有联系,还因为他们作为文学形式已经过时了。他们与"文学"生活没有关联,或者说,他们与全世界的文学类型史没有关联。帕佩纳抨击老一辈哈斯卡拉作家是出了名的直截了当:他认为亚当·哈科恩(Adam ha-Cohen, 哈斯卡拉文学(Haskalah Literature)中一个备受尊重的人物)写的道德寓言都已经过时了,因为他们不能捕捉真正的现代精神。

总之,弥利查与文学的差别就是非历史的抽象物与历史的具体模仿之间的差别;是空洞的文学形式与蕴含丰富意义的文学形式之间的差别。很多现代作家一直还在重复着对弥利查的这种批判。罗伯特·阿尔特(Robert Alter)认为,对弥利查的这种批判导致了一种新现实主义风格(the "*Nusach*")的出现。我们现在都知道,这种新风格[由门德尔炮制而成,在比亚利克(Bialik)手里被封为经典]后来成为现代文学的试金石。对比亚利克和阿尔特而言,对弥利查的攻讦恰好与西弗卢的出现是同时发生的。

但是,弥利查在中世纪和文艺复兴时期是怎样光辉四射的呢?在这个会议的场合下,我暂且只给出一两个例子好了。第一个例子来自12世纪的伟大诗人

和思想家犹大·哈列维(Judah ha-Levi),他是《库萨里之书》(the *Book of the Kuzari*)的作者。这本涉及广泛的哲学谈话录在1139年用犹太—阿拉伯语(Judeo-Arabic)写成,三十年以后被著名的翻译家犹大·伊本·提本(Judah ibn Tibbon)翻译成希伯来语。此后,人们从各个角度引用、讨论和争辩这本书。在一个非常著名的段落里哈列维讨论了希伯来语言的神性,伊本·提本在翻译时使用了"弥利查"这个词。哈列维想证明尽管希伯来语在中世纪的西班牙地位低下(主要是与阿拉伯语相比而言),但最本真的希伯来语肯定被当成神圣和纯洁的语言,被当成普遍意义上的创造的语言。他有一个著名的论断,他认为与世界上的物体相对应的希伯来语名称不是专横的文字符号,而是上帝给这些物体取的名字;这些名称真实地表述出了物体的本质。

哈列维接下来又指出,上述的论断可以进一步说明在《圣经》时代,伟大的领袖和思想家们一直都在使用神的语言。但是在流放之后,讲希伯来语的人四分五裂,才导致了希伯来语的衰败。然而,希伯来语在历史上的衰败却不会让人对希伯来语的神性或哲学优越性产生任何怀疑。提到摩西、约书亚和所罗门时,哈列维问道:

> 能够想象摩西、约书亚、大卫和所罗门这样的统治者找不到词语来表达他们的愿望吗,就像我们今天这样,因为我们已经丢掉了那些词语?

可能吗?哈列维在问,《圣经时代》的国王、战士和哲学家们想谈论实际事务、想唱歌赞美上帝时会缺乏弥利查?你能想象他们——古以色列的人们——会像我们今天这样把语言给丢了,要去寻找词语?

这其中隐含的答案当然是"不"。"语言的伟大使用者在需要弥利查的时候却没有,这可能吗?"这是一个修辞性很强的问题:从可能性的真实意义来说,这当然是不可能的,因为希伯来语包含了一切可能的弥利查。

但是弥利查这东西的确切本质是什么,希伯来语里可是从来不缺乏弥利查的?什么是弥利查?它只是一个带有意义的词语吗?也许它只是一种修辞,确切地说,它只是一个带有修辞性的问题,一种措辞的转换,是匪夷所思的可能性的一种暗示,就像哈列维刚才提到的那些很明显的修辞性暗示?

让我们离开伊本·提本的希伯来语译文和哈特维克·希施费尔德(Hartwig Hirschfeld)的英语译文,进入哈列维的阿拉伯语原文。正如我们刚才看到的那样,伊本·提本用"弥利查"一词来传达希伯来语的"优越性"(excellence),来说明这种语言不缺乏"词语"。在这个特定的情境下,哈列维使用的阿拉伯语术语是"伊巴拉"(*'Ibarah*),这个词一般被译成了"表达"(expression)。哈特维克·希施费尔德只是简单地把它译成了"词语"(words)。也就是说,此处用到的"弥利查"这一术语修辞性极低:它只不过意味着这种语言有能力传达与语言学意义无关的内容,有能力命名哈列维提到的那些伟人所谈到的奇怪的事物:帐篷(住棚节,the Tabernacle)、以弗得圣衣(Ephōd)和胸牌(breastplate)。在这层意义上,弥利查仅仅是一种"表达",即"正确的词语"(right word)。希伯来语中充斥着弥利查,这说明古代讲希伯来语的人可以轻松地进入一切的语言表达,只要他们觉得有必要。

伊本·提本第二次使用"弥利查"这个术语时,情况就要稍微复杂一些了。"弥利查"的第二次使用是因为哈列维讨论到了一类非常不同的语言游戏。在这里,哈列维并不讨论那些给事物命名的词语,而是谈到了布道、创作和歌曲。实际上,这种"文学"意义更浓的弥利查在阿拉伯语的原文中不是"伊巴拉",而是"木哈塔巴"(*Muhattabah*)。在这种情境下,弥利查不是单纯的"表达",它意味着对语言更精巧的使用,也就是说,它成了修辞学,成了演讲和劝化的艺术,即木哈塔巴。

因此,我要说的要旨是:典范的希伯来语翻译使用"弥利查"一词来涵盖起于伊巴拉,终了于木哈塔巴的整个语言学范围。该范围起于使用语言的字面意义,终了于崇高、精妙的修辞,也就是预言和诗歌。弥利查是一个囊括一切的语言概念:它既是字面意义上的语言,又是修辞性的语言。既然弥利查包含了语言的这两个方面,那么事情就很明显了,我们无法区分谁是谁,无法将修辞意义和字面意义区分开来。当我们听到"弥利查"一词时,我们不知道它指的是修辞语言,还是字面意义上的语言。事实上,它在同一时刻可以兼指二者。伊本·提本使用了同一个术语来表达两个不同的阿拉伯术语。作为符号和概念,弥利查有些模棱两可。

"弥利查"这一术语在所指上的混乱非常耐人寻味,因为这种困惑和语言自身有些关系,因为任何语言学符号都需要另一个符号来产生意义,需要另一个符号来表明我们读的或说的东西应该从字面意义上来理解,还是从修辞意义上来理解?应该认真对待,还是不应该认真对待?它是一个伊巴拉,还是一个木哈塔巴?而麻烦当然就在于,这两种意义——伊巴拉和木哈塔巴——竟然都用同一个希伯来术语来表达:弥利查。

当"弥利查"这个词或术语在许多其他场合被人们使用时,我们可以发现它内部的紧张对立关系。这里我会提到一个中世纪早期的文本,它由备受尊重的法国《托拉》注解大师拉什(Rashi)写于1105年前后。他对该术语的注解常常深入探究到字面意义和修辞意义之间的对立关系。有趣的是,拉什认为弥利查必须从它的字面意义来理解[即从字面意义上阐释马沙尔(*Mashal*)],而很多注经师和翻译家却与他相反,认为弥利查是修辞性的,或至少比马沙尔更加富有修辞性。路德和拉什看法相近,他把 mashal u-melitsah 译成了《〈箴言篇〉及其阐释》(*Spruche und ihere Deutung*)。但是,在其他的译文里(包括古代的译文、JSP

犹太人出版学会、英王詹姆斯钦定本《圣经》,以及近期的罗伯特·阿尔特的译文),弥利查都被理解成一种修辞手法,这种转义或修辞比马沙尔要更隐蔽,更"阴暗"。在这里,我们没法详细地谈论这个问题。但是我还要说一遍:"弥利查"这个词既指字面意义,又指修辞意义,这取决于你是在问谁了。

到意大利的文艺复兴时期[阿布拉瓦内尔(Mashal)、阿奇福尔迪(Archivolti)、梅塞尔·里昂(Messer Loen)、阿扎利亚·迪·罗西(Azarya di Rossi)等等],到哈斯卡拉时期,人们对语言和文学的修辞性特点的关注热情一直持续不减。在这种意义上,现代弥利查的故事是中世纪弥利查故事的神奇延续。弥利查是文学效忠于现实主义、人们的生活、阶级或者国家之前的文学故事。我认为,我们必须摒弃有关现代希伯来语文学的内在特点或"效命于俗世"的特点,这是一种误导人的理论前提,否则我们对现代文学理论不可能有恰当的了解。弥利查和文学一样"现代",但它的现代性并不是效命于俗世的现代性,它只是一种文学的现代性:是能指的一种开放性的、意义模糊不定的移动,这些能指在现代希伯来语文学特定的历史形成过程中被翻译成内在性和先验性之间的修辞移动(a rhetorical movement between immanence and transcendence)。

我先前还提到,在 19 世纪 60 年代希伯来的文学理论中,弥利查过渡到了文学,这可以理解成从翻译的复杂性过渡或退回到诗歌的天真。现代的弥利查,或者说哈斯卡拉时代的弥利查可以被界定为将犹太写作及美学的新范围纳入到天启、律法和预言的超验性的旧传统范围中去。艾萨克·尤切尔(Isaac Euchel)使用了弥利查思想来建构一种新的预言性的措辞;拿弗他力·赫尔茨·维塞尔(Naphtali Herz Weisel)把弥利查的作用拔得很高,认为这一载体可以将传统的犹太文本转换成在全世界都可以翻译的艺术作品;施罗摩·洛维索恩(Shlomo Löwisohn)相信,弥利查是超验的上帝恩准的一种非理性、四处流溢的创造力;约珥·布里尔(Joel Bril)相信弥利查是命题式(propositional)的理性语言与表达尚不清晰(pre-articulated)的激情之声的有益结合。这个名单还可以继续罗列下去,但是我的主要论点是,造成文学思想超新星(supernova)形成的不是文学的世俗化;相反,应该将传统意义的弥利查当作修辞而不离不弃。作为转义或措辞转换(a turn of phrase or a trope),弥利查让很多作家大胆地尝试着让新的写作语言与旧的天启语言彼此相容。从这种意义上来说,弥利查并没有现代文学或西弗卢那样天真:弥利查在面对语言的时候,更像是一个译者,而不像一个诗人。

诗人什穆埃尔·哈纳吉德

——犹太民族与阿拉伯叙事的奇特交汇

[以色列]哈维瓦·伊沙伊* 宗笑飞**译

10世纪时期,犹太世俗诗歌诞生,时值阿拉伯人统治伊比利亚半岛的黄金时期。因此,犹太世俗诗歌从诞生伊始,就在艺术手法和哲学意蕴等方面与阿拉伯诗歌渊源胶合。本文以10世纪著名犹太诗人什穆埃尔·哈纳吉德(993~1056)的战争诗歌为例,分析其是如何在叙事手法上借鉴古典阿拉伯战争诗歌,在语言上取法《圣经》语言,并将二者融合创新,实现了"民族—叙事"的生成与转换。

请允许我带你们开始一次穿越时空的旅行。让我们回到10世纪的西班牙科尔多瓦,回到后伍麦叶王朝哈里发阿卜杜·拉赫曼三世(Abd al-Rahman the third)①时期。那是犹太人集居伊比利亚半岛的时期,史称"西班牙黄金时期"。犹太诗歌由此诞生。伊比利亚半岛又被称为"阿尔—安达卢斯"(al-Andalus)。斯时斯地,犹太人自视是阿拉伯社会的一分子,他们吸收了丰富的阿拉伯语和丰饶的阿拉伯文化。换言之,犹太民族将自身的文化与伟大的穆斯林帝国文化相融合。每一位受过教育的犹太人都心知肚明,倘不能同时熟知阿拉伯和希伯来两种文化,他们所受的教育就是不完备的。正因为集这两种文化于一身,众多西班牙犹太人才得以享有很高的经济和社会地位。如是,他们出任公务员,乃至政府要员、皇家重臣,掌握资财。他们的生活方式与处于统治地位的穆斯林贵族并

---

* 哈维娃·伊沙伊(Haviva Yishay),1963年生,以色列本—古里安大学希伯来文学系教授,从事中世纪希伯来文学研究。特拉维夫大学哲学博士,在西班牙—希伯来—阿拉伯诗歌领域著有《中世纪希伯来—阿拉伯爱情文学》,编有《摩西·伊本·埃兹拉诗选》。

** 宗笑飞,中国社会科学院外国文学研究所副研究员。

① 一般认为后伍麦叶王朝建立于公元756年,阿卜杜·拉赫曼一世在科尔多瓦建立王朝自称埃米尔之时开始。阿卜杜·拉赫曼三世(912~961年在位)于公元929年自称哈里发,成为后伍麦叶王朝最伟大的统治者,在他的统治下,后伍麦叶王朝在文化、艺术、建筑、经济、军事等各方面都达到鼎盛。

无二致,其文化表征也完全吻合阿拉伯人的取向。同样,在新生的犹太—西班牙文化中[①],诗歌占据着核心位置。10 世纪,犹太世俗诗刚刚迈出第一步,阿拉伯诗歌已届鼎盛。

发轫之初,犹太诗歌在艺术手法和哲学意蕴等方面,便与阿拉伯诗歌渊源胶合。经过数个世纪的发展,阿拉伯诗歌在某些特定主题上已然形成了独特的风格,每一种风格都植根于沙漠,并可追溯至贾希利叶时期(Jahilia time)[②]。它的历史远远早于伊斯兰教。约在 9 世纪中期,艾布·泰玛姆·塔伊(Abu Tamam Altay)[③]将贾希利叶时期的诗歌进行收集编纂,取名《激情诗集》(*Diwan Alhamasa*)。这部诗集包括十扇门(Abwab Alshiir),每一扇诗门都有不同的主题:爱、酒、矜夸、哀悼等等。第一扇也即最重要的一扇门为激情之门(bab Alhamasa),其中的作品多具尚武精神,或可称之为"战争诗歌""英雄诗歌"。然而,西班牙的犹太世俗诗歌所主要借鉴的,是阿拉伯诗歌中直接关涉犹太人生活的独特主题。显而易见,犹太诗歌所缺少的恰恰是阿拉伯诗歌中最为重要的军事、战争、勇敢等尚武主题。

事实上,只有两位西班牙犹太诗人曾经涉足战争题材。他们是什穆埃尔·哈纳吉德(Shmuel ha-Nagid)与其儿子约瑟(Yehoseph)。父子二人曾在柏柏尔人统治的小王国身居高位,官拜大臣(即维齐尔)等职。这些在他们的诗歌中均有反映,譬如参加安达卢西亚战争的亲身经历。不幸的是,流传至今的唯有父亲什穆埃尔所作的 40 首战争诗歌。这些诗歌反映了诗人活力四射而又矛盾重重的复杂品性;同时,也体现了他与阿拉伯战争诗歌和犹太传统的深切关联。

在所有"黄金时期"诗人中,什穆埃尔·哈纳吉德的生平堪称显赫。用他本人的话说,他青春年少便知道自己注定要在西班牙的政治舞台占有重要一席。那时,他已经是诗人、拉比、政治家和将军,而且,在这每一个领域均有不俗的表现。什穆埃尔于公元 993 年出生于科尔多瓦。1013 年,北非柏柏尔人入侵科尔多瓦,将其洗劫一空,他被迫离开这座城市,前往时属格拉纳达的柏柏尔省的马拉加。在马拉加,他依然境遇可人。作为阿拉伯语书法家,他受到了阿布·卡西姆·伊本·阿里夫维齐尔的器重,并被后者任命为私人书记官。多年后,维齐尔在临终之前又将什穆埃尔推荐给格拉纳达国王哈布斯,哈布斯遂于 1027 年任命

---

① 后被统称为"赛法迪"(Sefardi)。

② 贾希利叶时期又称"蒙昧时期",指伊斯兰教产生之前的阿拉伯社会,蒙昧时期文学指公元 5 世纪至 6 世纪中期这段时期的文学,其文学作品主要为悬诗,其内容多为即景生情、矜夸英雄,颂扬部落的胜利。悬诗大多由人们口耳相传,诗人们会在集会时朗诵自己精美的诗句,优胜者的诗歌被悬挂在克尔白神庙内,故称"悬诗"。

③ 艾布·泰玛姆(796～843 年),是阿拉伯阿拔斯时期的伟大诗人。

什穆埃尔继任维齐尔一职。如此,我们的诗人什穆埃尔便被犹太人称为"纳吉德"(Nagid),意为亲王,在犹太社区中声名显赫,备受尊崇。哈布斯去世时,什穆埃尔在王位争夺中选择支持哈布斯的长子。后者最终登上王位后,作为回报,便任命什穆埃尔为维齐尔兼国王卫队指挥官。正因为如此,什穆埃尔·哈纳吉德多次参与了进攻塞维利亚的军事活动。事实上,1038 年至 1056 年间,他投笔从戎,只有两年没有参加战役。什穆埃尔和他的儿子约瑟是仅有的两位曾经指挥过穆斯林军队的犹太人。1056 年,什穆埃尔于格拉纳达去世。

如前所述,什穆埃尔·哈纳吉德的战争诗歌,是我们在"黄金时期"西班牙所发现的绝无仅有的犹太战争诗歌,也是他所有作品中最引人入胜的诗章。阅读、研究这些诗歌,我们可以发现许多极为有趣的因素,其中之一便是阿拉伯激情诗(Arabic Hamasa,我称之为"叙事诗")与什穆埃尔·哈纳吉德文学世界中属于犹太肌理的宗教和民族传统的复杂交汇。且听我解释如下:

被我称为"叙事诗"的激情战争诗歌,在阿拉伯诗歌中极为丰富,也备受推崇。它源自贾希利叶时期的荒漠诗歌,比伊斯兰教更为古老。这类诗歌颂扬勇敢和机智,并以矜夸部落胜利和光荣为主旨。后来哈里发时期的诗人保持了这种风格,并以相同的方式描述伊斯兰战争。什穆埃尔·哈纳吉德勇敢地借鉴了这种阿拉伯诗风,并将其格律和意象大量运用到自己的战争"叙事"中。值得注意的是,哈纳吉德的战争诗歌直接取材于真实的哈卡比、多兹、席尔曼(Harkabi, Dozi, Shirman)①战役,举凡 1038～1039 年与阿尔梅里亚(Almaria)小国王祖希尔(Zuhir)的战争;1039 年攻打卡莫纳城(Karmona)的战役;同年 10 月 4 日的赫尼尔河(Jenil river)战役;1041 年进攻格拉纳达北部地区、与该地区的统治者雅达伊尔(Yaddayir)的战争。诸如此类,限于篇幅,恕不一一例举。

为描述这些战役,什穆埃尔·哈纳吉德在其战争诗歌中以《圣经》的地名来指代真实的地名。由是,他借古老神圣的《圣经》来表征现实,同时表征时代文化、时代文学:诗歌《万能上帝》(אלוה עוז)叙述了对伊本·阿巴德(Ibn Abbad)的胜利,该诗作于 1038 年,是年他打败了阿尔梅里亚军队。在解释战争背景的序曲部分,哈纳吉德将曾经的敌人伊本·阿巴德称为"亚甲"(Agag),以此将他化身为《圣经》中臭名昭著的国王,而他所代表的亚玛力(Amalek)则是犹太民族大敌云集之地。据《圣经》记载,这位国王被先知什穆埃尔(the prophet Shmuel)打败并杀死,先知恰巧与我们的诗人什穆埃尔·哈纳吉德同名。

通过这种方式,哈纳吉德成功地用富于犹太民族主义色彩的笔触描绘了这

---

① 安达卢斯地名。

场战役，这便是我所谓的“民族颂”（the nation poem）。其中的民族主义非常有利于宗教意识的生发。如此这般，真实的事件转化为犹太民族与其敌人的历史性战役，即上帝的选民与其敌人之间殊死搏斗。在作品中，我们的诗人叙述了战争的混乱场景：怒号、流血、烟尘，而他借以表现的则是《圣经》的场景：上帝摧毁了所多玛和蛾摩拉。

通过这种类比，哈纳吉德得以从自由地呼唤他的祖先和以色列的上帝，请他们来帮助他战胜敌人，尽管以色列国及其上帝与发生在格拉纳达王国和阿尔梅里亚的战役没有丝毫联系。在他的诗歌中，他呼唤上帝（此处为我引用）：“打击他们吧，如同你对西西拉（Sisra，《圣经》中以色列的敌人）”，而这一切正是“为我而行”；他请求道：“如同你为巴拉（Barak）和底波拉（Debora）。”他接着又说：“因应以撒、亚伯拉罕、莎拉以及我的祖先雅各的功绩，请记得我——我祈求上帝护佑我，以及暗兰（意指摩西）的子孙——在战争中庇护我……以及那些生活在麦比拉洞中的人们（指代父系与母系先人）。在这样的日子里，你岂能入眠？”

这些祈求激发了来自犹太文化悠远传统的某些意象。它们与发生在安达卢西亚的战役互相映照，并被融入了阿拉伯激情诗的结构之中，并以《出埃及记》中埃及大军在红海毁灭这一意象，来指涉阿尔梅里亚军队的溃败。哈纳吉德是这样描述这一胜利的（以下为笔者引用）：“以此抹去亚玛力人[①]在西班牙的痕迹。”我们的诗人因他的胜利对以色列的上帝充满感恩，有诗为证：“我已为他谱写颂歌；赞美之词如星辰闪烁……我们民族的子孙与我一同吟唱，将它置于所有颂诗之上。无论老人还是稚童，都能准确无误地吟诵。当你的孩子问起此诗何如，你必将如此回复：‘这是赞美上帝的颂词，上帝挽救了他的伙伴，他的伙伴于是谱写了诗章，以便世代传颂救赎的上帝。这是赞美之诗，伟大光荣；因应上帝的荣耀，以及他卓绝的创造。’”

诸位，我请你们想想如下问题：究竟是谁赢得了这场战役？是什穆埃尔·哈纳吉德和他的格拉纳达军队？还是什穆埃尔·哈纳吉德和亚伯拉罕、以撒和雅各？抑或什穆埃尔·哈纳吉德和以色列的上帝？究竟又是谁在这场战役中落败了？是阿尔梅里亚军队，还是亚玛力人？战役在哪里爆发？是在伊比利亚半岛的群山之间，还是在《圣经》的摩利亚（Moria）山谷？

通过这些问题，我想你们或许开始明白，正是因为诗人渴望用《圣经》观照现实，从而使民族的历史传说与现实叙事相结合，并通过这种方式赋予时代生活以神话色彩和民族情愫，显达犹太人呼唤以色列上帝的终极诉求。

---

① 此处指阿尔梅里亚人。

下面,我想通过什穆埃尔·哈纳吉德两首诗的构架来论述民族与叙事之间的复杂亲缘关系和交互作用。这两首诗都与一场发生在1047年9月8日的历史性战役有关,哈纳吉德的军队最终获得了胜利:

诗歌着重描述的是发生在隆达、塞维利亚、马拉加军队与格拉纳达军队之间的战争。什穆埃尔·哈纳吉德将这次胜利视为意料之外的胜利。他故此连写了两首战争诗歌(一反他一诗一战役的习惯做法)。这两首都是长诗(一首79节,另一首64节)。诗歌对战争的描述细致入微。这是一个很好的例证,足见"民族一叙事"之间相辅相成、相反相成的关系:一方面是"我"作为勇士的傲慢,另一方面是他作为诗人在借鉴阿拉伯激情诗时所体现的谦逊。第一首是经典的战争诗歌,我称之为"叙事诗"(the narration poem)。反之,第二首或可称为"民族诗"(the nation poem),它描述了"我"的虔信,以及上帝如何令人纡尊降贵、五体投地的法力。

所以,我再次提请诸位留意我提出的那个问题:在这些诗歌中,究竟谁是胜利者?有时,胜利者是"我"这位英雄,行进在胜利者的传统行列;有时,胜利者又变成了上帝,他以超自然的力量摧枯拉朽地消灭敌人。

"究竟谁是胜者?"这个问题的答案至关重要。它并不取决于作品的意象、语言和结构。事实上,两首诗的差别如此明显,以至于我们有理由认为诗人一定预先确定了谁是真正的赢家。关于这一点,作品开宗明义。

尽管这两首诗对于"谁是赢者"这个问题的处理方法迥然有别,但它们采用的都是传统的诗体(盖绥达[①])。我并且认为:两首诗都以颂扬上帝开篇,具有鲜明的宗教色彩;结尾也都因胜利而颂扬上帝,并且赞扬诗人在颂扬上帝时妙语连珠、滔滔不绝。

作为战争诗歌,这两大作品在开篇和结尾之间,细节毕露,竭尽夸饰之能事,详尽描写战争场景。因而,欲解其创作方法,我们必须留意这两首诗之间的明显差异:其中之一便是比重。且听解释:在民族颂中(前面曾经提及,胜利者是上帝),其布道诗般的尾声是叙事诗(胜利者是勇士)的四倍。这决非偶然。

差异之二是颂扬上帝的方式。在叙事诗中,颂扬上帝的方式具有明显的口传特征,仿佛礼拜中的唱词。居于舞台中心的是胜利者的故事。与此相反,民族诗将胜利者的故事有意延宕,最后轻描淡写,仿佛讲述某个普通事件。它所展示的是上帝的伟大和神力。后者大量使用富有宗教色彩的词汇,如犹大、约瑟、锡安、锡安的子民、锡安山等等。反之,这些词汇在叙事诗中是阙如的。如此,读者

① "the Qasida"是悬诗的主要形式,即阿拉伯长诗。

在阅读民族颂时，犹太情愫和宗教崇拜便会油然而生，仿佛身临其境。

两首战争诗歌皆以同样的问题展开:“谁是赢者?”在叙事诗中，时空情景是清晰明确的，主体是“我们”——英勇的战士。而在民族颂中，主体却是“上帝”，事件的时间、地点，以及敌人则故意延宕，及至人神转化。

在两大诗篇中，战争的描写撷取了传统的阿拉伯英雄激情诗风格，对阵双方的军人、武器、战马以及枪林剑海都被赋予了丰富多彩的比兴和真切。在这两大作品中，诗人按照历史脉络，将战事诉诸笔端，读者也依此了解战争经过，仿佛亲历了鲜活生动的旅行，而且知其然及所以然，最后设身处地，见证敌人溃败，并在尸横遍野的恐怖场景中结束旅程。

如此等等，见微知著，分析这两首诗足见它们对同一内容的不同表现方式，从而印证民族颂与叙事诗的本质区别。

其中的某些差异固然微不足道，却足以看出叙事诗中的“我”作为勇士实现自我价值的强势存在，以及他在战争中的自我矜夸。此外，在叙事诗中，着力渲染和描述的是战争过程和凯旋之师，它们占全诗凡十八节之多，只有其中三节是颂扬上帝的。而这种以自我为中心的取法恰恰延续了传统激情诗歌的英雄主义和自我矜夸，与民族颂适成对照，盖因后者将赞颂上帝置于首要地位，对勇士的矜夸则明显弱化。二者的区别由此可见一斑。

在民族颂中，胜利几乎不是勇士的战绩，而仅仅作为一个契机，以便歌颂上帝，并将一切荣耀归于后者。

胜利本身被看作是上帝授予这一代人抑或诗人的一个奇迹。事实上，作品甚至未及出现“我们”“勇士们”之类的指称。由于上帝的直接介入，敌人的失败是早已注定并被预见了的。我们因而看到，在叙事诗中，胜利之师是战场上的英雄;而在民族颂中，一切光荣归于上帝。

这两首诗清晰地表明，诗人的内心充满矛盾:一方面，他虽成就卓著，却因宗教信仰而对上帝充满虔诚;另一方面，在叙事诗中，他又竭尽自我矜夸之能事，赞扬他战略战术和英武光荣。

这两种对立的人生观撕扯着他的心，并在他所有的战争诗歌中得以体现。在我们的诗人笔下，历史真实只是粗糙的素材，可以依据自己的想法、立场，甚至是特定情景的特定情绪进行灵活加工、改编。

据此，我恳请诸位理解诗人灵魂深处的冲突:作为军事家，本性使然，他倾向于自我矜夸;而因笃信宗教，他又必得视上帝为人类一切成功的根源。

我同样希望诸位明白，这种冲突也正是什穆埃尔·哈纳吉德及其叙事诗和民族颂的特色所在。

后来，在 19 世纪许多作家(但他们并未涉及我们这位诗人和他的时代)的文本中,譬如伊戈·施瓦茨(Yigal Shwartz)在《制高点》(*Vantage Point*)中发现,当人们借《圣经》视角以描述历史事件,便普遍具有相似性。这些相似性并不偶然,亦非巧合。事实上,它们在犹太文本中俯拾皆是,施瓦茨认为它们在文化上延续了以色列民族与其土地和上帝之间的圣约。显然,这也是19世纪普遍流行的犹太民族主义阐释。那么,11世纪呢?

11世纪,犹太文化的民族主义在其诗歌中初露端倪。对这些诗歌进行深入解析,需要更多地关注它们对精神源头《圣经》的依赖。犹太诗歌无疑是安达卢斯犹太民族主义得以发展的语言和艺术介质。毋庸置疑,它们的韵律和风格均师法阿拉伯诗歌,但其语言的选择和主旨的明确性却无疑是纯希伯来《圣经》式的。这难道不是一种再清楚不过的民族主义倾向吗?

尽管其民族主义看起来似乎再清晰不过,并且与阿拉伯语诗歌有着诸多平行雷同,但有趣的是在所有研究中世纪犹太诗歌的学者中,只有康奈尔大学的罗斯·布兰(Ross Bran)教授关注到了这个问题,而且更为有趣的是,希伯来语并非他的母语。

综上所述,我们可以这样说,中世纪西班牙的犹太诗歌作为一种叙事,业已成为沟通时代社会各种文化的桥梁,其在展示冲突、表现犹太人生活方面凸显了他们渴望融合、成为大同社会一分子的愿景。同时,他们忠于祖先的遗产、土地、宗教和文化。

爱斯特·拉阿夫的诗:集体民族主义时代的本土“自悦”

[以色列]尼利特·库尔曼[*]　乔修峰[**]　译

距以色列建国还有半个世纪的时候,爱斯特·拉阿夫出生在佩克提瓦克并在那里长大。那是犹太人在巴勒斯坦的第一个农耕定居点,她也被视为“第一位以色列地诗人”。她的早期诗歌是献给“家园”的,但在描写土地时,却使用了大量与性(主要是女性)有关的词语和意象。土地成了她身份认同的对象,形成了一种复杂的“孤独的性”,从而引出以下问题:她的诗是否借助与性有关的象征,促进了民族主义征服运动?她的诗是否要通过女性意象来摆脱男性的征服话语?

爱斯特·拉阿夫(Esther Raab)被视为“第一位土生土长的希伯来诗人”,1894 年生于“以色列地”(Eretz-Israel),比以色列建国早半个世纪。出生地佩克提瓦克(Petah-Tikva)是犹太人在巴勒斯坦的第一个农耕定居点,当时属奥斯曼帝国。她父亲从匈牙利移民至此,是该地的拓荒者之一。20 世纪初,巴勒斯坦人口约 5.5 万人。其中,犹太人 3.5 万人,穆斯林 1 万人,基督徒 1 万人。但犹太复国主义者大多来自欧洲,以“让鲜花遍布沙漠”为目标,也即在荒原上建立一个国家。于是,这片土地常被描述为“处女地”,这也是拉阿夫诗歌和散文中常用的比喻。

与“第一位土生土长的希伯来诗人”这个形象相应,拉阿夫的诗歌大多在描绘巴勒斯坦风光。尽管头顶这样的光环,她却没能成为以色列的传奇人物,也从未被看作以色列的主流或经典诗人。希伯来文学评论家提她的名字,通常是谈当时位处边缘的女性文学现象,说她和拉海尔(Rachel)、巴特—米丽娅姆(Bat Miriam)、爱丽谢娃(Elisheva)是当时发表作品的四位女诗人。

[*] 尼利特·库尔曼(Nirit Kurman),1983 年生,以色列本—古里安大学希伯来文学系在读博士。

[**] 乔修峰,中国社会科学院外国文学研究所副研究员。

直到20世纪90年代,评论界才开始注意她的独创性。本文将就此详加阐述。我认为拉阿夫诗中有一些具有颠覆性和挑战性的元素,在抵制或反对犹太复国主义叙事。正是这些元素,使拉阿夫难以进入以色列经典作家行列,尽管她有本土诗人这一得天独厚的身份。

拉阿夫的第一首诗于1922年发表,第一部诗集于1929年出版。20世纪20年代对犹太复国主义运动和以色列建国来说,是非常重要的时期。当时约有10万犹太人移居以色列,大部分来自欧洲。希伯来大学、犹太人事务局(Jewish Agency)等国立机构也于此时建立。这一时期的主流希伯来诗歌,都参与了复国主义者抢占地盘的行动,主要是借助与性有关的象征。男诗人用一些与女性相关的比喻,将"家园"(homeland)比作"生我养我的地方"(motherland),或比作诗人渴望去占有的女人。将土地比作女性,在与民族主义运动相关的诗歌中非常典型,莫乔治(George Mosse)在其《民族主义与性》一书中曾有论述。

拉阿夫也和当时的男诗人一样,用与性有关的隐喻来描述与土地的关系,但又与他们有着根本不同。他们是男性使用与女性相关的隐喻来描述"家园"(homeland/motherland),拉阿夫则是女性使用与女性相关的隐喻。这种差异也就引出了一个问题:拉阿夫诗中涉及性的象征到底是促进了民族主义的征服运动,还是通过女性说话人发出声音来摆脱男性的民族主义征服话语?

通过细读,可以发现,在拉阿夫诗中,土地承担着多重含混、有时甚至是矛盾的功能:它赋予生命,但也致命;像母亲一样,却又有性的诱惑;属于女性,但又有阳具崇拜和男性特征。这使诗中的说话人和土地有了多重关系,如母女关系或女同性恋关系。而且,说话人还经常使自己等同于土地,从而抹煞了与土地的区别,实现角色转换。这在拉阿夫早期的一首诗中有明显体现,哈罗德·施密尔(Harold Schimmel)将该诗译成了英语:

祖国母亲,我心与你的露珠一道
俯卧在夜幕下的刺藤林中;
我向那芬芳的柏枝和蓟草,
伸出无形的翅膀。
你那小径就是柔软的沙土做的摇篮,
蜿蜒在刺槐篱间。
我被一种魔力深深吸引,
将永远走在这些小径上,
仿佛踩着光滑的丝绸。
清澈的夜空喃喃低语,
俯视着沉寂的茫茫林海。

诗中夹杂了生命和死亡的意象。土地是“母亲”,道路是“沙土做的摇篮”,露水则在干旱季节滋润土地。对母爱和肥沃的这种礼赞,却被与死亡相连的意象打断了:露水落在刺藤林中,还有蓟草的气息,这两种植物在《圣经》里都暗示着贫瘠无果。

这种矛盾含混在她生平中也有体现,只是有些伤感。拉阿夫常说土地是生命本源。她27岁初婚,在当时算晚的。丈夫伊萨克·格林是来自开罗的富商,也是她表兄。从他们的通信可以看到,他们多次尝试怀孕,甚至前往维也纳接受治疗,但没有成功。这是因为当时巴勒斯坦卫生条件很差,她小时候得过疟疾,导致了后来的不育。但她仍在回忆录中将土地比作不可或缺的、母亲般的生命之源。

在前面这首诗中,土地除了承载母爱和肥沃,还有一个角色——情欲所寄托的对象。女说话人用翅膀拥抱着大地的气息,这种气息是由象征阳具的柏树和蓟草发出的。说话人既是情人,吸着男性气息,又是保护者,给男性提供庇护。这不禁使人想到用希伯来语写作的著名诗人比阿利克(Bialik)的诗句,写一个男子渴望得到女性的爱抚和保护:“用你的翅膀裹住我,当我母亲,做我姐妹。”这里的“姐妹”在《圣经》中有一层意思就是“恋人”。拉阿夫在日记中说自己读过比阿利克,也包括这首诗。拉阿夫用“张开的翅膀”这个比喻,也就回应了比阿利克所表达的渴望:女说话人既像母亲一样保护男性躯体,又像恋人一样吸着男性的阳刚气息。通过回应比阿利克诗中的渴望,拉阿夫将自己划入了男性经典的行伍,试图成为其中的一分子。

大地虽有柏树和蓟草等男性标志物来表征,但同时也不乏女性特征,像“柔软的沙土做的摇篮”和刺槐林,宽广,丰满,平坦。说话人在这个女性化的空间中缓步移动,不仅让人想到母女的亲昵,也暗示着女同性恋的爱抚。

土地的多重角色使它成了一个全能的神秘体,也成了说话人孤芳自赏的理想形象,使人联想到拉康所说的“镜像阶段”(mirror stage)。拉康在其早期作品中认为,婴儿将自己镜中的影像看作一种全能的完美形象,与他们碎片式的自我认识形成对比。这个完美形象虽在自我之外,但毕竟仍是自我的影像,从而提供了一个孤芳自赏的平台。通过与这个完美形象认同,自我也就感到强大起来。

这种认同关系有助于我们理解这首诗中拉阿夫与土地的关系。在第一行中,说话人就与全能的土地等同起来:“祖国母亲,我心与你的露珠一道。”说话人感觉她是大地的一部分。通过描绘大地的情欲、母爱、致命性、男性及女性特征,说话人自己也体验到了这种全能的感觉。就像“镜像阶段”的婴儿看着镜中的自己,说话人也通过与这个完美形象等同而感到无比强大。

一方面将土地视为自己情欲寄托的对象,另一方面又使自己与土地等同起来,这便形成了一种复杂的性关系。我想称之为“自悦”(self-jouissance)。“孤独的性”(solitary sex)或“手淫”等说法不适合描述这种关系,因为它们指的是某种非常具体的性行为。自悦包括一系列性刺激,都发生在自我之内,无须他人参与。土地成了自我的外化,性被表现为一种个人的、独自一人的行为。

这种个人体验反映在诗的最后几行。这几行有着非常明显的表现主义风格。说话人用主观意象来描绘外部世界,“开创”了一个属于她自己的新世界:“清澈的夜空喃喃低语,俯视着沉寂的茫茫林海。”这种主观体验反映了拉阿夫作为土生土长的诗人不稳定的边缘地位,也反映了诗中的说话人和诗人之间的复杂关系。20世纪20年代的评论家们没有注意到拉阿夫本人和她诗中女说话人的区别。到60年代,随着她的诗集出版,她又重新走进了公众视野,但仍有评论家对此不加区分。拉阿夫本人也常倾向于对此不加区分,这在她的言谈、写作、访谈和回忆录中都有体现。

例如,她在给鲁文·绍姆(Reuven Shoham,拉阿夫的好友,也是研究她诗歌的学者)的信中写道:

> 有时候,我觉得我的诗是和我一起生出来的,我们彼此非常相像。我很小的时候,还没写这些诗的时候,就感觉到了它们。三岁那年,我就是架风琴,对着冬日寒风里的桉树林演奏。我记得真真切切。

通过强调她的诗与她自己相似,拉阿夫抹煞了说话人和诗人的区别。这种相似性建立在与土地的亲密关系之上,写作被描述成一种天性的流露,不是从作者的内心油然而生,而是从外在土地上生发出来。

拉阿夫接受过很多采访。每次采访她都要谈及自己的童年,哪怕人家问的是当代问题。拉阿夫通过把焦点放在童年,强调她的诗都是直觉的产物、天性的流露。与土地的这种关系,在其他地方又被描述成一种个人的、独有的关系,不允许他人在场,是一种自足的关系。在1963年的一次采访中,拉阿夫像以往一样,谈起自己的童年:

> 那是一段美好的时光。一切都那么美妙,我感到充盈、饱满,整个宇宙都在我体内。

评论家哈穆托·察米尔(Hamutal Tzamir)指出,20世纪60年代的评论家认为拉阿夫诗歌的价值就在于她的本土主义(nativism)。但我认为,这种倾向源自拉阿夫自己试图树立的一种公共形象:一位用别人无法捉摸的、独一无二的直觉方式来体验土地的诗人。

在前面那首诗中,拉阿夫把行走在沙路上称作“被一种魔力深深吸引”,这在希伯来语中也指“未解的”魔咒。那么,我们不禁要问,谁是哪些永远无法解开魔咒的人呢?换言之,拉阿夫想和谁区别开来呢?

本土主义,正如评论家汉南·海韦尔(Hannan Hever)所言,是一种悖论立

场:原住民一方面宣称自己是最早的居住者,另一方面又宣称自己是一直存在的。在原住民之前,这片土地上没有人;但原住民的根却又一直在这里。海韦尔将拉阿夫诗中的行走,理解为殖民者的占领,完全否认了阿拉伯人的存在。海韦尔指出了拉阿夫对犹太复国主义的贡献,同时却也忽略了她与犹太复国主义移民的复杂关系,这些移民是流散海外的犹太人,是来占领"她"的土地的。拉阿夫经常强调她土生土长的优势地位,正如她在另一个访谈中所说:"我是第一位本土诗人。这么说可能让人觉得有点傲慢,但这就是事实。"她用"傲慢"(arrogant)这个词,实际也就暗示了土生土长的人要优于外来移民。

拉阿夫为使自己与众不同并突出其独有的本土性,采用了很多方式,其一便是她的诗体学。她写过无韵的表现主义诗歌,而当时流行的诗风是押韵的象征主义。在接受诗人摩西·多尔(Moshe Dor)采访时,她说:

> 我也不知道我在做什么——我什么也没做,只不过是在遵循我的情感和内心的韵律——有时我甚至遗憾自己没有写点别人都在写的"雅致的押韵诗",我也曾经觉得这是个缺陷,但的确有种神秘力量在驱使我写与众不同的诗歌。

拉阿夫这是在强调直觉的驱使高于理性的推敲,巩固其"真诚"(authentic)形象。她是自己选择了远离主流诗风。

拉阿夫还有一种与主流分道扬镳的做法,那就是她极具个性的用词。20 世纪 20 年代也是希伯来女诗人最早开始发表作品的年代。当时女性面临很多困境,如种种文化偏见和成见。而且,希伯来语本身就被看作一种只有男子才有资格学习的神圣语言,女子无权使用。不过,这种不利局面倒也有助于创新。正如米歇尔·格卢兹曼(Micheal Gluzman)和查那·克隆菲尔德(Chana Kronfeld)等学者所言,20 世纪 20 年代的男作家感到深受传统词汇和表述的束缚,而女作家倒可以免受这种束缚,使用更为灵活的现代语言。

拉阿夫独具一格的用词,在她给本土动植物命名上体现得最为明显。她使用花草树木的生僻名称,有时引自《圣经》,有时取自佩克提克瓦早期拓荒者的个性语言。这种命名方式,也就暗示她的读者无法像她这样熟悉这片土地。主流经典诗人纳坦·扎克(Natan Zach)对拉阿夫诗中陌生植物名字的评论,说明拉阿夫已经达到了目的。扎克在 20 世纪 50 年代开始发表作品,他描述了那种复杂的情感,因为她的诗让他意识到他根本不知道什么是"刺藤""蓟草"。

通过这种独特的用词和诗体学,拉阿夫和其他希伯来作家区别了开来。这种主动的隔离是本土主义的典型做法,以使自己与其他人分别开来。但对拉阿夫来说,这么做也是身为少数群体的需要:一位本土女诗人如何来面对由欧洲男性把持的文坛。

有评论家认为拉阿夫的诗是“原始的”“东方的”，与当时男诗人文雅的、欧洲的作品截然不同。这样的评价可能会贬低拉阿夫的地位，但我觉得拉阿夫反倒能借助这种贬低使自己强大起来。

按萨义德的说法，“东方主义”是“西方”关于“东方”的一系列错误的文化推论。在西方人看来，东方在心智、道德和文化上通常是处在下风的。但西方也有一种关于东方的浪漫化形象，一个异域的、单纯的、感性的、性感的东方。拉阿夫就是用东方主义的性的方面将自己的劣势转化为优势。土地的贫瘠在她诗中变成了性感的源头，比如诗中提到的蓟草气息。她的第一本书名为“*Kimshonim*”，译成英语便是“*Thistles*(蓟草)”，在希伯来语中是个生僻的词，只在《圣经》中出现过，而且是贬义。拉阿夫却使这么一个带有负面意义的词变成了一个正面的、强大的词语，只有真正土生土长的人才能理解。

综上所述，拉阿夫的“自悦”挑战并瓦解了民族主义、复国主义话语中男性主导的性范式，即男诗人征服女性家园(woman-homeland)。她在诗歌和访谈中强调土地是一片处女地，不仅是在否认阿拉伯人的存在，也是在强调她比犹太复国主义者更早定居此地的事实。她要写的，不是民族主义者的开疆辟土，而是个人孤芳自赏地等同于全能、性感的土地。通过展示贫瘠土地的性感、展示她的不合常规，她将劣势转换为优势。这是在宣告对土地的所有权。这种宣告也就潜在地威胁到了男性的正统。正是因为有这种带有威胁的反常，评论家们才忽略了她作为女诗人的独特性和创新之处，把她的诗歌视为犹太复国主义民族主义领域中的边缘的本土现象。

火车作为希伯来语言与犹太命运复兴的象征

[以色列]妮茨阿·本—多夫*　钟志清**　译

19世纪末期和20世纪初期，希伯来语复兴为一门鲜活的口语，当时没有合适词汇捕捉正在出现的现代技术世界。由于犹太民族具有游牧民族的特征，应该比其他民族更要发明或者说产生语言，来表达犹太人所使用的现代交通工具的名称。

在犹太启蒙时代，火车载着欧洲犹太人离开小镇与乡村，走向大城市；第二次世界大战期间，火车载着百万犹太人驶向死亡；现代火车在犹太人自己的国家为之服务，载着他们到世界各地旅行，凡此种种，成为希伯来文学中的象征与现实。因而火车成为一面棱镜，折射出希伯来文学主题、诗学以及与其他文学文化内在关联的变化。

19世纪末期和20世纪初期，希伯来语复兴为一门鲜活的口语，当时没有合适词汇捕捉正在出现的现代技术世界。由于犹太民族具有游牧民族特征，应该比其他民族更要发明或者说产生语言，来表达犹太人所使用的现代交通工具的名称。

比如说，火车是一种改变现代生活的交通工具，成为工业革命的象征——在希伯来文中找不到对等的词汇。处于现代化进程中的东欧犹太人要移民，要离开家园，要漂泊异乡，就要用火车为之提供服务，火车有时可以替代其家园、市

---

* 妮茨阿·本一多夫(Nitza Ben-Dov)，1950年生，以色列海法大学教授。美国加州大学伯克利分校比较文学硕士和博士。从比较文学视角出发，发表多种希伯来文学与《希伯来圣经》研究的专著、论文与学术文章，主要有：英文专著《论阿格农的间接艺术：揭示阿格农小说中的潜在内容》(Brill, 1993)，希伯来文专著《不幸的/未竟获准的恋人：阿格农小说中的性爱挫败、艺术与死亡》(1997)、《阿格农、奥兹、约书亚创作研究》(2006)、《书写的人生：论以色列文学传记》(2011)等。编有希伯来文《约书亚〈曼妮先生〉研究集锦》(1995)等文集，以及英文《奥兹读者》(2009)等。

** 钟志清，中国社会科学院外国文学研究所研究员，研究方向为希伯来文学与比较文学。

场、社会集会的场所，必须发明一个与之对应的词语。犹太人使用火车来表达集体的重新定位，无论是出于自愿还是被恣意驱逐，从欧洲的乡村和城镇到大城市和港口，后者作为前往美国大陆新世界的一个跳板。有些人移民到了以色列。希望把犹太人的漂泊与迁徙置于文学作品中心的希伯来语作家急需一个词语来描述当时最为重要的交通工具。

《希伯来圣经》当然是寻找词语与词根的主要的、真正的来源。然而在《圣经》时代没有火车，当然有马车。我们记得，先知以利亚乘坐火车火马升天，它的弟子埃利沙从地上呼唤他，“我的父亲，我的父亲，以色列的战车兵马。”(《列王纪》2:12)埃利泽·本—耶胡达[①]，素以推进复兴现代希伯来语闻名，选择了《圣经》时期的“马车”一词：rekhev，加上后缀。从那以后，“rakevet”一词忠实地服务于几代希伯来语作家。难怪在阿格农[②]最为著名的心理短篇小说《医生的离婚》(*The Doctor's Divorce*)中，主人公没赶上火车，用某种陈词滥调来安慰自己：“人不应该因火车或女孩的离去而担心，因为另一个很快就会到来。”

最为著名的现代希伯来散文的创造者是沙龙·亚考夫·阿布拉姆诺维茨(Shalom Jacob Abramowitz, 1836～1917)，他在创作后期作品时，找到了处理《圣经》希伯来语中不适当表达的方法，来满足现代语言需要。阿布拉姆诺维茨的笔名是门德勒·默克海尔·塞法利姆(Mendele Mokher Sforim, 字面意思是书贩门德勒)，这是根据他作品中的主人公，在东欧村庄贩卖宗教书籍的小贩而命名，小贩在走街串巷的卖书活动中也在观察和描述他所看到的一切。作家的笔名最终取代了他的原名；在这两个名字中，前者更为流行，并被广泛认知，直至今日。

主人公与作家混合起来的本质——前者是一位分享其观察的漂泊中的犹太人，后者撰写漂泊中的犹太人的故事——在发表于1890年的《山姆和亚佛塔在马车上》(*Shem and Japheth on the Wagon*)得到了带有模仿色彩的表达。尽管叙事本身描述了一次火车旅行，但是当门德勒最早乘坐火车时，“火车”一词尚未出现。坐在拥挤的三等车车厢，这里主要坐着由于君主条令而被驱逐出家园的犹太人，门德勒和阿布拉姆诺维茨，更习惯于乘坐破旧的马车，而不是火车这种新型的交通工具，他立即感到困惑和心醉神迷。对他来说，这种新型的交通工具对于其行动上的和文学需要都是最为完美的选择：它既提供了一种比较迅速、比较方便的旅行方式，也提供了更为适合的背景来描述曾经一漂泊的民族成员。

---

① 埃利泽·本—耶胡达(Eliezer Ben Yehudah, 1858～1922)，俄裔犹太人，力主现代希伯来语复兴，并在巴勒斯坦地区推广希伯来语口语。

② 阿格农(S. Y. Agnon, 1888～1970)，著名希伯来语作家，1966年诺贝尔文学奖得主。

三等车厢是来自东欧小村庄和城市的犹太人的典型场所，他们在这里见面，从事贸易，用他们的方言意第绪语交流，谈论他们的家人。车厢里坐满了犹太商人，开始横越大西洋前往美国或者以色列的犹太人，犹太马贩子，甚至偷马的犹太人。就像拉迪亚德·吉普林在小说《吉姆》[①]中所描绘的印度火车，在《吉姆》中，英帝国的火车变成了印度火车，里面有锡克教教徒、穆斯林人、印度兵和印度教徒，这些人讲自己的语言，在对话与交谈中把火车变成了印度火车；区域犹太人在交谈、争吵和说长道短中把俄国火车变成了犹太火车。希伯来作家利用火车车厢的这种犹太化将其变成讲述犹太故事的理想场所。

自从发明了希伯来词语“火车”，这种适合在不断运动中，从一个地理地点过渡到另一个地理地点的民族交通工具，火车、轨道、车站便在希伯来文学中变得非常普遍了。在文学中，与现实中一样，这些场所在新与旧的自我之间，在旅行者与在眼前不断变化的风景之间起到了邂逅与启程的作用，既偶然又个人化。

现代希伯来文学史上最为重要的长篇小说之一《只是昨天》(*Only Yesterday*)出自现代希伯来语小说家、1966年诺贝尔文学奖得主阿格农之手。小说中的主人公伊扎克·库默(Isaac Kumer)，酷似《圣经》中的亚伯拉罕，他离开自己的国家、出生地和父亲的家园前往以色列地。然而，与第一位希伯来人亚伯拉罕不同，亚伯拉罕在数千年前被动地前往上帝让他所去的任何地方，1908年，阿格农的主人公主动地前往应许之地。

火车载着他离开了他的东欧故乡前往意大利的里雅斯特，他在那里乘船前往他向往的“土地”，这是一幕令人心碎、催人泪下的场景，描述了他离开20世纪初期欧洲快乐的生机勃勃的生活，当时的欧洲尚未经历造成极大破坏与恐怖的两次世界大战。

移民本身并非循环：并非需要从家乡出发前往暂时的场所（小店、旅馆、客栈、帐篷，甚至更为糟糕的地方——只是路），又以回到出发点作结。移民之意是永远离开一个家，希望建起另一个家，一个永久的终极住所。

以色列人带有原型色彩的居留叙事是不可胜数的挫折与失败之一。从亚伯拉罕在“去吧”的命令之下前往选地，故事继续进行先祖们的旅行，以便研究它，找到其栖居之地。随之接续的是他的后代前往埃及，几个世纪之后，又开始出埃及，历经沙漠漂泊之旅，最后来到迦南之地。这变成了现代希伯来文学中的一种移民模式，这种模式以建立新家园作结。希伯来文学中充满了大量的移民故事，前往新世界——美国——希望之乡——以色列地。《只是昨天》是一部经典性的

① 吉普林(Rudyard Kipling, 1865～1936)，英国小说家、诗人，出生于印度孟买。《吉姆》(*Kim*)是一部以印度为题材的作品，被评论界称作吉普林最出色的小说。

移民小说,也许是现代希伯来文学中最为复杂的一部作品,因为伊扎克·库默前往渴望中的故乡以悲剧开始,又以悲剧结束。主人公的名字,伊扎克意味着像《圣经》中的同名人物以撒那样化作燔祭,象征着前往希望之乡的整个一代人。

在伊扎克·库默从欧洲到他所渴望的近东所作的火车与轮船之旅大约三十年后——一种用词语描绘的旅行使人联想到民族先祖亚伯拉罕启程前往同一片土地的原型——臭名昭著的死亡列车穿越欧洲。然而就在火车变为大屠杀的象征,用于运送上百万被关在闷罐车里的犹太人驶向死亡时,阿格农描述第一次世界大战期间的火车似乎预示着即将来临的荒谬与丑陋。

在自传体长篇小说《直至目前》(*Thus Far*)中,阿格农描绘了第一次世界大战期间叙述人—主人公的苦难和旅行,其中德国火车起到了重要的作用。一方面它显示出无家可归的主人公,即阿格农的身体与心理状况;而另一方面,它暴露了战时德国的精神状态。

一天,《直至目前》中穷困潦倒的主人公离开了柏林租住的小房子,乘坐火车前往莱比锡寻找运气。莱比锡火车站触动了他,犹如战时德国的缩影,钢制大厦,烟雾缭绕,个体融化其中的铁轨,难以辨别个人的面庞。等所有梦想成空后,主人公后来又回到莱比锡,要乘上回到柏林的火车。在火车站,他忍受着性压抑与饥饿的双重熬煎,他抱怨说,因为打仗,车站雇佣的都是不合格的女子。客人自己搬运行李。他把火车比作铁石心肠的女子,这一比喻凸显出感官上的挫败与全部挫败。

火车,与将数百万犹太人送往死亡有关,在著名的大屠杀作家阿佩菲尔德(Aharon Appelfeld)的小说中也很普遍。1948年以色列建国后,许多以色列作家不敢去描写无法用文字来表现的主题。"书的民族"(People of the Book),语词与文本的民族,变得无语。

因此,1948年一代以色列作家犹如《圣经》中《约书亚记》和《士师记》的作者,描写前往希望之乡的焦虑旅程,以及争取主权、争取定居、争取身体与情感依恋的苦涩斗争,以及在新旧土地上建立家庭与社会的体验。阿佩费尔德本人,应该指出,以一种非直接的温柔方式来描写大屠杀。他笔下的人物乘坐火车漂泊,或者步行穿过森林和第二次世界大战中沦陷的城市,直至其结束旅程,来到其所期待的目的地:祖先的故乡。

火车象征着正在进行不间断旅程的百姓,在这种说法显得有些令人疲惫之际,我们来谈一下数百万犹太人从世界各地移民到古老的家园;关于新国家的诞生,人们在那里讲述一种古老而又年轻的语言,打算在这片土地上永远居住下去。20世纪60年代,年轻而富有颠覆性的作家约书亚(A. B. Yehoshua)创作了许多短篇小说,最终成为以色列本土作家的象征性代表。以色列本土作家指

的是出生在以色列、重视犹太国生存与语言活力的一代作家。

在富有寓意和超现实色彩的小说《亚提尔的夜间之旅》(*The Evening Journey of Yatir*)中,主要人物不是旅行者,而是固定在环抱在高山中的一片孤地上的人。反之,那是一列亮闪闪的现代列车,以旅行者为特征,每天晚上从主人公身边快速经过,让我们渴望驶向远方目的地的旅程。也许那就是约书亚列车,标志着新以色列人,漂泊犹太人的后裔,感到一种巨大的挑战,他们不能居住在同一片土地,而是不断地漂泊。

确实,以色列文学中充满了旅行故事,就像在约书亚后来的现实主义小说中所体现的那样。在这些作品中,描述了以色列人,无论老幼,前往印度、西班牙、德国,前往熟悉的地方,前往陌生的目的地。

希伯来语言,其历史与文学自150年前复兴以来赢得了新的词汇与新的表达方式,成为世界上最为引人入胜、最为复杂的语言,与变化的世界同步。只有现在,由于创造描绘时下技术革新的语言,不再得益于由本一耶胡达率领的一些语言革新人士。而今,希伯来语言学院坐落在耶路撒冷,那里有许多语言学家和作家,创造着词汇和习语的长列动词火车,描绘技术发展迅速的勇敢的新世界。

与敌共眠：现代希伯来文学中的“民族媒介”

［以色列］伊戈尔·施瓦茨[*]　钟志清　译

犹太人作为一个民族已经生存了近5000年，在这期间，他们经历了许多重要而神奇的变化。但是只有在19世纪中叶，这个民族中的一些精英决定重新创建犹太民族。他们选择了抛弃两千年的“六三”历史，创造取代“旧犹太人”的新希伯来人，这些人更为强壮、英俊，更适应现代社会。“人类工程”(human engineering)是我从基因工程领域借用的术语。在新希伯来文学中有许多呈现。自1850年代开始，一批希伯来语作家致力于民族使命，在其作品中展现出人类混合模式，进而产生了多样而不同凡响甚至非常怪异的“新希伯来人”。笔者在这篇文章中将讨论这一系列“混合”模式。

一

巩固现代民族国家的进程经常会与恐外症联系起来。该丑陋现象在文化媒介中具有多种表达，文化媒介在该语境中反映出时代倾向，承认其合法性，并且是促进与散布“教训”的因素之一。然而，也有相反的倾向，被多数文化研究学者所忽略，也许原因在于“善于批评”的学者喜欢谈论丑陋现象。

不管怎样，审视数以百计想象复兴一个民族的文本，则会看到其中许多文本精确地提供了通过与“敌人”进行密切联系而巩固民族实体的例证。这一现象成

* 伊戈尔·施瓦茨(Yigal Schwartz)，1954年生，以色列本—古里安大学希伯来文学系教授，本—古里安大学犹太和以色列文化与文学研究中心主任。1989年获得以色列希伯来大学文学博士。迄今已经出版10本专著和多篇论文。其著述被翻译成英文、法文、意大利文和葡萄牙文等文字。代表作有英文专著《从个体悲悼到部族永恒：阿佩费尔德的小说创作》(2001)、《犹太复国主义的悖论：希伯来文学与以色列认同》(待出版)，希伯来文专著《优势》(2005)、《你是否认识那片生长柠檬的土地》(2007)、《没有教堂的信仰者》(2009)、《作家膜拜与国家宗教》(2011)、《阿什肯纳兹》(2013)等。

为所有民族文学的共同特征，但由于我的主攻方向是希伯来文学，因此便从三种带有文化构成特征的希伯来文本中对其加以证实。

这三种文本将被分为两类。前两种通过生于欧洲、成长于欧洲的作家来表现这些想象行为。第三种通过那些非常幸运地生活在以色列主权国家里的作家来表现这些想象行为。

从第一类文本的产生到第三类文本的产生，期间相隔了110年之久，然而这两类文本拥有四种共同特征。首先，在所有类别的文本中，有某种实验室，在实验室里把女人和男人混合起来，目的在于形成绝配。第二，这种“基因工程”进程发生在具有血缘和宗教关系的人群当中。第三，这些关系通过渗入选择一个“涉外”婚姻的做法而出现偏差。第四，对其加以回顾，则可清晰看到这一偏离对完全实现故事中的正确婚配非常重要。

似乎应该在此指出，通过把“涉外”婚姻引入共同体之中改进民族共同体的基因库并非新生事物。在古代文本中就曾经有多种表述。《旧约》中的《路得记》提供了一个绝妙的例证。《路得记》讲述的是摩押女子路得与婆婆拿俄米相依为命的故事，拿俄米逃荒到摩押，在丈夫和两个儿子去世后，与儿媳路得一起回到以色列。婆媳二人极其贫穷，靠路得在波阿斯地里捡麦穗为生。波阿斯是拿俄米丈夫的亲戚，一个勇敢的富人。他也表现得颇为慷慨，对女人具有品味。他在所有拾穗人当中注意到了路得，最后娶她为妻。

然而，居住在以色列地的希伯来贵族的代表和一向与犹大国为敌的一个民族的女子联姻，导致了以色列王国奠基人大卫王祖父俄备得的诞生。

二

在创作对现代犹太民族主义产生重大影响的《圣经》历史小说《锡安之恋》(*Ahavat Zion*)之前，亚伯拉罕·玛普(Abraham Mapu，第一位现代希伯来语小说家)无疑读过路得的故事。小说情节发生在《圣经》时期的犹大王国。中心故事写的是两对青年男女塔玛与阿默农、蒲妮娜与特门的爱情。塔玛和特门是一对兄妹，阿默农和蒲妮娜也是一对兄妹。他们的家庭在耶路撒冷属于最高级别的社会—经济和政治阶层。其爱情事件始于发生在两个家庭的父亲约拉姆和耶狄迪亚之间的一场带有象征意味的事件，两位父亲在橄榄山相遇，握手宣称：等孩子们到了谈婚论嫁的年龄，就让他们成亲。由于一系列的阴谋诡计，事情变得复杂化了，约拉姆的妻子娜阿玛在战争中被俘，被迫从耶路撒冷家中逃走，以错误的身份与孩子们一起在乡间漂泊，根据季节需要干活谋生。然而，贫穷的家庭经济状况未能阻挠离开父亲庄园的特门和塔玛爱上了阿默农和蒲妮娜。

事情在家庭层面与政治层面都变得愈加复杂，在这过程中，扎马里的形象被烘托出来，扎马里是来自遭到毁灭的以色列异教王国的难民。扎马里是故事中一个“邪恶的外族人”。他是单身，乐于破坏并毁灭与复兴统治王朝相关的一切。

所有这些复杂情势，迅速得到解决，主要得力于“好的异族人”哈多拉姆，哈多拉姆是家里的朋友，来自西顿。小说结尾，两对年轻人在橄榄山，在当年父亲们指腹为婚的地方举行了婚礼。

表面看来，《锡安之恋》是一部单纯的历史小说。但实际上，它是一部深奥微妙的作品，系统而具体地呈现出一个民族共同体复兴的基因工程。该书中心论点是：民族国家是不好的，必须从根本上加以改变，意思是介入到民族基因组当中，插入到锡安、民族和婚配中的基本因素——爱情之间的深入联系之中。

然而，从根本上变革民族基因组的愿望，至少在故事表面上看，并不适合赢得一种婚姻选择，至少具有明显的保守特征：是同样居于统治地位的社会和经济阶层的两对兄妹之间的婚配。也就是说，最终还是停留在家庭内部。

那么，由此衍生一个问题，为什么玛普要营造小说中的所有剧变？该问题拥有一个重要答案：小说中的所有剧变与人格化的母题相关，其核心便是体现出娜阿玛家庭身份的卑微。实际上，特门和塔玛，这一对注定将拥有财富的家庭成员选择了阿默农和蒲妮娜的做法，显得有些模糊不清。一方面，它表明了社会和阶级的决定作用。然而另一方面，此处蕴含着革命的种子，就像在摩押女子路得故事中所实现的那样。暂时的干扰过后，民族的未来保存在约定俗成的城市精英之手，但是这种情况需要未来一代在乡村，甚至在贫困的乡村里待上一段重要的时间后方能实现。

城市生活与乡村生活的矛盾乃是玛普具有开创性奠基之作的基本范式。它证明了对城市的背离，以及对乡村的明显偏爱。而到了犹太复国主义领袖赫茨尔（Theodor Herzl）笔下，情况恰恰相反：在赫茨尔那部具有乌托邦色彩的长篇小说《古老的新国家》（*Altneuland*，1902）中，以色列地是一个农业区，正经历着越来越迅速的城市化进程。

这两部作品在几个层面上具有明显的相似性。在此最令我们感兴趣的乃是基因工程原理，其目的在于创建一个比较强大的民族。玛普试图通过创造自然生命的崭新联系，来打破城市统治阶层的凝滞。赫茨尔采取了与之类似的政策，但是在他的书中，犹太人被视为亲近自然，并取代了自然。

《古老的新国家》中的人物主要分为东欧犹太人和中欧犹太人两类。中欧犹太人被描述成受过教育、有文化修养，但无力把握生活。相反，东欧犹太人被描述成没有意识到现代革命的成果，但同时具有强大的生命活力。

书中的中心婚介行为是在已经同化、对生活感到厌倦的弗里德里希·洛温

伯格(Friedrich Loewenberg)博士和米利亚姆·里瓦克(Miriam Livak),一位出身于东欧的犹太人之间建立一种联系。然而,赫茨尔人类工程中最为激动人心的部分与玛普不同,他对自己选定的主人公并不满意。玛普选择塔玛和阿默农作为民族未来的理想代表。这两位年轻人都充满了活力。但赫茨尔以一种较为扁平的方式来塑造未来的民族代表。他们二人相对来说年龄要大,缺乏性欲。他们之间之所以建立起一种联系,是因为陪伴绝望的弗里德里希的德国贵族绅士金斯考特(Kingscourt)的积极相助,这一点非常明显。

赫茨尔选择伴侣的弱点在他们的结晶——孩子弗里茨身上得到明显体现,这个孩子患有严重疾病。他作为未来使者的耐力值得怀疑。当他身体好转后,这一疑虑便被打消,但是这里展现出整部作品的婚配问题,这种康复只有在金斯考特的帮助下才有可能。

金斯考特是一位普鲁士军人,仇恨人类,尤其仇恨女人(与玛普笔下的扎马里一样,他也是单身),为弗里茨心醉神迷。他夜以继日地坐在他的身边,给他唱一首德国歌曲《直至他康复》(*Until He Recovers*)。这便是这一"外人"拯救弗里茨,间接拯救整个家族而进行的干预。

其意义在于:在赫茨尔乌托邦小说的正面,弗里德里希和米利亚姆是选定的伴侣,但是在其背后有一对更受喜爱的伴侣:"孙子"弗里茨和"爷爷"金斯考特,后者标志着一种想象的可以替代的族系,它穿越几代人,跨过共同体和宗教的界限。

三

1948年5月14日,大卫·本—古里安(David Ben-Gurion)宣布以色列建国。玛普、赫茨尔和许多其他作家的幻想瞬间化作现实。那时,出现了一些与历史事件的自然属性不一致,或至少表面上不一致的怪事。那些阅读"国家一代"作家所撰写的第一批小说的读者,将立即认识到某种惊人的特征。首先,多数故事写的是保持单身的单身人群。第二,这些单身男女之间所建立的关系总是以灾难告终。第三,在这些小说中,跨越了时至当时仍然小心维护的界限。年轻人之间的性关系偏离了共同体的基因库,抵达曾被并仍被当作敌人的巴勒斯坦人这里。

此现象的例证之一便是阿摩司·奥兹(Amos Oz)创作的短篇小说《游牧人与蝰蛇》(*Nomad and Viper*, 1963),这篇作品是奠定以色列文化的一个重要文本。

小说的中心故事围绕一个年轻女子展开:"格乌拉是一个身材矮小、充满活力的姑娘,大约二十九岁。尽管她还没有丈夫,但我们无人不夸赞她的美德。"显而易见,因为"尽管她还没有丈夫"这句话,我们都很清楚二十九岁尚未成亲(20世纪50年代末)确实是个短处。

而且,"格乌拉"(Geula)在希伯来文中的意思是救赎。这个词在小说中与两个领域的意思相关,两者之间形成尖锐的矛盾:一方面是以色列百姓在一个主权国家内的救赎;另一方面是格乌拉的性救赎。奥兹通过创造"媒介代言人"创造了这一矛盾,即他按照清楚的逻辑顺序,为格乌拉所安排的"约会"。

第一个被安排与格乌拉约会的人是叙述者本人,一个基布兹成员,单身,身体虚弱,二人的关系无果而终。顶替叙述者的是贝都因人。首先,贝都因人与格乌拉进行了一场微妙的谈话。但是很快,格乌拉把自己变成了殖民地母体。她在与贝都因人的邂逅中占据了上风,于是恐吓贝都因人。但当贝都因人逃跑后,她却幻想贝都因人强奸她的细节。第三场"约会"是个结局。当格乌拉躺在丛林中幻想贝都因人时,一条蝰蛇——作品对蝰蛇的描述与对贝都因人的描述相似——咬了她,给她带来一阵"惬意的"疼痛。

只有通过蝰蛇咬噬格乌拉方可实现性救赎,给新民族的犹太复国主义者的人类工程赋予了一种强烈的讽刺色彩——其主要目的是创造一种人,可以与他的旧人、新人和环境融为一体。

四

时至目前,我所描述的东西显示出一种明显的移动。离想象中的犹太民族国家距离越近,对实现想象可能性的疑虑则愈重。这一进程在以色列建国十周年后达到了顶点。奥兹的小说,是同时代数十部小说中的一个代表,在证明犹太复国主义事业的未来生存的正义性上,引起了严重的疑虑和焦虑。

在此加以提问。这一问题有几种答案。我提出两点。奥兹及其同事的奇怪回应可能是针对"国家地位震撼"(the shock of statehood)的某种文学实现。在这方面,我是指几代希伯来语作家在"等待一个国家"的实践,想象它,为之建立一个初步框架。然而,无人为使之适应"翌日清晨"(the morning after),当幻想化作现实、需为幻想背后的一切所奋斗的情势而培育他们。

也有可能,对以色列国家建立的奇怪回应一点不足为奇。也许是许多犹太思想家将其视为犹太文化精髓的另一种宣言:在愿望、存在与真实性之间,认识论上的鸿沟永远无法横亘。按照这种认识,犹太人总是处在前往以色列地的途中,因此,在某种程度上,愈是与这片土地接近,与之相隔的距离则愈加遥远。

别尔季切夫斯基构想的新犹太民族

[以色列]伊扎克·本—莫代海* 周 颖** 译

1900年,犹太著名作家、批评家和思想家别尔季切夫斯基的论文集《在十字路口》问世。此书每篇讨论一个关键词,比如人、自然、价值等等。别尔季切夫斯基认为,这些词对犹太文化和精神世界至为关键,蕴含彻底变革的含义。他希望全盘改变犹太人的观念、态度和行为,通过这些文章为新犹太民族的建立提供革命的框架和根基。本文围绕别尔季切夫斯基的这一新民论以及如何实施新民计划展开讨论。

别尔季切夫斯基(M. J. Berdyczewski)生于1865年,1921年逝于柏林。其父亲是一位正统犹太教的拉比。他先后求学于布雷斯劳大学和柏林大学,最后在瑞士的伯尔尼大学获得哲学博士学位。别尔季切夫斯基深深扎根于犹太文化,同时又受某些德国哲学家的影响,反对刻板僵化的犹太宗教。他主要用希伯来文写作,有时也用意第绪语和德语。

别尔季切夫斯基既是作家,也是知识分子。他写小说、论述文、杂文,还收集编纂犹太人的传说。他在作品中就犹太问题发表意见,观点激进,毫不迟疑。他是革命家,因为他的目标是要让作为个体的犹太人在本性和品质上来一番脱胎换骨的改变。他认为,这样做的结果,必将使作为整体的犹太民族和文化发生质的改变。

别尔季切夫斯基的观点随时间的变迁而演变,也有内在的矛盾。比如,他反

---

* 伊扎克·本—莫代海(Yitzak Ben-Mordechai),1946年生,以色列本—古里安大学希伯来文学系教授。以色列希伯来大学博士。主要从事20世纪杰出的希伯来语作家米哈·约瑟夫·别尔季切夫斯基与当代以色列剧作家尼西姆·阿罗尼的研究。同时进行文学创作,其作品曾见于社科院外文所《世界文学》杂志。著有:《别尔季铁夫斯基创作研究》(1990)、《早期希伯来文学现实主义短篇小说》(卷3)(1993)、《女士们、先生们、女士们:阿罗尼创作研究》(2005)。

** 周颖,中国社会科学院外国文学研究所副研究员。

对犹太传统,但这个传统又吸引着他,在他的故事和杂文里得到延续。一位著名的以色列学者形容他是“多变之主体倾其一生研究多变之客体”(多变之客体即犹太民族)。

现在我们对别尔季切夫斯基的学术背景做一个简单介绍。

19世纪末期,越来越多的犹太人加入世俗化运动,如强调阶级斗争的犹太社会党,又如鼓励犹太人返回故土——希伯来文名之为“ארץ ישראל”,意思是“以色列地”[①]——的复国主义运动。脱离宗教和传统生活方式引发了许多问题,意识形态的,精神文化的,都有。其中一个是,在没有宗教的情况下,如何保存犹太人的民族主义精神,因为宗教一直以来都是犹太人生命的本根。另一个问题:焦虑不安的知识分子如何构建一个世俗犹太人的身份认同?

本雅明·泽夫·赫茨尔(Binyamin Ze'ev Herzl,非希伯来语为西奥多·赫茨尔,Theodor Herzl)是19世纪最后十年犹太复国主义运动及其相应机制的开创者与奠基者。由于主张建立犹太国须凭借政治手腕,须同当时的主要政治力量进行谈判,他领导下的复国主义被称为“政治复国主义”(Political Zionism)。

但是,在涉及犹太民族复兴的性质上,有知识分子持不同意见。我在这里提两个人。一个是阿哈德·哈阿姆。另一个就是别尔季切夫斯基。

阿哈德·哈阿姆生于1856年,卒于1927年。他本名为艾沙·金斯伯格(Asher Ginsberg)。他的头一篇重要文章《这不是一条正确的道路》,发表于1889年。文章所用的笔名阿哈德·哈阿姆(Ached Ha'am)具有象征意义,希伯来文意为“人民中的一个”。

阿哈德·哈阿姆不是革命家。他反对赫茨尔的依据在于,政治复国主义并非源于犹太教的核心教义,未能展现其独特性。阿哈德·哈阿姆认为,世俗的犹太人深陷于痛苦之中。他们放弃了宗教生活,但他们当中的大多数不能——或者说不想——完全认同居住国的文化。这一复杂的情形引发了重振犹太精神、复兴犹太文化的迫切需要。

阿哈德·哈阿姆宣称,只有在以色列地创建一个精神的中心,才可能复兴和重振犹太民族。他不反对流散犹太人的生活方式,也不反对大批犹太人移民美国——当时美国是很受欢迎的目的国。在以色列建立精神的中心,是为了重建犹太人的身份认同,支撑他们的精神世界,并确保他们将来得以生存。

阿哈德·哈阿姆认为,犹太人是独一无二的民族。它的独特性就体现在这个民族的精神理念和道德伦理上。阿哈德·哈阿姆强烈反对犹太人使用武力。

---

① 犹太人视以色列地(Land of Israel)为他们的家园,称之为“圣地”(Holy Land)或“应许之地”(Promised Land)。——译者注

他说，任何使用武力的行为和侵略行径，都是违背犹太教本质的。犹太人不应为自己的宗教羞愧；相反，他们应以此为荣。因此，那些领导犹太复兴事业的人，是“先知”或“知识分子”，而不是像赫茨尔或其他政治复国主义领袖那样的“外交家”。

根据阿哈德·哈阿姆的观点，只有在以色列地建立起精神的中心，犹太人才有可能返回故土，在故土生活。但要等到这一幕出现，还有很长的路要走。

回到别尔季切夫斯基。别尔季切夫斯基既不赞成阿哈德·哈阿姆，也不赞成赫茨尔。同阿哈德·哈阿姆相反，他认为延绵不绝的犹太传统恰恰是一切祸害的源头。他希望把整个犹太观念和价值来一番彻底的改造。

两人的分歧始于文学争论，由阿哈德·哈阿姆主编的期刊《哈施洛阿赫》(*The Shiloach*)刊登的宣言引发。阿哈德·哈阿姆在这份宣言里写道，希伯来文学必须展示犹太民族的独特性。别尔季切夫斯基旗帜鲜明地作了回应。当时他是被称作“年轻一代”(The Young Ones)的犹太知识分子群体的领袖。这个群体希望希伯来文学不只是表达有限的犹太教文化，同时能体现世界文化的普世价值。别尔季切夫斯基甚至认为，阿哈德·哈阿姆描绘的犹太精神根本不成其为精神，而是亟需变革的文化衰变现象。

那个时期，别尔季切夫斯基深受著名德国哲学家尼采的启发。因此，不奇怪，他的许多观念带有尼采的意味，包括大家熟悉的尼采书名，比如“权力意志”和“超越善与恶”，还有他关于创造新型个体的设想——德语中的超人(Ubermensch)，即不因循成规、恪守旧习的人。尼采的思想同阿哈德·哈阿姆的观念势同水火。当然，别尔季切夫斯基对这些思想作了部分调整，以便适应犹太人的现实语境。但是，必须强调，别尔季切夫斯基不是单纯模仿尼采。作为有创造力的作家和思想家，他的原创性历来不容置疑。他在哲学上有广阔的普世视角，对犹太宗教和文化也有深厚的理解。

1900年，别尔季切夫斯基出版了一本书，题为《十字路口》(*Crossroads*/על אם הדרך)。书名无疑影射阿哈德·哈阿姆的文章《这不是一条正确的道路》和其论著《站在十字路口上》(*At the Crossroads*)。别尔季切夫斯基在这本书里为犹太人的现状把脉，指出哪一条才是应走的新路。文集由18篇文章组成，每一篇集中探讨一个犹太问题或者一种必须改弦更张的价值，比如“生命”“自然”“圣经”“人”等等。

在他的书里，别尔季切夫斯基用“病态”和“堕落”来刻画犹太人的现状。他认为，犹太人精神失落，教育落后，疏远美和自然，家庭生活变态，阅读的书籍与时代脱节。因此，他宣称，犹太民族急需一个大的转变：必须改造对待生命的态度，改造生命所依赖的价值观。旧的价值必须连根拔除，代之以崭新的价值。别尔季切夫斯基认为,民族复兴的唯一方式,在于改造个人的思想和灵魂。如果作为个体的人能发生改变,作为民族的整体也能改变。

别尔季切夫斯基宣称,《希伯来圣经》和后继的宗教文学像锁链一样拴住了犹太人。宗教教规使犹太人疏远了自然。教规不仅违背自然,还使犹太人疏远了一切审美价值。“整个民族,”别尔季切夫斯基写道,“拒绝美,鄙视美。”全世界最核心的价值理念,在犹太人这里却遭到了彻底的禁绝。与自然的隔绝,导致犹太人与现实生活隔绝。因此,他们必须回到自然的源头,必须回归自然,更新和补充体能,学会欣赏“美”。所有这些,别尔季切夫斯基在《十字路口》里写道,对于犹太民族的复兴至关重要。

犹太教认为,上帝在西奈山把诫命和律法传给摩西,是犹太历史上最重要的事件。这一刻是神同每个犹太人立圣约的神圣时刻。从犹太人接受上帝律法的那一刻起,他们发展出一整套关于规则、义务、责任、可为和不可为之事的庞大体系。

但是,在别尔季切夫斯基看来,接受上帝诫命的事件恰恰是犹太人经历的空前的灾难。因为,从这一刻起,犹太人就成为奴隶,被绑在宗教上;从这一刻起,他们就背离了现实生命;从这一刻起,他们就不再成其为一个健全的民族。

书中有一篇题为《论仇恨》的文章,无疑受尼采思想的启发。它是别尔季切夫斯基对阿哈德·哈阿姆的犹太精神论的回应。别尔季切夫斯基在这篇文章中赞美武力和战争,旗帜鲜明、直言不讳地反对阿哈德·哈阿姆。他写道,犹太人曾经是一个武士的民族,是一个健康的能为生命和土地战斗的民族。犹太教兴起后,将犹太人蜕变为一个软弱的、容易屈服的民族。别尔季切夫斯基说,各民族总有必须战斗的时候,战争并没有错。它是使民族变得强大和统一的途径。他认为,犹太人回归光荣历史、重现强大民族的时刻即将来到。

别尔季切夫斯基称,在犹太教的传统价值和当前现实之间,有一条巨大的鸿沟。这里我们再一次发现,他的作品回响着尼采讨论犹太教—基督教道德伦理时所表达的思想,回响着尼采想要回归基督教以前的欧洲文化的愿望。别尔季切夫斯基关于打造新型个人——新型犹太人——的设想,也是尼采所谓欧洲需要创造新型个人的超人思想的阐发。

根据别尔季切夫斯基,为了实现民族复兴,犹太人应该遗忘过去。新型的犹太人应该有新的思想、新的情感、新的欲望。他需要截然不同的价值观和生命观。

我在前面提到过,别尔季切夫斯基也反对赫茨尔的政治复国主义。他认为,犹太人的政治势力,党派也好,旧的风习也好,实现不了民族的复兴。民族复兴的伟大目标只能通过个体,通过个体的行动和主动性来实现,因为只有强大的、

具有超凡个人魅力的人物才能领导一场最终导向民族复兴的犹太文化革命。

别尔季切夫斯基是一位风格独具的复国主义者。不错，赫茨尔和阿哈德·哈阿姆比他更受欢迎，以前是这样，现在还是这样。然而，他的思想拥有众多的拥护者。一百年前发生的争论，这场关于犹太精神、道德伦理和权力运用的争论，今天似乎仍在继续。

专题："梵二会议"相关文献研究

主编按语:1965 年 12 月,天主教第二次大公会议在梵蒂冈结束,史称"梵二会议"。这次会议开启了天主教的新时代,是现代天主教历史上的一个里程碑。会议的主旨是:发扬圣道、整顿教化、革新纪律。会议发布了 16 个重要文件,其中包括《教会对非基督宗教关系的宣言》之《我们的时代》(第 4 号)。这是一个专门阐述天主教与犹太教关系的宣言。这个宣言的内容是什么?"梵二会议"之后,天主教为与犹太教、犹太人的和解又做了哪些工作?犹太教一方又有什么回应?在"梵二会议"50 周年之际,这里特别编发了一组文章,包括《关于"梵二会议"及其后续文献的历史性叙述》和六篇译文:《我们的时代》(第 4 号)、《关于实施〈我们的时代〉(第 4 号)的指导方针与建议》《关于在罗马天主教内采用正确方式进行宣教和教理问答来表述犹太人与犹太教的通谕》《我们铭记:对大屠杀的反思》以及《对于梵蒂冈文件〈我们铭记:对大屠杀的反思〉的回应》《述真言:一份关于基督徒与基督教的犹太声明》。期望这组文章能够使读者对"梵二会议"和其后天主教与犹太教之间关系的发展有一个基本的认识。该组文章是在傅有德的指导下由袁嘉惠撰写或编译的。

关于"梵二会议"及其后续文献的历史性叙述

袁嘉惠*

一

天主教梵蒂冈第二次大公会议简称"梵二会议",于 1962 年 10 月至 1965 年 12 月召开。这是天主教方面承认的,自公元 325 年尼西亚大公会议以来基督教历史上的第 21 次大公会议,也是公认的在整个基督教的历史上会议内容涉及范

* 袁嘉惠,山东大学犹太教与跨宗教研究中心博士研究生。

围最广、会议规模最大、发表相关文件和宣言数量最多、参加的人数最多的一次大公会议。① 会议共分 4 个会期,共发表 16 个文件。大致可分为宪章、法令和宣言三大类。而在其中,《教会宪章》(*Lumen Gentium*)(主要集中在第 16 章),《天主的启示教义宪章》(*Dei Verbum*)(主要集中在第 14～16 章),《信仰自由宣言》(*Dignitatis Humanae*)及《教会对非基督宗教态度宣言》(*Nostra Aetate*)都为基督教开展与犹太教的对话提供了教义解释及依据。文件倡导相互尊重,展开对话。此外,《礼仪宪章》(*Sacrosanctum Concilium*)中提及了大量天主教与犹太教在礼仪方面的联系,该文件在"梵二会议"之后,随着犹太性逐渐被教会所重视,在对话中也被多次引用、提及。"梵二会议"开启了和平神学(a theology of Shalom)②的进程。而其中,对于基督教世界,尤其是天主教一方在改正过往对于犹太教及犹太人所持有的错误态度及误解方面贡献最大的文件莫过于《教会对非基督宗教态度宣言》。

《教会对非基督宗教态度宣言》(*Nostra Aetate*)英文名称为"*Declaration on the Relationship of the Church to Non-Christian Religions*"。因其开篇第一句内容为"在我们的时代",因此该文件又名《在我们的时代》或简略为《我们的时代》。其中的第 4 号文件,即《我们的时代》(第 4 号)(*Nostra Aetate*, No. 4),则是天主教方面为与犹太教进行对话及改善两教关系而发表的宣言文件。③《我们的时代》(第 4 号)由 15 个拉丁文句子构成,共涉及五项重大的神学问题。

(一)承认犹太人所拥有的圣约继续有效

《我们的时代》(第 4 号)中提出:"天主赐给犹太人的恩宠与召叫并无反悔……教会虽然是天主的新子民,但不应视犹太人为天主所摈弃及斥责。"④这表

① 梵蒂冈第一次大公会议于 1868 年 12 月 8 日由罗马教宗庇护九世召开,但于 1870 年 10 月 20 日由于纷争而宣告中断,之后一直处于休会状态,之后再未重新召开。而 1962 年召开的"梵二会议"并非是"梵一会议"的续会,因而取名"梵蒂冈第二次大公会议"以作区分。参见[美]迈克尔·格拉茨、莫妮卡·海威格编,赵建敏主编并翻译:《现代天主教百科全书》,宗教文化出版社 2012 年版,第 163～165 页。另参见傅乐安等:《当代天主教》,东方出版社 1996 年版,第 1～4 页。

② "'shalom'是包含一切的观念,意味着和平、欢乐、自由、和解、伙伴关系、和谐、真理、交流以及人类关怀。包括神人关系及人人关系。"这一说法可参见 German Bishop's Conference, *The Church and the Jews*, 1980, 4, 28.

③ 《我们的时代》以 2221 比 88 的投票结果获得通过。最初,梵蒂冈方面只想发表一份与犹太教相关的文件,但考虑到阿拉伯世界的反应及教会与其他宗教的关系,《我们的时代》宣言在最终定稿时,涉及到了印度教、佛教、伊斯兰教与犹太教及相关宗教,并对于天主教与伊斯兰教和犹太教的关系问题设置了独立的篇章进行论述。

④ 本文中,《我们的时代》(第 4 号)宣言的翻译均引自天主教台湾地区主教团译:《天主教梵蒂冈第二届大公会议文献》,天主教上海教区光启社 2012 年印行,第 471～473 页。

明教廷改变了以往基督教神学中以“取代论”[①]为中心的圣约观念，开始以平等的、尊重的眼光重新看待犹太教。

《我们的时代》(第4号)取消了教会历来传授的“取代论”的教义，为犹太民族恢复了选民地位。并且，由于“基督教反犹神学的核心是取代论”[②]，因而此举彻底消除了“取代论”存在的合理性，为基督教内部消除反犹主义思想奠定了基础，消除了反犹主义存在的根基。并且，也为犹太人自己恢复了自信与自尊。长久以来，由于基督教会的宣传，使得一些犹太教内人士会以基督教作为“模板”和“范例”来比较和检验自己的宗教，进而得出自己的宗教无法与基督教相比的观念。在历史上的哈斯卡拉运动中，犹太人大规模改信基督教便是一个例子。虽然，犹太人“不必因为基督教是一种强势的宗教而认为其中的一切都是强势的”[③]，但毕竟“梵二会议”的“拨乱反正”为这部分犹太人增强了自信心。这也足以体现天主教会力图改革的勇气、改正过往的决心。毕竟，“在众多教义及神学纲要之中创造一个非取代论(non-supersessionist)性质的基督教神学理论是一个极大的挑战”[④]。“梵二会议”也为之后两教全新关系的形成与发展奠定了基础，也促使两教各自的神学思想得到进一步发展。

“梵二会议”之后，教内逐渐认识到，“第一个圣约不会因为第二个而失效。前者是根和源，是基础，是许诺”[⑤]。也认识到，《旧约》和犹太教中不仅有公义、畏惧和律法主义，亦有对上帝及邻人之爱。[⑥] 而且“上帝对于所立的旧约永不反

① 《马太福音》5:17明确表示:“莫想我来要废掉律法和先知;我来不是要废掉，乃是要成全。”这句经文可以明确地表达出“取代论”的含义。

② Daniel Joslyn-Siemiatkoski, Moses Received the Torah at Sinai and Handed It On (Mishnah Avot 1: 1): The Relevance of the Written and Oral Torah for Christians, cited in http://www.academia.edu/1762138/Moses_Received_the_Torah_at_Sinai_and_Handed_It_On_Mishnah_Avot_1_1_The_Relevance_of_the_Written_and_Oral_Torah_for_Christians.

③ 傅有德:《犹太哲学与宗教研究》，中国社会科学出版社2007年版，第181页。

④ Daniel Joslyn-Siemiatkoski, Moses Received the Torah at Sinai and Handed It On (Mishnah Avot 1: 1): The Relevance of the Written and Oral Torah for Christians, cited in http://www.academia.edu/1762138/Moses_Received_the_Torah_at_Sinai_and_Handed_It_On_Mishnah_Avot_1_1_The_Relevance_of_the_Written_and_Oral_Torah_for_Christians.

⑤ French Bishop' Committee for Relations with Jews, *Statement by the French Bishops' Committee for Relations with Jews*, 1973,4,16.

⑥ 参见 Commission For Religious Relations With The Jews, *Guidelines and Suggestions for Implementing the Conciliar Declaration Nostra Aetate*, No.4, 1974,12,01. 其中，“与犹太人宗教关系委员会”(Commission For Religious Relations with the Jews)是于1974年10月22日，由教皇保罗六世亲自组建的，将其并入“促进基督教统一秘书处”，旨在推进天主教会与犹太教的对话。以下将这一份文件《关于实施〈我们的时代〉(第4号)的指导方针与建议》(*Guidelines and Suggestions for Implementing the Conciliar Declaration Nostra Aetate*, No.4,)简称为《指针与建议》，特此注明。

悔,上帝的旧约之民永不被拒绝"[①]。进而承认"以色列的历史并未在公元70年终结,他们是橄榄树根,仍受召选",但也提出,教会有时会使用象征手法来表达某些观点,比如"将旧约解释成准备阶段,且在相当方面,视作纲要及新约的预表"[②]。相比之下,更积极的观点是,"选民对于基督的拒绝是上帝复杂计划的一部分,为的是使'救恩临到外邦人'(《罗马书》11:11);'上帝的恩赐与召选并不反悔'(《罗马书》11:29)这是基督徒永不可忘的积极的教义"[③]。

(二)重拾耶稣与教会的犹太性,探寻信仰之根

《我们的时代》(第4号)指出,"教会不能忘记……外邦人的野橄榄树枝被接在优良的橄榄树根上,接受营养。……义子的名分、光荣、盟约、法律、礼仪,以及恩许,都是他们的;圣祖也是他们的,并且基督按血统说,也是从他们而来的,衪是童贞玛利亚的儿子。教会又念记称为教会基础与柱石的宗徒们,以及那许多向世界传播基督福音的首批门徒,亦都是出生于犹太民族。……基督徒与犹太人共有如此伟大的精神遗产……",这表明教会力图重新探寻自身的犹太性传统,通过寻求自身的信仰之根,使得基督教的信仰得到更好的发展,同时开始重视犹太教在历史上被忽视的价值。

教会重拾并肯定了基督教信仰的犹太根源,为基督徒呈现了基督教真实的真正的信仰的来源,使得教会与基督徒能更好地认识自己,并重新定位教会与犹太教的关系。另一方面,这样的改变也使得犹太人开始对于基督教抱有些许好感,愿意去了解及重新认识与评价耶稣及教会及新约的内容,这就促使了两教友好交流的开展,进而共同致力于与伊斯兰教世界的对话,从而部分缓解中东等地的宗教冲突,促进地区与世界和平,同时亦可减弱世界上全新一轮的反犹危机对于犹太人的影响。同时也向世人表明,"犹太人不是劣等低贱的民族,从而从根

---

① John Paul II, *Address to Representatives of the West German Jewish Community*, 1980, 11, 17. 教宗约翰·保罗二世发表的这一讲话意义重大,正如枢机主教库尔德·科赫(Cardinal Kurt Koch)于2012年5月所说,梵二会议强调了上帝与犹太人之约依然有效,但上帝那"永不反悔之意并不能在其中读出",这一层含义是"教宗约翰·保罗二世于1980年首次明确提出的"。参见 http://www.news.va/en/news/cardinal-koch-on-jewish-catholic-dialogue-since-va.

② Commission For Religious Relations with the Jews, *Notes on the Correct Way to Present Jews and Judaism in Preaching and Catechesis in the Roman Catholic Church*, 1985,6,24. "与犹太人宗教关系委员会"于1985年6月24日发布的《关于在罗马天主教内的宣教和教义问答中使用正确方式展现犹太人与犹太教的通谕》(Notes on the Correct Way to Present Jews and Judaism in Preaching and Catechesis in the Roman Catholic Church)是梵蒂冈教廷所颁布的对于指导两教对话的又一重要性文件,对于在两教关系的发展中意义重大。但"将旧约解释成准备阶段,且在相当方面,视作纲要及新约的预表"一句,却体现出,无论对话如何发展,教会最根本的信仰不会改变。以下将这一文件简称为《通谕》。

③ Pontifical Biblical Commission, The Jewish People and Their Sacred Scriptures in the Christian Bible, 2001,5,24.

本上否认了反犹主义的合理性”[①]。

具体看来,这一观念在之后得到了如下的发展。教会认识到,基督徒“因律法五书、先知书及其他使上帝之意完整传达的经文而受惠于犹太人。通过口传和成文的传统,基督徒接受了这些训诫,但同时,犹太人所拥有的并未被剥夺”[②]。“认识到二者共有的在《圣经》中占有重要地位的礼仪生活的元素[程序(formulas)、节期(feasts)、仪式(rites)]极为重要……基督时代和使徒时代的犹太教是一个复杂的现实存在体,拥有相当丰富的精神的、宗教的、社会的和文化的价值;耶稣的教导方法也与他同时代的拉比们颇为相似。”并呼吁基于共有的精神遗产而开展合作,追求公义。[③] “(无论是谁)遇见了耶稣基督便是与犹太教相遇……教会从伟大的希伯来祷文的宝藏中汲取最多的是赞美诗部分。”[④]“礼拜仪式方面是我们的犹太教之根的所在之处。”[⑤]“教会与基督教之中所有的新性都能在公元1世纪我们共同的时代——犹太教背景之中找到源头,更进一步,根植于‘上帝的拯救奥迹’之中。”[⑥]并且,犹太人从某种意义上说,是基督徒的兄长,犹太教对于基督教而言,“不是一种‘外在的’关系(extrinsic),在某种程度上讲,有着‘本质上的’(intrinsic)联系”[⑦]。也认识到犹太人的《圣经》是“基督教《圣经》的基础性部分”,明确表示,“基督徒已经从犹太人2000年来的释经方法中借鉴了许多”[⑧]。

对于两教“根与枝”关系[⑨]的表述,也在不断完善之中。枢机主教沃尔特·卡斯帕(Walter Cardinal Kasper)认为,嫁接于根之上的是全新的枝。首先,教会确是以色列的枝子,是《圣经》犹太教的果实之一,但也是保持着自己特点的犹太教果实。其次,教会确实从这一信仰之根上汲取了无数的营养和力量。因此一旦枝子失去了与根的联系,就会凋谢枯萎甚至死亡。但如果没有嫁接于其上

---

① 傅有德:《犹太哲学与宗教研究》,中国社会科学出版社2007年版,第255、256页。

② French Bishop' Committee for Relations with Jews, *Statement by the French Bishops' Committee for Relations with Jews*, 1973,4,16.

③ 引自《指针与建议》。

④ German Bishop's Conference, *The Church and the Jews*, 1980,4,28.

⑤ John Paul II, *Address to Episcopal Conference Delegates and Consultors of the Pontifical Commission for Religious Relations with the Jews*, 1982,3,6.

⑥ 引自《通谕》。

⑦ John Paul II, *Address at the Great Synagogue of Rome*, 1986,4,13.

⑧ Pontifical Biblical Commission, *The Jewish People and Their Sacred Scriptures in the Christian Bible*, 2001,5,24.

⑨ “根与枝”的说法最早来自《以赛亚书》11:1“从耶西的本根必发一条,从他生的枝子必结果实”一句。圣保罗的观点便是由此而来。自犹太性问题被提及以来,大多强调的是犹太性对于教会的重要性,但却忽视了“枝”对于“根”的意义。

的新鲜枝子，树根就是一个了无生机的木桩。从这一点来看，恰恰是枝子给予了树根新的生机与活力，促使其生机繁茂。也是教会将以色列的一神教传遍列邦的。因此枝与根相互依靠、共同生存。[①]

(三)号召相互尊重，开展友好的对话与合作

《我们的时代》(第4号)提出“基督徒与犹太人既然共有如此伟大的精神遗产，本届神圣会议极愿提倡并鼓励双方彼此认识与尊重，这特别可借助于研究《圣经》、神学及友谊的交谈而获致”，表明教会号召基督徒与犹太人停止相互对抗的状态，基于两教共有的精神遗产而共同携手，进行相关的研究与对话，从而开启两教关系崭新的发展篇章。

此举有助于清除以往的偏见与误解。双方在互相增进了解的同时，亦可培养相互尊重的精神，促进己方神学及相关领域的提高。同时，也为之后各个国家、地方执行此精神提供了指导方向，对于新教及其他基督宗教开展对话提供了范式与参考，提升了天主教的影响力。并且，对话也可被视作一种非具劝说对方改教性质的福音传播的方式，以此可以使得非基督徒在对话的过程中更好地了解基督教的真谛。这一观念在“梵二会议”之后得到了进一步的发展。

天主教会认识到，“要尝试按照犹太人理解自己的方式去理解犹太性，而非通过基督教思维来判定”[②]。“对话需要按其所是地尊重对方；最重要的是，尊重其信仰以及宗教信念”，确保两教之间的对话是建立在“精神的开放和面对双方已有偏见的不同之处的开放的对话”。并特别指出，对话“也特别可以通过诸如共同为和平和公义而奋斗来联结彼此”[③]，为对话与合作指出一个新的方向。“真正的对话意味着，一方面接受彼此的不同甚至是与己教义的矛盾之处，另一方面尊重每个人依其良知而做出的自由选择。”而且真正的宗教间对话要求对话

---

① Philip A. Cunningham, Joseph Sievers, Mary Boys, Hans Hermann Hendrix (eds.), *Christ Jesus and the Jewish People Today: New Explorations of Theological Interrelationships*, Wm. B. Eerdmans Publishing Company, first edition, 2011, p. XVI. 这一观点确实提供了全新的解释视角。自“梵二会议”之后，教会一直在强调其自身的犹太性，强调与犹太教的精神联系、从犹太教中所继承的优秀遗产，等等。犹太教一方亦是如此。但双方似乎都忽视了二者在历史上曾发生过的相互交往的事实，即犹太教与基督教是相互学习相互借鉴的，不论是否有意或是否处于自愿，双方确实都从对方处吸收了一些元素为己所用。例如，基督教的礼拜仪式、祷文及组织机构形式都吸取了犹太教的元素，但不可否认的是，犹太教的释经语言却也在相当程度上受到了基督教的影响，对之后犹太教的发展产生了很大的作用。只有接受并承认这一点，才能促进两教关系更好的发展。这一视角也为这一问题提供了答案。

② French Bishop' Committee for Relations with Jews, *Statement by the French Bishops' Committee for Relations with Jews*, 1973, 4, 16.

③ 引自《指针与建议》。

双方“秉承自己的信仰”进入对话语境及状态，而非将自己的信仰搁置。[1] “是否对话不是可选的态度，而是基督的追随者的一项义务。”[2]“真正的对话要求双方共建关于未来的记忆……过于强调彼此在历史上的委屈和不平，而忽视双方作为信仰者在日益发展的世俗文化之中的共同所需，是对任何宗教表述的敌视。”[3]

(四)取消了“弑神罪”的指控，为犹太人正名

《我们的时代》(第 4 号)明确声明：“虽然当时犹太当局及其追随者促使了基督的死亡，但在基督受难时所发生的一切，不应不加辨别地归咎于当时的全体犹太人，或今日的犹太人。……无论在传授教义或宣讲天主圣言时，都不得教授有违福音真理及基督精神的事理。”并且声明，“教会……痛斥一切仇恨、迫害，以及在任何时代和由任何人所发动的反犹太人民的措施”。宣言表明，今日之犹太人不再是杀主的凶手，他们与耶稣之死无关。这不再是教内人士反犹的理由与借口。这一举措意义重大。

尽管并未提及大屠杀事件，也并未明确地为教会历史上的反犹主义行为致歉，但“《我们的时代》已强有力地谴责了反犹主义。最重要的意义在于，它开创了新纪元，以全新的态度、之前从未被听到的语言方式表达着天主教会对犹太人的关注。对话的观念也已进入两教关系之中”[4]。《我们的时代》为犹太人恢复名誉。此举消除了教内反犹的重大借口，表明了教会对于反犹主义的谴责态度，促使基督徒消除心中的错误的宗教仇恨，促使基督徒尊重犹太人，并反思过往之失。同时，教会此举也推动了教内神学反思，开始以正确的、客观的态度面对犹太教，更正以往不当的宣教内容，从另一方面消除了反犹主义再生的可能性。

这一观念在“梵二会议”之后得到了继续发展。教会认为：“目前对于基督徒来说，最紧要的是停止使用那些由于数个世纪以来的敌视而形成的伪造的陈词滥调……反犹主义是异教的残存，但却伴着基督教世界的伪神学争论而愈加强烈。犹太民族值得得到我们的注意、尊重和敬佩，有时需要我们友好的、兄弟般

---

[1] Pontifical Council for Interreligious Dialogue in Collaboration with the Congregation for the Evangelization of Peoples, *Dialogue and Proclamation: Reflection and Orientations on Interreligious Dialogue and the Proclamation of the Gospel of Jesus Christ*, 1991, 5, 19.

[2] Polish Conference of Catholic Bishops, Council for Religious Dialogue, *Letter on the Occasion of the Great Jubilee of the Year* 2000, 2000, 8, 25.

[3] Timothy M. Dolan, *Current Issues in Catholic-Jewish Relations in the United States*, 2011, 4, 12.

[4] Edward Kessler, *Nostra Aetate—50 Years On*, The Tablet, 12, 1, 2012.

的批评，但永远需要我们的爱。"[①]"在礼拜仪式中的读经环节，要注意对经文的训诫不可歪曲其本意，尤其对于那些将犹太人置于不受欢迎之境地的段落(则更要注意)。通过如此来指导基督徒，使得他们能理解所有文本的真实含义以及这些文本对于当代信众的价值。"[②]四福音书中确实存在一些"对于犹太人带有敌意或不具友好性的段落，不能排除其中包含着初期教会与犹太社团争斗的历史背景"[③]。"从未有任何有效的神学依据可以为歧视或迫害犹太人的行为做辩护。事实上，这样的行为是有罪的。"[④]

(五)教会期待着与犹太人共奉天主

《我们的时代》(第4号)指出："教会偕同先知们和圣保罗宗徒，仍期待着唯独天主知道的时日，那时所有民族将同声呼求上主，'并肩事奉祂'。"这句话重申了教会始终肩负的使命——传播福音，并且暗含了向犹太人传教之意图，表明对于犹太人终将加入基督的教会的期待。而"梵二会议"《教会传教工作法令》(第二号)明确声明："旅途中的教会在本质上即带有传教特性。""梵二会议"《大公主义法令》(第3号)也表明，只有天主教会是"救恩的总汇"，唯有借助此教会"(才)能获得一切充沛的救恩方法"[⑤]。这表明，天主教会在认识到其他宗教所具有的真理性内容的前提下，依然坚信自己在上帝拯救计划中的独特地位与作用，向世界传播福音。其实，传播福音背后所隐藏的是对于上帝的信仰、对于救主的坚信。而教会之所以会向已经拥有上帝的圣约的犹太民族传教，则反映出了两教对于救主(即弥赛亚观念)的分歧，即对于耶稣的不同态度。

《我们的时代》(第4号)在强调耶稣的犹太性时也明确提到："基督按血统说，也是从他们而来的。"因此这一问题在"梵二会议"中提出，表明了教会在寻求与犹太人和解的过程中，依然注重保持自己的使命与特性，这也为两教之后的对话提出了借鉴与指向。但同时，对于是否应向犹太人传教的问题也继续作为一个不可得解的争议性问题存在于之后的两教对话与交往之中。

教会对此的官方态度是，传教是教会的使命之所在。但出于对犹太人的尊重，应谨慎进行，并注意方式、方法。这样的例子如下：1974年梵蒂冈《指针与建议》援引了"梵二会议"的文件，并认为："为避免基督徒对于耶稣基督的见证会冒

---

① French Bishop' Committee for Relations with Jews, *Statement by the French Bishops' Committee for Relations with Jews*, 1973,4,16.

② 引自《指针与建议》。

③ 引自《通谕》。

④ John Paul II, *Address to the Australian Jewish Community*, 1986, 11, 26.

⑤ 天主教台湾地区主教团译：《天主教梵蒂冈第二届大公会议文献》，天主教上海教区光启社2012年印行。

犯犹太人，基督徒务必谨慎地生活和传播他们的信仰，与此同时最大限度地确保宗教自由。”并且，“对话于教会自身有益。使得教会有可能与其他宗教分享福音……对话并非教会的全部使命……不能用其简单地取代宣教……但对话确实是传福音的动力”。[①] 枢机主教沃尔特·卡斯帕坚定地表示：“对犹太人及其他民族都要传教，只是对于犹太人来说，实现的方式与其他民族不同……尽管如此，天主教一方并未设置对犹太人传教的特殊机构。”[②]枢机主教库尔德·科赫(Cardinal Kurt Koch)于2012年也对此问题表态，他认为：“与基要主义者及福音主义者相反，天主教会不会实行或支持任何专门制度化面向犹太人传教的工作。”[③]当然，也要认识到“拒绝对犹太人进行建制化传教并不意味着基督徒要放弃为自己所信仰的耶稣基督作见证，即便面对犹太人(也不可放弃)。但要秉持谦逊及谦卑的态度”[④]。上述两位枢机主教的言论可以被视作天主教内部对于是否应向犹太人传教这一问题的较为正统的官方的态度，即依旧需要向犹太人传教，但必须尊重其良知的选择，注重方式、方法。[⑤]

发生于2007～2008年的教宗修改祷文的事件极大地挑战了两教刚刚形成的较稳定的关系。2007年，教宗本笃十六世向世界各国主教发表了一篇名为《教宗手谕〈历任教宗〉》(Summorum Pontificum)的诏书(motu proprio)，宣布要

---

① Pontifical Council for Interreligious Dialogue in Collaboration with the Congregation for the Evangelization of Peoples, *Dialogue and Proclamation*: *Reflection and Orientations on Interreligious Dialogue and the Proclamation of the Gospel of Jesus Christ*, 1991,5,19.

② Philip A. Cunningham, Joseph Sievers, Mary Boys, Hans Hermann Hendrix (eds.), Christ Jesus and the Jewish People Today: New Explorations of Theological Interrelationships, Wm. B. Eerdmans Publishing Company, first edition, 2011, pp. XVI-XVII.

③ Cardinal Kurt Koch, *Building on "Nostra Aetate"—50 Years of Christian-Jewish Dialogue*, 5, 16, 2012.

④ Cardinal Kurt Koch, *Building on "Nostra Aetate"—50 Years of Christian-Jewish Dialogue*, 5, 16, 2012.

⑤ 但也有部分教内组织认为，不应以劝说对方改教为目的而与之进行对话。比如，“普世与跨宗教事务主教委员会”(Bishops Committee for Ecumenical and Interreligious Affairs)于1967年3月1日发表《天主教与犹太教关系指导方针》(Guidelines for Catholic-Jewish Relations)，指出“劝使对方改变宗教信仰在对话中是需要谨慎避免的首要的目标”。法国主教与犹太人关系委员会于1973年发表的《法国主教与犹太人关系委员会声明》中指出：“在基督徒和犹太人相遇时，双方为自己的信仰作见证的权利应得到尊重，而不可怀着不诚实的目的，企图将对方从其团体中分离，加入自己这方……特别是神职人员一定要注意。”并且，2009年3月9日，德国天主教中心委员会“犹太人与基督徒”讨论组(Discussion Group "Jews and Christians", Central Committee of German Catholics)发表《反对向犹太人传教——支持犹太人与基督徒对话》(No to Mission to the Jews—Yes to Dialogue Between Jews and Christians)一文，文中认为，是否拒绝向犹太人传教被视作一种检验教会长久以来所宣传的拒绝敌视犹太人的教义是否真实有效的手段。

以脱利腾弥撒(Tridentine Mass)[①]这一罗马弥撒的特殊形式来纪念"耶稣受难日",从而激起了犹太方面及相关天主教领袖的抱怨。此后,教宗便修改了"耶稣受难日"的祷文。2008 年 2 月 6 日,《罗马观察报》(*L'Osservatore Romano*)刊登了一篇声明,声称教宗本笃十六世已经修改了 1962 年罗马弥撒中"为犹太人祈祷"的祷文部分。这一行为激起了犹太一方的强烈反对。[②] 两教关系一度回到"梵二会议"之前。

有犹太学者认为,2008 年修改的祷文中"愿主我们的上帝照亮他们的心"一句并不妥当。因为"真正的对话要求双方平等,因而存在意图'启发'对方的想法,与对话不相适应"[③]。对于犹太教方面的抗议,天主教内部的态度大致相同,或强硬或委婉地解释了教皇如此行为的缘由。但事实上,这涉及的是两教对于宗教身份认同的坚持。天主教徒并不期待犹太人认同基督教的这一祷文,"但确实期待犹太人能尊重基督徒按照自己信仰而祈祷(的权利),就像我们所尊重他们的祈祷形式一样"[④]。毕竟,"如果基督徒在与犹太朋友相遇时,对于自己的信

---

① 脱利腾弥撒(Tridentine Mass)是罗马弥撒的一种,始于 1570 年,终于 1962 年,但直到 1969 年教宗保罗六世弥撒改革时正式废止。而在 2007 年教宗的诏书中,他将 1962 年版弥撒祷文称为罗马弥撒的特殊形式。但 1962 年版的祷文与之后广泛使用的 1970 年版祷文很不相同,因为其中仍然含有部分歧视犹太人之意。具体来看,1955 年之前的版本中有一句是"让我们也为背信弃义的犹太人祈祷",在 1955 年修改祷文时,将其中"背信弃义的"(perfidious)一词改为了"无信的"(faithless)。而 1959 年教宗保罗六世修改时,将"无信的"(faithless)这一形容词去掉,因此,1960 年的版本不再出现这一词语。而在 1965 年,约翰·保罗六世再度修改,祷文中提到"使得您的旧选子民能在拯救之中得到荣耀"。犹太人被称作了"旧选子民",这足以见证"梵二会议"之影响力。"梵二会议"之后,祷文又进行了修改。1970 年修改之后的祷文内容中第一句改为:"让我们为犹太人,这第一个听到上帝之言的民族祷告……愿您那初选之民得到完全的拯救吧。"在此,犹太人已经不仅仅是上帝的"旧选子民",而成为了最初听到上帝之语的民族。犹太民族越来越受到教会的尊重。而 2008 年引发争议的祷文却提出:"愿主我们的上帝照亮他们的心",或译为"愿主我们的上帝拂去他们心上的纱"。这一句话引发了犹太教方面的强烈不满。因为这暗含了犹太人不识真理,不认救主之意,仿佛重现了历史上基督教方面所丑化的犹太人的形象。相关介绍可参见 http://en.wikipedia.org/wiki/Tridentine_Mass。此外,上述祷文的英文原文内容,部分参考了网址 http://en.wikipedia.org/wiki/Good_Friday_prayer_for_the_Jews 中的内容。

② 关于这份祷文的内容,早在 1959 年 Jules Isaac 与若望二十三世会面时就曾讨论过此问题,要求教皇关注这个祷文。因此在教宗若望二十三世当选为教皇以后过的第一个"耶稣受难日"以后,祷文中"无信的"一词被删掉。祷文变成了"让我们为犹太人祈祷"。而本次争议的焦点在于其中的用语及措辞使人想到了 1959 年之前的祷文内容。因而本次事件成为了两教关系的新的障碍。两教的关系有着再度回到"梵二会议"之前的危险。

③ Jewish Members of the "Jews and Christians" Discussion Group of the Central Committee of German Catholics, *Statement of the Jewish Members of the Discussion Group "Jews and Christians"*, 6,16, 2009.

④ Cardinal Walter Kasper, "Striving for Mutual Respect in Modes of Prayer," *L'Osservatore Romano*, weekly edition (16 April 2008), p. 8.

仰保持沉默(未作见证)或者否认自己的信仰,这是一种不诚实的行为"①。鉴于争议过多,2011 年这份祷文再度修改,将引发争议的语句全部删去,这一争议逐渐落下帷幕。②

二

犹太教方面成立了国际犹太人跨宗教研讨委员会(International Jewish Committee on Interreligious Consultations, IJCIC),作为与罗马教廷的"与犹太人宗教关系委员会"(the Commission for the Religious Relations with the Jews)对话的机构。并设国际天主教—犹太教联络委员会(International Catholic-Jewish Liaison Committee, ILC)作为具体执行的机构。IJCIC 除了对话之外,还建立了耶路撒冷首席拉比与教皇定期会面机制。③ 此外,各国相关的犹太教组织也在两教对话的过程中发表过一些宣言与声明,但总体看来,犹太教方面

---

① Cardinal Walter Kasper, "Striving for Mutual Respect in Modes of Prayer," *L'Osservatore Romano*, weekly edition (16 April 2008), pp. 8-9. 引自 Mary C. Boys, "Does the Catholic Church Have a Mission 'with' Jews or 'to' Jews?" *Studies in Christian-Jewish Relations*, Vol. 3 (2008).

② 如果站在对话的角度,从犹太人一方来看,教皇此举确实不利于对话的正常发展,但是从基督教一方来看,这却是他们的使命,不可更改,理应得到尊重。而犹太人如此之反应,是因为历史上基督教会对其的传教行为历历在目。这段祷文曾几经修改,从未引起如此大的争议。而这次修改之所以引发如此关注,本文认为,这与所处的时代有关。经过了多年的对话发展,犹太人对于基督教方面的积极努力想必也有一定程度的认同,在一定程度上相信基督教一方不会再作出努力向犹太人传教之事,但同时,又时刻对于这个问题保持着十足的敏感性。并且经过时代的发展,犹太人的社会地位不同往日,在诸多方面影响力加强。教会虽然大力谴责反犹主义,但不可否认,反犹主义依然存在,犹太人的生活环境依然存在威胁。因此在这时修改祷文,其中的表述触及了这一敏感问题,因而会惹来如此多的争议。但作为局外人,我们发现,2008 年修改的这份祷文其实并未有明显的冒犯之处,也并未如同犹太教相关人士所言,退回到了 1959 年之前的祷文内容。这本是一个天主教教内的神学问题,由于涉及了犹太人,而被扩展到两教关系领域。当然,犹太人民过往的历史令人怜惜,两教的伤痕并非短时间可以愈合。但现今,犹太人在呼吁基督教给予其尊重的同时,是否也应给予对方一定程度上的尊重与包容?传教问题历来是基督教与犹太教关系中一个不可突破的障碍。作为教会,传播耶稣的福音是其使命。由于过往的历史,如今天主教方面任何"不良"的举动,都可以被贴上意图对犹太人传教的标签。这也反映出,不信任之感依然存在与两教关系之中。这虽然是历史原因导致,但信任因素仍有重大作用。此外,这与对话中所谓的保持两教各自独特性及身份认同有关。传福音是教会的使命,这一点不可改变。正是坚持了这一点,两教才会有在神学对话上的矛盾和冲突。但"按其所是的尊重对方"是两教都同意并接受的原则,既然坚持这一点,就会在教义上有矛盾。犹太人对于此问题确实有些过于敏感。误解是历史原因造成的,那么基督教一方只能通过更加努力来消除深存于犹太人心中的不信任感,也相信,时间会慢慢愈合这一伤口。

③ 教皇于 2000 年访问以色列,并与首席拉比在耶路撒冷会面开始筹备此事。2002 年 6 月第一次会面在耶路撒冷举行,此后的会面在耶路撒冷和梵蒂冈轮流举行。

所发表的宣言数量较少。[①] 其中较为具体、全面的回应主要有两个。一是任法国犹太首席拉比的雅各·开普兰(Jacob Kaplan)于1973年5月23日代表"法国犹太特设委员会"(French Jewish AD HOC Committee)发表《犹太神学中的基督教》(*Christianity in Jewish Theology*)声明,作为法国犹太教组织对于《我们的时代》(第4号)的简短的回应。第二份宣言是由"犹太民族学者计划"组织(National Jewish Scholars Project)于2000年9月10日发表的《述真言:一份关于基督徒与基督教的犹太声明》(*Dabru Emet: A Jewish Statement on Christians and Christianity*)[②](以下简称《述真言》)宣言。除此之外,犹太学者也就相关问题发表了自己的见解。

具体来看,对于"梵二会议"所承认的犹太人拥有的圣约继续有效,犹太人依

---

① 犹太人缺乏回应的原因如下:首先,是历史上的经历导致了犹太人长久以来过于关注内部问题而忽视了与外界的沟通与对话。犹太人在历史上饱受威胁,因此生存对于他们而言才是最关键的。现在的犹太人依然面对着各种威胁。犹太教一方由于遭受压迫及敌意而被迫日益转向宗教内部的精神建设与道德提升,加强律法的践行,日益封闭进而导致了对外部世界忽视,当然也有外在原因,即所居城市居民人为的对其隔离与排斥,但犹太教自身的原因也不可小觑。犹太人在提升内在的过程中,忽视了他者的存在及特性,这又反过来成为了他人反对犹太人的原因之一。可见,是历史的痕迹使得犹太人不自觉地注重教内的建设,对外界关注较少。这是原因之一。(参见 Irving Greenberg, For the sake of Heaven and Earth: the new encounter between Judaism and Christianity, The Jewish Publication Society, Philadelphia, 2004, p.118)第二,两教正式的对话始于大屠杀之后。由于处于这个特殊时期,犹太人显然对于是否应该对基督教一方的对话作出回应似乎很矛盾。大屠杀刚刚过去,历史上来自基督教一方的迫害仍旧历历在目。这些毫无疑问是阻止双方相遇的障碍。犹太人对于教会方面并不完全信任。但另一方面,"出于对大屠杀的恐惧,犹太人不得不开始寻求与异教徒以全新的关系相处,谋求避免此类事件再度发生的方法。"(参见 Irving Greenberg, For the sake of Heaven and Earth: the new encounter between Judaism and Christianity, The Jewish Publication Society, Philadelphia, 2004, p.113)正如大卫·罗斯曾在《犹太教与基督教对话在神学思想上的影响》一文中谈到,"与基督教进行大量神学上的反思不同,犹太教首先要确保再无大屠杀恐怖发生的可能。"(参见 The Impact of the Jewish-Christian Dialogue upon Theological Thought, http://rabbidavidrosen.net/Articles/Christian-Jewish%20Relations/The%20Impact%20of%20the%20Jewish%20Christian%20Dialogue%20on%20Theological%20Thought.pdf)因此,犹太教一方参与到对话之中,发出了相关的声明,但数量不多。第三,从"某种原因上讲,是由于对话双方的组织结构不同"。(参见 Alon Goshen-Gottstein, Jewish-Christian Relations: From Historical Past to Theological Future, 1,1,2003)犹太人缺乏类似梵蒂冈教廷那样单一的权威声音(或说表达机制)。由于缺乏一个能代表所有犹太人观点的权威对话机构,且犹太教内部各派观点不一,使得犹太教方面无法发出具有绝对代表性的意见或宣言。深层原因是,在新环境之中,犹太教对于如何系统处理与面对其他世界性宗教的存在及重要性尚未做好充分的准备。(参见 Alon Goshen-Gottstein, Jewish-Christian Relations: From Historical Past to Theological Future, 1,1,2003)只好逐步从社会及现实领域的对话起步,犹太教整体对于神学方面的对话尚在准备阶段。虽然也曾在相关声明中表示期待与基督教一方进行神学对话,但尚未有明确的行动。

② Dabru Emet,英文意为 speak the truth,这一思想来源于《圣经·撒迦利亚书》8:16:"你们所当行的是这样,各人与邻舍说话诚实,在城门口按至理判断,使人和睦。"

然能够得拯救这一观点,《犹太神学中的基督教》亦认为“基督徒永远得拯救”。

对于“梵二会议”所提出的要求教会与教徒珍视两教共有的精神遗产这一表态,《犹太神学中的基督教》认为,“基督徒并非崇拜偶像者;他们崇敬创世的上帝,而且他们与犹太人共有一定数量的共同的信仰”。而《述真言》亦就教会犹太性的问题作出明确回应,“犹太人与基督徒同拜一神;犹太人与基督徒同奉一本书——《圣经》(犹太人称作《塔纳赫》,而基督徒称为《旧约》);犹太人和基督徒都接受《托拉》的道德准则”。《述真言》宣言是犹太人为数不多的广受重视的一份回应,重要性足以与《我们的时代》相媲美,这一宣言被称为犹太教方面的《我们的时代》。它在两教对话中占据重要地位。《述真言》是犹太社团历来发表的对于基督教给予最积极评价的一份声明。《述真言》声明的发表最重要的意义在于,它体现了对话的基本原则——尊重对方,亦尊重自己。

对于“梵二会议”所提倡的两教应互相尊重、开展对话并共同合作这一建议,《犹太神学中的基督教》亦明确承认“以色列人一定受到过基督徒和穆斯林的启发(从中学到过智慧);基督教和伊斯兰教对人类的发展进步有益”。而《述真言》则更是明确提出,“犹太人和基督徒定要为正义与和平而携手”。而且是“有分有合”地进行合作。文中同样承认二者之间的差异不可调和,“犹太人和基督徒之间以人力不可得解的差异将在上帝拯救全世时得到解决,正如《圣经》中许诺的那样”。其中“犹太人能够尊重基督徒对于他们启示的信仰”这一提法也极具挑战性,明确指出,“我们将基督教视作从犹太教中发源的一支而加以尊重……我们并未将基督教视作犹太教的一种扩充”。并强调双方要“珍视自己的传统”,并声明“犹太人和基督徒之间的新关系不会削弱对犹太文化的遵从”。

《述真言》承认了两教之间不可调和的差异,并提倡两教携手为公义而奋斗。并且提出“有分有合”地进行合作,为双方都提供了自由的空间,并为合作创造了更大的可能性及保障。提出要尊重基督教的信仰,这一观点在宣言发表后便引起了犹太教内相当大的争议,但也体现了犹太教方面在对话方面的努力,以及接受并尊重天主教一方就此所付出的努力。同时,也提出要保持自身的身份特性,“犹太人和基督徒之间的新关系不会削弱对犹太文化的遵从”一句,则意在打消教内人士对于与基督教对话而导致犹太教被同化的担忧,也展现了该组织对于犹太教信仰宝藏的自信及对于基督教一方的信任。这正是真正的对话开展的前提。

但在对话初期,对于《我们的时代》中撤销了对犹太人弑神罪的指控一事,犹太拉比诺曼拉姆(Norman Lamm)评论道:“我们应该感激罗马天主教会吗?我的答案是,不!……我们犹太人不会感激丝毫,即便最后确实宣称我们在被指控弑神这件事上无罪。我们不欠基督教一方一声‘感谢’;相反,他们欠我们一声

'道歉'。基督教的反犹主义并非是犹太问题,而是基督教的问题。指控犹太人弑神,是基督教良知上的污点。基督教对于犹太教的指控,是反犹主义的来源之一。犹太人从未犯错,为何要求得谅解?"[①]并悲观地认为:"即便官方禁止了对犹太人弑神的指控,也不会为千年以来的宗教关系注入任何和谐与善意。"[②]当然,这仅是他的个人观点,以后的历史发展证明了这份文件的积极作用。也许因为教会刚刚开始的改变,犹太人无法判断其诚意。但将这份文件放在当时的环境里看,作者的态度便是可以理解的。虽偏激,但也是事实。

对于"梵二会议"所提出的教会愿与犹太人共奉天主这一理念,《犹太神学中的基督教》之中提出"基督教和伊斯兰教为弥赛亚的到来铺路",从犹太教的角度为基督教作出了定位与评判。可见,无论对话如何进行,两教关于弥赛亚的信念并未改变。但对于对方的信仰,却都表现出了相当程度的尊重与理解。前文已经详细呈现了基督教方面对于犹太教信仰所作出的尊重与理解,在此则有必要呈现犹太教方面的变化。

从犹太教方面来看,对于耶稣是弥赛亚这一问题,犹太教部分学者开始承认他是弥赛亚,但是,他是一个假弥赛亚(a false missiah)[③],之后又认定他可以算作失败的弥赛亚(a failed missiah)[④]。初期,拉比们认为,耶稣是假弥赛亚,并拒绝认定他为失败的弥赛亚。在犹太教的历史上,他不是第一个也不是最后一个假弥赛亚。"但现在,越来越多的观点认为耶稣是失败的弥赛亚,而非假弥赛亚。他虽未完成他的工作,但他所做的绝不是徒劳。"[⑤]"拉比们也许错了。但对于他们并未更加公正地对待耶稣是可以理解的,因为他们被比犹太人强大一百倍的一群敌人(比如基督徒们)包围着,并自负地以耶稣之名对犹太人进行传教及迫害。"[⑥]并且,欧文·格林伯格建议将耶稣看作一位失败的弥赛亚,"因为他在完成使命之前便去世了",这意味着,犹太人依然是站在自身的犹太视角与立场来对待耶稣的弥赛亚身份的。他们部分认同了耶稣的所作所为,但都坚持认为他已死,丝毫没有提及他的复活或神性这一问题。

---

① Rabbi Norman Lamm, "*The Jews and the Ecumenical Council*" *How ought Jews React*? from http://brussels. mc. yu. edu/gsdl/collect/lammserm/index/assoc/HASH015c/cad0f88b. dir/doc. pdf.

② Rabbi Norman Lamm, "*The Jews and the Ecumenical Council*" *How ought Jews react*?, from http://brussels. mc. yu. edu/gsdl/collect/lammserm/index/assoc/HASH015c/cad0f88b. dir/doc. pdf.

③ 假弥赛亚(a false missiah)意味着该人所持有的价值观念是错误的,会给人以误解。

④ 失败的弥赛亚(a failed missiah)意味着该人的思想价值是正确的,但并未达到最终目标。

⑤ Irving Greenberg, *For the Sake of Heaven and Earth*: *The New Encounter between Judaism and Christianity*, The Jewish Publication Society, Philadelphia, United States of America, 2004, pp. 152-153, 177.

⑥ Shaul Magid, *American Post Judaism*, Bloomington, 2013, p. 142.

这是犹太教方面的一个重大的变化，两教虽然各自坚守自己的信仰，但对对方的信仰给予了充分的理解与尊重，从自身的角度对此作出部分可行的调整这一行为是值得肯定的。对话与相遇并不是要其中一方放弃自己的信仰，或改变自己的坚守。毕竟，这一界限的突破，意味着双方宗教自身的瓦解。虽然，犹太教内部的这一略微的松动仅存在于学者之中，但毕竟是值得肯定的。

三

2015 年是“梵二会议”召开第 50 周年，在过去的 50 年里，“梵二会议”及《我们的时代》(第 4 号)宣言对于指导两教关系的发展发挥了十分重要的作用，教宗本笃十六世盛赞在这一宣言发表后两教关系发展所取得的成果实为“上帝对这个世界的恩赐”①。

目前，双方的对话依然主要集中于高层及学者之间，虽然有意将对话扩展至双方的平民阶层，但并非易事。两教的对话更多地关注社会现实方面，依托对话的形式而就相关社会问题采取应对措施共同努力，属于社会合作范畴。对于神学问题并未较多涉及。但真正的对话，恰如亚伯拉罕·约书亚·赫舍尔(Abraham Joshua Heschel)在其《深度神学》(*Depth-Theology*)中提到的那样，是要涉及内心深处情感与信仰的，属于神学对话的范围。这并非意味着社会合作层面的对话低级或者不必要，但毕竟“对话及合作之间有着神学上的区别。如果共存(co-existence)是目标，那么犹太教与基督教之间的神学差异应被搁置”②。换言之，如果两教需要对话，而不仅仅为了共存，而是为了共同发展，那么神学上的不同之处一定要重视，要面对这一根本性的差异，而非回避。但同时，深入探讨并不意味着完全认同或完全接受。对话要有限度。双方必须“预留出在不自大、不轻蔑的前提下自由表达(自身)信仰的空间，无须妥协。对话可以遵循外交礼仪，但绝不是基于互惠妥协进行的外交协商”③。毕竟，宗教之间的差异消失，也是一种危险。在对话中要为“双方的差异留有空间，需认识到，这些差异不会导致

① Pope Benedict XVI, *Papal Address of Pope Benedict XVI at the Synagogue of Rome*, 11, 17, 2010.

② Alon Goshen-Gottstein, *Jewish-Christian Relations: From Historical Past to Theological Future*, 1, 1, 2003.

③ Rabbi Dr. Riccardo Di Segni, "Progress and Issues of the Dialogue from a Jewish Viewpoint," Philip A. Cunningham, Norbert J. Hofmann, Joseph Sievers (eds.), *The Catholic Church and the Jewish People: Recent Reflections from Rome*, Fordham University Press, 2007, p. 18.

冲突或边缘化"[①]。当双方意见相左时,也不可忘记自身的身份认同。

总的来说,目前两教关系与对话的发展处于合作阶段,并非真正意义上的对话阶段。如果借用保罗·尼特的宗教对话模式来看,是一种互益模式和接收模式的综合。在神学问题上,天主教与犹太教一如既往地坚持以成全模式对待对方,根据互益模式展开合作,而期待着对方以接受模式对待自己。[②] 在未来,双方也许会在坚守自身宗教身份认同的前提下,对于两教的某些问题从自己的宗教视角作出调和式的解释的努力,但根本的原则不会改变。同时,历史上的反犹主义及大屠杀事件依然是两教关系发展的障碍,需要时间来为双方的新关系做见证,双方(特别是基督教一方)需付出更多的努力与坚持,来确保两教关系更好的发展。

---

① Cardinal Carlo Maria Martini, "Reflections toward Jewish-Christian Dialogue," Philip A. Cunningham, Norbert J. Hofmann, Joseph Sievers (eds.), *The Catholic Church and the Jewish People: Recent Reflections from Rome*, Fordham University Press, 2007, p. 31.

② 根据美国学者保罗·尼特著、王志成翻译的《宗教对话模式》一书的译者序中的说法,保罗·尼特将宗教间的对话状况分为四种,分别是置换模式、成全模式、互益模式与接受模式。置换模式者认为,自己这方的宗教终将取代其他的宗教;成全模式认为,其他宗教中有自己宗教的成分,最终要靠自己的宗教才能实现;互益模式者认为,彼此间应互相学习,互相合作;接受模式者认为,各个宗教都有自己的特点不可比较,只要和平相处互不干涉就好。可参见[美]保罗·尼特:《宗教对话模式》,王志成译,中国人民大学出版社 2004 年版。

《我们的时代》及其后续文献

《我们的时代》(第4号)[①]

本届神圣公会议,探讨教会奥迹时,忆记新约的子民同亚巴郎后裔在精神方面所有的联系。

实际上,基督的教会承认其信德与蒙召,依照天主的救援奥迹,从圣祖们、梅瑟及先知们,早已开始。教会承认所有基督信徒,即依照信德为亚巴郎子孙者(《迦拉达书》3:7),都已包括在这位圣祖的召选之内,而教会的救援在选民逃出奴役之地时,已是神秘的预象。为此,教会不能忘记,她是通过天主曾以无限仁慈与之缔结旧约的选民,而接受了旧约的启示,同时外邦人的野橄榄树枝被接在优良的橄榄树根上,接受营养(《罗马书》11:17～24)。教会信仰基督是我们的和平,祂借十字架使犹太人与外邦人得以和好,使双方在祂内成为一体(《厄弗所书》2:14～16)。

教会也常记得保罗宗徒有关他同族人的话:"义子的名分、光荣、盟约、法律、礼仪,以及恩许,都是他们的;圣祖也是他们的,并且基督按血统说,也是从他们而来的"(《罗马书》9:4～5),祂是童贞玛利亚的儿子。教会又念记称为教会基础与柱石的宗徒们,以及那许多向世界传播基督福音的首批门徒,亦都是出生于犹太民族。

有圣经为证,耶路撒冷没有认识眷顾它的时期(《路加福音》19:44),大多数犹太人亦未接受福音,甚至有不少犹太人阻止了福音的传布(《罗马书》11:28)。虽然如此,按照圣保罗宗徒,天主赐给犹太人的恩宠与召唤并无反悔,由于祖先的缘故,他们对天主仍是极可爱的(《罗马书》11:28～29;参见《教会宪章》16节:《宗座公报》57卷,1965,第20页)。教会偕同先知们和圣保罗宗徒,仍期待着唯独天主知道的时日,那时所有民族将同声呼求上主,"并肩事奉祂"(《索福尼亚》3:9)(《依撒意恶》66:23;《圣咏集》65:4;《罗马书》11:11～32)。

① 本文翻译全文引自天主教台湾地区主教团译:《天主教梵蒂冈第二届大公会议文献》,天主教上海教区光启社、河北信德社2012年印行,第471～473页。

基督徒与犹太人既然共有如此伟大的精神遗产，本届神圣公会议，极愿提倡并鼓励双方彼此认识与尊重，这特别可借助于研究圣经、神学及友谊的交谈而获致。

虽然当时犹太当局及其追随者促使了基督的死亡(《若望福音》19:6)，但在基督受难时所发生的一切，不应不加辨别地归咎于当时的全体犹太人，或今日的犹太人。教会虽然是天主的新子民，但不应视犹太人为天主所摈弃及斥责，一若由圣经所得结论似的。因此，无论在传授教义或宣讲天主圣言时，都不得教授有违福音真理及基督精神的事理。

此外，教会既反对迫害任何人，且纪念与犹太人共有的遗产，决非为政治因素，而实由福音仁爱的宗教理由所催迫，痛斥一切仇恨、迫害，以及在任何时代和由任何人所发动的反犹太人民的措施。

再者，一如教会在过去与现在均一直坚持，基督是为了众人之罪，以其无限仁爱，甘心情愿受难受死，使普世都获得救赎。因此，教会的职责就是宣扬基督的十字架，作为天主普爱众人的标志和一切圣宠的泉源。

关于实施《我们的时代》(第4号)的指导方针与建议

与犹太人宗教关系委员会
1974年12月1日

序　言

《我们的时代》声明由“梵二会议”于1965年10月28日发表，其中的第4号声明[即《我们的时代》(第4号)]成为了犹太教与基督教关系史上的重要里程碑。

欧洲国家于二战之前及二战之中对犹太人所施行的迫害与屠杀的历史记忆对于大公会议施行此举有着深刻的影响。

尽管基督教发源于犹太教，从中汲取了相当数量的信仰和神圣仪式方面的基本元素，但二者之间的裂痕却愈加深重，以致基督徒与犹太人之间已难以相互了解。

在经过了相互忽视并持续对抗的两千年之后，《我们的时代》(为双方)提供了一个开启或继续进行对话的机会，旨在(促进双方)更好地了解彼此。在过去的九年中，已有许多国家(按照)这一精神采取了措施。因此，在犹太人与基督徒

新型的关系之下，对于能够起作用并得到发展的条件作出判断更加容易。如此看来，跟随大公会议的指导方针，基于经验提出一些具体的建议似乎正当时，唯愿（这些建议）能够有助于将大公会议文件（即《我们的时代》）之精神注入教会实际生活之中。

在读者回顾这份文件之际，我们在此简要重申，是精神的纽带和历史的联系使得教会和犹太人共同谴责（有违基督教精神的）所有形式的反犹主义与歧视，无论如何，仅从人类尊严的角度就应对此作出谴责。此外，这些联系及关系促使双方有义务更好地相互了解并重新树立互相尊重（的观念）。特别是在实践层面上，基督徒必须因此力求更好地理解犹太教宗教传统的基本构成；力求根据犹太人基于自身宗教体验而对自己所作出的界定来把握犹太教的基本特点。

出于对原则性问题的尊重，我们简要提出一些基本的可实际应用于教会生活的各个核心领域的建议，着眼于发起或发展天主教徒和犹太兄弟的友好关系的对话。

1. 对话

实话实说，犹太人和基督徒的关系极少超越独白的层次。从现在起，真正的对话一定要建立起来。对话以参与双方都期待知晓对方，期待增加并加深对于对方的了解为前提。对话为双方增进相互了解提供了极为有效的途径，尤其适用于犹太人与基督徒在探求自身丰富传统时采用。对话需要按其所是地尊重对方；最重要的是，尊重对方的信仰以及宗教信念。

由于教会神圣的使命及其本质，（因此她）必须向世界传扬耶稣基督（《教会传教工作法令》2）。为避免天主教徒对于耶稣基督的见证冒犯了犹太人，（因此）天主教徒务必谨慎地生活及传播他们的信仰，与此同时，按照“梵二会议”的教导，最大限度地确保宗教自由（《信仰自由宣言》）。同样，当犹太人所认定的至高至纯的神圣超验的观念与道成肉身的话语奥秘相遇时，要努力理解由此引发的困惑。

的确，由于不幸的过去，怀疑之感仍普遍存在，并仍广泛影响着这一特殊的领域。对此，基督徒要做的就是寻找自己应承担责任之处并由此探求未来的努力方向。除友好的交谈之外，（还）应鼓励精英人员会面并共同研究由于犹太教和基督教基本信念不同而引发的许多问题。为确保不会伤害到（即便是无心之失）这些会谈，因而不仅要注意（谈话）技巧，更要敞开心灵，抛弃自己的偏见。

在任何可能及双方都接受的情况之下，都应鼓励双方在上帝面前经常会面，在祈祷和静思之时常相聚，这是找到谦逊的一个极为有效的方法，敞开心扉是深入了解自己、知晓他人的必要的先决条件。

尤其可以通过诸如共同为和平与公义而奋斗来联结彼此。

2. 礼拜仪式(Liturgy)

要将基督教礼拜仪式与犹太教礼拜仪式之间既存的关联铭记于心。一个延续至今的宗教社团,通过礼拜仪式实现了对上帝的侍奉,及因着上帝的爱而侍奉众人,这正是犹太教的也是基督教社团礼拜仪式的特点。为改善犹太教与基督教的关系,认识到二者共有的在《圣经》中占有重要地位的礼拜生活的元素[程序(formulas)、节期(feasts)、仪式(rites),等等]极为重要。

要努力对《旧约》中所讲的有其自身永恒价值的一切教导有更深的了解(《天主的启示教义宪章》14～15),因为在此之后的《新约》的解释并未删减其价值。恰恰相反,《旧约》在《新约》中获得且彰明自身完整的意义,并光照及解释《新约》(《天主的启示教义宪章》16)。这一观念在礼仪改革之后变得愈加重要,促使基督徒更加重视《旧约》文本。

在对这些《圣经》文本作出评价时,要注重我们的信仰与早期的圣约在许诺方面的连续性,而不可忽视具有基督教原创性的元素。我们坚信这些许诺在基督第一次降临之时均已实现。但我们仍期待这些许诺能在基督末日再临时的荣耀中得以完满。

至于礼拜仪式中的读经环节,要注意对经文的训诫不可歪曲其本意,尤其对于那些将犹太人置于不受欢迎之境地的段落(则更要注意)。通过如此来指导基督徒,使得他们能理解所有文本的真实含义以及这些文本对于当代信众的价值。

承担礼仪经文翻译任务的相关委员会要特别注意相关段落及篇章的表达方式,(因为)如果表达不当,会使得基督徒出于偏见而对其产生误解。诚然,人不可更改《圣经》文本。但出于礼拜仪式使用的目的,当务之急便是明确解释文本的含义①,并将经文研究考虑在内。

上述建议也可应用于介绍《圣经》经文的阅读、信友祷词以及对平信徒使用的弥撒的进行评价之中。

3. 教义教导和教育

尽管任务繁重,但近些年来对于犹太教自身及犹太教与基督教的关系的理解程度已大大加深,这得力于教会的教义教导、学者的学习研究以及对话的开启。这样看来,如下事实值得一提:

· 是同一位上帝,"新旧约诸书的默感者及作者"(《天主的启示教义宪章》

① 因此,圣约翰在使用"犹太人"一词时,有时根据文本,用其指代"犹太人的领袖",或"耶稣的敌人",这更符合福音主义者的思想,且要避免如此对于犹太人进行责难。此外,"法利赛人"及"法利赛主义"也具有很强的轻蔑意味。

16)在旧约和新约中言谈。

·基督时代及使徒时代的犹太教是一个复杂的实体,内部有许多不同的支派;拥有相当丰富的精神、宗教、社会及文化的价值。

·不能认为旧约及犹太传统塑造了一个只有公义、畏惧和律法主义,却毫无对上帝及邻人之爱的宗教(《申命记》6:5;《利未记》19:18;《马太福音》22:34～40),而将其与新约相对立看待。

·耶稣生于犹太民族,他的使徒和绝大部分首批门徒亦出身于犹太民族。当他向人们显现他就是弥赛亚和上帝之子(《马太福音》16:16)、新福音信息的承担者的时候,他成全着、完美着早先的启示。此外,尽管基督的教义教导有极大的崭新之处,但在很大程度上,祂采取旧约教导的立场。新约与旧约之间有极大的关联性。正如"梵二会议"所讲:"天主,新旧约诸书的默感者及作者,如此明智地安排,使得新约隐藏于旧约里,旧约显露于新约中。"(《天主的启示教义宪章》16)耶稣的教导方法也与他同时代的拉比们颇为相似。

·关于对耶稣的审判和耶稣之死,大公会议重申:"在基督受难时所发生的一切,不应不加辨别地归咎于当时的全体犹太人,或今日的犹太人。"(《我们的时代》4)

·犹太教的历史并未随着耶路撒冷被毁而终结,而是继续发展成为一支宗教传统。尽管我们认为这一传统的价值与意义因基督降临而深受影响,但其仍具有丰富的宗教价值。我们与先知们和圣保罗一道,"仍期待着惟独天主知道的时日,那时所有民族将同声呼求上主,'并肩事奉祂'(《索福尼亚》3:9)"(我们的时代》4)。

·与这一问题相关的信息对于指导与教育各个层次的基督徒而言,意义重大。在信息的来源方面,尤其需要重视以下几点:教义问答和宗教教材;历史书籍;大众媒体(出版社,广播,剧院,电视)。

学校、神学院及大学中拥有完备的指导者与教育者梯队,是充分利用这些方法的前提。

鼓励专家们,特别是释经学、神学、历史学和社会学领域的专业人士对于犹太教和犹太教—基督教关系所产生的问题进行研究。天主教高等研究机构要尽可能与其他类似的基督教机构及学者进行合作,共同致力于解决这些问题。无论何时,只要情况允许,应设立犹太研究方面的职位,并鼓励与犹太学者合作。

4. 共同致力于社会活动

犹太教与基督教传统均根植于上帝的话语,珍视人的价值——上帝的形象。对同一位上帝的爱一定要体现在为人性之善而积极行动之中。在先知们的精神影响之下,犹太人和基督徒将自愿共同携手,寻求每个层次的社会正义与和平,不论是本地、国家,亦或是国际层次的。与此同时,可以开展更多此类的合作来培育相互的了解与尊重。

结　语

"梵二会议"为增进犹太人和基督徒的深度友谊指明了前进的方向。但前方之路依旧漫长。

犹太教与基督教的关系问题与教会紧密相关,因为当"思考教会奥迹时"便会与以色列的奥迹相遇。因此,即便在没有犹太社区存在的地区,这也是一个重要的问题。这一问题表现出的普世性在于,基督徒回到了他们嫁接于早期圣约之上的信仰的源头和及开端,有助于寻求在基督——我们的磐石——之中的合一。

在这一领域,主教们要掌握好宣教的程度,(使之)处于教会一般性训诫框架之内且要符合教会关于圣事的教义教导。例如,可以建立一些相适的国家或地区性的委员会或者秘书处,或者指派一些精英来促进教会指示和上述建议的实施。

在1974年10月22日,教宗亲自为整个教会系统设立了"与犹太人宗教关系委员会",将其并入"促进基督教统一秘书处"。这一特殊的委员会,为鼓励并促进犹太人和天主教徒的宗教关系而设立,望最终能与其他基督徒联合,在有限的能力之下,服务于所有有相同兴趣的机构,为其提供信息,帮助其完成符合教廷教导的使命。

为正确并有效地践行大公会议之精神,本委员会愿发展这一领域的合作。

颁于罗马,1974年12月1日

关于在罗马天主教内采用正确方式进行宣教和教理问答来表述犹太人与犹太教的通谕

与犹太人宗教关系委员会

1985年6月24日

之前的文件对这一问题的思考:

在1982年3月6日,教宗约翰·保罗二世对于来到罗马进行教会和犹太教

关系研究的主教会议的代表及其他专家们谈到：

> 在你们的任期之内，你们都与天主教方面针对犹太人和犹太教（问题而进行）的教义教导及教义问答息息相关……在进行不同层次的天主教教义教导时，在对孩童及年轻人进行教理问答中，我们不仅要秉持诚实客观的态度，摆脱偏见，毫无冒犯，还要在全然明了犹太人与基督徒共有的遗产（的基础之上）对于犹太人及犹太教问题进行论述。

在此，为强调其重要性，教宗援引了《我们的时代》（第 4 号）之中的思想，里面谈到："无论在传授教义或宣讲天主圣言时，都不得教授有违福音真理及基督精神的事理。"还有这一句："基督徒与犹太人既然共有如此伟大的精神遗产，本届神圣公会议极愿提倡并鼓励双方彼此认识与尊重。"

同样的，《关于实施〈我们的时代〉（第 4 号）的指导方针与建议》（以下简称《指针与建议》）中的第 3 章，其标题为"教义教导与教育"，亦在结尾处列出了许多将要付诸实践的事务及如下建议：

> 与这一问题相关的信息对于指导与教育各个层次的基督徒而言，意义重大。在信息的来源方面，尤其需要重视以下几点：教义问答和宗教教材；历史书籍；大众媒体（出版社、广播、剧院、电视）。
>
> 学校、神学院及大学中拥有完备的指导者与教育者梯队，是充分利用这些方法的前提。

下面的段落力求服务于此目的。

1. 宗教教导与犹太教

(1)在《我们的时代》（第 4 号）中，"梵二会议"提到了犹太人和基督徒在"精神方面的联系"以及两教共有的"伟大的精神遗产"，并进而声明，"基督的教会承认其信德与蒙召，依照天主的救援奥迹，从圣祖们、梅瑟及先知们，早已开始"。

(2)存在于基督教和犹太教之间的独特关系"将他们在身份认同的层面联在一起"（教宗约翰·保罗二世，1982 年 3 月 6 日）——这一关系"在上帝立约之时早已设定"（同上），在教义问答中，犹太人和犹太教不应仅仅处于偶然和边缘性的地位：他们的存在是至关重要的并应被有机地联合。

(3)犹太教并非仅仅是天主教教义在历史学或者考古学方面的基础。正如教宗曾在演讲中援引的，在他再次提到教会与犹太教"广泛的""共有的遗产"之后，他强调，"要仔细地在犹太教之内对犹太教作出评价，要意识到犹太人拥有并践行至今的信仰和宗教生活能够极大地帮助我们更好地理解教会布道生活的相关方面"。布道确实是一个与教会紧密相连的现实问题。教宗早在 1980 年 11 月 17 日在对西德美因茨的犹太社区发表通谕时，用非凡的神学范式明确提到了这个关于犹太人的永恒存在的现实问题，他说："上帝对旧约之民的召选，永远有效。"

(4)在此我们需要回顾《指针与建议》的第一章内容，尝试着为对话的基本条件作出定义："按其所是地尊重对方"，了解"犹太教宗教传统的基本构成"并且通过"犹太人基于自身宗教体验而对自己所作出的界定"来把握"犹太教的基本特点"(同上，介绍部分)。

(5)基督教在进行与犹太人和犹太教相关的教义教导时，唯一的特点以及困难便是需要平衡一组体现出旧约与新约之间关系的观念——应许与实现。

· 延续性和新生性(Continuity and Newness)

· 特殊性和普遍性(Singularity and Universality)

· 独特性和可借鉴性(Uniqueness and Exemplary Nature)

这意味着这一领域的神学家们与教义问答者们要将上述观念体现于其(所进行的)教导之中：(a)应许及实现互相阐明彼此；(b)新生性以隐喻的方式与之前的存在相联系；(c)旧约之民的独特性不是排斥性的而是开放的，以神圣的视角，面向普世的范围；(d)犹太人的独特性意味着他们有能力作为一个样板。

(6)最后，对于犹太教与基督教的对话而言，"低质量且缺乏精准的工作是极具摧毁力的"(教宗约翰·保罗二世，1982年3月6日演讲)。但最具摧毁力的是我们正在谈论的对基督徒身份认同的教义教导及教育问题。(同上)

(7)凭借她神圣的使命，教会成为了"救恩的总汇"，唯有借此教会"(才)能获得一切充沛的救恩方法"(《大公主义法令》3)，(因而)"必须基于她的本性向世界传扬耶稣基督"(《指针与建议》1)。确实我们坚信通过耶稣基督，我们能到父那里去(《约翰福音》14:6)，而且"认识你独一的真神，并且认识你所差来的耶稣基督，这就是永生"(《约翰福音》17:3)。

耶稣声称(天主的众儿女)将同属一栈一牧(《约翰福音》10:16)。教会与犹太教不能被看成两条平行的拯救之路，基督徒必须为基督作为世人的救世主而作见证，同时，按照"梵二会议"的教导，最大限度地确保宗教自由(《信仰自由宣言》)"(《指针与建议》1)。

(8)精准地、客观地并且绝对正确地对我们的信众进行关于犹太教的教义教导之紧迫性和重要性也来自于隐藏在各种伪装之下随时伺机再次出现的反犹主义的威胁。不仅要根除仍留存于信众之中的随处可见的反犹主义，更要通过教育工作，在他们心中树立起对于独特的"纽带"的正确认知，正是这一纽带，使得我们成为了犹太人与犹太教的一个教会。通过这种方式，基督徒将学会欣赏与热爱这一被上帝选中为基督到来铺路，并在这一过程中完整保存好一切受启与得赠的内容的犹太民族，即便他们仍然难以接受耶稣就是他们的弥赛亚。

2. 旧约[①]与新约的关系

(1)在谈及单一的历史事件之前,我们希望呈现《圣经》启示(旧约和新约)及神圣计划的合一性,为的是强调这些特殊的事件在其被置于从创世到完满的历史之中,被视作一个整体时的意义。这一历史与全人类,特别是与信众息息相关。因此,以色列被召选的最终意义要在完全的实现(《罗马书》9~11)之中方能清晰可见,而耶稣基督的被选则在已宣称的和许诺(参见《希伯来书》4:1~11)之中会得到更好的理解。

(2)我们正在面对的是与一个独特民族相关的事件,这些事件由显现其计划的上帝设定,具有普遍及示范性的意义。此外,我们的目的更在于,来呈现这些不仅与犹太人有关,更对我们每个人影响至深的旧约中的事件。亚伯拉罕是我们真正的信仰之父(《罗马书》4:11~12)。经文(《哥林多前书》10:2)中写道:"我们的祖宗从前都在云下,都从海中经过。"这些圣祖们、先知们以及旧约中的其他人物已经并将永远在东方教会和拉丁教会礼拜仪式中被尊为圣徒。

(3)神圣计划的合一性(促使我们)思考旧约与新约的关系。教会早在使徒时代(《哥林多前书》10:11;《希伯来书》10:1)就已开始,并一直连续按照传统使用象征方式(typology)来解决这一问题,象征方式强调一定要在基督教的视域中来看待旧约的原初价值。但这却使得许多人难以接受,这也许就是一个尚未得解的问题的标志。

(4)因此,在将象征手段应用于我们从礼拜仪式及教父们那里所学来的教义教导及实践时,应谨慎地避免任何被视作单纯地撕裂了旧约及新约关系的转变方式。教会因着圣灵而富有生机,因此强烈谴责马西昂[②]的态度,并永远反对他的二元主义观念。

(5)还应强调的一点是,象征方式的解释由以下几点构成,包括将旧约视作准备阶段,且在相当方面,视作新约的纲要及预表(如《希伯来书》5:5~10)。因此基督是经文提及的关键:"那磐石就是基督。"

(6)应强调的真实的一点是,教会及基督徒是从基督之死及复活的角度来阅读旧约的,基于此,产生的是一种基督教式的阅读旧约的方法,且这一方式不必与犹太教阅读方式相一致。应明确区分基督教及犹太教在各自读经时的特点。

---

① 我们继续使用"旧约"这一表达是因为它是传统的(参见《哥林多后书》3:14),更因为"旧"(old)并不意味着"过时的"或"陈腐的"。无论如何,旧约永恒的价值是基督教启示的来源之一,这正是我们在此要强调的。

② 马西昂,生活于公元2世纪具有诺斯替倾向的人,拒绝接受旧约及部分新约,认为这是一位邪恶之神所作(the work of an evil god),是一个次等神(a demiurge)的作品。教会强烈反对这一异端。(引自Irenaeus)

但这一区分不会丝毫减损旧约在教会中的价值，而且也绝不会妨碍基督徒有选择地从犹太读经传统中进行吸收借鉴。

(7)象征式阅读仅仅彰显了旧约的丰富内涵，它无穷的内容及其中完全的奥秘，但这不应使得我们忘记了其中启示部分独有的价值，新约经常做的就是对其价值进行重新利用(《马可福音》12:29～31)。此外，要在旧约的语境中读新约，也是新约自身特点所要求的。初期教会的教义问答常常借鉴于此(《哥林多前书》5:6～8,10:1～11)。

(8)象征方式更意味着神圣计划的完成，“上帝成为万物之主”(《哥林多前书》15:28)。对于早已认识了基督的教会来说，仍期待着成为基督最终完美的肢体。事实上，基督的身体仍在逐渐满有基督长成的身量(《以弗所书》4:12～19)，这不会影响成为一个基督徒的意义和价值。因此圣祖们的召唤与出埃及事件本身不会失去其在上帝计划中的重要性与价值，其作为中介的地位也不会受到影响(如《我们的时代》4)。

(9)例如，出埃及事件呈现了一次救赎与自由的经历，这一体验并非终结于此，而是蕴含于其中，超越了其本身的意义，成为一种可以进一步得到发展的能力。拯救和自由已在基督中得以实现并逐步通过教会圣事而受到重视。这为实现上帝的计划铺路，这一计划将通过耶稣以弥赛亚身份回归而最终实现，我们每日为之祈祷。上帝之国也终将建立，我们亦每日为其祈祷。伴着救赎和自由，被召选的和全部受造之物都将在基督中得到转变(《罗马书》8:19～23)。

(10)此外，在强调基督教的末世维度时，我们将更明确地意识到，上帝的旧约之民与新约之民在未来拥有一个相似的结局:弥赛亚的降临或回归——即便是由两种不同的观念发展而来。(对于)弥赛亚的身份认同(的争论)不仅是对上帝之民的区分，更是一种聚合。因此可以这样说，犹太人和基督徒基于亚伯拉罕(所得到的)相同的许诺，相遇在了可相较的希望之中(《创世记》12:1～3;《希伯来书》6:13～18)。

(11)受感于同一位上帝的相同的话语，我们要对同样的记忆及对祂——历史之主的共同的盼望作见证。我们必须履行我们的责任，通过共同为社会公义，尊重个人及众民族的权利，并为了社会和国际间的和解而奋斗，从而为弥赛亚的到来而在世间做好准备。我们——犹太人和基督徒——因着爱邻人的诫命，对上帝之国的共同盼望及共有的先知的遗产而受到同样的激励与鼓舞。通过教理问答的改变而使这一观念教导年轻的基督徒们能以实际的方式与犹太人进行合作，不再仅仅是简单地对话(《指针与建议》4)。

3. 基督教的犹太之根

(12)耶稣是并且永远是一个犹太人，他的使命也被有意设定在“以色列家迷失的羊”(《马太福音》15:24)之中。耶稣在他生活的年代是一个完完全全的人，生活在公元1世纪的犹太巴勒斯坦地，他所忧虑及希望的亦与那个时代有关。这一点强调了道成肉身的事实及已在圣经中所预示的拯救的历史的意义(《罗马书》1:3～4;《加拉太书》4:4～5)。

(13)耶稣与圣经律法的关系以及他对传统律法或多或少的解释毫无疑问是复杂的，而他对此也展示了很强的自由性(参考与之“对立”的登山宝训，《马太福音》5:21～48，记得他在释经时的困难及对安息日严格遵守的态度:《马太福音》3:1～6)。但毫无疑问他希望臣服于律法之下(《加拉太书》4:4)，他被施行割礼并像同时代的任何犹太人一样被献于主(《路加福音》2:21,22～24)，他所接受的是(被教导要求)遵行律法的教育。他用心尊重律法(《马太福音》5:17～20)并要求人们遵行(《马太福音》8:4)。他生命的旋律上标记着遵行重大节期去朝圣的记号，甚至在婴孩时期就已如此(《路加福音》2:41～50;《约翰福音》2:13,7:10)。《约翰福音》中强调了犹太节期的重要性(《约翰福音》2:13,5:1,7:2,10:37,10:22,12:1,13:1,18:28,19:42)。

(14)应提及的是，耶稣常在各犹太会堂内教训人(《马太福音》4:23,9:35;《路加福音》4:14～18;《约翰福音》18:20)，而且在圣殿之内(《约翰福音》18:20)亦是如此，他的门徒们甚至在其复活之后也这样做(《使徒行传》2:46,3:1,21:26)。他希望将他的弥赛亚身份的宣称置于犹太会堂的背景之内。但最重要的是他希望在设定以色列逾越节的礼仪方面凭借自己的禀赋采取最高的行动，至少在逾越节宴席方面如此(《马可福音》14:1,12;《约翰福音》18:28)。这也可以更好地理解圣餐的纪念性意义。

(15)因此，上帝之子道成肉身于一个民族之内，在人类家庭之中。(《加拉太书》4:4;《罗马书》9:5)这不会影响分毫，恰恰相反，从这一事实来看，他为众人而生(犹太人的牧羊人和外邦的智者都在他襁褓时代便寻到了他)(《路加福音》2:8～20;《马太福音》2:1～12)，他为众人而死[在十字架之下的有犹太人，玛利亚和约翰在其中(《约翰福音》19:25～27)，还有异教徒，比如百夫长(《马可福音》15:39)及其他同行之人]。在此，他使得两下归为一体(《以弗所书》2:14～17)。这也就解释了为何优西比乌曾说，无论在巴勒斯坦还是其余之地的万民的教会，都源自犹太人的教会。(《教会历史》第4、5章)

(16)耶稣与法利赛人的关系也并非总是或完全对立的。一些证据如下:

- 是法利赛人提醒耶稣有危险，使得耶稣得以逃走(《路加福音》13:31);
- 一些法利赛人被称赞(《马可福音》12:34中提到的“文士”);

·耶稣与法利赛人同食(《路加福音》7:36,14:1)。

(17)耶稣与许多同时代的生活于巴勒斯坦地的犹太人分享着一些法利赛人的教义:尸体的复活;虔诚的方式,比如施舍、祈祷、禁食(《马太福音》6:1～18)以及礼拜仪式方面,称呼上帝为"父",首要的诫命是爱上帝和爱邻人(《马可福音》12:82～34)。保罗亦是如此(《使徒行传》23:8),他总是将自己的法利赛人身份视作一项荣耀(《使徒行传》23:6,26:5)。

(18)保罗本人也与耶稣一样,使用与法利赛人相同的方式来读经和释经,并用同样的方法教导他的门徒。这可见于对耶稣使命的比喻,以及耶稣和保罗为支持自己的结论而引用经文等事例。

(19)同样值得注意的是,法利赛人并未在耶稣受难的记叙中被提及。迦玛列(《使徒行传》5:34～39)在一次大议会中保护了使徒们。对法利赛人(所进行的)极度负面的评价是不准确的,也是不公正的。如果在福音书中以及新约其他经文的章节段落中存在各种对法利赛人不友好的提及(或评价),应将其视为对当时极度复杂的背景环境及形形色色运动的一种对抗。各种对于法利赛人的批判也不乏见于拉比文献之中(《巴比伦塔木德》等)。带有贬义的"法利赛主义"在任何宗教中都很常见。也应强调的是,如果耶稣对法利赛人很严厉,这只是因为与同时代的其他犹太团体相比,他与法利赛人的关系更密切。

(20)所有的这些可以帮助我们更好地理解圣保罗谈及的(《罗马书》11:16)"根"与"枝"的关系。教会与基督教之中所有的新性都能在公元1世纪我们共同的时代——犹太教背景之中找到源头,更进一步,根植于"上帝的拯救奥迹"之中(《我们的时代》4),在圣祖们、摩西及先知们之中得到实现,在耶稣基督之中达到顶峰。

4.新约之中的犹太人

(21)《指针与建议》在其"注释1"中早已说明,"根据语境,'犹太人'(the Jews)这一表达有时意味着'犹太人的领导者',有时代表'敌基督者',这更符合福音主义者的思想,且要避免如此对于犹太人进行责难。"客观地呈现犹太人在新约中的角色要将以下几点考虑在内:

(A)新约是经过长期复杂的编纂而形成的作品。《天主的启示教义宪章》响应教廷圣经委员会的建议,作出了以下三种区分:"圣史们所编写的四福音,有些是从许多口传或已成文的传授中选择,有些则编成撮要,或针对教会的情况加以解释,但仍保持着宣讲形式,这样,总是把关于耶稣的正确诚实的事情,通传给我们。"(《天主的启示教义宪章》19)因此,面对一些对于犹太人带有敌意或不具友好性的段落,不能排除其中包含着初期教会与犹太社团争斗的历史背景。这些争议反映的是耶稣之后长时期内两教的关系。如果我们希望为今日的基督徒从

相关的新约文本中找到某些意义，最重要的就是确立这一思想。所有的这些在随后几周后要进行的大斋节及圣周的教理问答和训诫之时都要考虑在内(《指针与建议》2)。

(B)另一方面，很显然，在耶稣与同时代的一些阶层的犹太人之间存在着争斗，法利赛人也在其中，从耶稣传福音之始便存在争斗(《马可福音》2:1～11,24;3:6)。

(C)一个令人难过的事实是，大多数犹太人及犹太当局并不相信耶稣，这一事实不仅对于历史有影响，而且也是神学的支撑，圣保罗曾努力尝试探寻其中的意义(《罗马书》9～11)。

(D)这一事实随着基督教传教的发展而得到加强，尤其是在异教徒之中(更是如此)，从而不可避免地导致了犹太教与年轻教会的分裂并造成如今信仰上不可复合的分离与多样性，而新约尤其是福音书的文本中则反映了这些事件。在此并非要贬低或掩饰这一裂痕;这样做只会使得一方的身份认同被看轻。但这一裂痕并未影响到大公会议提到的(《我们的时代》4)及我们在此着重叙述的两教之间的精神"纽带"。

(E)我们需从圣经经文之中，尤其是写给罗马的使徒书信相关章节中来反思这一关系，基督徒永远不能忘记，信仰是神的恩赐(《罗马书》9:12)，而且我们永远不能评判他人的良知。圣保罗所说的不要向"根"夸口的全部意义在此得到体现。

(F)不可将知晓基督但不信他的犹太人，或反对使徒传教的犹太人与后来的或今日的犹太人等同。如果前者的责任仍是隐藏于上帝之中的奥秘(《罗马书》11:25)，那后者便处于完全不同的境况之中。"梵二会议"在《信仰自由宣言》2 中强调，"人人不受强制……不得强迫任何人违反其良心行事"，这是大公会议的基础性声明之一，是犹太教与基督教对话所依赖的基础。

(22)关于耶稣之死的详细责任认定问题必须跟从大公会议宣言《我们的时代》4 以及《指针与建议》3 的立场:"在基督受难时所发生的一切，不应不加辨别地归咎于当时的全体犹太人，或今日的犹太人。"并特别强调:"虽然当时犹太当局及其追随者促使了基督的死亡。"进一步深入指出:"基督是为了众人之罪，以其无限仁爱，甘心情愿受难受死，使普世都获得救赎。"(《我们的时代》4)。特伦托大公会议的教理问答教导我们，基督教中的罪人与少数促使基督死亡的犹太人相比，更应受到责备，因为(对于犹太人而言)"他们所作的，他们不晓得"(《路加福音》23:34)，但我们却清楚地知道。因着同样的方式、同样的理由，"不应视犹太人为天主所摈弃及斥责，一若由圣经所得结论似的"(《教会对非基督宗教态度宣言》4)，即使"教会是天主的新子民"。

5.礼拜仪式

(23)犹太人和基督徒在圣经之中寻到了他们礼拜仪式的本质:认可上帝之语,回应上帝之言,为生者和死者祈求赞赏与赦免,向神圣的怜悯求助。圣道礼仪在其结构上起源于犹太教。短祷以及其他礼拜仪式的文本和规程与犹太教中的相关仪式相似,比如在众多祷文之中对于我们来说最庄重的——天主经便是例子。圣餐祷亦从犹太传统模式之中得到启发。正如教宗约翰·保罗二世(在1982年3月6日的训示中)所说,"犹太人所拥有并践行至今的信仰和宗教生活,能够极大地帮助我们更好地理解教会生活的相关方面。礼拜仪式就是一个例子"。

(24)这一点尤其体现在礼仪年度中的重大节期方面,比如逾越节。基督徒和犹太人都庆祝逾越节:犹太人庆祝的是具有历史性的面向未来的逾越节;基督徒的逾越节则在纪念基督死去并复活中得以实现其意义,尽管仍在期待那最终的圆满。这仍是从犹太传统中而来的一种独特的不同背景的"纪念"仪式。然而,另一方面,对基督徒来说,则是一种相似的动力,它为纪念圣餐赋予了意义,逾越节的庆贺将过去呈现于现在,在其中却能体验到对于那即将到来的一种期盼。

6.历史上的犹太教与基督教

(25)以色列的历史并未在公元70年终结(《指针与建议》2),它继续发展着,数次大流散使得全世界见证了以色列对于唯一的上帝的英勇的忠诚,并使得以色列得以"在一切有生命物之前称颂祂的名"(《多比传》13:4),同时将对先祖之地的记忆存留于充满期待的内心之中。基督徒受邀在圣经传统中找寻这一宗教依恋的根基,而并非依据自己的宗教解释对此关系作出评判(《美国天主教主教会议宣言》,1975年11月20日)。以色列国的存在以及它的政治选择,不能从其自身宗教角度来评判,而应从国际法的共同准则来看待。以色列的永存(尽管许多古老的民族早已消失无踪)是历史事实也是一个(只有)在上帝计划之中方可得解的奥秘。在任何情况之下我们都要丢弃我们旧有的,将之视作一个被惩罚的民族的观念,并且基督徒要对此永远保持歉意。犹太民族仍是一个被召选的民族,(在这)"洁净的橄榄树根之上嫁接了外邦人这一野橄榄树枝"(约翰·保罗二世,1982年3月6日,引用《罗马书》11:17~24)。我们一定要记得在两千多年的历史中,犹太人和基督徒的关系是处于负平衡状态的。我们要提醒自己,以色列的永存是如何伴随着其精神的连续多产而实现的,在拉比时代,在中世纪乃至现在,从我们长久以来共有的遗产中发端,如此众多,以至于"犹太人所拥有并践行至今的信仰和宗教生活,能够极大地帮助我们更好地理解教会生活的相关方面"(约翰·保罗二世,1982年3月6日)。教理问答应在另一方面帮助我

们理解发生于1939～1945年间的大屠杀对于犹太人的影响以及后果。

(26)教义和教理问答应关注种族主义的问题,它仍在不同形式的反犹主义中存活。“梵二会议”作出如下陈述:“此外,教会纪念与犹太人共有的遗产,决非为政治因素,而实由福音仁爱的宗教理由所催迫,痛斥一切仇恨、迫害,以及在任何时代和由任何人所发动的反犹太人民的措施。”(《我们的时代》4)《指针与建议》对此评论道:“精神的纽带和历史的联系使得教会和犹太人共同谴责(有违基督教精神的)所有形式的反犹主义与歧视,无论如何,仅从人类尊严的角度就应对此作出谴责。”

结　论

(27)(进行)宗教教义教导、教理问答及布道(的目的)不仅在于培养客观、公义和宽容的精神,更在于为相互理解和对话做准备。我们两教的传统如此密切相关,因此不能彼此忽视。一定要鼓励各个层次之间(进行)相互了解。很明显,由于过分忽视了犹太教的历史与传统,才导致了许多代基督徒的观念中只有对犹太教的否定及丑化。这种观念正是本通谕希望修正的。这也意味着“梵二会议”的文本及《指针与建议》在执行时能够更容易,更具信仰力。

我们铭记:对大屠杀的反思

与犹太人宗教关系委员会

1998年3月16日

教宗约翰·保罗二世的通知函

致我亲爱的兄弟爱德华·伊德里斯·卡西迪枢机主教:

在我的教皇任期内,有无数个时刻,我都为在第二次世界大战中遭受不幸的犹太人民感到深深的悲伤。这一众所周知的大屠杀罪行仍在这即将逝去的世纪之上留下了不可消除的污点。

在我们为基督教的第三个千年的到来而做准备时,教会明白,禧年最大的喜悦是建立在宽恕过错及与上帝和邻人和解的基础之上的。因此教会鼓励她的众子女通过忏悔自己的过错和不忠来净化自己的内心。并召唤他们谦卑地站在上帝面前,反省自身并承担他们在我们那个时代所犯下的罪责。

我真挚地希望,“与犹太人宗教关系委员会”在你指导之下颁布的这份《我们铭记:对大屠杀的反思》的声明能够确实有助于治愈在过去由于误解和不公所造成的伤痕。希望这份文件在塑造未来的过程中能使得这段记忆发挥应有的作用,使得大屠杀那罄竹难书的恶行永无再发生的可能。愿历史的王指引着天主教徒与犹太人及所有拥有善愿的男女共同为创造一个真正尊重生命及每个人的尊严的世界而携手,只因众人皆因着上帝的形象而被造。

约翰·保罗二世

1998 年 3 月 12 日,于梵蒂冈

正　文

1. 大屠杀的悲剧及铭记之责

20 世纪即将结束,基督教的新千年即将来临。在耶稣基督降生的第两千个纪念日之际,我们号召所有的基督徒,也诚挚邀请所有的男人和女人一道,探寻并洞悉神意在历史的长河中做工的记号,并反思拥有造物主形象的人类被冒犯及丑化的那些途径。

在本次反思中,天主教徒要在心中认真对待教宗保罗二世早已在他的宗座牧函《第三个千年将临之际》(*Tertio Millennio Adveniente*)中发出的号召:"在第二个千年即将结束之际,教会应更加注意到她的孩子所犯的过错,反思历史上所有偏离基督精神及福音教导的时刻,而不是向世界展示那受信仰价值所启迪的生活的见证,却与此同时纵容各种与见证行为相反的行为及丑闻的想法与行动。"①

这个世纪见证了一个难以言说却永不可忘记的悲剧:纳粹政权妄图灭绝犹太人,数百万犹太人被杀害。女人和男人、老人和青年、幼儿、婴孩,只因他们的犹太出身便遭到迫害及驱逐。有些人即刻被杀,另一些人则饱受屈辱、恶待、折磨,在完全失掉人类尊严之后被杀害。只有极少数进入了集中营后得以存活,并在生命中留下了永久的伤痕。这就是大屠杀。这是这个世纪历史中的一个主要的事实,而且仍影响我们至今。

在这场恐怖的杀戮开始之前,当时许多国家及犹太社区的领导人无法相信这一无情的政策将会被付诸实践,没有人可以保持冷漠,至少所有的教会因着其在精神血缘方面与犹太人的紧密关系,以及历史上不义的记忆,不可以冷漠。教

① Pope John Paul II, Apostolic Letter Tertio Millennio Adveniente, 10 November 1994, 33: AAS 87 (1995), 25.

会与犹太人的关系与其他任何宗教均不相同。[①] 然而，这并不仅仅是历史回顾的问题。犹太人和基督徒共同的未来要求我们铭记，因为“没有记忆就没有历史”[②]。历史本身就是一段未来的记忆。

在号召全世界天主教会的兄弟姊妹进行本次反思的之际，我们希望所有的基督徒加入我们，共同反思那降于犹太人民之上的灾难，并从道德使命层面确保此后再无自私及憎恨而导致的此类苦痛及死亡发生之可能。[③] 我们也特别恳请我们的犹太朋友们敞开心扉，略听一言，（毫无疑问）他们“悲惨的命运已成为人类背离上帝而引发的越轨行为的标志”[④]。

2. 我们务必铭记于心的事实

承载着对以色列唯一的上帝及对《托拉》的独特见证，犹太人在不同的时期和众多的地点已经历了太多磨难。但是大屠杀绝对是其中最重的苦难。本世纪中犹太人被迫害和遭到杀戮的残忍程度已无法言表。他们遭到如此对待的唯一原因是，他们是犹太人。

这一极致的罪行引发了许多思考。历史学家、社会学家、政治哲学家、心理学家及神学家们都在努力探寻大屠杀的事实及其发生的原因。许多学术研究仍需进行。但这样一个事件仅通过寻常标准及历史研究并不可能得到完整的把握。更要依靠“道德和宗教记忆”，特别是基督徒要认真反思这一事件发生的原因。

大屠杀发生在欧洲众多长久拥有着基督教文化的国家之中的这一事实，促使我们思考纳粹迫害犹太人与数个世纪以来基督徒对待犹太人的态度之间的关联问题。

3. 犹太人与基督徒的关系

在历史上，犹太人与基督徒之间的关系是令人难过的。教宗约翰·保罗二世已承认这一事实，他数次呼吁天主教徒在处理与犹太人关系时要明确自己所处的立场。[⑤] 实际上，两千年间两教间的关系是处于负平衡状态的。[⑥]

---

① Cf. Pope John Paul II, Speech at the Synagogue of Rome, 13 April 1986, 4: AAS 78 (1986), 1120.

② Pope John Paul II, Angelus Prayer, 11 June 1995: Insegnamenti 18/1, 1995, 1712.

③ Pope John Paul II, Address to Jewish Leaders in Budapest, 18 August 1991, 4: Insegnamenti 14/2, 1991, 349.

④ Pope John Paul II, Encyclical Letter Centesimus Annus, 1 May 1991, 17: AAS 83 (1991), 814-815.

⑤ Cf. Pope John Paul II, Address to Delegates of Episcopal Conferences for Catholic-Jewish Relations, 6 March 1982: Insegnamenti 5/1, 1982, 743-747.

⑥ Cf. Holy See's Commission for Religious Relations with the Jews, Notes on the Correct Way to Present the Jews and Judaism in Preaching and Catechesis in the Roman Catholic Church, 24 June 1985, VI, 1: Ench. Vat. 9, 1656.

在基督教初期，耶稣受难之后，早期教会与犹太领袖及一些对于热爱律法之人发生过争议，曾偶尔出现暴力反对传福音者及首批基督徒的事件。在异教罗马帝国内，最初犹太人受到皇帝及当局的保护，犹太社区与基督社区并无区分。然而不久之后，基督徒们遭到了政权的迫害。之后，罗马皇帝们皈信了基督教，他们起初仍继续保证着犹太人的权利。但基督教的暴徒们袭击异教圣殿，有时也会袭击犹太会堂，这并非没有受到新约中将犹太人视作整体的这一解释的影响。“在基督教世界中，并非是部分教会如此，对于新约中关于犹太人及他们被宣称有罪之处的记载进行了错误的、不公的解释，这一解释流传已久，从而造成了对这一民族的敌视。”[①]新约中的此类解释已经完全并绝对地被梵蒂冈第二次大公会议所拒绝。[②]

虽然基督教宣讲要爱世人，即使是仇敌也要爱，但数个世纪以来占上风的思想却对少数群体及在任何一点上与己“不同”之人进行宣判。

某些基督教区（或基督徒区）内的反犹太教的情感以及教会与犹太人之间的鸿沟导致了（对犹太人）普遍的歧视，以数次的驱逐或使用暴力试图令其改教而结束。直到18世纪末，在“基督教”世界的很大范围内，非基督徒并非一直享有完整的受保护的司法地位。尽管如此，犹太人在基督教世界中还是可以保持其宗教传统及公共习俗。他们也因此遭受着一定程度的怀疑与不被信任。在诸如饥荒、战争、瘟疫或社会紧张等危机来临时，作为少数派的犹太人有时会被视作替罪羊，并成为暴力、劫掠甚至杀戮的受害者。

到了18世纪末19世纪初，犹太人在许多国家逐渐获得了与其他公民平等的地位，他们中的一些人在社会领域颇有影响。但是在那同样的历史背景之下，特别是在19世纪，错误的民族主义思想的影响加剧，逐步占据上风。在频繁的社会变化之中，犹太人常被指控，认定他们做出了与其人数不相符的事。因此在欧洲各个阶层大范围内充斥着从本质上看来更具社会性及政治性而非宗教性的反犹太教情绪。

与此同时，各类否认人类种族合一的理论开始出现，它们认定各种族在产生之时便具有高低贵贱之分。在20世纪，德国纳粹主义利用这些理论作为区分所谓的日耳曼—雅利安人种与按此推测被视作劣等种族的伪科学的基础。此外，一派极端民族主义者被德国1918年战败事件及战胜国所提出的要求所触动，因此许多人认为国家社会主义是解决国内问题的方法并将政治与这项运动相关联。

---

① Cf. Pope John Paul II, Speech to Symposium on the Roots of Anti-Judaism, 31 October 1997, 1: L'Osservatore Romano, 1 November 1997, p. 6.

② Cf. Second Vatican Ecumenical Council, Nostra Aetate, 4.

德国的教会以谴责种族主义作为对此的回应。谴责最先出现于神职人员的布道、天主教主教的教义讲授及天主教平信徒的记者的著作之中。早在 1931 年的 2 月及 3 月，布雷斯劳的柏特莱姆(Cardinal Bertram of Breslau)枢机主教、福尔哈伯(Cardinal Faulhaber)枢机主教、巴伐利亚的主教、科隆教省的主教以及弗莱堡教省的主教便发表了主教牧函谴责纳粹主义、种族崇拜及其政权。① 1933 年，纳粹上台，福尔哈伯枢机主教便于同年发表了众所周知的《降临节证道讲章》(*Advent sermons of Cardinal Faulhaber*)(来表达己见)，(在当时)不仅是天主教徒，新教徒与犹太人也都纷纷表态，明确反对纳粹反犹主义宣传。② 在"水晶之夜"事件后，柏林大教堂教长伯纳德 · 利希滕贝格(Bernard Lichtenberg)公开为犹太人祷告。他后来死于达豪集中营并被尊为圣。

教宗庇护十一世亦在他的道通谕《在焦虑中》(*Mit brennender Sorge*)③对于纳粹反犹主义进行了严厉的谴责，这份通谕于 1937 年耶稣受难日(Passion Sunday)时在德国教会中宣读，这一举措导致了数名神职人员遭到袭击和制裁。1938 年 9 月 6 日，在为一队来自比利时的朝圣者而写的致函中，庇护十一世表示："反犹主义是不被接受的。从精神层面讲，我们都是闪族人。"④庇护十二世在其 1939 年 10 月 20 日发表的第一份教皇职通谕《人类联合》(*Summi Pontificatus*)⑤中便提出警示，要求注意那些否认人类种族合一及有违国家神圣性的理论，他认为所有的这一切将会导致真正的"黑暗时刻"⑥。

4. 纳粹反犹主义及大屠杀

因此我们不能忽视一种与教会长期教导的人类种族合一及所有种族及民族同等尊贵的教义相反的反犹主义(anti-Semitism)与另一种存在已久的(对于犹太人抱有)不信任及敌视情感的、我们基督徒对此感到愧疚的反犹太教(anti-Judaism)主义之间的差异。

纳粹主义更进一步发展，在此意义上拒绝承认任何超验实体作为生命的来源和道德善行的评判准则。因此，人类中的一个团体、一个国家赋予了自己绝对的地位，并决定除去生存于其中的被召为独一上帝及圣约律法作见证的犹太人

① Cf. B. Statiewski (ed.), *Akten Deutscher Bischöfe Über die Lage der Kirche*, 1933-1945, Vol. I, 1933-1934 (Mainz 1968), Appendix.

② Cf. L. Volk, Der Bayerische Episkopat und der Nationalsoziaismus 1930-1934 (Mainz 1966), pp. 170-174.

③ The Encyclical is dated 14 March 1937: AAS 29 (1937), pp. 145-167.

④ La Documentation Catholique, 29 (1938), col. 1460.

⑤ AAS 31 (1939), pp. 413-453.

⑥ AAS 31 (1939), p. 449.

群体。在神学反思时我们不可忽视的事实是，在纳粹党中许多人不仅对神意干预人间事务表示厌恶，更提出了对上帝本身绝对憎恨的相关论证。从逻辑上讲，这样一种态度也导致了对基督教的拒绝及期待教会被摧毁，或至少令其臣服于纳粹政权利益之下的心态。

正是这一极端的意识形态成为了之后所施行的举措的基础，首先将犹太人从家中赶出，之后再将其杀害。大屠杀正是这一完全现代的新异教政权的产物。其中的反犹主义生根于基督教之外，在实现其目标的过程中毫不犹豫地进行反对教会及迫害教会众成员之事。

我们不禁要问，是否由于埋藏在某些基督徒脑海和心中的反犹偏见才使得纳粹对犹太人的迫害变得更加容易？是否由于存在于基督徒之中的反犹情感才使得基督徒在面对纳粹主义掌权时对犹太人所施加的迫害缺乏感知，甚至变得冷漠？

任何对这一问题的回应都要考虑到，我们正在处理的是关乎人类态度及思想方式的历史，它会受到多重影响。而且，许多人尚未意识到，"最终解决"是要施加于整个民族之上的；其他人有的为自己及与他们亲近之人担忧；有的人在这一环境中牟利；也有的人受到了嫉妒的驱使。因此所给出的答案应分别对每一类情况作出回应。因此有必要了解究竟是什么因素在这一特殊环境之下驱使人们行如此之事。

起初第三帝国的领导人试图驱逐犹太人。然而，一些有着基督教传统的西方国家，包括北美和南美的国家在内，在对被迫害的犹太人开放边境一事上迟疑不定。尽管他们并不能预见纳粹集团的罪恶企图，但这些国家的领导人们却也知晓生活在纳粹控制的第三帝国领土内的犹太人的艰辛与危险。在这种情况下对犹太移民关闭边境，无论是否出于反犹敌视或猜忌，政治上懦弱或短视，或民族自私心理，都使得当局遭到质疑，从而在良知上背负重担。

在纳粹实施大规模驱逐的土地之上，无助的人被迫离去，可以认为，其残忍程度已然达到了极致。那么，基督徒竭尽所能地给予这些被驱逐之人，特别是被驱逐的犹太人应有的援助了吗？

许多人做到了，但其他人没有。那些确实尽力挽救犹太人生命，甚至不惜身涉险境的人们，一定不能被遗忘。在战中及战后，许多犹太社区及犹太领袖都对于所有的帮助表达了自己的谢意，包括对教宗庇护十二世个人及其代表们所拯

救的几十万犹太人的生命①表达了谢意。许多天主教主教、神父、宗教人士及平信徒都因此原因被以色列政府授勋。

然而,正如教宗约翰·保罗二世所言,在如此众多的勇敢的男人和女人周围,还有许多基督徒在精神抵抗及正确作为方面的表现并未达到基督的追随者应有的层次。究竟有多少基督徒生活在被纳粹政权或其同盟占领或统治的国家之中,面对其犹太邻居消失时感到惊骇,但却不够勇敢而未能发出捍卫之声,对此我们不得而知。对于基督徒来说,一定要为其兄弟姊妹在二战之中(的遭遇)而造成的良心上的重负进行忏悔。②

我们对教会众子女的过失和错误深感悔意。我们在梵蒂冈第二次大公会议发表的《教会对非基督宗教态度宣言》中明确强调:"教会……纪念与犹太人共有的遗产,决非为政治因素,而实由福音仁爱的宗教理由所催迫,痛斥一切仇恨、迫害,以及在任何时代和由任何人所发动的反犹太人民的措施。"③

我们回顾并坚持教宗约翰·保罗二世在1988年对斯特拉斯堡犹太社区领袖讲话时所传递的精神:"我与你们一道,再次强烈谴责与基督教原则相悖的反犹主义及种族主义。"④天主教会因此反对在任何地点、任何时代对任何民族或人类群体所实施的迫害。彻底地谴责所有形式的屠杀,包括由种族主义意识形

① The wisdom of Pope Pius XII's diplomacy was publicly acknowledged on a number of occasions by representatives of Jewish Organizations and personalities. For example, on 7 September 1945, Dr. Joseph Nathan, who represented the Italian Hebrew Communities, stated: "Above all, we acknowledge the Supreme Pontiff and the religious men and women who, executing the directives of the Holy Father, recognized the persecuted as their brothers and, with effort and abnegation, hastened to help us, disregarding the terrible dangers to which they were exposed" (L'Osservatore Romano, 8 September, 1945, p. 2). On 21 September of that same year, Pius XII received in audience Dr. A Leo Kubowitzki, Secretary General of the World Jewish Congress who came to present "to the Holy Father, in the name of the Union of Israelitic Communities, warmest thanks for the efforts of the Catholic Church on behalf of Jews throughout Europe during the War" (L'Osservatore Romano, 23 September 1945, p. 1). On Thursday, 29 November 1945, the Pope met about 80 representatives of Jewish refugees from various concentration camps in Germany, who expressed "their great honour at being able to thank the Holy Father personally for his generosity towards those persecuted during the Nazi-Fascist period" (L'Osservatore Romano, 30 November 1945, p. 1). In 1958, at the death of Pope Pius XII, Golda Meir sent an eloquent message: "We share in the grief of humanity. When fearful martyrdom came to our people, the voice of the Pope was raised for its victims. The life of our times was enriched by a voice speaking out about great moral truths above the tumult of daily conflict. We mourn a great servant of peace."

② Cf. Pope John Paul II, Address to the New Ambassador of the Federal Republic of Germany to the Holy See, 8 November 1990, 2: AAS 83 (1991), 587-588.

③ Loc. cit., No. 4.

④ Address to Jewish Leaders, Strasbourg, 9 October 1988, No. 8: Insegnamenti 11/3, 1988, 1134.

态所引起的杀戮。回顾这个世纪，我们对被暴力席卷的所有民族及国家深感悲伤。我们特别地回想起亚美尼亚的集体屠杀，20 世纪 30 年代乌克兰无数的受害者，同为种族主义观念之果的对于吉普赛人的屠杀，以及发生在美洲、非洲及巴尔干半岛的类似的悲剧。我们也不能忘记在苏联、柬埔寨及其他地区的数百万极权主义的受害者。亦不能忘记中东地区的争端，基本原因我们都清楚。甚至就在我们进行这场反思之时，“许多人类正因为他们的兄弟而成为了受害者”[①]。

5. 期待共同的未来

在展望未来基督徒与犹太人的关系时，我们首先要呼吁我们天主教兄弟姊妹们重拾对于信仰的希伯来之根的意识。我们要求他们牢记，耶稣是大卫的后裔之一；圣女玛利亚及众使徒都是犹太人；教会也从嫁接着外邦人的野枝的好橄榄树根上汲取肥汁(《罗马书》11:17～24)；犹太人是我们亲爱的兄弟，从某种意义上讲，是我们的“兄长”。[②]

在这一千年即将结束之际，天主教会想在此表达她对于所有儿女在任何时代所犯之错的深深的歉意。这是一个忏悔(teshuva)的行动，因此作为教会的成员，我们与她所有儿女的罪及善行紧紧相连。教会对于在二战中经历了杀戮、大屠杀的犹太人民深表尊重及同情。这不是只言片语就可表达的，更与我们的责任连在一起。“如果我们没有对公义坚定的期待，如果我们未能竭尽全力确保邪恶不会战胜正义，恰如邪恶曾对数百万犹太子孙所造成的伤害一样，我们就有可能使得已遭受了最残忍程度的死亡的受害者再度饱尝死亡的威胁……人类绝不允许这一切再度发生。”[③]

我们祈祷，愿我们对犹太人民在我们的世纪中所遭受的悲剧而感到的悲伤能为我们与犹太人之间注入全新的关系。我们希望将对于过往之罪的注意力转向对问题坚定的解决方面，创造一个崭新的未来，一个基督徒不再持反犹太教(anti-Judaism)态度或犹太人不再有反基督教(anti-Christian)情感，取而代之的是相互尊重，同尊同一位造物主、同一位神，拥有同一位信仰之父，亚伯拉罕的未来。

最后，我们邀请所有拥有善意的男女共同深刻反思大屠杀的影响。坟墓中的受害者以及经历过这一切而成为鲜活的见证的幸存者们已经成为了号召全人

---

① Pope John Paul II, Address to the Diplomatic Corps, 15 January 1994, 9: AAS 86 (1994), 816. 此处略有删改。——编者注

② Pope John Paul II, Speech at the Synagogue of Rome, 13 April 1986, 4: AAS 78 (1986), 1120.

③ Pope John Paul II, Address on the Occasion of a Commemoration of the Shoah, 7 April 1994, 3: Insegnamenti 17/1, 1994, 897 and 893.

类关注此问题的强有力的呼声。为牢记这一惨痛的经历,我们必须充分意识到其中包含的有益的警告成分,那就是,永远不再允许腐坏的反犹太教及反犹主义的种子在任何人心中生根。

主席　爱德华·伊德里斯·卡西迪枢机主教
副主席　最尊敬的大主教大人　皮埃尔·杜普雷
秘书处执行主席　尊敬的雷米·豪克曼
1998 年 3 月 16 日

对于梵蒂冈文件《我们铭记:对大屠杀的反思》的回应

国际犹太人跨宗教研讨委员会
1998 年 3 月 31 日

《我们铭记:对大屠杀的反思》发表于 1998 年并随后于当月在国际联络委员会(the International Liaison Committee)的一次会议上进行讨论。这份文件亦在我们机构的成员中引起广泛反响,我们希望能将其整理并得到你们的注意。

我们想首先表达对于教宗约翰·保罗二世在写给卡西迪(Cassidy)枢机主教的信中所提到的,愿所有有善愿的人们共同携手这一良好愿望表示赞赏,同时我方已诚挚地加入其中。我们深切体会到在教宗行使教皇权 20 年来对于改善天主教与犹太教的关系所作出的积极努力及他本人对于大屠杀恐怖之处的感受。

文件与反犹主义

在 1987 年对这份文件所设定的主题是"大屠杀及反犹主义",其中对于反犹主义危害的警示部分我们已经找到,将其视作你方下定决心对抗一切形式的发生于任何地点的反犹主义罪恶的强有力的见证。在其中,措辞坚定并令信众在保罗二世一再强调的话语中真切地认识到,反犹主义是一种罪。文件内容陈述清晰,远远超出梵蒂冈方面此前在这一问题上所作的相关表述,我们对这一明显的挑战表示欢迎。我们也充分意识到,这份文件会传播到世界各地数百万人之中,其中包括从未直接接触过犹太人的人,也会有助于改变早已存在的传统偏见。我们希望贵方能竭尽全力,确保这些信息早日传达到普通民众之中。

历史记录

我们对于这份文件的疑问包括其中的历史呈现与解释这两部分。但请允许我们首先指出，文件中将大屠杀表述为“这一世纪的历史中的主要事实”，如此便不会招致天主教徒内“大屠杀否认者们”的污言秽语，并且我方将这一点视作这份文件的主要的积极方面之一。

近些年由“国家主教会议”所颁布的一系列声明之中关注了我们对于在历史上所受对待的不满之情，特别是在那些关注大屠杀的国家中，许多关注于集中营解放 50 周年纪念或纪念欧洲战争的结束，这给我们留下了极为深刻的印象。这些文件的表述清晰、敏锐、充满勇气，我们也曾希望梵蒂冈的文件也能以相同的方式写出。在历史记录方面，我们会援引这些文件作为结论的例证以表达我们的希望——望类似的表述也能现于梵蒂冈文件之中。

基督教与历史上的反犹主义

起初犹太方面对此文件的反应深受其所援引并整理的教宗于 1997 年 10 月 31 日的讲话的影响，教宗谈到“在基督教世界里，并非是部分教会如此，对于新约中的犹太人及他们被宣称有罪之处进行了错误的、不公的解释，这一解释流传已久”。没人会怀疑教宗对于反犹主义的真正厌恶之情，但其公然为教会本应承担的历史责任进行免罪的行为，至少让人不解。犹太方面详尽考量了历史上教会的过错。在国际联络委员会的会议上，卡西迪枢机主教解释了这份文件作者的观点。正如最后在公报中所总结的那样，他说“‘教会’一词对于天主教徒来说，代表的是耶稣基督无误的神秘的新娘，而‘教会的众子女’则意味着任何层次的教会成员都不会被排除在外”。这一区分并未在这份文件中得到详细说明，对此我们感到遗憾，并且质疑是否所有的信众都清楚这一区分，以及这份声明是否如其所说，能够(而且确实)得出与那些(幻想着模糊此区分者们)相反的结论。即便在这份解释之后，我们也找到了许多令人疑惑的教会声明，其中包括主教会议中经常提到的“教会”的过失。在此我们尝试解释德国及奥地利主教于 1988 年所发表的宣言，其中提到“我们宣告圣洁的并尊为奥迹的教会，也是一个有罪的教会，她需要皈信”，这看起来似乎与神秘教会的无误论观念相冲突。我们赞赏坎塔拉马萨神父在他主持的耶稣受难日布道会上，以教廷之家的名义援引教宗于 10 月 31 日发表的宣言，并删去其中我们认为有争议的段落。

这份文件确实提出了一些相关的值得一问的问题：“我们不禁要问，是否由

于埋藏在某些基督徒脑海和心中的反犹偏见才使得纳粹对犹太人的迫害变得更加容易？是否由于存在于基督徒之中的反犹情感才使得基督徒在面对纳粹主义掌权时对犹太人所施行的迫害缺乏感知，甚至变得冷漠？"对于这些疑问，我们期待着一个能清晰呈现那教人轻蔑的教义（the teaching of contempt）在数个世纪中是如何影响着基督教，以及它是如何深深影响着基督徒面对纳粹迫害时作出抉择的答案。这个答案可以在主教们的声明文件中明确找到。以1995年荷兰主教的声明为例，"神学的以及教会的反犹太教传统为大屠杀得以在其中发生提供了条件。一份所谓的'充满斥责话语的声明'教导基督徒，认为犹太人在基督死亡之后就成为了被上帝拒绝的民族。这类传统意味着天主教徒对犹太人的疏远，在某些方面则冷漠或敌视。我们拒绝教会这一反犹太教的传统，并为其糟糕的后果懊悔"。

1997年法国主教的声明则从历史角度进行了极为清晰的论述："反犹太教的传统影响了基督教各个层次的教条及教义教导、神学及护教学、讲道及礼拜仪式，在梵蒂冈第二次大公会议之前一直在基督徒中占据绝对地位……神父及教会领袖们长期允许教人轻蔑的教义（在教内）发展，并在基督徒社团中将其培育成一种集体性的宗教文化，使得（基督徒的）思想长期受到其影响并致畸形，从这一角度来看，他们对此负有重大责任。"

这份梵蒂冈文件的相关段落确实提到了历史的记录，但却拒绝明确陈述教人轻蔑的教义及相关政治文化氛围与大屠杀发生的可能性之间的关系。一些语句诸如"某些基督教区（或基督徒区）内的反犹太教的情感以及教会与犹太人之间的鸿沟导致了（对犹太人）普遍的歧视"或者"（犹太人）遭受着一定程度的怀疑与不被信任。在诸如饥荒、战争、瘟疫或社会紧张等危机来临时，作为少数派的犹太人有时会被视作替罪羊，并成为暴力、劫掠甚至杀戮的受害者"，（这些语句）忽视了长达16个世纪之久的由教会及其领袖、神学家、神父和平信徒发动的连续的、系统化的迫害。（犹太人所遭受的）不仅仅是"一定程度的怀疑与不被信任"，而是基于羞辱、歧视及憎恨的建制化政策——在法律正典、礼拜仪式、教理问答之中，从在布道坛和学校之中直接针对犹太人，到在思想和行动的每个层面全面贬低犹太人。这份文件所隐藏的仅是早已在某些主教宣言中得到简明陈述的事实。

（我方赞赏卡西迪枢机主教在国际联络委员会上所作出的说明，以及在4月2日接受路透社采访时所重申的，他提请注意的是，文件绝无任何为教皇、主教或任何官方人员撇清罪责之意图，并也认同，这份文件本应对此问题作出更清晰的陈述）

教会与大屠杀

这一点促使我们思考教会反犹主义历史在导致大屠杀发生这一事件上所起到的作用及天主教徒在那极端年代的实际作为。梵蒂冈文件首先对基于与教会长期教导的人类种族合一及所有种族及民族同等尊贵教义相反的理论的反犹主义与反犹太教主义作出区分。其中提到，纳粹政权是完全现代的新异教政权，其反犹主义生根于基督教外。之后要问的正确的问题是“是否由于埋藏在某些基督徒脑海和心中的反犹偏见才使得纳粹对犹太人的迫害变得更加容易?”

在此所暗含的意思是，基督教的反犹太教主义确实有罪，但反犹主义是与教会教义教导相悖的，是不明确的，但很不幸，在这一问题上如此泛泛而谈会在很大程度上使人误解这份文件的初衷。19世纪末的反犹主义在其主要的宣称方面确实有改变，(宣称的重点)从宗教的基础转向了有着伪种族主义论基础的更加世俗化的偏见。然而，可以认为后者并未受到教会长达数个世纪的立场的影响吗？持有反犹主义观念的政党自19世纪末宣传这一新意识形态以来，经常强调的就是他们与基督教的联盟关系。例如现代德国反犹主义构建者之一，阿道夫·斯达克(Adolf Stoecker)，是基督教社会工人党(Christian Social Workers' Party)的成员；持有反犹主义观念的维也纳市长卡尔·鲁伊格(Karl Lueger)(对希特勒有主要影响的人)是基督徒联盟(United Christians)的成员，当时奥地利有基督教社会俱乐部(the Christian Social Club)及天主教人民党(the Catholic People's Party)，法国有天主教工人俱乐部(Catholic Workers' Club)及基督教民主运动组织(the Christian Democratic Movement)，我们也会回顾教会在德雷福斯案件中所起到的重大作用。因此声明中所谓的这是一种“本质上更加社会性及政治性而非宗教性的反犹太教主义”的说法，淡化了基督教反犹太教主义(反犹主义)与其横贯欧洲的影响力之间存在无法割裂的联系这一事实。毕竟犹太人仍旧是弑神者，传统反犹的陈词滥调并未得到改变或放弃，相反，被新型反犹主义吸收利用。天主教方面对犹太人的态度并无改变，(这一态度所造成的)影响不能被排除。这就是为何在基督教反犹太教主义及反犹主义之间使用绝对的二分法会造成误导的原因。二者是互相影响、互相塑造的。正是基督教的反犹太教主义为现代异教的反犹主义将犹太人与犹太教定为非法创造了可能性。(古代异教者对犹太人的宽容程度远远超过基督教会)

纳粹政权确实接受了异教拒绝教会的这一意识形态，尽管这并不能表明所有的神职人员及信众都拒绝了纳粹主义。值得注意的是，希特勒、希姆莱以及其他纳粹领袖都是受洗的基督徒，从未被开除教籍。同样的事实，这些杀人者们使

用的设备大多是基督教欧洲的产品。教会对大屠杀的发生并无直接责任,但其16个世纪以来所施行的教导的遗存却为大屠杀付诸实践创造了环境,而且使得许多基督徒在与之配合之时毫无悔意。教宗约翰·保罗二世在其10月31日讲话中谈到,“对于新约中关于犹太人及他们被宣称有罪之处的记载进行了错误的、不公的解释流传已久并麻痹了众人的良知”。这就是对梵蒂冈文件中所提出的“是否由于存在于基督徒之中的反犹情感才使得基督徒在面对纳粹主义掌权时对犹太人所施行的迫害缺乏感知,甚至变得冷漠”这一问题的明确回答。对这一表述并未出现于此,我们表示遗憾。对于此问题的另一个清晰的声明来自法国主教:“很重要的是需要承认一点,即一致地重复这些在历史进程中错误地长留于基督教之中的反犹的陈词滥调在导致大屠杀发生上所起到的重要的作用。”这种简洁的声明才是我方所期待出现于梵蒂冈文件之中的答案,而非该文件中所采取的回旋方式。

大屠杀之中的所作所为

梵蒂冈文件问道,“基督徒竭尽所能地给予这些被驱逐之人,特别是被驱逐的犹太人应有的援助了吗”,回答是“许多人做到了,但其他人没有”。犹太人会永远感激那些救助过、帮助过犹太人的,以及以其他方式反对迫害,并为此身处险境的勇敢的基督徒们。但是这样的英雄们并没有“许多”。如此的声称对于少数崇高的自我牺牲者们并不公平(他们以个人名义进行善举,很少从教会方面得到任何帮助)。与那些被恐吓而不作为的人以及积极参与迫害及屠杀(文件中并未提及的主要群体)的人数相比,勇敢的人们只占少数。德国以及法国主教在所发的文件中将那些挺身而出营救犹太人的人视作特例,而与此相反,梵蒂冈所发文件中却将那些邪恶、无感及对“最终解决”持默许态度的人作为与整个基督教方面采取的措施相反的特例。然而,我们认为这份文件原本可以表述得更加明确,我们赞赏其如下声明的重要性:“对于基督徒来说,一定要为其兄弟姊妹在二战之中(的遭遇)而造成的良心上的重负进行忏悔。我们对教会众子女的过失和错误深感悔意。”与此同时,我们为一些神职人员与希特勒沆瀣一气深表遗憾。柏特莱姆枢机主教也许在1931年确实谴责了纳粹主义,但他在此之后的所作所为却与此大相径庭。正如他的某些同僚所言,他反对所有公开抵制对犹驱逐及杀戮的行为,且在希特勒自杀之后,他写下通函,邀请他的教区内所有神父参加庄严的追思弥撒,纪念德国元首。在德国主教发表于1995年的声明中可以看到这样的话:“即使是发生于1938年11月的屠杀也没有得到公众回应及抗议表达。”我方认为这种回答确实在梵蒂冈文本中被忽略了。

关于教宗庇护十二世的角色问题的讨论明显是一个争论已久的话题，不仅在犹太人与天主教徒之间存在着不同的意见，天主教学者之间也未达成共识。这一争议本应留给未来的历史学家们，但一旦开启讨论，(便会发现)这个问题就像一个潘多拉魔盒。对于教宗庇护十二世曾拯救了数十万犹太人的生命这一声明，现有文件尚不能为其证明。只有等待梵蒂冈方面开放相关档案，才能对这一历史公案下最终定论。而我们所看到的则是一份对庇护十二世的讲话进行了概括性引用的文件，但其中并未提及对于"沉默"的指控——在第二次世界大战中，他从未在他的公开讲话中明确提到过犹太人。梵蒂冈文件中并未直面关于沉默问题的争论，但此问题至少在法国方面得到了回应——法国主教在声明中坦率地表示："绝大部分的教会机构并未意识到自身可观的力量及影响力，且鉴于其他机构的沉默，(教会举行)一次公开的声明所带来的影响力或许可以阻止一场不可挽回的灾难(发生)。但法国主教并未发声，以沉默的方式默许这一臭名昭著违反人类权利的事情发生，并为死亡旋涡留出了空间。在今日我们承认，沉默是一个错误。"梵蒂冈文件中本可将各个阶层的沉默完全展示出来的。而且这里并非解决教宗庇护十二世角色之争的地方。但我们着实期待一份关于承认整体的尘世教会在这一时期犯错的简洁声明，而且，我方将所有拒绝对于沉默之责作出评论的行为认定为从德国及法国主教所处高度的倒退。

我方对于在文中将其他民族所遭受的灾难性事件逐一列出的介绍部分表示不满，尤其是"中东地区的争端"。仅凭着记载之中(所显示的)我们长久以来所受的苦难，(我们的遭遇)就应得到与其他民族所遭遇悲剧同等程度的重视。但我们永远不能忘却大屠杀的独特性，这一点是我们原本期待会在这份文件之中得到提出的。整个民族被判定要承受极致的羞辱并要被完全彻底地屠杀，甚至残忍到向上追溯数代来确定"血统"的程度，(这样的情况)绝无它例。此外，正如天主教信仰在最近文件中所表达的一样，基督徒的拯救与上帝对犹太人永不反悔的拯救相连，因此基督徒不能将大屠杀与其他杀戮同等对待。

我们赞赏卡西迪枢机主教所提出的，已被记载于国际联络委员会会议公报结尾部分的建议，集犹太教和基督教学者之力，重新审视天主教学者们所著卷册中与天主教会及大屠杀有关的材料，如果仍有疑问，则再寻求深度阐释。梵蒂冈档案中有关二战阶段的档案仍处于封存状态，这些是唯一(对解决争议有作用的)重要的档案。当这部分档案开放之后，无疑会将所有正面及负面信息完全暴露。但这才是建立权威的历史记录的唯一途径。

我们希望在结尾处作出积极评价，正如本回应的开端部分一样。我们赞赏卡西迪枢机主教所提出的观点，天主教徒要学习的还有很多，犹太社团也应更好地理解天主教会是如何审视自身的。我们对于贵文件的评论绝无任何否定之

意，而是将其视作一个暗示，提示天主教方面在进行有关大屠杀的教义教导之时应将这些添加进入指导方针之中。在卡西迪枢机主教的评论中所传递的精神是，梵蒂冈发表的这份文件并非意味着终结，而是梵蒂冈方面向未来发展所迈出的一步，正如教宗约翰·保罗二世在附信中所言，我们将会"为建立一个真正尊重生命及全人类尊严的世界而共同努力"。的确，《我们铭记》(这份文件)不仅是对过去的控诉，而且，伴随着其中对反犹主义所进行的谴责，成为了(天主教)未来发展的里程碑式的指导方针。

述真言：一份关于基督徒与基督教的犹太声明

"犹太民族学者计划"组织

2000 年 9 月 10 日

近年来，犹太教与基督教的关系发生了巨大的前所未有的转变。在犹太人将近 2000 年的流散历史中，基督徒总是倾向于将犹太教看作一个已经衰落的宗教，或者，至多将其视作一个为基督教准备道路，并且最终会在基督教中(才会)实现完满的宗教。然而，在大屠杀事件之后的几十年中，基督教方面的态度已经发生了显著的改变。越来越多的官方教会主体——罗马天主教和新教方面都已经发表了许多公开的声明来表达基督教方面对于其在历史上错误地对待犹太人和犹太教的懊悔之情。此外，在这些声明中已经明确表示，基督教的教义教导和布道内容也必须要作出改变，只有这样他们才能从中认识到上帝与犹太人民永久的约，才能欣然赞美犹太教对世界文明和基督教信仰本身所作出的贡献。

我们认为犹太教方面有必要对于基督教一方的改变作出一个深思熟虑的回应。对于我们——一个跨教派的犹太学者组织而言，我们坚信犹太人应开始正视基督徒在为犹太教正名一事上所作出的各种努力。我们坚信犹太教需要思考应如何在现今对于基督教作出评价。作为犹太教方面迈出的第一步，我们提出了八条简短的声明来探讨犹太人与基督徒之间的相互关联。

犹太人与基督徒同尊一位神。在基督教兴起之前，犹太人是以色列的上帝的唯一崇拜者。但是基督徒也尊崇亚伯拉罕、以撒和雅各的上帝，这位天和地的创造者。尽管基督教式的崇拜方式对于犹太人来说并不是一个可行的宗教选择，但是作为犹太神学家，我们还是很高兴地看到数亿人因着基督教，已经与以色列的上帝建立了关系。

犹太人与基督徒同奉一本书——《圣经》(犹太人称作“塔纳赫”,而基督徒称为“旧约”)。转向《圣经》并在其中探寻宗教的起源,求得精神的富足和对民众的教导,我们每个人得到了相似的教导,(那就是):上帝创造了并维系着整个宇宙;上帝与以色列民订立了契约;上帝启示的话语指导着以色列过着公义的生活;以及上帝最终将拯救以色列及全世界。诚然,犹太人和基督徒在阐释圣经时有很多不同之处,但是这样的不同却同样值得尊重。

基督徒能够尊重犹太人民对于以色列地所作出的宣告。在大屠杀之后,对于犹太人而言最重要的事件莫过于一个犹太国家在应许之地的重建。作为以圣经为基础的宗教之一,基督徒承认以色列地是犹太人与上帝(之间所立)圣约的物质的中心,曾被许诺并赐予犹太民族。许多基督徒支持以色列国的原因并不仅仅局限于政治角度。作为犹太人,我们对这些支持深表赞赏。同时我们也深知,犹太传统要求我们公正地对待所有居住于犹太国度内的非犹太人。

犹太人和基督徒都接受《托拉》的道德准则。《托拉》的道德准则的核心是确保每一个人的神圣和尊严不被剥夺。我们所有人都因着上帝的形象而被造。这条已经被接受的道德训诫可以作为我们两个宗教社团之间已经得到改善的关系的基础,也可以作为全人类改善自身生存环境以及对抗(那些)伤害我们以及使我们堕落的不道德的及崇拜偶像行为的一个强有力的见证。这种见证在我们经历了上个世纪那前所未有的恐怖之后显得尤为重要。

纳粹主义并非基督教现象。如果没有基督教在历史上长期进行的反犹太教的教化以及对于犹太人所施加的基督教的暴行,纳粹意识形态就不会对之加以利用,亦或这一残暴的想法就不会得到执行。太多的基督徒参与了,或者赞同了纳粹对犹太人所实施的暴行。而其他基督徒也并未全力抵制如此之暴行。但是,纳粹主义本身并非基督教的必然结果。假如纳粹对犹太人的屠杀得以完全实现,那么他们就会更直接地将残暴的戾气转向基督徒。我们承认并感激那些为了营救纳粹政权下的犹太人而冒险甚至牺牲自己生命的基督徒们(的义举)。考虑到这一点,我们鼓励基督教神学在最近的努力之上继续发展,致力于明确地反对轻视犹太人和犹太教的行为。我们对那些拒绝轻蔑教导的基督徒表示赞赏,并且我们不会将他们的先祖所犯下的罪恶归咎于他们。

犹太人与基督徒之间的以人力不可调和的差异将如《圣经》中所许诺的,在上帝拯救全世界时得到解决。基督徒通过耶稣基督和基督教传统来认识并侍奉上帝。犹太人通过《托拉》和犹太传统来认识并侍奉上帝。这当中的差异不会因为一方坚持声称自己已经比对方更准确地诠释了圣经或者对另外一方诉诸政治力量而得到解决。犹太人能够尊重基督徒对于他们启示的信仰,同时我们也期待基督徒能尊重我们对于启示的坚信。无论是犹太人还是基督徒都不应被强迫

而接受另一方的教义。

犹太人和基督徒之间的新型关系不会弱化(我们)对于犹太教义的遵行。两教之间已改善的关系并不会如同犹太人近来所担忧的那样,造成(两教间)文化与宗教的同化。这也不会改变犹太教传统的尊崇上帝的方式,不会增加犹太人与非犹太人之间的通婚,也不会使得更多的犹太人改宗基督教,亦不会创造出犹太教和基督教之间错误的混合。我们将基督教视作从犹太教中发源并仍与之保持着重要联系的一种信仰体系而加以尊重。我们并未将基督教视作犹太教的一种扩充。只有珍视我们自己的传统才能诚挚地寻求这种关系。

犹太人和基督徒定要为正义与和平而携手。犹太人和基督徒通过各自的方式认识到,持续不断的迫害、贫困、人类的堕落及苦难所反映的,是这个世界尚未得拯救的状态。尽管正义与和平终属上帝,但是通过我们两教的携手,并与其他信仰团体的共同努力,会有助于我们期盼已久的上帝之国的早日到来。通过分别行动与共同携手相结合,我们一定要让我们的世界充满正义与和平。在这项事业中,以色列的先知在引导着我们:

> 末后的日子,耶和华殿的山必竖立,超乎诸山,高举过于万岭,万民都要流归这山……必有许多国的民前往,说:"来吧！我们登耶和华的山,奔雅各神的殿;主必将他的道教训我们,我们也要行他的路。"(《以赛亚书》2:2～3)

犹太人与近代中国

论近代生活在中国境内的犹太人与当时中国人之间的交往

——以对哈尔滨犹太人的历史考察为例

王志军*

本文以哈尔滨犹太人为例，认为近现代生活在中国境内的犹太人与中国人的交往，总体上说数量不多、深度有限。这应该是人们认真研究近现代中犹两个民族间相互交往、相互影响的重要前提。只有在这一前提之下，我们才能较为正确地理解一些学者的论述和当事人的回忆。造成哈尔滨犹太人与中国人交往不多、交往不深的原因与近代中国的国际地位、远东的地区局势、犹太人自身的凝聚力、社区的封闭性、在哈尔滨生活的时间长短等都有密切关系。

犹太人原是闪族语系的一支，名为希伯来人(Hebrew)，最早生活在美索不达米亚平原，亚伯拉罕(Abraham)是其传说中的先祖。从公元70年罗马焚毁耶路撒冷犹太圣殿到纳粹惨绝人寰的集体屠杀，这个从公元135年至1948年已经没有任何地域性色彩的被“连根拔起的民族”①，正是在离散寄居的状态下，与世界上诸多其他民族发生或多或少的联系交往。

一、问题的提出

犹太人在中国定居的历史是悠久的②，多数学者认为，唐代已有犹太人为贸易来华。17～18世纪之后，唯有当时河南开封的犹太人，尚能形成一个比较强

* 王志军，黑龙江大学哲学系教授，博士生导师。

① 参见汤因比：《历史研究》，上海人民出版社2000年版，第44页。

② 参见S. M. 伯尔曼：《在中国的犹太人》(藏于中国国家图书馆)，1909年印行，第3页。

大的民族和宗教社团。19 世纪中晚期，开封犹太人的外部特征基本消失。[①] 与此同时，伴随着鸦片战争、中东铁路的修建等西方帝国主义对中国的侵略，又有大量塞法迪犹太人和阿什肯那兹犹太人来到中国，其中以上海、哈尔滨的犹太人数最多、影响最大。上海最早的犹太人社区要早于哈尔滨犹太人社团，他们是从英国统治下的巴格达、印度和新加坡等地来到上海的。早期的这些上海犹太人颇具经济实力，他们与多方政治力量具有良好的关系。从 19 世纪中期犹太人涉足上海到 20 世纪 50 年代初离境的大约 100 年间，上海先后出现过 4 个大的犹太社区。它们分别是塞法迪犹太社区、俄罗斯犹太人社区、中欧犹太人社区和波兰人犹太社区。上海的犹太人相当部分是难民群体，其中一部分是俄罗斯犹太人；另一部分是从欧洲东逃到上海的犹太人，自 1934 年起，特别是 1938～1941 年，2 万多人历经艰难来到了上海，这是德国等法西斯分子反犹运动迫害所致，他们中的 5000 人后来又从上海到其他国家去了。[②] 哈尔滨的犹太人最早是由于沙俄修建中东铁路，从俄罗斯、乌克兰、波兰、立陶宛等国家或地区来到哈尔滨的。日俄战争、第一次世界大战、俄国十月革命等重大历史事件的发生，又有大量俄籍犹太人或因生活所迫，或因进行商业活动，或因躲避战火来到哈尔滨，其人口在 1920 年左右达到了 1.5 万人左右[③]，成为拥有会堂、墓地、银行、学校、图书馆、医院、福利救助机构和许多工业贸易企业的完整的犹太人社区，甚至一度使哈尔滨成为犹太人在远东地区最大的政治、经济、文化中心，也迎来了哈尔滨犹太人的一个黄金时期。1945 年 8 月，苏联军队进入哈尔滨，哈尔滨犹太人社区的许多重要成员被逮捕、流放或暗杀，社区受到最严重的打击。[④] 总之，到了 20 世纪 30～40 年代，中国境内的犹太人大约有 4 万人，除去上海、哈尔滨外，其他地区，如天津、香港、大连、青岛、齐齐哈尔、满洲里、沈阳、横道河子等地也有数量不等的犹太人。学者们对于这些生活在中国境内的犹太人与中国之间的交往关系，进行了许多研究。例如，中国犹太人研究著名学者潘光认为，上海的俄罗斯犹太人绝大多数属于俄系的阿什肯纳兹犹太人，与塞法迪犹太人相比，“他们(上海俄罗斯犹太人)在了解中国、熟悉中国文化方面更加积极和主动，与中国各

---

① 参见米歇尔·鲍克：《满清官员、犹太人和传教士》，美国犹太人出版协会 1980 年版，第 318～319 页；耿昇：《西方人对中国开封犹太人的调查始末》，《河南大学学报》2007 年第 3 期。

② 参见唐培吉：《上海犹太人》，上海三联书店 1992 年版。

③ 参见《犹太生活》(1938 年 1 月 14 日第 1～2 页和 1938 年 1 月 27 日，第 3～4 页)、《西伯利亚一巴勒斯坦》(1922 年 1 月 27 日，第 4 页)。转引自 Jonathan Goldstein (ed.), *The Jews of China*, Vol. 1, New York, 1999, p. 191

④ 参见西奥多(特迪)·考夫曼：《我心中的哈尔滨犹太人》，刘全顺译，黑龙江人民出版社 2007 年版，第 101～122 页。

阶层人民的接触和交往也更为密切”[①]。哈尔滨犹太人“大多数人愿在中国长期居留下去，有些人还申领了中国护照。他们努力适应中国文化，不少人学会了说中国话，还有一些人与中国人通婚”[②]。他强调，“俄国犹太人与中国人通婚的要比塞法迪犹太人多得多，这也是俄犹与中国人关系密切的一个表现”[③]。这里，我们不评价上海俄罗斯籍犹太人与中国人交往的这些看法正确与否，但是我们认为，哈尔滨的犹太人（大多数为俄罗斯犹太人）总体上并不存在上述情况。换言之，从原居中国的犹太人的回忆和大量相关研究资料看，哈尔滨犹太人与中国人的交往是相当有限的，表现为交往事件数量的有限性和交往内容的有限性、表层性。

二、哈尔滨犹太人与中国人交往的典型事例

让我们先浏览一番当年哈尔滨犹太人与中国人交往的典型事例，这对于我们问题的讨论有着重要意义。

例 1 以色列前总理奥尔默特(Ehud Olmert)与中国有着特殊的情感，因为他的祖父母与父亲（莫迪凯·奥尔默特，Mordechai Olmert，1911～1998）都曾是生活在哈尔滨的犹太人。俄国十月革命后，为了躲避灾难，奥尔默特全家来到中国东北（当时称为“满洲”）。与其他犹太人不同，莫迪凯·奥尔默特坚持在中国的中学，而不是俄国的高级中学学习。为筹集回到巴勒斯坦的路费，莫迪凯在1929年（当时他19岁）时，从哈尔滨工业技术学院（哈工大前身）来到哈尔滨附近双城堡的中学教中国学生俄语。从1929年12月至1930年11月，莫迪凯在双城中学的教学工作持续了整整一年，他“接受了丰富多彩的中国传统文化的熏陶，与中国人民结下了深厚的友谊”[④]。这也是我们所能发现的哈尔滨犹太人与中国人交往的最精彩乐章之一。2004年，以色列前总理爱胡德·奥尔默特到哈尔滨给祖父母扫墓，他曾说“记得父亲经常向我们讲到他在哈尔滨的日子。他还总是引以为豪地说起他曾经在一所学校为他的中国学生讲中文的经历。直到在

① 潘光：《近代以来中国境内的中犹文化交流》，潘光主编：《犹太研究在中国（三十年回顾：1978～2008）》，上海社会科学院出版社2008年版，第284页。

② 潘光：《俄国犹太人来华潮流和哈津沪俄犹社团的形成发展》，潘光主编：《犹太研究在中国（三十年回顾：1978～2008）》，第242页。

③ 潘光：《近代以来中国境内的中犹文化交流》，潘光主编：《犹太研究在中国（三十年回顾：1978～2008）》，第285页。

④ 韩天艳、程红泽、肖洪：《哈尔滨犹太家族史》，黑龙江人民出版社2010年版，第116页。

88岁去世时,他留在世间最后的话还是用中文说的"[①]。奥尔默特家族的故事,曾被中国的许多媒体引用来证明中犹人民友谊地久天长。

例 2 柏林爱乐乐团第一小提琴手和乐队首席赫尔穆特·斯特恩在20世纪30年代为逃避纳粹的迫害,跟随父母来到中国,在哈尔滨等地度过11年,哈尔滨成为他的第二故乡。这位后来的音乐大师从哈尔滨起步,开始学习音乐,传播音乐,为音乐献身,最后成功地把自己的顶级的音乐奉献给了全世界爱好音乐的人们。他多次表示,自己始终对中国哈尔滨有着一种思乡之情。在他眼中,"中国人提供各种服务。他们干的活主要是充当厨子和仆役、奶妈和街头小商贩。当然他们当中也有生活优裕的人,有很富的商人。在俄国人和欧洲人市区与中国人市区之间的社会联系带有完全的经济色彩。欧洲人特别是俄人对待中国人的态度,始终带有某种殖民主义者的傲慢印记"[②]。

例 3 前犹中友好协会会长特迪·考夫曼回忆道:"我们与中国人有联系,但总体上是商业性的。我们每天在大街上和商店与中国人见面,一些中国孩子在高中与我们共同学习,我们经常一起在学校后院里玩耍。但是,我们没有渗透到相互的文化中去。当时,尽管学校开设汉语课,但只有一小部分犹太人能够正确而流利地讲汉语。随着日本人的到来,我们又开始学习日语。我们依然遵循俄国的生活方式,我们所雇仆人主要是俄国人和中国人。中国人厨艺高超,他们有的来自附近村庄,有的是由于逃避饥荒而至的山东灾民。他们不但勤劳而且忠诚。工作了10年后,我们雇用的厨师决定返回村庄。他并非为我们做中餐,而是为我们准备东欧传统食物及'科射尔'(适合犹太人的、符合犹太教规的洁净食物)。每年夏季时,厨师宋(Soon)的儿子都来拜访我们。我们同龄,很快成为一起戏耍的好朋友。"[③]在《我心中的哈尔滨犹太人》这部书中,特迪·考夫曼的文字充满了对犹太民族的满腔深情,但是对于一同生活在这座中国城市的中国人的记述却是很少很少。

例 4 哈尔滨犹太人雅各布·李伯曼的童年和青年时代在哈尔滨度过,他这样回忆道:"在我渐渐长大的时候,我常纳闷,我们在这个城市里继续享受着生活时,中国人正在干什么。这个问题一直困扰了我好几年。几乎没有任何的中国年轻人来分享我们举办的活动,那些成年人好像是位于我们的视野之外,为的

---

① http://commerce.dbw.cn/system/2007/06/15/000016274.shtml.

② 赫尔穆特·斯特恩:《弦裂:柏林爱乐乐团首席小提琴斯特恩回忆录》,李士勋译,人民出版社2003年版,第41页。

③ 西奥多(特迪)·考夫曼:《我心中的哈尔滨犹太人》,刘全顺译,黑龙江人民出版社2007年版,第18页。

是要完全秘密地远离我们——他们的客人。”[①]所以,他说:“中国不是‘我的’,我也不是中国人……一个人只有母亲是中国人,他才能成为中国人……我们三代来自中国的犹太移民,从来没有认为中国是我们永久的家。我们完全不同于那些前往美国、英国、澳大利亚的犹太人,在那里他们拥有相同的权利和义务而成为永久性公民。所以,中国只是指一个中介,而不是获得一个国家,是一个人的生命而不是一个抽象的民族历史……那些像我们一样出生于中国的犹太人,我们永恒的记忆既不是中国人,也不是中国人的生活方式。‘我们的’中国是我们在远东为获得全面和健康的犹太生活而生活和工作的一个非正式的历史。……我们生活在哈尔滨、天津、上海三个封闭、自我中心的犹太社区超过三代人,既没有整合,也没有同化我们的宿主。在任何其他的背景中,任何其他的人民,这本身足以成为反犹主义和深深仇恨的原因,但是中国没有,中国人也没有。”[②]

例 5 亚历山大·马库兹在他的回忆录中这样说道:“犹太人是我唯一的身份。这就是为什么我的中学毕业证书的民族一栏中写着:犹太人,尽管我事实上是个波兰公民。我早期生命的一半(第一个 6～7 年)基本上就是生长在哈尔滨犹太社区。我们生活在许多的犹太家庭之中,我到犹太学校上学,在年轻犹太人的组织‘贝塔’中活动,我总要去犹太商店。第二个 6 年,我生活在世界化的哈尔滨之中:在英国人中学读书,参加俄国人的音乐团体,参加一个日本人管理的、大部分由俄国人构成的交响乐团,同许多国家的教师在哈尔滨基督教青年会。在所有这些组织中,犹太人只是一小部分(常常是相当小的一部分)。我虽然也有一些俄国的、波兰的、鞑靼的、中国的朋友,可是我的大部分朋友还是犹太人,我有时也与非犹太女孩约会。从一个哈尔滨的犹太社区这种部落一样的生活,到较为广阔的没有种族差异的城市生活、国外旅行和我的将来的美国生活,这是一个良好的转变。”[③]

此外,在《犹太生活》周刊里,我们能找到许多关于中国历史、民俗的文章。《犹太生活》甚至还刊登了相当数量的中国记者和政论家撰写的关于犹太复国主义、访问巴勒斯坦、孙中山对犹太复国主义的态度的文章及其他资料。[④] 哈尔滨

---

① 雅克夫·李伯曼:《我的中国:1900～1950 亚洲的犹太生活》,耶路撒冷,1998 年,第 25、39 页。

② 雅克夫·李伯曼:《我的中国:1900～1950 亚洲的犹太生活》,耶路撒冷,1998 年,第 11～12 页。

③ 亚历山大·马库兹(笔名):《20 世纪 30 年代在满洲里的正在壮大的犹太人:个人回忆片断》,乔纳森·高斯坦主编:《中国犹太人》(第 2 卷),纽约,2000,第 82 页。

④ 参见 T·考夫曼:《〈犹太生活〉——从在哈尔滨出版的〈犹太生活〉到〈原居中国犹太人协会会刊〉》,《哈尔滨犹太历史文化国际论坛文件汇编》,2006 年,第 83～84 页。

的中文报纸,如《国际时报》也曾出版过一些关于犹太人历史和现实的文章。[①] 1920年成立的哈尔滨犹太人免费食堂向包括中国人在内的许多难民提供食物[②];"S. L. 斯季德尔斯基因为帮助了1921年灾荒中的数百名中国人,被中国政府授予了勋章。"[③]

由于篇幅所限,我们列举了大部分呈现于文字当中的,哈尔滨犹太人与中国人交往的著名事件(请注意,它涵盖了哈尔滨犹太人社区在中国土地上存在了60年的时间历程)。在我们看到的资料中,无论当时的中国人,还是当时的犹太人,他们对双方交往的回忆,基本上是零星的、片断的,主要集中于中国儿童和犹太儿童的范围内,成人之间的交往除去奥尔默特在双城的1年之外,主要对象是中国医生与犹太人患者之间。[④]

三、哈尔滨犹太人与中国人交往"有限性"的原因

造成在哈尔滨生活的犹太人与中国人交往不多、交往不深的原因也许并不难被我们列举出来,它们与近代中国的国际地位、远东的地区局势、犹太人自身的凝聚力、在哈尔滨生活的时间长短等都有密切关系。

第一,这种交往的有限性与近代中国人在西方人眼中的低下地位有关。换言之,近代中国的落后,导致中国人缺乏吸引犹太人的动力。众所周知,中国人在西方人眼中的印象有一个由强到弱的演变过程。18世纪的欧洲对中国的崇拜曾达到了异乎寻常的程度,那些将耶稣会士的报告作为自己观点的启蒙思想家在这方面起到了推波助澜的作用。19世纪后,那些与中国"打过交道"的外国

---

① 参见1939年8月14日《国际时报》,转引自以色列原居中国犹太人协会:《原居中国犹太人协会简报》(英文副刊),第399期,2009年,第46页。

② 西奥多(特迪)·考夫曼:《我心中的哈尔滨犹太人》,刘全顺译,黑龙江人民出版社2007年版,第32页。

③ 赫尔曼·迪克:《远东的流浪者和定居者——一个世纪犹太人在中国和日本的生活》,纽约,1962年,第23页。

④ 参见曹增伸:《老封旧片哈尔滨》,黑龙江人民出版社2009年版,第196~197页;曲伟、李述笑主编:《哈尔滨犹太人》,社会科学出版社2004年版,第241~243页,第355~360页;韩天艳、程红泽、肖洪:《哈尔滨犹太家族史》,黑龙江人民出版社2010年版,第141~142页。另外,虽然近代中国犹太人从总体上说与中国人接触不多,但这并不排除少数例外,如上海犹太人音乐家阿沙龙(Aaron Avshalomov)、著名记者曾担任全国政协副主席的爱泼斯坦(Israel Epstein),他于1957年加入中国国籍,1964年又加入中国共产党,一直担任全国政协常委。他还参加了《毛泽东选集》《邓小平文选》等重要著作的英文稿审定,为中国对外宣传作出了特殊贡献)、沙博理(原为美国犹太人,1963年他在周总理的亲自过问下加入了中国国籍。沙博理长期在外文出版社工作,将中国名著《水浒传》和《创业史》《家》等书译为英文,推向世界)、曾担任过东北野战军第一纵队卫生部长的哈尔滨犹太人罗生特博士(Doctor Rosenfield)等。

人,如做过大清海关总税务司的罗伯特·赫德(Robert Hart,1835～1911)、马戛尔尼(the Earl of Macartney)、额尔金(Earl of Elgin)等都灌输给了西方另一种对中国的印象。正是由于近代中国政治、经济落后,使得中国在很多外国人的心中更是与“愚昧”“落后”“不发达”联系在一起。[①] 当时的中国人在欧洲人(包括犹太人)心目中的地位,我们可以用一个著名的犹太人的例子加以说明,这个人就是相对论的创立者、伟大的科学家爱因斯坦。1922 年底,爱因斯坦应邀到日本讲学,往返途中都经过上海,前后共逗留了三天,他在旅行日记中写下了他的如下感受:

在外表上,中国人受人注意的是他们的勤劳,是他们对生活方式和儿童福利的要求的低微。他们要比印度人更乐观,也更天真。但他们大多数是负担沉重的:男男女女为每日五分钱的工资天天在敲石子。他们似乎鲁钝得不理解他们命运的可怕。但这对于一个想在全世界各处看到社会幸福、经济公平、国际和平和阶级和平的人,实在是一幅悲惨的图像。[②]

在上海,欧洲人形成一个统治阶级,而中国人则是他们的奴仆。他们好像是受折磨的、鲁钝的、不开化的民族,而同他们国家的伟大文明的过去好像毫无关系。他们是淳朴的劳动者,欧洲人所以欣赏他们的也正是这一点,在欧洲人眼里,他们的智力是非常低劣的。爱因斯坦看到这个在劳动着,在呻吟着,并且是顽强的民族,他的社会同情心再度被唤醒了。他认为,这是地球上最贫困的民族,他们被残酷地虐待着,他们所受的待遇比牛马还不如。[③]

在这里,我们不是要指责爱因斯坦,而只是希望较客观地再现当时中国人在外国人(包括犹太人)心中的地位。如果我们认为爱因斯坦的看法应该局限于塞法迪犹太人,那就让我们看看另一个当事人的回忆记录:时间大约是 1917 年秋天,一个名叫马克斯·斯塔(Max Star)的犹太人从波兰穿越俄国来到哈尔滨犹太人社区。当时这座城市里的中国人给他的印象是:

我调查了中国的贫民窟,了解到那里的情况糟糕透了。庞大的垃圾堆被堆放在街道上,吸引了无数的狗、猫、各种虫类在那里爬来爬去;吸引了无数的苍蝇在那里飞来飞去。贫民窟的人们大部分吃的是发芽的东西,他们的家肮脏不堪。8～10 个家庭成员挤住在一个房间里,恶臭充斥其间。即使当你路过一个打开着的窗户的时候,你的鼻孔也会被臭气充满。我看到

① 参见约·罗伯茨:《十九世纪西方人眼中的中国》,蒋重跃、刘林海译,时事出版社 1999 年版。
② 许良英、赵中立、张宜三编译:《爱因斯坦文集》第 3 卷,商务印书馆 1979 年版,第 20 页。
③ 许良英、赵中立、张宜三编译:《爱因斯坦文集》第 3 卷,商务印书馆 1979 年版,第 20～21 页。

> 一堆肉被放置在街中心稍靠右的地方，一个屠夫正在宰杀牲畜，在他正在销售的发黑的、质量差的肉堆中，有成千的苍蝇群集在上边。中国人并不吃太多的肉，只有在节日的时候，他们才切一些肉，把肉和蔬菜混在一起烹炒。沿着街道往下走，看到什么东西正在大壶里沸腾。起初，我以为他们正在融化焦油，并要把它铺到街面上，但我惊奇地发现，他们正在烹煮大麦粥。许多人朝我跑来，恳求道："大人，给我吃点东西吧。"大麦粥卖3分一盘，于是我帮他们买了一些粥。当他们喝粥的时候，我从他们的脸颊由苍白转为红润的颜色上得到了报答。……12月来到，12月的寒冷令人难以忍受。在中国人待的地方，人们可怜巴巴地挤作一团。尽管事实上我身上只剩下了一点点的钱，但每天我还是会馈送伙食给5个中国人；人们把我围了起来，以万分感激之情紧紧地抓住我的大衣。我从来就没看到过一个富裕的、肥胖的、穿得很暖和的中国人，去关心他们自己的不幸同胞的例子。①

通过以上的引述，如果将马克斯对哈尔滨中国人的印象与爱因斯坦的描绘加以比较，即使人们不用"如出一辙"来形容，他们之间的相似性（如中国人的贫穷、愚昧、不开化等）也是不言而喻的。

到目前为止，除一例中犹通婚的事例外②，我们没有看到过有关哈尔滨犹太人与中国人有很多通婚的事例或研究报告，没有见到过当时有许多犹太人学习中华文化、语言等方面的信息。仅就当前研究哈尔滨犹太人的情况而言，据近十年来的研究论文、相关人员的回忆、原居中国犹太人协会《会刊》（2002～2010）等的记录，这一结论不仅不能成立，而且相反的意见还很多。如，哈尔滨犹太人"对与中国人之间的联系没有兴趣。只有非常少的犹太人会说汉语、对中国文化有兴趣。他们的仆人和商业伙伴大部分是说俄语、没有反犹倾向的中国人。哈尔滨犹太人避免了一个使他们与他们的俄国同胞一样，陷入灾难之中的环境。出现在白俄报刊的反犹主义和一些偶然发生的对他们的身体攻击与言语谩骂并不普遍。就整体而言，哈尔滨犹太人喜欢当时的和平环境"③。"在哈尔滨的极少数犹太人会说汉语或者对中国文化感兴趣，他们也不与中国人交往。他们的中国佣人和商业上的合作者大部分说俄语，但是（这些人）没有反犹主义情节。"④

---

① Max Star, *In The Lion's Den*, Florida Grower Press of Tampa, Florida, 1964, pp. 144-150.

② 到目前为止，对于哈尔滨犹太人和中国人的通婚，我们知道的只有一例，即伦敦大学国王学院茨维·鲍曼(Zvia Bowman)教授，她的父亲是中国人。

③ 茨维·沙克·曼鲍曼：《中东铁路修筑与哈尔滨犹太社区的起源》，以色列原居中国犹太人协会：《原居中国犹太人协会简报》（英文副刊），2002年，第373期。

④ 茨维·沙克·曼鲍曼：《中东铁路修筑与哈尔滨犹太社区的起源》，以色列原居中国犹太人协会：《原居中国犹太人协会简报》（英文副刊），2002年，第373期。

等等。总之,爱因斯坦以上的记述既可以代表一名外国人对中国人的印象,也可以反映一名犹太人对中国人的评价,在他眼中,中国人与犹太人的界限是非常明显的。

第二,哈尔滨犹太人居住区相对封闭,且始终与世界上其他犹太人社会保持着密切联系,一直将自身的发展与犹太文明发展的最新趋势联系起来,是这种"有限性"产生的非常重要的客观条件。我们在前面谈论过,哈尔滨被实际地分成几个部分。中国大众的经济和文化生活主要发生在"中国城"里(即"傅家店",今天的哈尔滨道外区)。大多数欧洲人生活在"俄国城"里。"例如他们要求中国人掌握俄语,而不是自己努力去学习中文。在十分宽容的情况下,中国人很快地学会了俄语,还有其他欧洲主人的语言。"①"社区实行自治运营,或者可以说它是一个小型的、强调人性和犹太价值观的、有社会意识的小国。"②有意思的是,尽管"中国人不能把俄国犹太人与白种俄国人区别开,但他们并没有遭到任何敌意;相反,很多华人倒非常羡慕他们敏锐的商业意识和生存本能。"③在俄国统治期间,哈尔滨犹太人获得了与其他的外国人一样的权利,这使得他们可以以自己的方式生活,"在满洲,他们可以开始一种崭新的生活,同时又不必改变自己的语言和生活方式"④。

虽然哈尔滨犹太人社区与中国人的社会文化生活相对分离,但是他们却始终是世界犹太人的一个组成部分,他们与俄国犹太人社区、欧洲犹太人社区、美国犹太人社区、远东其他地方的犹太人社区,乃至后来以色列建国后的以色列犹太人社区保持着密切的经贸、信息联络。从锡安主义的兴起到它们内部之间的意见分歧,从积极宣传复国主义精神到投身于重建犹太国家,从因为自身受到反犹主义浪潮影响而远走他乡到对于遭到反犹主义迫害的俄国同胞进行援助,从20世纪初期对自身拉比的选择到50年代后期社区墓地的迁移,哈尔滨犹太人的政治与宗教生活不仅丝毫没有独立于犹太文明之外,而是保持着与世界犹太文明荣辱与共、生生不息的联系。这种与外界密切沟通、全面开放情况的存在,是哈尔滨犹太人社区与上海犹太人社区保持自身特色的相同点。⑤ 它不仅有利

① 赫尔穆特·斯特恩:《弦裂:柏林爱乐乐团首席小提琴斯特恩回忆录》,李士勋译,人民出版社2003年版,第41页。

② 西奥多(特迪)·考夫曼:《我心中的哈尔滨犹太人》,黑龙江人民出版社2007年版,第20页。

③ 茨维·鲍曼:《1931～1945年日军占领期间的哈尔滨犹太社区的命运》,曲伟、特迪·考夫曼主编:《哈尔滨犹太人的故乡情》,黑龙江人民出版社2005年版,第372页

④ 鲍瑞斯·布瑞斯勒:《1898～1958年的哈尔滨犹太人社区:政治、繁荣和逆境》,乔纳森·高斯坦主编:《中国犹太人》第1卷,纽约,1999年,第201页。

⑤ 参见潘光、王健:《犹太人与中国》,时事出版社2010年版,第152～153页。

于哈尔滨犹太人坚持自身的传统,有利于社区内部充满活力,而且在客观上也起到了阻碍了他们与中国人交流的作用。

第三,这种"有限性"与哈尔滨犹太社区存在的时间过于短暂有重要关系。从1903年哈尔滨犹太宗教公会建立至1963年解散共约60年的时间,这对于两个文化迥异的民族之间的相互了解过于短暂,更何况外部世界的战争、动荡加深了这种陌生与阻碍。同时,犹太人的离散历史也使我们知道,他们已经形成一种身处外来文化氛围下的自我保护意识,这种意识使得他们力图从主观上发扬本民族传统,拒斥非犹太的异质文化。我们可以回过头去比照一下开封犹太人的情况:犹太人来开封的年代是宋朝(998)直到19世纪中期,共约800年。在宋、元、明三朝,开封犹太人一直试图维系自己的宗教信仰,传承犹太人的基本宗教礼仪。与后来开封犹太人对中国科举制度认同、讲中国话,尤其是开始与中国人通婚(这使得他们外貌、体质、语言与中国人区别微小)等完全不同,像上海犹太人一样,哈尔滨犹太人始终保持着自身的特点,他们与中国人通婚的事例极少。

第四,这种"有限性"与哈尔滨犹太人自身的传统凝聚力有一定联系。正如当代著名犹太历史学家西蒙·杜布诺夫所说,犹太教是犹太人失去正常自我保护手段的民族自卫手段一样,犹太教在哈尔滨犹太人社区始终发挥着主导性作用。前面已经提到,对犹太人精神生活和现实生活起着决定作用的因素存在(如吉塞列夫拉比、会堂、公墓、学校、各种协会组织),使得犹太教在哈尔滨犹太人心中的地位始终无法被其他意识形态所取代,这也是哈尔滨犹太人拥有向心力、凝聚力、保持自身特点的重要原因。这一点,我们可以从开封犹太人被同化过程中得到反证。学者对开封犹太人汉化的真正原因的普遍认识有两个:一个是中国封建社会的科举制度诱导了开封犹太人改变犹太社会传统的价值观念,使信仰犹太教的开封犹太人同汉族知识分子一样,将自己在现实生活中的希望和追求,由耶和华上帝的许诺,转向了更实际的文庙之中,用自己的刻苦精神、寒窗十年来换取功名利禄。也就是说,"学而优则仕"使开封犹太人自愿汉化。开封犹太人为此甘心情愿地将自己的思想、思维方式、情趣、操守都浸入汉文化之中;另一个是他们的婚姻关系。因通婚使汉族女子成为开封犹太人的家庭主妇,由于在中国的一般家庭中(包括开封犹太人后裔),儿童三岁前的教育几乎都由母亲担任,这就使家庭内部的文化乃至子女的教育迅速为汉文化潜移默化。也就是说开封犹太人之所以被同化的最根本原因乃是失去了原有文化的主体,即犹太教。[①] 这种令开封犹太人汉化的原因在哈尔滨并不存在,T·考夫曼这样写道:

---

① 参见张绥:《犹太人在中国中原地区被汉化原因初探》,《上海大学学报》1990年第2期;张倩红《从犹太教到儒教:开封犹太人同化的内在因素之研究》,《世界宗教研究》2007年第1期。

"19 世纪末,俄国犹太人来到了哈尔滨,并创立了新社区。与其前辈不同,他们并没有融合到中国人中去,而是保持了在东欧时的生活方式和风俗习惯。"[①]

第五,这种"有限性"还与犹太人在中国生活的历史虽然很长,但是他们对中国政治生活没有产生过重大的影响有关系。这一点也许很重要,我们可以从犹太人对日本的影响中找到一些启发和依据。换言之,假如犹太人之于日本人的影响没有了希夫对日俄进程的介入,那么两者的关系一定是另一番样子,而在中国的历史上,没一个犹太人,甚至没有一个犹太社区有如同希夫之于日本的那种巨大影响。对于"犹太人",不仅绝大部分中国人是陌生的、遥远的,而且作为中国统治的最高层也没有如同日本人一样,拥有一群对犹太人问题极为敏感的"专家"。虽然哈同、沙逊等支持过孙中山的革命活动,国民政府也有过试图在云南等省份移民犹太人 10 万人的计划[②],但是这些事件要么只是作为一些零星的行为出现,要么只是一纸空文。总体上说,"犹太人问题"没有进入中国的最高领导层的宏观战略之中。这种情况的出现也是与犹太人在中国近现代史的活动范围,主要不在中国政府的实际控制之下有些许关联。[③]

综上,当时居住在哈尔滨的中国人对犹太人生产、生活方面的直接影响较小。如果一定要找出较为典型的中国人对犹太人的影响,那么倒有一个另类的插曲:"许多在中国生活过的犹太妇女,也包括生活在美国的犹太人妇女(也是由那里的中国人传递来的),接受了'麻将'作为一种赌博的游戏"[④];"从整体上看,对于犹太社区来说,在 1932 年犹太人的境况也开始好转。城市的犹太妇女们是最早开始学习汉语的人,也是她们最早地把汉语运用于每天吵闹声不断的麻将游戏中。麻将棋子由象牙色的小方块组成,它 5 厘米宽,3 厘米高;棋子上印着各种各样的中国汉字,白底儿。这些象牙棋子被整齐地排列在一个 12 英寸长的木制盒里。当一位女士将她手中的相匹配的麻将子出手的时候,她就会用汉语大声地喊:'碰!空或出!'一旦那个正确的组合在盒子里被选到时,那位正赢的女士就会把棋子向外翻出,以展现她所赢的棋子,并大声叫嚷:'麻将!'"[⑤]正是

---

① 西奥多(特迪)·考夫曼:《我心中的哈尔滨犹太人》,刘全顺译,黑龙江人民出版社 2007 年版,第 2 页。

② 参见潘光、王健:《一个半世纪以来的上海犹太人》,社会科学文献出版社 2002 年版,第 177～181 页;杨智友:《未完工的诺亚方舟——国民政府筹设犹太人特区始末》,《档案春秋》2011 年第 5 期。

③ 参见王志军:《哈尔滨犹太人与日本人的"河豚鱼"计划》,《犹太研究》第 6 辑,山东大学出版社 2008 年版。

④ 鲍瑞斯·布瑞斯勒:《1898～1958 年的哈尔滨犹太人社区:政治、繁荣和逆境》,乔纳森·高斯坦主编:《中国犹太人》第 1 卷,纽约,1999 年,第 213 页。

⑤ 雅克夫·李伯曼:《我的中国:1900～1950 亚洲的犹太生活》,耶路撒冷,1998 年,第 39～40 页。

在犹太人与中国人交往有限性的前提之下，我们才会说："与中国人和中国文化的交融程度最深、范围最广、时间最长，主要表现在商贸、艺术领域。"[①]正是在这一"有限性"前提下，我们才可能较好地理解一些这方面的论述，如："在他们一起读书期间(学校是以英语为主的基督教青年会和以俄语为主的多种技术学校——笔者注)，犹太年青人与中国学生自由地混在一起。"[②]"另一方面，犹太人与中国人的友谊是非常好的(excellence)。"[③]

① 潘光:《近代以来中国境内的中犹文化交流》，潘光主编:《犹太研究在中国(三十年回顾:1978～2008)》，上海社会科学院出版社 2008 年版，第 290 页。

② 赫尔曼·迪克:《远东的流浪者和定居者——一个世纪犹太人在中国和日本的生活》，纽约，1962 年，第 28 页。

③ 赫尔曼·迪克:《远东的流浪者和定居者——一个世纪犹太人在中国和日本的生活》，纽约，1962 年，第 29 页。

20世纪初叶后哈尔滨犹太宗教公会述评

张铁江*

19世纪末，伴随着沙俄的排犹政策和中东铁路的修筑，四海漂泊的犹太人来到哈尔滨这个新的“避难所”定居。他们在哈尔滨建立了犹太会堂、银行、学校、医院，还创办了犹太人自己的社团，形成了较完整的犹太社区体系，当时的哈尔滨已成为东亚地区犹太人最大的活动中心之一。通过研究发现，哈尔滨犹太宗教公会在哈尔滨犹太人社区中处于领导核心的地位。通过犹太宗教公会的组织活动，来宣传犹太复国主义思想，维护犹太人自己的利益，使在哈尔滨的犹太人同欧美、苏俄、中东地区的犹太人保持了密切的联系，巩固了哈尔滨犹太人社区在东亚地区的地位，为他们日后回归巴勒斯坦，重建以色列国奠定了基础。

19世纪末，伴随着沙俄的排犹政策和中东铁路的修筑，四海漂泊的犹太人抱着逃离俄国、渴望自由及对远东处女地的淘金热情，来到哈尔滨这个新的“避难所”定居。他们在哈尔滨建立了犹太人会堂、银行、学校、医院、报刊、图书馆，还创办了犹太人自己的社团，形成了较完整的犹太人社区体系，当时的哈尔滨已成为东亚地区犹太人最大的活动中心之一，其影响波及整个世界。在对哈尔滨犹太人的若干机关团体进行考察时发现，哈尔滨犹太宗教公会在哈尔滨犹太人社区中处于领导核心的地位。通过哈尔滨犹太宗教公会的组织活动，来宣传他们的政治主张，弘扬了犹太文化，维护了犹太人的利益，传播和报道了世界犹太人共同关注的信息，使在哈尔滨的犹太人同欧美、苏俄、中东地区、印度以及中国上海的犹太人保持了密切的联系，巩固了哈尔滨犹太人社区在东亚地区的地位，为他们日后回归巴勒斯坦，重建以色列国奠定了基础。

---

* 张铁江，黑龙江省社会科学院犹太问题研究中心研究员，主要从事中外关系史、近现代犹太人来华史、哈尔滨犹太人历史研究。

一、哈尔滨犹太宗教公会产生的历史背景

由于沙俄的反犹、排犹政策,使大批居俄犹太人外迁,这是犹太人移居哈尔滨的内在原因。[①] 沙俄的反犹、排犹政策由来已久。早在16世纪,沙俄在"特别法"中就规定,犹太商人或公民必须交纳双倍的税款。在沙皇1827年的敕令中规定,12～18岁的犹太青少年必须在义务兵营里服预备役,尔后再服25年的现役。1881年5月,沙皇亚历山大二世遇刺身亡,新政府的反犹政策更为突出。从这时起,俄国犹太人开始了大规模外迁。最大的一次迁徙发生在1881～1882年。直到19世纪末,居住在俄国的约占世界犹太人总数2/3的犹太人仍没有取得公民权。因此,俄国犹太人一直没有停止外迁,极渴望找到一个新的聚居地。同时,中东铁路的修筑及沙俄的对外扩张政策为俄国犹太人大量外迁及移居中国东北特别是哈尔滨创造了条件。1896年6月3日,沙俄财政大臣维特与清政府李鸿章在莫斯科签订了《中俄密约》,使沙俄政府在中国东北取得了一系列特权,并为俄国犹太人迁徙哈尔滨创造了客观条件。

另一方面,沙俄政府为了进一步控制中国东北,实现使中国东北变成"黄色俄罗斯"的目的,积极鼓励俄国人特别是犹太人移民中国东北。维特本人是一个"亲犹的"、有许多犹太亲友的财政大臣。[②] 为此制定了一系列"优惠"政策,包括:宗教信仰自由,无限制的商业经营权和进入没有限额的学校。自此之后,一批又一批犹太人抱着逃离俄国、渴望自由及对远东处女地的淘金热情,来到哈尔滨定居。

当时的哈尔滨虽然还是个小渔村,但它位于松花江中游、松嫩平原的东南部,物产丰富,气候适宜,地理位置优越。这样,沙俄政府就以哈尔滨为中心修筑了西通满洲里与西伯利亚大铁路相衔接、东到绥芬河与乌苏里铁路相贯通、南连旅大港口与上海运输线相连接、全长2489公里的中东铁路。[③] 伴随着中东铁路公司及华俄道胜银行在哈尔滨的设立,以及清政府实行被动的开放政策,作为中东铁路枢纽站的哈尔滨逐渐成长为东北重镇,连接欧亚的大陆桥,近代东亚犹太人的聚居中心。

---

① 参见[以色列]阿巴·埃班:《犹太史》,中国社会科学出版社1986年版,第251页。

② 参见[美]安德鲁·马洛泽莫夫:《俄国的远东政策(1881～1904)》,商务印书馆1977年版,第57页。

③ 参见李济棠:《中俄密约和中东铁路的修筑》,黑龙江人民出版社1989年版,第1页。

二、哈尔滨犹太宗教公会的发展过程

1898年,中东铁路动工修建后,在工程师和包工头中,除了俄国人、波兰人和其他国家的人外,还有许多犹太人。[①] 这些犹太人主要是依靠自身的特长从事商业、手工业,并在市内从事铁路的商业供给。至1902年,哈尔滨犹太人已逾百人,犹太人商业企业已达10家。1903年,中东铁路通车后,从俄国到哈尔滨来的犹太人逐渐增多,哈尔滨的犹太人口已达500人之多,犹太商业活动更趋活跃。[②] 此时,在哈尔滨的犹太人需要组织一个团体,来管理社区的宗教和社会事宜,这样哈尔滨犹太人协会诞生了。

哈尔滨犹太人协会成立后,其首要任务便是满足犹太居民生活中的宗教信仰的要求,即满足犹太居民每天及节日之祈祷、出生、婚丧等所举行的各种宗教仪式。1903年2月16日,哈尔滨犹太人协会在请得地方当局许可后,在沙曼街(今霞曼街)租用了一所民宅作为祈祷堂,开始了哈尔滨犹太人的宗教生活。[③] 这一年,哈尔滨犹太人协会举行了第一次全体会议,选举产生了哈尔滨犹太宗教公会理事会,理事会的第一位主席兼祈祷堂的主持人为密耶洛维奇,司库是多比索夫,拉比为莱文。[④] 同年5月,在哈尔滨居住的犹太人中有人过世,于是由哈尔滨犹太宗教公会组织成立了哈尔滨犹太葬仪社,并向当局申请,拨给一块特有地段作为犹太人的墓地。1904年,由于俄国南部基什尼奥夫、敖德萨等地发生了集体屠杀犹太人事件,迫使犹太人来到中国东北寻找可以飞翔的广阔天地。加之随后爆发的日俄战争,另有3万犹太人跟随百万俄国士兵来到中国东北。[⑤] 哈尔滨的犹太会堂遂改为"士兵教堂"。1905年日俄战争后,在俄国军队中的许多犹太士兵留在了就业机会较多的哈尔滨,使哈尔滨的犹太人口进一步增加。而后,莱文拉比离开哈尔滨转赴天津,加什凯尔担任了哈尔滨犹太人社区的拉

① 黑龙江省档案:158-1-933号。

② Zvia Shickman-Bowman, "The Construction of the Chinese Eastern Railway & the Origin of the Harbin Jewish Community, 1898-1931," Z. Goldsteim, *The Jews of China* (W. L. 1), M. E. Sharpe, 1999, p. 191.

③ Zvia Shickman-Bowman, "The Construction of the Chinese Eastern Railway & the Origin of the Harbin Jewish Community, 1898-1931," Z. Goldsteim, *The Jews of China* (W. L. 1), M. E. Sharpe, 1999, p. 191.

④ 黑龙江省档案:158-1-933号。

⑤ Teddy Kaufman, *The Jews of Harbin Live On in My Heart*, Tel-Aviv: Design & Production Publishing Ltd., 2006, p. 28.

比。[①] 1906 年,由于哈尔滨犹太人口的增加,建造砖瓦结构的犹太会堂的问题被提到了议事日程,为此召开了犹太人公共会议,并决定建造砖瓦结构的犹太会堂,选举伊萨耶维奇为哈尔滨犹太祈祷堂的理事会主席,达·阿·萨姆索诺维奇被选举为建筑委员会主席,并在哈尔滨的犹太居民中发起了建筑犹太会堂的募捐活动。[②] 同年 12 月,为了协助犹太宗教公会的工作,帮助供给滞留在哈尔滨的贫苦犹太人衣物和燃料,由谢姆山诺维奇夫人等妇女志愿者创立了哈尔滨犹太妇女慈善会。[③] 1907 年 4 月,哈尔滨犹太小学创办。同年 5 月,犹太总会堂奠基。1909 年 1 月,犹太总会堂竣工。随后,选举了新一届犹太宗教公会理事会,阿·莫尔多霍维奇当选为主席,萨姆索诺维奇为副主席,加什凯尔为拉比,多比索夫为司库。[④] 1910 年,为了扩展公共利益,哈尔滨犹太宗教公会还为犹太人开办了澡堂。然而,自从第一批犹太移民来到哈尔滨至 1911 年,哈尔滨犹太宗教公会的主体为非锡安主义者。1912 年,A·考夫曼夫妇来到哈尔滨后,形势有所变化。1913 年,锡安主义者吉塞列夫拉比、索罗门·拉维科维奇医生来到了哈尔滨,拉维科维奇医生还曾担任哈尔滨犹太宗教公会主席一职,标志着锡安主义思想来到了哈尔滨。[⑤]

1914 年,第一次世界大战爆发,当德国军队越过俄国边境开始入侵波兰、白俄罗斯、立陶宛和乌克兰时,在那里居住的犹太人越过西伯利亚边境,来到中国东北,其中大部分定居在哈尔滨。[⑥] 1917 年,俄国十月革命后,大批俄国犹太人前往哈尔滨。同年 7 月,为了救济这些身无分文的犹太难民,哈尔滨犹太宗教公会主席特比绍夫在中国政府的帮助下,乃于道里区商务街等处的难民收容所内附设食堂。1918 年 12 月,在德里金的倡导下,哈尔滨犹太中学建成。为了适应新的形势,更好地管理哈尔滨地区的犹太人事务,设立一个有权威的、能代表社区利益的领导机构已是势在必行。1919 年,经民主协商,哈尔滨犹太社区首次以选举的方式产生了社区委员会的执行机构,即哈尔滨犹太宗教公会理事会,考夫曼医生以绝对多数当选为该理事会主席。[⑦] 从此以后,哈尔滨犹太人社区在

---

① 黑龙江省档案:158-1-933 号。

② 黑龙江省档案:158-1-933 号。

③ 参见哈尔滨市公署社会科:《哈尔滨市社会事业设施要览》,哈尔滨市公署 1938 年印行,第 83 页。

④ 黑龙江省档案:158-1-933 号。

⑤ Teddy Kaufman, *The Jews of Harbin Live On in My Heart*, Tel-Aviv: Design & Production Publishing Ltd., 2006, p. 28.

⑥ 黑龙江省档案:158-1-933 号。

⑦ 参见徐新、凌继尧:《犹太百科全书》,上海人民出版社 1993 年版,第 518 页。

考夫曼的领导下，进入了一个新的发展阶段。哈尔滨的犹太人也已达到 7500 人。[①] 1919 年底，为了救济在哈尔滨的贫苦犹太难民，由维赫捷尔、考夫曼等七名医师发起成立了哈尔滨犹太贫困疾病救济会，最初该会规模很小，对贫困病人采取往诊或给予物质上的援助，1934 年于道里五道街修建房舍，增设医院。[②] 1920 年 11 月，犹太慈善家拉比诺维奇夫妇捐资于炮队街 5 号修建了二层楼房，犹太诊所、犹太养老院开办。同年 12 月，斯基德尔斯基塔木德—托拉学校落成。1921 年 1 月，犹太免费和廉价食堂亦迁入炮队街 5 号新址。同年 9 月，犹太新会堂落成，占地 1296.75 平方米，可同时容纳 800 人做礼拜，是中国东北地区最大的犹太会堂。[③] 1923 年 6 月，哈尔滨犹太人集资创办了犹太国民银行。据 1926 年统计，哈尔滨的犹太工商企业达 489 家，大约是 1913 年时的 4 倍，工业部门达 28 类，商业也有 25 种。这时哈尔滨的犹太人口已达 2.5 万[④]，成为中国境内最大的犹太人社区，工商业界也已完全由犹太人所左右，达到鼎盛时期。

1929 年，由于中国官方谋求收回中东铁路权益而发生的"中东路事件"、世界经济危机的爆发以及"九一八"事变等一系列事件的影响，加之苏联势力的退潮，哈尔滨的经济明显地沿着衰落的途径下滑，哈尔滨犹太人社区的地位发生了动摇。1935 年后，日本当局为了吸引美国等西方国家的犹太资金，制定了一个"河豚鱼计划"，改变了对哈尔滨犹太人的态度，表现出明显的亲犹态度。[⑤] 首先在日本人的支持下，建立了远东犹太人理事会，这表明日本当局承认了犹太人的地位。其次，查封了反犹报纸《我们的道路》，准许先后于 1937 年、1938 年、1939 年三次在哈尔滨召开远东俄罗斯犹太人会议。然而，太平洋战争爆发后，日本的反犹势力重新抬头，哈尔滨犹太人社区再次受到影响。

日本投降后，苏军进驻哈尔滨，取缔了犹太人组织，把犹太宗教公会主席考夫曼、企业家斯季德尔斯基等一批犹太人押解到苏联，关进集中营。哈尔滨犹太社区遭到毁灭性打击，犹太人纷纷离去。1947 年 6 月底，苏联政府作出决定，准许旅居中国的犹太人返回苏联，但有许多犹太人辗转去了美国、澳大利亚和以色列等国。新中国成立后，犹太侨民仍陆续外迁，犹太社区已逐步瓦解。1950～

---

① 参见 1919 年 1 月 17 日《远东报》。

② 参见哈尔滨市公署社会科：《哈尔滨市社会事业设施要览》，第 80 页。

③ 参见哈尔滨市地方志编撰办公室：《哈尔滨市志》第 34 卷，黑龙江人民出版社 1998 年版，第 164 页。

④ Teddy Kaufman, *The Jews of Harbin Live On in My Heart*, Tel-Aviv: Design & Production Publishing Ltd., 2006, p. 31.

⑤ 参见[美]戴维・克兰茨勒：《上海犹太难民社区》，许步曾译，上海三联书店 1991 年版，第 136 页。

1952年出境者达2000人,至1953年末,哈尔滨只剩453名犹太人。[①] 1956年,犹太新会堂关闭。1959年,在哈尔滨的犹太人只有130人。1963年,犹太总会堂关闭。同年11月,犹太宗教公会关闭。[②] 至此,哈尔滨犹太宗教公会长达60年的历史,宣告结束。

三、哈尔滨犹太宗教公会理事会及其领导关系

根据1903年哈尔滨犹太宗教公会成立时的宗旨,该公会负责:(1)修建和管理哈尔滨犹太会堂和祈祷院;(2)对哈尔滨犹太居民的出生、结婚、离婚和死亡进行登记,并举行与上述情况有关的宗教仪式;(3)按犹太教习俗宰杀牲畜和禽类;(4)修建和管理犹太墓地,按犹太宗教习惯法埋葬犹太宗教公会会员。为此公会下设专门机构——哈尔滨犹太葬仪社;(5)按犹太法规供养犹太宗教领袖拉比或宗教问题学者、牲畜和禽类屠宰专家;(6)在犹太人的"马斯哈节"为犹太居民烤制并供应无酵饼;(7)监督哈尔滨市所有犹太慈善、医疗和文化教育单位的活动。[③]

隶属并接受哈尔滨犹太宗教公会监督的单位有:犹太葬仪社、犹太养老院、犹太廉价和免费食堂、犹太医院、犹太妇女慈善协会、犹太公共图书馆、犹太祈祷院"总会堂"等七个部门。

1. 哈尔滨犹太葬仪社。[④] 1903年,根据犹太宗教习惯法,为安置犹太人墓葬,乃于哈尔滨道里区炮队街56号设立了哈尔滨犹太葬仪社。其创立人为:P·密耶洛维奇、M. P. 萨姆索诺维奇、B. M. 卡恩、K·别尔贡、M. H. 纳夫塔林。第一位领导人为巴赫。1953年,葬仪社委员会主席为C. H. 卡涅尔,司库为A. C. 勃林杰尔,委员为Ш. C. 什蒂恩加尔特、P. M. 布尔苏克。墓地管理人为哈·纳夫图里维奇,灵车司机为亚·斯加皮兹基,守墓职员为亚·罗特阔夫斯基、康奇平等。此组织的目的是依照犹太人的风俗习惯埋葬死去的犹太人。在墓地设有祈祷堂、洗尸间及办公室。免费安葬所有无财产的犹太人。

2. 哈尔滨犹太学校。[⑤] 1907年,哈尔滨犹太小学创立。1909年,又开办了犹太侨民小学校,亦称哈尔滨市私立犹太国民学校,地址均在埠头区马街53号

---

① 参见张铁江:《揭开哈尔滨犹太人历史之谜:哈尔滨犹太人社区考察研究》,黑龙江人民出版社2005年版,第14页。

② 参见哈尔滨市地方志编撰办公室:《哈尔滨市志》第34卷,第164页。

③ 黑龙江省档案:158-1-933号。

④ 黑龙江省档案:158-1-933号。

⑤ 参见张铁江:《揭开哈尔滨犹太人历史之谜:哈尔滨犹太人社区考察研究》,第25页。

(今道里区东风街),校长是司鲁茨结尔。1918 年 12 月,创办哈尔滨犹太中学,地点在埠头区炮队街(今道里区通江街),这是东亚地区最早创立的犹太中学。1920 年,犹太实业家斯季德尔斯基捐资修建了塔木德—托拉学校,主要开设与犹太教有关的课程。如希伯来语、《托拉》诵读、《圣经》选读、拉比犹太教等,同时也教授一些世俗课程。塔木德—托拉学校的建立为扩大犹太教在中国的传播发挥了积极作用。

3. 哈尔滨犹太总会堂。[①] 1906 年,在建设委员会萨姆索诺维奇主席的倡导下开始筹措总会堂的建设经费。1907 年 5 月,在炮队街的特定地段举行了犹太总会堂的奠基仪式。同年 9 月,建设完成了总会堂的礼拜堂,克里姆斯基为音乐指导,并在此举办了重大的秋季犹太年假的礼拜新年活动。1909 年 1 月,哈尔滨犹太总会堂在炮队街 44 号落成。第一任拉比为沙凡尔·莱文,他还兼任哈尔滨塔木德—托拉学校校长。莱文拉比离开哈尔滨后,加什凯尔接替,不幸的是,仅仅任命几年,加什凯尔拉比就去逝世了。1913 年,吉塞列夫来到哈尔滨担任拉比,并成为哈尔滨犹太人的宗教领袖,于 1949 年 9 月 7 日在哈尔滨逝世。此后,于 1950 年,由阿·巴雷担任犹太学者工作,直至 1963 年 11 月哈尔滨犹太宗教公会关闭止。

4. 哈尔滨犹太妇女慈善会。[②] 1907 年 12 月创办的犹太妇女慈善会,位于埠头区炮队街(今道里区通江街),会长是齐特林,以救济俄籍贫苦妇女为目的。

5. 犹太公共图书馆。[③] 犹太民族是一个爱书的民族,他们把图书馆视为犹太民族生命中不可缺少的重要组成部分。1908 年,哈尔滨犹太文学戏剧协会(即依玛尔达格)图书馆建立。1912 年,哈尔滨犹太复国主义组织图书馆创办。1918 年,哈尔滨西伯利亚文联图书馆建立。1933 年,哈尔滨犹太复国主义组织图书馆与依玛尔达格等图书馆合并,更名为哈尔滨犹太公共图书馆。其首任馆长为莫尔多霍维奇。1938 年以后的馆长是爱里亚许逊。该图书馆藏书 15 000 卷。上自拉比文学、犹太圣诗,下至儿童读物,均有收藏,一年借阅量为 2 000 册,能满足各层次读者的需要,是当时东亚地区最古老、规模最大的犹太图书馆。

6. 犹太免费食堂。[④] 于 1916 年在埠头区炮队街(今道里区通江街 5 号)成立,会长是金兹堡,以免费或半费供给贫民午膳为目的。

---

① 黑龙江省档案:158-1-933 号。

② 参见哈尔滨市公署社会科:《哈尔滨市社会事业设施要览》,第 83 页。

③ НОВОСТИ ЖНЗНИ,1927, p. 89.

④ 参见哈尔滨市公署社会科:《哈尔滨市社会事业设施要览》,第 79 页。

7. 犹太新会堂。[①] 十月革命后,大批俄籍犹太人涌进哈尔滨,为了适应这种形势的需要,由犹太人捐资,于1918年4月,在距离总会堂不远的埠头区斜纹街88号兴建一座新会堂,1921年9月新会堂落成。新会堂的总建筑面积约为1233平方米,为上下两层,可容纳五百余人做礼拜,乃是东北地区规模最大的犹太会堂。新会堂是典型的犹太式建筑。

新会堂的第一任理事会会长为科夫曼,第二任为科恩,第三任为I.J.凯斯列尔,第四任为保罗奥伊。新会堂是犹太教哈西德教派会堂,不受总会堂管辖,而由哈尔滨犹太宗教公会管理。在战后由于犹太人逐渐外迁,犹太新会堂的宗教事务不断减少,遂于1956年关闭,其原址受到妥善的保护,现为哈尔滨犹太纪念馆。

8. 马家沟犹太祈祷堂。[②] 1918年,由犹太人捐款,在马家沟小戎街8号建立了一所建筑面积为172平方米的祈祷堂,以适应居住在新市街地区的犹太教信徒去新、总会堂路途较远而就近祈祷的需要。马家沟犹太祈祷堂创始时的会长为贾特洛维斯基,他于1940年去世后由特利继任,1949年由亚·郭别尔尼科接任。马家沟犹太祈祷堂后被拆除。

9. 犹太贫病患者救济会和犹太医院。[③] 1919年,由哈尔滨一批犹太医生和社会活动家在埠头区炮队街5号创办,代表人是考夫曼医生,以救济哈尔滨郊区和铁路沿线的贫苦犹太人,免费施诊为目的。犹太医院是在犹太贫病患者救济会的基础上发展起来的,于1934年在埠头区中国五道街(今道里区西五道街)创办,医院共有床位25张,设有外科病房、内科病房、放射线科、口腔科及化验室。该医院集中了哈尔滨最知名的医生、专家,在哈埠医务界享有很高声誉。

10. 犹太养老院。[④] 于1921年在埠头区炮队街(今道里区通江街5号)成立,代表人为院长拉宾诺维奇,以救济犹太残老为目的。

四、哈尔滨犹太宗教公会两位杰出的领袖

(一)哈尔滨犹太宗教公会会长亚伯拉罕·考夫曼[⑤]

亚伯拉罕·约瑟夫奥维奇·考夫曼(Абрам Иосиович Кауфман, 1885～

---

① 参见张铁江:《揭开哈尔滨犹太人历史之谜:哈尔滨犹太人社区考察研究》,第76页。
② 参见张铁江《揭开哈尔滨犹太人历史之谜:哈尔滨犹太人社区考察研究》,第76页。
③ 参见哈尔滨市公署社会科:《哈尔滨市社会事业设施要览》,第80页。
④ 参见哈尔滨市公署社会科:《哈尔滨市社会事业设施要览》,第82页。
⑤ 参见张铁江:《揭开哈尔滨犹太人历史之谜:哈尔滨犹太人社区考察研究》,第3页。

1971)是著名的犹太社会活动家、医学博士、编辑。他曾是哈尔滨著名的医生,哈尔滨宗教公会理事会主席,远东犹太民族自治委员会主席,犹太民族委员会和基本基金会在中国的代表,中国犹太复国主义组织主席。

1885年,考夫曼出生于乌克兰切尔尼戈夫州姆格林市的一个正统的犹太家庭。1903年毕业于彼尔姆的一所中学,在中学时代就萌生了犹太复国主义思想。1904～1908年,在瑞士伯尔尼大学学习医学。1908年返回俄国,投身于犹太社会活动。1912年,考夫曼移居哈尔滨,积极从事社会活动和犹太复国主义活动。1918年1月,考夫曼在哈尔滨编印了首期《犹太之声》月刊。1918年底,考夫曼当选为西伯利亚和乌拉尔民族委员会副主席。1919年,考夫曼博士以绝对多数票当选为哈尔滨犹太宗教公会理事会主席。1919年,由维兹库切尔、考夫曼等七人发起成立了哈尔滨犹太贫困疾病救济会。1920年12月,驻上海的巴勒斯坦情报局仅主办了两个月的周刊《西伯利亚—巴勒斯坦》迁往哈尔滨。考夫曼应邀出任主编。1926年1月,该刊易名为《犹太生活》。该刊一直由考夫曼主持到1943年。在此期间,考夫曼还发起了为哈尔滨犹太贫困疾病救济会捐款的活动。1934年11月,在哈尔滨市埠头区中国五道街开办了犹太医院,曾担任该院院长多年。1937～1939年,在考夫曼的主持下,在哈尔滨先后召开了三届远东犹太人社团代表大会。在首届大会上,考夫曼当选为远东犹太人民族委员会主席,并连任三届。1945年,考夫曼医生被苏联当局判处25年徒刑,押解至苏联境内的集中营。1961年移居以色列,1971年在以色列逝世,享年86岁。

(二)哈尔滨犹太人的精神领袖吉塞列夫拉比①

亚伦·摩西·吉塞列夫(Арон Моше Шмуилович Киселев,1863～1949)于1913年来到哈尔滨犹太人社区担任拉比一职,至1949年9月逝世为止,在哈尔滨兢兢业业地工作了36年,被誉为哈尔滨犹太人社区的灵魂、正直崇高的拉比。

1863年9月18日,吉塞列夫生于乌克兰切尼戈夫州的苏尔杰尼茨村。立陶宛国籍。他毕业于由索罗维其克拉比领导的世界著名的沃勒兹经学院。青年时期,吉塞列夫横溢的才华就已经开始显露,被认为是一个天才。毕业后,他被派往白俄罗斯的波里索夫工作。1913年11月,吉塞列夫通过竞聘来到哈尔滨担任拉比。虽然吉塞列夫来自一个有哈西德派社团传统的犹太城镇,但是,在他来到哈尔滨后,看到了一座带有塔木德学校、会堂等浓郁犹太色彩的现代都市时,他感到无比振奋。吉塞列夫意识到在现代社会中犹太人应该保留传统的犹太教的价值观念和信仰。同时,他也深知犹太人在东欧农村小城镇的生存方式

① Teddy Kaufman, *The Jews of Harbin Live On in My Heart*, Tel-Aviv:Design & Production Publishing Ltd.,2006, p. 61.

与哈尔滨犹太人的现代大都市的生活方式是不同的。为了传承这些犹太传统，让犹太人特别是犹太青年人来会堂参加仪式，在每一个犹太节日，他都要在哈尔滨的犹太老会堂中讲经，用俄语发表各种题目的讲演，除了引用一些圣贤之语外，他也经常提到以色列和锡安主义，清晰地阐述一些广泛存在的问题。1919年，在哈尔滨犹太人社区第一次民主选举中，吉塞列夫继续担任拉比，并以自己的言行和渊博学识赢得了崇高的威信，成为哈尔滨犹太人社区的精神领袖。1921年，苏维埃俄国发生了严重的饥荒，吉塞列夫作为远东犹太人救助受难孤儿委员会的委员，积极配合社区领导人A·考夫曼的工作，为筹措资金、捐赠物品奔走呼号。1924年1月，吉塞列夫在如何应对3年前落成的犹太新会堂缺欠日本人巨额债务的事件中，发挥了极为重要的作用，他呼吁全体哈尔滨犹太人集体募捐、拯救会堂，从而维护了犹太人的尊严。1932年，松花江发生大洪水，吉塞列夫号召哈尔滨犹太人积极参加义务劳动，并协助成立医疗队。1937、1938、1939年在哈尔滨召开的远东犹太人大会上，吉塞列夫连续三年被选举为远东地区和中国的首席犹太拉比。1946年，特别是在A·考夫曼被关进苏联集中营以后，吉塞列夫以83岁高龄担任了哈尔滨犹太宗教公会会长，为哈尔滨犹太人社区做了大量卓有成效的工作。1949年9月13日，吉塞列夫拉比在哈尔滨逝世，享年86岁。

结　语

纵观犹太人在哈尔滨宗教公会活动的历史，自1903年创立，至1963年关闭止，犹太宗教公会在哈尔滨合法地存在了60年之久。这半个多世纪的活动，不仅反映了该会作为合法的核心机构带领哈尔滨犹太人进行艰苦创业、努力建立一个民族家园的历史，而且也反映了哈尔滨犹太宗教公会由兴盛到衰亡的过程。虽然这在世界犹太历史的长河中，只是短暂的一个瞬间，但却有许多特点，为我们留下了诸多历史痕迹，这对于我们研究世界犹太史、中外关系史、中国近现代史等都有重要的参考价值。

首先，近代哈尔滨犹太宗教公会的活动是世界犹太史、中外关系史、中国近现代史的重要组成部分。在哈尔滨众多的犹太机构和组织中哈尔滨犹太宗教公会处于领导核心的地位。在哈尔滨犹太宗教公会的领导下，哈尔滨犹太人社区逐渐成为一个实行自治运营，犹太宗教生活色彩浓厚，并与巴勒斯坦地区保持密切联系的东亚犹太人的聚集中心。可以说哈尔滨犹太人社区是一个小型的、强调人性和犹太价值观的、有社会意识的“自治地区”。

其次，哈尔滨犹太宗教公会是一个组织机构完善、存在时间较长、影响最大

的一个犹太社团组织。该会成立于 1903 年,在 1909 年 12 月 14 日,沙俄侵华时期获得沙俄承认。其后受俄国革命影响,几经变迁,于 1927 年 5 月 31 日获中国东北地方政权的承认,至 1961 年 11 月该宗教公会关闭。该会的组织机构每 2 年选举一次,产生由 11 人组成的理事会和监事会,再经协商产生理事会主席、司库各 1 人,副主席 2 人,理事 4 人,监察会主席 1 人,委员 2 人。哈尔滨犹太宗教公会活动资金的主要来源是犹太葬仪社的收入、财产继承、捐款和会费。这是一个典型的犹太民族散居的自治形式,反映了犹太民族的一贯传统。

再次,哈尔滨犹太宗教公会的活动不仅具备犹太宗教的功能,而且具有明显的政治色彩。自 1903 年哈尔滨犹太宗教公会成立至 1911 年的 8 年时间里,哈尔滨犹太人社区成员的主体为非锡安主义者,哈尔滨犹太宗教公会的领导权是由犹太社会民主工党"崩得"和"犹太民族人民党"掌控。"崩得"在意第绪语中是"联盟"的意思,全称为立陶宛、波兰和俄国犹太工人总联盟,是俄国社会民主工党的独立组织。"崩得"反对犹太复国主义运动的观点,主张在犹太居民居住的地区和国家中解决犹太问题,把自己的目标局限于实现俄国犹太人的公民权和文化自治上。

1912 年,考夫曼等锡安主义者的到来,尤其是 1917 年 11 月 2 日《贝尔福宣言》发表以后,哈尔滨犹太宗教公会的领导权逐渐转入锡安主义者手中,犹太人社区进入了成熟、全面的发展阶段。特别是在日本法西斯侵占中国东北的 14 年里,尽管日本人与德国人结成盟友,在中国东北的统治亦采取了军事极权主义,严酷而凶残,并且在哈尔滨也曾发生过"西蒙·开斯堡绑架案"。但是,哈尔滨犹太人社区在犹太宗教公会主席考夫曼以及宗教领袖吉塞列夫拉比的领导下,为捍卫犹太人的各项权利与日本人进行了不懈的斗争,使日本人最终没有采纳纽伦堡法案,也没有对其统治下的犹太人实行种族灭绝政策。因此,可以说哈尔滨犹太人社区在纳粹屠犹的背景下为犹太民族保留了人种,并能够使他们继续保持自己的生活习俗,参与丰富而有意义的锡安主义活动,这为他们日后回归巴勒斯坦,重建以色列国奠定了坚实的基础。

美国传教士与中国近代教育

吴泉成*

美国传教士在中国近代教育发展中起到重要作用。美国传教士在华进行传教活动的同时,创办教会学校,招收学生,形成从小学到大学的教学体系,加速中国近代官办教育的发展;建立女子学校,发展中国近代女子教育,推动了中国近代女性觉醒和解放运动;促进中国人留学海外,开启了中国学生留学海外的进程;因应洋务运动的需要,翻译大量西方著作,向中国引入西方社会科学和自然科学知识,拓展了中国人"西学"的视野。

相比较美国政府对华关系,美国传教士走在了前面。1783 年,美英签署《巴黎和约》,英国正式承认美国独立。到了 19 世纪初期,在大陆扩张主义和西进运动的推动之下,受孤立主义主导的美国主要在北美大陆进行由东向西的扩展,对远东特别是中国的扩张计划尚没有成型,只是跟随在英国等国家之后,如在鸦片战争之后,与中国签订《望厦条约》。由于美国早期对华关系起步较晚,也缺乏通晓中国事务的外交人才,因此较早来到中国且对中国情况有较深了解又有较高文化素质的传教士就成为美国驻华官员的重点网罗对象。① 随着传教活动的需要,部分美国传教士也乐于接受政府的任命,以帮助自己传教活动的开展。同时,这些人也成为美国对华政策的参与者,如美国美部会传教士何天爵曾是 1880 年《中美续修条约四款》和《续约附款》的起草者。同时,由于美国传教士来到中国,不断熟悉和了解中国社会情况,并且把这些情况传回美国,成为美国对华情报信息的重要来源。此外,美国传教士也推动了美国商业团体活动在中国的扩展。因为清政府实行闭关政策,外国商人在华的商业活动受到限制,而传教

* 吴泉成,中国人民大学历史学院博士研究生,山西大学商务学院讲师,主要从事中外关系史研究。

① 参见王立新:《美国传教士与晚清中国现代化》,天津人民出版社 1997 年版,第 75 页。

士则是清政府允许进入中国的,所以美国商业团体资助传教士的在华活动,包括创办报刊、建立学校、医院等,扩展其在华商业利益。[①] 不可否认,美国传教士的在华活动符合美国对外政策的国家利益,也在很大程度上反映了美国对华的殖民扩张利益,起到美化美国殖民扩张的作用。但同时,美国传教士在华的一系列活动,特别是建立从小学到大学的教育体系、创办女子学院、医学院等,促进了中国近代教育发展,本文重点论述美国传教士对中国近代教育的影响。

18 世纪末至 19 世纪初,在美国兴起"福音奋兴"运动,主张通过积极信主、做善行获得救赎,深刻地改变了大部分美国清教徒的观念,推动了美国基督教海外活动的开展。1830 年 2 月,美国公理会传教士裨治文到达澳门传教,揭开了美国传教士在华传教的序幕。至 1848 年,在华美国传教士已经有 70 余人。[②] 在鸦片战争之后,受对华不平等条约的影响,美国传教士加快了在华传教活动速度。到了 19 世纪末,美国西进运动接近尾声,而美国海外扩张主义兴起,作为显示美国力量和传播美国文化与生活方式的传教运动赢得美国社会各阶层的支持[③],使得美国在华传教活动迅速发展,加之美国经济实力的不断增强以及美国与中国交往日益增多,美国在华传教士约在 1500 人左右。[④]

美国在华传教的主要差会有:公理会,如最早来华的裨志文(1830),后来到的卫三畏(1833)和伯驾(1834)都是来自公理会;浸礼会,如叔未士(1836)和玛高温(1843),前者创办广州浸礼会支会,后者来华后受聘于江南制造总局翻译西书;长老会,如娄礼华(1842)和司徒雷登(1876 年生于杭州,1904 年开始传教),前者是第一位来华的长老会传教士,后者曾任燕京大学校长和美国驻华大使;圣公会,如文惠廉(1837),是圣公会在上海传教第一人;监理会,如林乐知(1860)和潘慎文(1875),前者在上海创办了中西书院,后者主掌苏州博习书院。这些美国传教会以及传教士在华的教育活动对近代中国教育的改革和发展起到重要作用

一、对中国近代学校教育的影响

1830 年,美国公理会传教士裨志文在广州创办了西方传教士在华的第一个教会学校——贝满学校(Bridgman School),开始了美国传教士在华教会教育的

① 参见王立新:《美国传教士与晚清中国现代化》,第 98～101 页。

② 参见李定一:《中美早期外交史》,(台北)传记文学出版社 1978 年版,第 65 页。

③ 参见王立新:《美国传教士与晚清中国现代化》,第 19 页。

④ Kenneth S. Latourette, *A History of Christian Mission in China*, New York: Macmillian, 1929.

进程。[①] 但是由于中国传统儒家文化对外来传教活动的排斥,因而早期美国传教士在华通过创办教会学校、医院,免费吸收教徒子弟入学,免费提供医疗救治,一定程度加快了传教士传教活动的扩展。此外,在近代中国提倡西学的影响以及在洋务运动中出现的洋务学堂的推动下,传教士创办的教会学校有了较快发展。美国传教士在华建立了为数众多的小学、中学、大学和医院。据1912年美国在华传教事业统计,小学有1992所,学生有44352人;中学和大学有285所,学生有23040人;医院有122家之多。[②]

在这些学校中,教会大学和学院尤为突出。1864年,美国北长老会传教士狄考文创办私立学校"蒙塾",1876年改为"登州文会馆"[③],采用正规的教学体制,这是美国传教士在中国建立的最早的教会大学,也开启了美国在华建立教会大学的序幕。1879年,美国圣公会上海主教施约瑟将之前的两所圣公会学校培雅书院(1865)和度恩书院(1866)合并,改称为圣约翰书院(圣约翰大学前身),从而出现了较早的一批教会大学。这些教会大学开设西方自然科学、法律、翻译、外语、医学和工程技术等课程,不同于中国传统封建教育的以经、史、子、集等儒家经典为主要内容,也不同于中国注重道德教化的宗旨。此外,在生源问题上,教会学校主张人人享有受教育的权利,学生不分贵贱。这相比较中国传统封建教育的注重培养少数男性知识分子更具进步性,也适应了中国近代社会发展的需要。

19世纪末20世纪初,更多的美国传教士进入中国,他们当中很多人拥有高等学历,如威廉·布尔克拥有神学博士学位,任东吴大学圣经学院院长。这些传教士将美国大学的教学体制和教学内容引进中国,加之这一时期在维新变法的影响之下,以及在西学和西式教育更加受到中国民众的欢迎大背景下,进而掀起了美国传教士在华建立大学的又一次热潮。到新中国建立前,美国传教士在华或是合并,或是新建,一共有13所教会大学。这些教会大学有别于中国传统的封建教育观念,而是以欧美大学教育体系为蓝本,采用西式的教学管理模式和教学内容,以培养近代人才为目标,更为适应中国近代化发展的需要。

美国传教士在华的活动及其建立教会大学,客观上也推动了中国自身高等教育的形成和发展。1862年,由于洋务运动的需要,清政府建立京师同文馆(1862),之后又建立上海广方言馆(1863)和广州同文馆(1864)。这三所外语学

---

① 参见董雪梅:《传教士与近代中国教育》,《理论学刊》2006年第7期。

② 参见H. T. M. Bell & H. G. W. Woodhead, *The China Year Book*, 1913, London: George Routledge & Sons, Ltd., 1914, p. 440.

③ 1882年,美国纽约长老会正式批准为Tengchow College,即登州学院。

校具有近代中国官方性质,陆续聘用美国传教士为教习,如美国北长老会传教士丁韪良担任京师同文馆总教习,美国监理会传教士林乐知担任上海广方言馆教习。他们引入代数、几何、天文学和机械学等学科,开设科学实验课程,等等。由于自身传教士的身份,不可否认存在一些局限性和弊端,但是这些传教士把欧美教学体制和教学方法、内容引入中国官办教育体系中,推动了中国官办教育近代化的进程。

清末维新变法之后,晚清政府陆续创办了北洋大学堂(1895)、南洋公学(1896)、四川中西学堂(1896)、京师大学堂(1898)、山西大学堂(1902)等近代新式高校。由于清政府的腐败以及变法失败,政府并没有给这些大学堂以足够的投入。加之在华的教会学校和传教士的活动一定程度上得到清政府的认可,这些官办大学堂或是采用西式教学方法和内容,或是直接聘用传教士为教学督管,如北洋大学堂聘用公理会美国传教士丁家立为总教习。丁家立在担任北洋大学堂总教习期间,大量聘用美国传教士任教,以美国大学为蓝本,采用四年学制,开设工程学、矿务学、机器学、律例学等课程。南洋公学则聘用美国美以美会传教士福开森为监院,负责督查公学的教务工作。他不仅聘用美国人为教师,还设立大学部、商科等相对完善的教育体系。

此外,在教会学校和中国官办学校以及洋务运动推动下,近代中国出现留学潮,特别是赴美留学生与美国传教士有着很大的联系。中国近代最早的留学生容闳赴美国求学,在其归国后又促成了清政府于 1872～1875 年派出四批幼童赴美留学,等等。这些留学生回国之后对中国近代社会发展起到重要作用,如唐绍仪(第三批,曾担任外交总长)、刘玉麟(第四批,曾担任驻英公使)等归国后进入中国外交部门,积累了丰富的外交经验,在清末政权岌岌可危的情况下,竭力维护国家和民族利益[①];詹天佑(第一批)修筑京张铁路,推动了中国铁路事业的发展;吴仰曾(第一批)、邝荣光(第一批)、唐国安(第二批)等回国后从事地质矿产业,促进近代中国的地质学的产生和发展。蔡绍基(第一批)回国后不久担任北洋大学堂校长,仿照美国哈佛大学和耶鲁大学创立学校教育体系、教学规章制度,使北洋大学堂有"东方康奈尔"之称,而且他还送多名学生到国外留学,如促成王宠惠等人到耶鲁大学留学。这些留美幼童学成后把欧美的自然科学、社会科学知识等带回国内,既促进近代中国教育的发展,又带动了其他领域的近代化进程。更重要的是,归国留学生也成为近代中国探索救亡图存、推动中国近代化进程的推动者和参与者。

---

① 参见茆诗珍:《留美幼童对中国外交事业的贡献》,《合肥工业大学学报》(社科版)2009 年第 1 期。

二、对近代中国女性教育的影响

美国传教士创办的教会学校将西方的教学制度、模式、文化引入中国的同时，也推动了中国近代女子教育的发展。如女校、女塾和女子学院，这在中国封建时期是没有的。在中国古代男尊女卑的社会中，对女性要求"三从四德"，女子无才便是德，所以女子进入学堂是不可想象的。所以作为近代中国社会变革的重要内容的妇女觉醒和解放运动中，来华传教士的教育活动起到了不可忽视的作用。19 世纪 40 年代，英国东方女子教育促进会阿尔德赛小姐在宁波创建女塾学校[①]，开启了近代中国教会创办女子学校的先河，中国女性学校教育由此开始。美国传教士创办的女性学校，较早的有 1850 年，美国传教士裨治文与夫人在上海创办了裨文女塾。次年，美国圣公会传教士琼斯女士在上海创办文纪女中。1861 年，裨治文夫人在北京创办"贝满女学"。

由于中国封建传统对女性的歧视，也没有女子进入学校接受教育的传统，加之列强的侵华战争以及早期一些传教士在华的恶劣行径，造成中国民众对教会女子学校的猜忌，所以这一时期很少有中国家庭愿意将女孩送入教会在华女校，因此这一时期教会女校往往采用免费入学、提供吃住、发给生活费来吸引学生。然而，即使如此，学生数量依然不多，而且大部分学生来自生活贫苦的家庭，文化水平不高，因此这一时期的教会女校教育处在初级水平，学校教育只起到启蒙和扫盲作用。

洋务运动中后期至维新变法时期，西学之风日盛。或是受差会派遣，或是随其丈夫而来，大量美国女传教士进入中国，到 1890 年，女传教士占到美国传教士人数的 60%。[②] 这些女传教士以"妇女工作为妇女"(Women's Work for Women)为其传教活动的动力，大部分人拥有高等学历且多数人来华后从事教育活动。在这些女传教士的推动下，出现了一批教会女子中学。1872 年，美国长老会女传教士那夏理在广州创办真光女学。1881 年，裨文和文纪两所学校合并为圣玛利亚女中。1884 年，美以美会在镇江创办镇江女塾。1892 年，美国传教士林乐知在上海创设中西女塾，等等。随着教会女校数量增多，进入学校的女生人数也在不断增加。而且，学校生源也不再仅仅局限在社会底层，很多富家女

① 前身为宁波女塾，后为宁波甬江女中。

② Jane Hunter, *The Gospel of Gentility: American Women Missionaries in Turn-of-the-Century*, Yale University Press, 1984, p. xiii.

孩也进入学校学习。到了19世纪末,中国进入教会女校的学生达到3819人。[①]

19世纪末20世纪初,在传教士创办教会大学的影响下,中国又出现了一批女子教会大学,如在“贝满女学”基础上建立的华北协和女子大学(1905,后并入燕京大学),还有华南女子文理学院(1908,美国美以美会创办,福建师范大学前身之一)、金陵女子大学(1915,美国北长老会、美以美会等合办,后并入南京大学)。此外,还有些教会大学是男女同校,如岭南大学、金陵大学等。这些教会女校的出现,使中国女性开始接受西方近代自然科学和社会科学知识,改变了中国传统社会对女性的歧视,推动了中国近代女性的解放运动。

与此同时,教会女校在教学内容、教学方法等方面也在不断改进。如林乐知创办的中西女塾,其办学方针是“中西并重,不事偏枯”,开设数学、化学、英语等课程。还有很多女子大学开设英文、历史、社会学、数理、化学、生物、体育等课程,有些还开设医学、护士和职业教育等课程,培养了大批新式女性人才。如女传教士那夏理创办的真光女学,培养了广东近代第一批女教师、女医生和女护士,促进了当地的教育和医疗事业的发展。此外,教会女子学校在中国的出现,一定程度上也冲击了中国传统社会对女性的观念,如禁止女性缠足。1864年,“贝满女校”要求学生入学不准缠足,之后其他教会女校也陆续开始效仿。

一些传教士在进行中国传教活动的同时也积极倡导女子教育,林乐知就是其中之一。他曾痛斥中国封建社会的男尊女卑,“国政何以必愚民,民日愚则为君上者易于压制其下;家政何以必愚其妇女,妇女日愚,则为男子者易于压制其妻”[②],他提出,中国“教育之尤为缺少而不能与西国教育并衡者,则在于不行女学,女子无学,终不能得真实之兴盛,西国教化之成为文明,未始不由于振兴女学之功”[③]。由于林乐知在华时间较长,且积极推行西学,康有为、梁启超等维新派很大程度受其影响。在梁启超、经元善等人倡议之下,于1898年仿林乐知在上海的中西女塾而成立正经女学,这是晚清中国人自办女校的开始。该校不仅在学制和课程内容上采用教会学校的,而且还聘请上海几所教会女校如中西女塾、贝满学校和圣玛利亚女中毕业生任教。

19世纪末20世纪初,在教会女子学校和晚清自办女校发展的同时,中国出现了一批女留学生。如:金雅梅,早年留美学习医科[④];宋庆龄和宋美龄姐妹是

---

① 参见陈景磐:《中国近代教育史》,人民教育出版社1979年版,第75页。

② 林乐知:《全地五大洲女俗通考》第10集,上卷,光绪二十九年(1903)排印,第33页。

③ 林乐知:《全地五大洲女俗通考》第10集,下卷,第10页。

④ 金雅梅是现在所知的第一位女留学生。其早年进入纽约女子医科大学学习,回国后担任北洋女医院院长,并创办了中国第一所女护士学校—北洋女医学堂。(参见褚季能:《甲午战争前四位女留学生》,《东方杂志》1934年,第31卷第11号)

在美国传教士布尔克的推荐下，就读于佐治亚州的卫斯理安女子学院。也有些女校因开设和重视英语课的学习而出现多名女留学生，如中西女塾，其早年毕业生 34 人中，留美者达 20 人，1916 年毕业生中考取清华留美者 9 人。1920 年，中国政府公派 29 名女学生赴美留学，其中 13 人来自中西女塾。[①] 所以，教会女校对中国近代女性解放、接受近代新教育是有很大进步作用的。

三、对中国近代翻译事业的影响

洋务运动是在近代中国内忧外患的情况下兴起的，"中体西用"是其指导思想。但是由于明清时期的闭关政策，造成中西方长期隔绝，洋务派想要学习西方的科学技术，较为方便的途径就是学习西方语言和翻译西方书籍。此外，鸦片战争后，西方传教士在中国的传教活动及其创办的教会学校的影响不断扩大，使传教士成为洋务派学习西方和了解西方的仰仗。虽然传教士不赞成洋务派的"中体西用"，因为在他们看来，"中体西用"体现了中华优越论。[②] 但是，西方传教士也看到洋务运动的学习西方先进技术依靠传教士所带给他们的机会。

较早的中国近代官办且影响力较大翻译机构有京师同文馆(1862)、上海广方言馆(1863，后并入江南制造总局)和广州同文馆(1864)，此外，还有益智书会(1877)、广学会(1887)等。这些翻译机构，如京师同文馆，聘用传教士为教习，招收部分学生，同时传教士又翻译西书。由于中国人不通西文，所以翻译工作实际上由传教士负责，中国近代较为有名的美国传教士有丁韪良和林乐知。丁韪良于 1869 年受聘于京师同文馆，任职 30 余年。在其任职期间，制定了较为详细的八年教学计划，如重视英语教学，要求学生第二年就要开始练习翻译，第五年就要练习译书，等等，培养了近代中国第一批具有双语能力的外语教习和翻译，如汪凤藻、左秉隆、蔡锡勇、张德彝等，他们留在馆中担任副教习职位，从事英语教学活动，有力推动了近代中国英语教学的发展。[③] 同时，丁韪良也翻译了多本西书，如《万国公法》和《英文举隅》等。前者是国际法专著，为近代中国引进国际法学科，使近代中国知识分子开始了解国家主权和民族平等概念，进一步推动了近代知识分子的救亡图存运动。后者则是英文文法著作，为培养翻译人才起到重

① Warren Candle, Young J. Allen, *The Man Seeded China*, Nashville, Tenn.: Cokesbury Press, 1931, p.156.

② Alice Gregg, *China and the Educational Autonomy: The Changing Role of the Protestant Educational Missionary in China*, 1807-1937, New York, 1946, p.44.

③ 参见丁伟:《我国英语教学本土化的探索者——丁韪良与京师同文馆》,《广西社会科学》2006 年第 10 期。

要作用。此外，丁韪良还翻译了科学著作，如《格物入门》《格物测算》《电学入门》等，为近代中国知识分子了解西方科学知识奠定了基础。

林乐知是近代中国另一位著名的从事翻译的传教士。1863 年，林乐知任上海广方言馆教习。1868 年，上海广方言馆并入江南制造总局，林乐知又兼任江南制造总局教习，之后创办中西书院和《万国公报》等。他在华期间，一方面在教育上，形成初级、中级到大学的"三级教育体制"，重视英语学习，要求学生在第二年就要开始学习翻译；重视中国近代女性教育，创办中西女塾。此外，林乐知翻译了大量著作，其中影响力较大的有：《列国岁政计要》《中东战纪本末》《文学兴国策》《全地五大洲女俗通考》等等，这些译著成为中国近代知识分子了解西方和西学的重要途径。

此外，还有其他美国传教士在翻译西书。如美国长老会传教士嘉约翰来华后不仅创立博济医院，而且编译《眼科撮要》《内科阐微全书》和《西医内科全书》等 30 余种西医书籍，不但培养了近代中国自己的西医人才，更是推动了西医在中国的传播；美国浸礼会传教士玛高温翻译了《金石识别》和《地学浅释》，介绍了西方近代地质学知识，也把西方地质学引入中国，为我国地质学和矿物学的形成奠定了基础；监理会传教士潘慎文翻译《最新微积分教科书》，把微积分引入中国，等等。出于洋务运动的需要，以美国传教士为主体，翻译了大量西方著作，既为近代中国培养了一批翻译人才，同时又向中国引入西方社会科学和自然科学知识，开拓了中国人的视野，促进了中国近代化的进程。

结　语

不可否认，美国传教士在华的教育活动有着其自身的目的性和局限性，部分美国传教士也参与到美国对华侵略活动中，如美国美部会传教士伯驾在中美《望厦条约》谈判中帮助美国教会获得在华通商口岸设立教堂的权利；同为美部会传教士的卫三畏担任美国驻华公使秘书兼翻译，在《天津条约》和《北京条约》谈判中，不断叫嚣对华使用武力；美以美会传教士卫理更是担任美国国务院远东司司长，是美国远东政策的主要制定者之一。但是我们也应看到美国传教士在华的教育活动有着其积极影响的一面。传教士通过其教会学校把欧美的教学模式、教学体系、教学方法和课程设置移植到中国，建立了包含从小学、中学到大学，涵盖初等教育、中等教育、高等教育和职业教育的学校体系；倡导兴办女学，推动了近代中国妇女解放运动的进程；翻译书籍，开拓中国近代知识分子的视野，等等，把欧美的近代教育理念、科学知识引入中国，不仅为近代中国的发展培养了一批人才，而且还影响了中国近代教育的变革，促进了中国教育近代化的进程。

论马礼逊在中西文化交流史上的贡献

刘　静*

马礼逊是英国伦敦传教会的牧师，他是第一位来华传教的新教传教士，在新教传教史上享有崇高的声誉。马礼逊首次在中国本土把《圣经》翻译成中文，编写并出版了世界上第一部汉英、英汉双语字典《华英字典》，资助创立了培养双语人才的教会学校英华书院，创办了最早的中文刊物《察世俗每月统记传》，在中国设立了第一家中西医结合的诊所。马礼逊为中西方文化的交流做出了很大的贡献，是近代中西文化交流的重要开拓者，但其最终目的却是为传教事业服务，因此有一定的历史局限性。

18世纪中叶，英国率先开展工业革命，科学技术迅速发展，从而导致英国的资本主义经济迅猛发展，先后击败了西班牙、荷兰、法国等国，夺取了海上霸权。之后，作为资本主义世界头号强国，为了在全球范围内寻找市场和原料产地，英国竭力向外扩张殖民势力，锐意向东方扩张，英国的东印度公司已入侵印度，并在澳门设立了分公司。同时为了追随殖民势力，英国的海外传教事业也由此应运而生，英国的基督教新教各派在18世纪末陆续成立海外传教会，各传教会纷纷派遣传教士到海外活动，足迹遍及非洲、美洲和亚洲。传教士跟随商船和军舰而来，为了谋取自己的利益，他们由中国外围向沿海地区逐渐渗透，掀起了基督教新教来华传教的序幕。当时的中国则处于清政府的统治之下，遵循闭关锁国的政策，严禁外国传教士来华传教，中国人民也对外来传教者抱持排斥的态度，因此传教士的工作并不能顺利开展。为逐渐打开传教的局面，西方传教士在学习中文的同时，也创立教会学校，建立印刷所，翻译和出版宗教书籍，创办报刊并开设诊所，以此来辅助传教工作的进行，从而无形中将西方的教育事业、出版事

* 刘静，山东大学外国语学院博士研究生。

业、医药事业及先进的科学文化知识等引进了中国，对近代中国产生了很大的影响。伦敦传教会传教士罗伯特·马礼逊(Robert Morrison)便是这次运动中来华传教的先锋。

一、马礼逊生平

1782年1月5日，马礼逊出生在英格兰北部诺森伯兰郡的莫珀斯镇，1785年马礼逊随全家搬到纽卡斯尔。马礼逊的父亲是一个虔诚的基督教徒，在纽卡斯尔担任苏格兰教堂的长老。马礼逊自幼受其父亲的影响，喜欢参加教堂活动，并致力于学习《圣经》和其他宗教书籍。1798年，马礼逊受洗成为英国长老会的一名基督教徒。1801年，马礼逊开始跟随当地长老会的牧师学习拉丁文、希腊文和希伯来文。1803年初，马礼逊进入伦敦的霍克斯顿神学院就读，成绩优异。1804年，马礼逊申请加入伦敦传教会并提出去海外当一名传教士的要求，随后伦敦传教会的审议委员会批准了马礼逊的请求，并派其前往英格兰南部的高斯坡神学院进行深造。马礼逊进入高斯坡神学院后不久就接到伦敦传教会的通知，决定派其去中国传教。1805年马礼逊决定来华传教后，便开始为之做准备。马礼逊前往伦敦的圣巴多罗买医院接受医学训练，因此对医学有了一定的认识，同时向东印度公司派往英国学习语言的中国人杨三德学习汉语，此外他还积极学习天文学，目的就是希望这些知识以后有助于其在华的传教工作。1807年1月8日，马礼逊在高斯坡神学院毕业，并被委任为牧师。1807年1月31日，马礼逊受伦敦传教会的派遣来华，1807年9月到达中国广州，1808年前往澳门。1809年，马礼逊与东印度公司一位高级职员的女儿结婚，借此获得了东印度公司的聘任，担任其译员，这样既可以为东印度公司效劳，又能取得合法身份出来公开活动，为传教事业服务。1812年，马礼逊翻译出版了《中国通俗文学译文集》；1813年，马礼逊翻译完成《新约全书》，1819年和另一位伦敦传教会传教士米怜(William Milne)合作翻译完成《旧约全书》；1815年，马礼逊和米怜合作创办了第一份中文报刊《察世俗每月统记传》；1817年，他们在马六甲建立印刷所；1818年，他们合作创办英华书院；1820年，马礼逊和他人合作在中国设立了第一个中西医结合的医馆；1823年，马礼逊编纂完成并出版《华英字典》。由于马礼逊在传教和中西文化交流方面做出的巨大贡献，1817年被格拉斯哥大学授予神学博士学位，1824年回国期间被英国皇家学会选为会员，并受到英国国王的接见，1834年被英国国王授予中文秘书兼翻译，同年在广州去世，死后葬于澳门。

二、马礼逊的主要贡献及其影响

(一)翻译《圣经》

马礼逊翻译《圣经》的计划在他来中国之前就已经确定了,伦敦传教会在他离开英国时曾给予其一份"书面指示",其中提到:"我们相信你能够继续留在广州而不致遭到反对,一直住到你能达到完全学会中文的目标。然后你可转到另一个方向使用你的中文知识做对世界广泛有益的事:一是你可以编纂一部中文字典,要超过以前任何这类字典;二是你可把《圣经》翻译成中文,好使世界三分之一的人口,能够直接阅读中文《圣经》。"①《圣经》是基督教的经典,包括《旧约全书》和《新约全书》两大部分。《旧约全书》原为希伯来文,《新约全书》原为希腊文。在马礼逊翻译《圣经》之前,尚无完整的《圣经》中译本,只有法国的天主教传教士巴设曾经将《新约全书》的一部分译为中文。马礼逊为翻译《圣经》作了大量的准备工作,在英国时就聘请了中文教师学习中文,并把大英博物馆所存巴设的《圣经》译本抄录下来带往中国。马礼逊到中国后继续学习中文,不久就开始了《圣经》的翻译工作。自 1808 年至 1813 年,马礼逊花了五年时间翻译完《新约全书》,并于 1814 年在广州秘密印制,出版时书名定为《耶稣基利士督我主救者新遗诏书》。《新约全书》译完后,马礼逊马上着手《旧约全书》的翻译。1813 年,伦敦传教会派了另一位传教士米怜来协助马礼逊的工作。自 1814 年至 1819 年,马礼逊与米怜合作完成了《旧约全书》的翻译工作。自 1810 年到 1819 年,马礼逊和米怜在马六甲陆续排印了《新约全书》和《旧约全书》的单行本。因为经费问题,直到 1823 年他们才将完整版《圣经》在马六甲的英华书院刊刻成书,取名《神天圣书》,全书线装 21 册,史称"马礼逊译本"。"基督教的经典《圣经》全部译成汉文并在中国开始传播,这是天主教传教士在华活动了二百多年所没有做的事,而由基督教(新教)传教士把它初步译成了。基督教的全部原始教义得以完整地介绍给中国,马礼逊是第一人。"②马礼逊译本是在中国本土翻译的第一部完整的中文版《圣经》,不仅是后来《圣经》中文译本的基础,而且对基督教在中国的传播和接受、中西文化交流等方面也产生了巨大的影响。

(二)编纂《华英字典》

马礼逊来华时伦敦传教会给他的"书面指示"中提到要他编纂一部中文字典,而马礼逊本人在翻译《圣经》的同时也意识到编纂一部字典的重要性,因此马

① [英]马礼逊夫人编:《马礼逊回忆录》,顾长声译,广西师范大学出版社 2004 年版,第 26 页。

② 顾长声:《传教士与近代中国》,上海人民出版社 2004 年版,第 25～26 页。

礼逊开始着手编纂中国历史上第一部汉英、英汉双语字典《华英字典》(*A Dictionary of the Chinese Language*)。这部字典分为三部,第一部名为《字典》,是马礼逊根据嘉庆十二年(1807 年)刊刻的《艺文备览》翻译的,汉英对照,按汉字笔划分为 214 个字根来排列,书后还附有字母索引。[①] 第二部名为《五车韵府》,为汉英字典,根据汉字的音标按英文字母排序。第三部名为《英汉字典》,按英文字母排序,内容包括单词、词组、成语和格言等,英汉对照,解释详细。这部字典于 1823 年完成并全部出版。伦敦传教会曾在 1810 年出版的年报中登载过马礼逊给该会所写信的摘录,其中马礼逊提到,"我编纂的《华英字典》,天天都在增加词汇和诠释"[②],可见马礼逊在吸收中国文化方面的广泛性。马礼逊在编纂这部字典的过程中,对中国的政治、经济、文化、宗教习俗、教育体制等方面进行了大量的研究,参考的中文书目达万卷之多。为了使字典清晰易懂,马礼逊还根据自己的经验和理解在编纂过程中加入了很多例句和注解。虽然马礼逊编纂这部字典的初衷是为了以后的来华传教士学习中文之用,但却成了中西文化交流的见证,里面记录了很多中英两种语言碰撞后产生的外来词,这些词汇不仅在中国,甚至在整个东亚地区都产生了重要的影响,对研究中西文化交流史有着重要的意义。同时,这部字典也有助于中国近代语言学史的研究,它所保留的西方人对中国语言、文化和社会风俗等方面的语言实证,为我国近代汉语研究提供了丰富的材料。

(三)翻译和编写书籍

马礼逊在编纂《华英字典》的同时,认识到了中国文化的重要性,因此他对中国的一些经典著作也进行了翻译。马礼逊认为,要想使中国人了解并信仰基督教,传教者本身及其所属国家也必须认识和了解中国文化,而研习和翻译中国的经典著作则是加强这种沟通的最便捷有效的途径。在中国经典文化著作方面,马礼逊于 1812 年翻译出版了《中国通俗文学译文集》(*Horae Sinicae: Translations from the Popular Literature of the Chinese*),包括《三字经》(*The Three-Character Classic*)、《大学》(*The Great Science*)、《三教源流》(*Account of FOE*)、《太上老君》(*Account of the Sect TAO-SZU*)等。除此之外,马礼逊还就中国的历史和现状编写出版了一些书籍,如《中国一瞥》(*A View of China, for Philosophical Purposes, Containing a Sketch of Chinese Chronology, Geography, Religion and Customs*, 1817 年)、《父子对话:中国的历史和现状》(*Chi-*

① 参见顾长声《从马礼逊到司徒雷登——来华新教传教士评传》,上海书店出版社 2005 年版,第 6 页。

② [英]马礼逊夫人编:《马礼逊回忆录》,顾长声译,广西师范大学出版社 2004 年版,第 51 页。

na: *Dialogues Between A Father and His Two Children Concerning the History and Present State of That Country*, 1824 年)等。此外,为了便于后来的传教士和来华者学习汉语,马礼逊还编写了《通用汉言之法》(*A Grammar of the Chinese Language*, 1815 年)、《中文英译》(*Translations from the Original Chinese*, 1815)、《中文会话及凡例》(*Dialogues and Attached Sentences in the Chinese Language*, 1816 年)、《英吉利文话之凡例》(*A Grammar of the English Language*,1823)、《广东省土话字汇》(*Vocabulary of the Canton Dialect*, 1828 年)等语言文字方面的书籍。马礼逊编纂这批书籍的目的,虽然只是为了供来华传教士和其所任职的东印度公司使用,但客观上却为中西文化交流做出了贡献。

(四)建立印刷所和创办学校

由于清政府早在康熙、雍正年间就实行禁教政策,因此马礼逊他们不能在广州、澳门等地公开传教,米怜于来华后的第二年便奉马礼逊之命赴马六甲开拓传教业务。他们决定先在华侨较多的南洋群岛上建立传教据点,让来华的传教士先到南洋学习汉语,了解中国文化,然后再伺机潜入中国。马礼逊在给米怜的一封信中提到:"在那块基地上,我们要成立一个'恒河以东传教差会中心',创办一所中文书院和建立一座印刷所。如此我们就能够差派在那里训练好的传教士前往东南亚和中国,全职地传播基督的福音。"[①]1817 年,他们在马六甲建立了印刷所,这是马礼逊等人经营的第一个出版基地,也是传教士在东南亚经营的第一个印刷所。到 1842 年,这个印刷所共出中文书刊 43 种,作者除了马礼逊、米怜外,还有麦都思(Walter Henry Medhurst)、柯大卫(David Collie)、吉德(Samuel Kidd)等,大多是伦敦会传教士。[②]

创办学校也是传教士通过传播西学来借以传教的一个重要方面。在马礼逊的指导和资助下,米怜具体筹备了英华书院(Anglo-Chinese College)在马六甲的兴建。英华书院于 1818 年 11 月 11 日奠基,1820 年正式开学。除基督教课程外,英华书院所设课程还有英文、中文、数学、逻辑、天文、历史、地理、哲学等,将西方的社会科学知识和自然科学知识介绍到中国来。所用教科书,既有传教士带来的英文书籍,也有中文书籍,还有马六甲印刷所出版的各种书籍。在教学方法上,教习们遵循西方的教学原则,注重学生的理解和个性的发挥,不强求学生死记硬背,主张循序渐进。学生按知识程度分班,教习根据学生的不同程度教授不同的教材。英华书院向中国人介绍西方文化,同时也向西方人介绍中国文

① [英]马礼逊夫人编:《马礼逊回忆录》,顾长声译,广西师范大学出版社 2004 年版,第 96 页。

② 参见熊月之:《西学东渐与晚清社会》,上海人民出版社 1994 年版,第 103 页。

化。由于英华书院教授外国人中国的语言文字和传统文化，所以英华书院在中国文化的西传过程中起到了重要的媒介作用。西方基督教传教士在华从事文化教育事业，是为了协助其在华传教活动所采用的一种手段，最终目的并不是为了教授语言文化，而是为其传教事业服务。

(五)创办刊物和开设诊所

1815 年 8 月 5 日，马礼逊和米怜在马六甲创办了最早的中文刊物《察世俗每月统记传》(*Chinese Monthly Magazine*)，撰稿人除马礼逊外，还有米怜、麦都思等英国传教士。马逊礼和米怜创办《察世俗每月统记传》的主要目的是希望通过这份刊物来协助其传教工作，因此该刊主要是介绍基督教的教义以及与宗教相关的内容。但是为了达到其借助学术进行传教的目的，《察世俗每月统记传》也会介绍一些历史、地理、天文等方面的内容，很受当地读者的喜欢。该刊除在南洋地区的华侨中散发外，还会偷运至广州和澳门一带散发。该刊于 1821 年停刊，共出了七卷，八十多期。这是传教士创办的第一份以华人为对象的中文期刊，揭开了中国期刊史的序幕。此外，马礼逊还鼓励和支持后来来华的传教士在广州办报。1832 年美国传教士裨治文(Elijah Coleman Bridgman)在广州创办的英文期刊《中国丛报》(*Chinese Repository*)和 1833 年德国传教士郭实腊(Karl Friedrich August Gützlaff)在广州创办的中文期刊《东西洋考每月统记传》(*Eastern Western Monthly Magazine*)都是由马礼逊倡议的。《中国丛报》是世界上第一份在中国发行的英文刊物，《东西洋考每月统记传》是在中国创办的最早的中文期刊。这些中外文期刊在传播基督教教义的同时，也介绍了大量的西方文化知识，增进了中国人对西方世界的了解。这些刊物还对中国社会的历史、经济、文化、风俗等方面加以研究介绍，为西方读者认识和了解中国做出了很大的贡献，从而一定程度上推动了近代中西文化交流的进程。

除了出版和教育，医疗也是协助传教士传教的手段之一。马礼逊来华之前曾学习过医学方面的知识，来华之后发现借助医疗服务能够引起病者对其传教工作的兴趣。1820 年，马礼逊与东印度公司的医生李文斯敦(John Livingstone)联合在澳门开设了一家中西医结合的诊所，聘请中西医师，以免费医疗服务作为传教的媒介。1827 年，他们又在澳门增设了一所眼科医院，主要为穷人施诊。据统计，从 1827 年到 1832 年 10 月，5 年之中，共治愈 4000 余人。[①] 其后，他们又在广州开设诊所，聘请英国东印度公司的医师，治疗眼疾、足疾及其他疾病。

① 参见熊月之:《西学东渐与晚清社会》，上海人民出版社 1994 年版，第 130 页。

结　论

罗伯特·马礼逊是英国伦敦传教会的牧师，是第一位来华传教的新教传教士，在新教传教史上享有崇高的声誉，是近代中西文化交流的重要开拓者。美国著名历史学家费正清(John King Fairbank)曾说："评价新教早期成就的真正标准，不在于它收到了多少信徒，而在于它为后来的工作所奠定的基础。最重要的基础是准备了初步的但却是大批的中文基督教书籍。"[①]在华期间，马礼逊努力完成伦敦传教会布置的学习汉语和翻译《圣经》的双重任务，首次在中国本土把《圣经》翻译成中文。马礼逊不仅翻译出版了一些中国文化经典著作，还编写了一些介绍中国历史和现状的书籍和供语言学习之用的工具书。除此之外，马礼逊和米怜合作创办了第一份具有重要意义的中文报纸《察世俗每月统记传》，建立了马六甲印刷所，创办了培养双语人才的教会学校英华书院。马礼逊还和他人合作在中国设立了第一个中西医结合的诊所，并编纂出版了中国历史上第一本汉英、英汉双语字典《华英字典》。马礼逊为中西文化的交流做出了很大的贡献，是近代中西文化交流的重要开拓者。马礼逊向西方介绍中国的文化、历史和现状，客观上促进了中国文化的西传，主观上却是为了让西方社会更好地了解中国，为以后来华的传教士提供帮助。为了能在禁教的中国顺利居住和传教，传教士必须对中国的历史、文化、语言、政治、制度、风俗等方面有所了解，因此马礼逊不遗余力地编写汉语书籍、翻译中国文化经典著作和编纂《华英字典》，其真正目的就在于此。马礼逊在东印度公司的庇护下，不但效劳于英国殖民主义的对华经济掠夺，而且为西方基督教的强行输入竭尽全力。虽然马礼逊客观上为中西文化交流做出了很大的贡献，但主观上却是为其传教事业服务，因而有一定的历史局限性。

① [美]费正清编：《剑桥中国晚清史(1800～1911年)》上卷，中国社会科学院历史研究所编译室译，中国社会科学出版社1985年版，第589页。

书　评

文化的困顿与民族精神的重塑

——读《犹太文化》

余 惠*

犹太文化作为人类最古老的文明之一,以其文化和思想上的建树,对世界文明特别是西方文明的发展产生了极其深远的影响。犹太民族自走进历史以来,凭借自身独特的宗教文化生活与对民族理想的执着、对信仰的坚守、对自身文化的不断调适,在与异质文明的交往与大流散之后的历史岁月中,不但保留和延续着犹太文化的精髓,而且使其在新的历史时期中仍然保持着旺盛而蓬勃的生命力。自大流散之后,随着犹太人分散在世界各地,犹太文化超出了原有地域,从一个地区性的文化演变为一个世界性的文化。

关于犹太文化的研究一直是犹太学术界关注的重点。改革开放以来,中国学界就掀起犹太文化热,大量专著和译著不断面世。[①] 国家社科基金后期资助项目《犹太文化》一书,系张倩红教授与艾仁贵博士合著之作。本书第一作者张倩红教授从事犹太—以色列及中东问题的教学与研究工作长达 20 多年,在犹太文化研究这一领域有深厚的造诣。她主张让犹太文化回归客观,以理性之心、平常之态去领略犹太文化的魅力。该书的出版在一定程度上丰富了国内学术界在犹太文化方面的研究成果,具有重要的学术意义。全书基本上采用编年体裁,将自希伯来元典文化创制到以色列建国这一长达 3000 多年的历史娓娓道来,将犹太文化由单一性、区域文化演变为多元性世界文化的这一文化进程展现给每一个读者,让读者可以更好地从时空变化中把握犹太文化整体的脉络。作者在书

* 余惠,鲁东大学历史文化学院硕士研究生。

① 比较有代表性的成果有:朱维之等:《希伯来文化》,浙江人民出版社 1998 年版;顾晓鸣:《犹太——充满“悖论”的文化》,浙江人民出版社 1990 年版;刘洪一:《犹太精神》,南京大学出版社 1995 年版;刘洪一:《犹太文化要义》,商务印书馆 2004 年版;潘光等:《犹太文明》,中国社会科学出版社 1997 年版;徐新:《犹太文化史》,北京大学出版社 2006 年版;傅有德等:《犹太哲学史》,中国人民大学出版社 2008 年版;顾晓鸣主编的“犹太文化丛书”(上海三联书店)与傅有德主编的“汉译犹太文化名著丛”(山东大学出版社),等等。

中对大流散时期的犹太民族历史进行了大篇幅的记叙，特别是对犹太启蒙运动后犹太文化的现代化转型问题进行探讨与论述，突出了作者对于犹太文化重要转型时期的关注，在书的最后将中犹文化进行对比分析，介绍了"中犹文化交流历程""中国人的犹太观"等问题，以此引发国内学者在这方面的研究兴趣，为跨区域文化研究提供了启示。

全书共八章，主要内容分为四个部分：

第一部分阐释犹太文化作为一种古老的民族文化自身所具有的独特内涵。作者将宗教性、民族性与世界性归为犹太文化的宏观特征，认为"犹太文化作为一种博大精深、贯通古今的文化体系"，"闭合"与"开放"并存成为犹太文化的典型表象，而将对"上帝—托拉—以色列"的推崇与阐释理解为犹太文化的内在灵魂。作者还认为，要理解这一文化体系的核心内涵，必须跨越历史空间，回到古典世界的话语体系中。

第二部分主要论述从希伯来文化创制到犹太启蒙运动前的犹太文化动态发展演变过程。从元典文化创制、先知运动、《托拉》正典化、希腊—罗马统治时期到大流散后犹太人在欧洲犹太主流文化中的生存和发展，在这样一个大的历史时空中，探讨犹太文化的创制、发展、内化和辐散过程。作者将这一发展历程分为两个时期：一个是犹太人主体在圣地时期的历史；另一个是犹太人王国灭亡、流散之后的历史。圣地时期的历史主要是主体犹太文化的奠基与形成时期。在与外族文化的交流、碰撞中，一方面抵制外来文化的侵蚀，维护本民族文化的优良传统；另一方面也在自觉不自觉地对异质文化进行吸纳，完善自身文化。在与外来民族的接触中，文化冲突不可调和时会演变为直接的武力暴动。犹太民族在一系列抗争中形成了统一的民族意识，犹太文化的主体形态也基本形成。大流散时代犹太民族生活于外邦世界中，这种特殊的处境使犹太人面临着双重的文化困境。漫长的流散生涯使犹太人发生了巨大变化，甚至在与当地文化融合中发展出犹太亚文化，但犹太认同、犹太意识依然存在。

第三部分是本书的重点，主要介绍犹太启蒙运动与文化的现代转型，以及文化多元化与欧洲犹太文化的衰落。作者认为犹太启蒙运动作为一场规模浩大的理性主义运动，对犹太人的思想、文化、价值观念及生活方式等都产生了深刻的影响，但同时也留下了惨痛的教训。在启蒙运动的冲击下，绝大部分西欧犹太人都沉浸在寻求自身解放的功利主义社会思潮中，无法自拔。然而欧洲主流社会根深蒂固的反犹心理，仍将犹太人视为社会机体中的一个异己分子，从内心上无法接受与犹太人平等的思想观念。随着欧洲反动势力的复辟以及反犹主义的回潮，西欧犹太人的"现代梦"被无情粉碎。但说到底，犹太文化还是在某种程度上进行了一次世俗化与现代化转型，调整后的西欧犹太文化出现了一种文化多元

化趋势，涌现出大批新思想流派。在东欧，出现了哈西德运动及其勃兴的局面，但由于纳粹大屠杀导致整个欧洲的犹太人口锐减，犹太复国主义的兴起和犹太人的大量移民，使欧洲犹太文化衰落，世界犹太文化的中心开始转移到以色列和美国。

第四部分介绍了现代两大犹太文化中心——美国和以色列的文化构成问题，以及犹太文化在中国的表现。在新大陆，犹太文化获得了前所未有的发展空间，犹太移民将欧洲大陆的各种宗教及思想流派与美国文化相融合，犹太文化的现代化进程加快了。在现代化浪潮的冲击下，犹太教改革运动中心也转移到了美国，并出现了各种不同的宗教派别。而在以色列，出现了一种"国家主义"主导下的文化熔炉景观。以色列文化表现出不同于其他地区犹太文化的独特性。中犹两民族之间经济文化交流古已有之，从古代犹太人定居开封到如今越来越多的犹太人移居中国，丰富多彩的社团文化活动也使犹太文化在中国逐渐普及并传播开来，从而增进了中以两国人民的友谊。

笔者对全书进行了细致的品读，对于犹太文化有了以下几点思考：

第一，异质文明交往中出现的文化融合与冲突的现象。犹太文化自诞生之日起，就与古埃及、巴比伦、腓尼基、亚述文明相互接触、融合，并不断吸收外部文明的特质，丰富了自身文化的内涵，使其成为古代中东文明的集大成者。进入大流散时代后，犹太文化与希腊、罗马、阿拉伯文明相互碰撞交融，形成各区域环境下独特的犹太亚文化景观。犹太文化与日耳曼、斯拉夫文明交融产生了意第绪文化。近现代后，在美洲大陆又与主体文化相互交融，形成了美国犹太文化。而随着以色列国家的建立，犹太文化的主体又回归以色列，并在这一古老的故土重塑现代以色列国民的精神。作者认为犹太文化之所以能够在与异质文明的交往中延续下来，除了文化本身的特质外，强调了传统犹太文化的现代性，主要体现在对一系列现代理念的推崇和实践上，如：追求自由与平等，重视生命的价值，追求现世目标的实现以及商业合理性思想等等。

第二，客民文化在主体文化环境中的文化困顿现象。犹太文化在与异质文化的接触中，由于种族、经济、历史等方面的因素会发生文化冲突。但由于犹太民族是长期处在外族统治环境之下的特殊民族，犹太人因其外来客民身份和自身力量不足，往往在文化接触中处于弱势地位，很难在长时期内对主体民族进行极端的武力抗争。所以散居犹太人同居住地文化的接触一般以对异质文化的适应和吸收的方式进行。在文化冲突与文化同化之间，还存在着一种以文化变迁为主要内核的文化调适，由门德尔松领导的犹太启蒙运动毫无疑问是这种文化调适的典型代表，它试图调和犹太传统与现代社会生活之间的矛盾。《犹太文化》一书中对于犹太文化在现代化过程中的困顿景观进行了细致翔实的论述，重点分析了犹太启蒙运动中欧洲犹太人在传统与现代性之间的矛盾,在文化层面上表现为两种异质文化的冲突,也就是如何处理外来的西方文化与本民族传统文化的关系。作者认为,作为一种亚文化,在与主流文化或外来文化交往的过程中,必须保持自身的文化内核,否则就会被后者所淹没,甚至导致民族被同化。犹太人在历史上也不乏被同化的例子,在巴比伦之囚、波斯帝国、希腊化时期、阿拉伯帝国统治时期,犹太人在语言、文字、服饰、饮食、节日甚至宗教方面都或多或少地被同化。

第三,犹太民族精神的重塑。作者认为:"美国作为当今世界上除以色列外犹太人口最为集中的国家,美国犹太人同化潮流的出现是犹太文化在融入美国化、现代化过程中所付出的代价,是宗教文化在现代主义的冲击下出现的必然现象。"[①]犹太人初来美国,在向现代人转变的过程中备受煎熬,在精神上受到极大的冲击。在犹太观念与美国文化的冲突中,他们开始走向"美国人"这样一个价值认同。到20世纪中叶,他们已逐渐形成了一种获得广泛认同的双重人格,即"犹太性"与"美国化"的有机结合。他们在选择趋向、价值标准、社会关系、行为动机及角色评价方面被毫无疑问地赋予了美国人所有的特点。但是民族传统文化所打上的深刻烙印里潜移默化之下的影响力,又在他们许多人中留下了一种"犹太性"。以色列建国后,以色列国的"犹太属性"被各种政府措施强化。"去流散化"使以色列国塑造出一种理想国民的典范"萨布拉"[②]。"六日战争"后,以色列作为犹太民族国家,受到了美国犹太人的重视。美国文化随之逐渐向以色列渗透,使以色列出现美国化现象,多元主义思潮勃兴,并成为一种文化认同。

国内学界关于犹太文化研究,已出版的代表性成果有徐新《犹太文化史》《论犹太文化》和刘洪一《犹太文化要义》。从内容上讲,刘洪一教授的《犹太文化要义》更多的是从微观上对犹太文化的内涵与相关外延进行细致解读和探析,徐新教授的《犹太文化史》作为学习和了解犹太文化百科全书式的著作,对犹太文化的发展轨迹及历史演进、文化的面貌特征及主要内容进行了尽可能全面的介绍和评价,展示了犹太民族在四千年历史中发生的意义深远的历史事件与文化成就。该书不是以一条清晰的历史线条贯穿,而是分主题撰写,其内容广博丰富,可读性强,偏向于介绍和普及犹太历史文化常识,更适合作为犹太文化学习研究者的入门教材。与其相比,张倩红教授与艾仁贵博士的《犹太文化》具有以下特色:

① 张倩红、艾仁贵:《犹太文化》,人民出版社2013年版,第264页。

② 在以色列国家意识形态中,萨布拉(Sabra)是土生土长的犹太人,他们以其奉献、勇敢、勤劳、强壮、战斗的精神特征区别于流散犹太人的逃避、胆怯、懒惰、虚弱、反战的特点。

第一,《犹太文化》一书从宏观上将犹太文化由单一性、区域性文化演变为多元性世界文化这一文化历程展现给读者。以编年史的形式,对历史上各个时期的犹太文化发展状况进行细致解析和深入剖析,学术性更强,内容更倾向于对犹太文化相关学术问题进行深入探究,因而更能启发读者的学术兴趣。该书动态地观察犹太文化的发展演变,以一种较为宏观的视角对犹太文化的历史渊源进行考量,从而避免读者将犹太文化割裂开来而形成碎片化记忆与理解。

第二,《犹太文化》虽然是从历史的长时段来概述犹太文化,但实则穿插有作者自己的研究动向。作者较少地从宗教神学理论视角对犹太文化进行探寻,而更多地关注大流散之后犹太民族的历史,特别是犹太启蒙运动对于近现代犹太民族的思想文化现代化转型具有的重要意义。作者对哈西德运动、纳粹屠犹问题进行了专题研究和探讨,指出纳粹屠犹事件是欧洲犹太文化兴衰的分水岭。作者在书中还提出了以"现代主义冲击下的宗教文化"作为研究文化转型现象的新视角,并对犹太教、《圣经》文化、犹太人身份认同、犹太复国主义、美国犹太人、美以关系、中犹关系、阿以关系、以色列国内非犹太人地位等学术热点问题都有所涉及。该书研究视角突显学术前沿,将犹太文化研究置于现代化理论背景之下,探讨作为一种独特的民族宗教文化的转型范式,在很大程度上引领了国内犹太文化研究的新方向。

附　录

主要论文英文摘要

The Aniconic God and Chinese Iconolatry

Archie LEE

The Old Testament's conception of an aniconic God which forbids all creation and worship of any image and concrete form of Yahweh characterizes the central idea of Hebrew religion. There has been in the biblical tradition a persistent effort to uphold this prohibition of images, especially in the Deuteronomistic theological reflections on the Sinai experience of hearing God's word without seeing any image of the divine. The purpose of this paper is twofold: 1. To investigate into the historical and religious significance of the prohibition of images in Yahwism in the context of the religious world of the ancient West Asia and 2. To better understand the Hebrew Aniconism in cross-textual reading with Chinese religious tradition of iconolatry. In the process of investigation, some significant issues in complexity of the understanding of the divine, human and nature in both traditions will be raised. The biblical conception of an aniconic God does not entail any attempt to implement iconoclasm against other religion and this religious liberty should inspire an open attitude to other religions and constitute the basis for creative inter-religious dialogues.

Deus and Confucian God: The Theological and Philosophical Reason for "Deus" Translated as "Confucian God"

HAN Siyi

The eastward movement of Catholic in the end of Ming dynasty, caused a deep dialogue and collision between Chinese and western cultures. Among them, the term question of the God and the relationship between the Catholicism and the Chinese culture, can be regarded as the first issue of Catholic theology and philosophy in the Ming-Qing dynasties. First, this paper examines the different usage of the name of the God in the Bible, and Thomas Aquinas' analysis and discussion about God's name. Second, it introduces the missionaries translated "Deus" as the "Confucian God", and their discussion about "Catholic God is the God of the Confucian classics", as well as it introduces the arguments surrounding the translation and the discussion between the anti-Christian Confucians and Catholic Confucians. Finally, it proves that "Deus" translated as "Confucian God" is reasonable. Missionaries and Chinese Christians convergence between "Deus" and "Confucian God" in the Ming-Qing dynasties, it not only inherited the Christian tradition that of convergence between Christianity and the Gentiles' culture since Justinus, but also would help the sinicization of Christianity, and would help Christianity and Chinese culture to develop their own new tradition.

The Concept and Its Feature of Taoist Medicine and Its Object of the Subject and Overview of Research

GAI Jianmin

Taoist Medicine is a kind of religious medicine, as an interaction product of religious and science, its special system was built up by those Taoists who circling round its religious tenets and long-life pursuit, which in order to solve

the basic problem of life and death, also its interacting with Traditional Chinese Medicine (TCM). It is a branch of TCM which marked with brightening feature of Taoism. Taoist Medicine have four features, the first, it belong to the category of religious medicine, unlike other traditional medicine, it is also theological; second, it is variety in its content and form, and there are similarity and diversity between Taoist Medicine and TCM; third, it has dual nature, that is to say, its component including good and dregs, that may belong to science or anti-science; fourth, its Treatment mode of desease is a comprehensive blends, containing physiological, psychological, sociological and religious treating mode, basing on the view of Taoist vision of universe, Harmony between man and nature and the Integrity of Body and mind.

As an important component of TCM, Taoist Medicine base on the Taoist view of life and Prevention of disease, and Taoist physicians create its own unique methods on treating vary desease. The objects of Taoist Medicine should include six aspects: first, its own origin and formation and development; second, its unique contents and system; third, some unusual treatment on some kind of desease; fourth, Taoist ways of psychological treatment; fifth, Taoist health caring theory and methods; sixth, its historical position and modern value.

Taoist Medicine research in China and abroad including two aspects, the Taoist Medicine of all aspects research and its branch the Traditional Chinese Internal Alchemy Medicine (TCIAM) study. The Taoist Medicine of all aspects research including five: first, the relation between Taoist and TCM; second, the Taoist Medicine physicians research; third, the Taoist Medicine thoughts research; fourth, the text book of Taoist Medicine research; fifth, the interaction between Taoist health caring methods and TCM. The TCIAM research including, first, the ingredients of TCIAM system research, which base on Taoist Medicine relating study; second, the relate thoughts of TCIAM, basing one the modern Qigong or health care methods and its history research; third, discussing about some basic theory of TCIAM, which come from the inner elixir theory and its practice; fourth, the study of the philosophy of inner elixir and its Mode of thinking revealing the life philosophy and its feature of TCIAM; the study between the inner elixir and TCM bring to light the influence of TCIAM thoughts; the, sixth, the psychological thoughts of TCIAM.

Belief and Doubt: The Dialectic of Zen

CHEN Jian

Zen is typically a Sinicized Buddhism, which has its own concepts and approaches distinct from those of most other Buddhist sects, and, to a larger degree, from those of Western religions. From the perspective of religious taxonomy, Zen belongs to the category of Practical Religion. It promotes a return to the enlightenment that is inherent in the human nature. Methodologically speaking, this enlightenment begins with the doubt of beliefs. According to Zen, there is a dialectical tension between enlightenment and doubt, and the same is true for the interplay between belief and doubt.

Social-scientific Method of Biblical Interpretation

TIAN Haihua

Social-scientific method is also known as social-scientific criticism or social-historical criticism. The aim of social-scientific method, as a subfield of biblical interpretation, is to study the biblical texts as a reflection of their social and cultural settings and to present the dimensions of the contexts. The meaning of the biblical texts is thus more fully illustrated by the exercise of social sciences, especially of sociology and anthropology. The thesis explores a presentation of the method, emergence and contribution of social-scientific criticism as an inter-disciplinary perspective of the Bible.

Defining the Concept of Life: A New Testament's Challenge against Greek Philosophy

XIE Wenyu

The New Testament provides a new definition of life and employs two words to refer to it, namely, ζωή and ψυχή. As these two words are Greek, I think it is proper to exam their meanings in the context of Ancient Greek thought, and compare them against their meanings defined by Greek thought. We find that these two Greek words have conceptual connections with other three Greek words, that is, πνεῦμα, σάρξ, and σῶμα, and therefore it is necessary to analyze these 5 words interactively. Simply put, the New Testament defines life in terms of ζωή, and sees it as a life rejecting the control of σάρξ (human will) while being sustained by πνεῦμα (the Holy Spirit) in a form of transformed body.

The New Testament from the Messianic Jews' Eye and Chinalization of Jesus: Taking the Jewishness in the Sermon on the Mountain as an Example

LIU Ping

In the history of Christian thought does exist replacement theology for a long time. After the *Shoah*, Messianic Jews have attempted to re-translate the New Testament to show the Jewish root and Jewishness of Christianity. Such attempts donot desalinate Christian tradition, but actually re-enforce it. This article focuses on the Sermon on the Mountain to reemphasize the Jewishness of Jesus and does not weaken the human nature of Jesus, but make it perfect. Jesus as one whole Jew (at the same time, Jesus as whole God) is Jesus who lived, died and rose for the gentiles and Jews. Jesus as one whole Asian Jew (at the same time, Jesus as whole God) is Jesus who lived, died and rose not only for Asians. Contemporary Chinese context attempts to chinalize Christianity not only to add Chinese elements into Christianity, but also to secularize, folk-customize and moralize Christianity. And these attempts possibly remove Christ-identity from Jesus. Compared with the de-Jewishness of replacement theology, Chinalization of Jesus possibly means de-Jewishness and de-Christ-identity of Jesus.

A Comparative Study on Creation Myths: Nüwa and Fuxi versus Adam and Eve

HE Zhangrong

This paper compares the creation myth of Nüwa and Fuxi in China with that of Adam and Eve in the west, aiming to touch on the topic that how the two oldest ethnic groups in the world, Chinese and Jewish, explore the origin of the world, the life, the relationship between two genders and the relationship between different ethnic groups. The myth of Nüwa and Fuxi reflects Chinese ancestors' observation of the natural world and the cognition of Yin-Yang awareness as the offspring of the observation. Thus natural ontology is the logic starting point of Chinese gender relationship, which is derived from the idea of Yin-Yang. While the myth of Adam and Eve reflects that God is the absolute creator of nature and mankind (including the mutual relation between male and female). The logic starting point of gender relationship is God ontology, namely it is of the relation between God and mankind. This difference in logic might be relevant to the distinct cultural features, when Chinese focus more on "seeing" while the western focus more on "listening", since the "beginning".

The Tension Between Jewishness and Americanization: the Development of American Jewish Communist Intellectuals in the 1930s to the 1950s

JIANG Yin'an

The American left-wing Intellectuals contained a lot of jewish communist intellectuals whose scale and influence peaked in the 1930s. One of the motives which urged them into communist movement is the tension between Jewishness and Americanization during the progress of their assimilation. Therefore, the WWII within series of events not only shocked their beliefs in CPUSA and USSR, but also enhanced the declining awareness of their Jewishness. After the war, with the waning of the tension between Jewishness and Americanization, Clod War Liberalism became a new stand which could reconcile Jewishness and Americanization, and finally the American jewish communist intellectuals declined.

The Spinoza of *Market Street* and *The Ethics*: An Intertextual Reading

FU Xiaowei, *WANG Yi*

An intertextual reading of Isaac Bashevis Singer's masterpiece, *The Spinoza of Market Street* and Baruch de Spinoza's *Ethics*, reveals Singer's teasing of a Spinozist's dogmatic interpretation of the philosopher and an indirect criticism of the defect of the Spinozism, i. e. resorting to empty rationality by cutting off from secular life would end in nihility. It also reveals Singer's lifelong ambivalence toward Spinoza's philosophy.

A Study on the Communalism Philosophy in Israeli Kibbutzim

LI Yong

Israeli Kibbutz may be called socialistic community of Israel. Since the establishment of the first Kibbutz to today, there has been more than 100 years. As theoretical basis, the Communalism philosophy in those Kibbutzim holds a complete system. Generally speaking, "Collective Experience" is the practical basis; while "Equality and Partnership", "Mutual Responsibility", "Work", "Communion", "Solidarity" and "Democracy" are the six core concepts which form a dynamic and complete system, maintaining the functioning of a community. The three kinds of Marxism, which serve as ideologies in Israeli Kibbutzim, are the products of the localization of Marxism in Israel. Nowadays, they still more or less remain in those communities. However, we need to note that Israeli Kibbutzim encountered serious problems in the end of 20th century. Those problems were mainly caused by the closed and self-contained Communalism philosophy in Kibbutzim. In a word, if Kibbutzim want to have a better future, the only choice is to reform this philosophical theory.

Maimonides' Special Introductions in *The Guide of the Perplexed*

ZHANG Ying

The present paper tries to answer the following questions: whether or not, as Leo Strauss says, *The Guide of the Perplexed* is "a Jewish book written by a Jew to the Jews;" if so, in what sense it is "a Jewish book;" and how philosophy plays her role in the book. To answer these kinds of questions requires of course a comprehensive grasp and understanding of the book. But

certain key texts may help us to offer tentative answers to those questions. The present paper tries to argue that some "special introductions," i. e. , those passages that the author asks the reader to pay "attention" or indicates as "preface" or "introduction" in the main texts. The present paper aims at investigating certain device of *The Guide of the Perplexed* and the intention of the author behind it, by illustrating two such "special introductions" in *Guide* I 73 and II 2.

On the Influence of Midrash to Maimonides' Allegorical Interpretation

XIA Xindong

The word "Midrash" has two meanings. One is the specific strategy which employs derash, geometria and some other Judaic ways to interpret the Torah and Talmud; another is a corpus of literature bearing the name of Midrash(im) which records the various interpretations of the sacred texts by the Talmudic sages. Midrash, with its double meanings, has great influence upon Maimonides' allegorical interpretation of the sacred texts. On one hand, some words or verses taken from the Midrashic texts are allegorically interpreted by Maimonides; on the other hand, the allegorical interpretation is his creative application of Midrashic strategy.

Maimonides on Dialectical Arguments

DONG Xiuyuan

Dialectical arguments are one kind of arguments Aristotle discussed in *Topica*, as apposed to demonstrative arguments. The dialecticians deal with some controversial topic, inferring from plausible premises while keeping an eye on the conflicting views. Maimonides learned dialectical arguments from the Arabic Aristotelian philosophers, in particular al-Farabi, and employed this kind of arguments in the theological exploration. His approach to the cosmogony issue furnishes a prominent example of this. However, Maimonides' understanding of dialectical arguments differs in some fundamental respects from the Arabic Aristotelian one, which reflects his comprehensive project of establishing the science of the Law in its true sense.

Communication between the Jews and the Chinese in Modern China: Review of the Jewish Life in Harbin

WANG Zhijun

Based on the Harbin Jewish life, this thesis presented some perspectives that are different from other Chinese scholars. The fact that in modern and contemporary China, the communication between Chinese and Jews is seldom and lack of depth, should constitute an important premise for the study of the mutual exchange and interaction between the Chinese people and the Jewish people. Only in this context can we understand the discourses of some scholars and the memories of persons concerned properly. The reason why the communication between Harbin Jews and the Chinese is seldom and lack of depth is closely related to the international status of modern China, the regional situation of the Far East, the cohesion of the Jews, the closure of the Jewish community and the shortness of Jewish sojourn in Harbin.

A Review of Harbin Jewish Religious Guild after the Early 20th Century

ZHANG Tiejiang

By the end of the 20th century, owing to Tsarist Russia's Jew-Exclusion policies and the construction of the Middle East Railways, the Jews who were wandering all over the world had been disembarked at Harbin, their "new haven," as they called it, and settled down there. As the new residents of

Harbin, they established Jewish synagogues, banks, schools, hospitals and also founded Jewish communities and associations, therefore, having set up a complete Jewish community system. At the time, Harbin became one of the largest Jewish residential and community center in East Asia. Studies discovered that Harbin Jewish Religious Guild of the Jewish communities lay in a core leader's position in the entire Jewish community. Harbin Jewish Religious Guild, through their organized campaigns of religious activities, spread the idea of Zionism, defended the benefits of their own, maintained a close contact with the Jews in the regions of Europe and America, Russia, and the Middle East, consolidated the Harbin Jewish community's position in East Asia, aimed at returning to Palestine someday in the future and laying a foundation for rebuilding Israel.

American Missionaries and China Modern Education

WU Quancheng

American missionaries have played an important role in the development of education in Modern China. American missionaries played many missionary activities in China, at the same time, they not only founded lots of church schools and enrolled students, but also formed the teaching system from primary to university,. What was more important, it accelerated the development of modern Chinese Government education; They established schools for girls and developed the education of Chinese Modern Woman. These activities were beneficial to promote the Chinese modern women's liberation and awakening movement. They helped Chinese students to study overseas and opened up the process of Chinese students going outside. Due to the need of the Westernization Movement, they translated a large number of western works, not only introduced Western social sciences and natural sciences knowledge into China, but also expanded the Chinese people's "Western" perspective.

On Robert Morrison's Contributions in the History of Chinese and Western Cultural Exchanges

LIU Jing

Robert Morrison was a clergyman of London Missionary Society. He was the first Protestant missionary that came to China to do the missionary work and enjoyed a high reputation in the history of Protestant missions. Robert Morrison was the first person that translated the *Bible* into Chinese in China; he compiled and published the first Chinese-English and English-Chinese bilingual dictionary *A Dictionary of the Chinese Language* in the world; he sponsored the foundation of the missionary school Anglo-Chinese College aiming at training bilingual talents; he started the earliest Chinese periodical *Chinese Monthly Magazine*; and he set up the first clinic that combined traditional Chinese and Western medicine in China. Robert Morrison had made great contributions to Chinese and Western cultural exchanges. Robert Morrison was an important pioneer of Chinese and Western cultural exchanges in modern times, but his ultimate goal was to serve the missionary work, and therefore had certain historical limitations.

图书在版编目(CIP)数据

犹太研究．第14辑/傅有德主编．—济南：山东大学出版社，2016.9
(2019.6 重印)
ISBN 978-7-5607-5634-9

Ⅰ.①犹…
Ⅱ.①傅…
Ⅲ.①犹太教—宗教哲学—研究 ②犹太人—研究
Ⅳ.①B985 ②K18

中国版本图书馆 CIP 数据核字(2016)第 243968 号

出版发行：山东大学出版社
地　　址：山东省济南市山大南路 20 号(250100)
经　　销：新华书店
印　　刷：济南华林彩印有限公司
规　　格：787 毫米×1092 毫米(1/16)
印　　张：23
字　　数：425 千字
版　　次：2016 年 9 月第 1 版　2019 年 6 月第 2 次印刷
定　　价：49.00 元